卓越汽车工程师系列教材

二手车评估与交易实务（第4版）

主编 庞昌乐

北京理工大学出版社
BEIJING INSTITUTE OF TECHNOLOGY PRESS

内 容 摘 要

本书全面、系统地介绍了二手车基础知识、二手车鉴定评估专业知识和二手车交易的实用知识。

本书分7章，主要内容有：二手车概述、汽车基础知识、二手车鉴定评估基础知识、二手车技术状况鉴定、二手车价值评估、二手车鉴定评估实务和二手车交易实务。

本书集理论性和实用性于一体，适合作为大中专院校汽车相关专业（方向）的学习教材，也可以作为二手车鉴定评估专业人员、二手车经纪人员的培训教材和想学习二手车知识的普通读者的参考书。

版权专有　侵权必究

图书在版编目（CIP）数据

二手车评估与交易实务／庞昌乐主编．－－4版．－－北京：北京理工大学出版社，2021.8（2023.1重印）
ISBN 978－7－5763－0115－1

Ⅰ．①二… Ⅱ．①庞… Ⅲ．①汽车－价格评估－职业教育－教材②汽车－市场交易－职业教育－教材 Ⅳ．①U472②F766

中国版本图书馆CIP数据核字（2021）第149147号

出版发行 ／ 北京理工大学出版社有限责任公司	
社　　址 ／ 北京市海淀区中关村南大街5号	
邮　　编 ／ 100081	
电　　话 ／（010）68914775（总编室）	
（010）82562903（教材售后服务热线）	
（010）68944723（其他图书服务热线）	
网　　址 ／ http://www.bitpress.com.cn	
经　　销 ／ 全国各地新华书店	
印　　刷 ／ 唐山富达印务有限公司	
开　　本 ／ 787毫米×1092毫米　1/16	
印　　张 ／ 19.5	责任编辑 ／ 王晓莉
字　　数 ／ 458千字	文案编辑 ／ 王晓莉
版　　次 ／ 2021年8月第4版　2023年1月第2次印刷	责任校对 ／ 刘亚男
定　　价 ／ 52.00元	责任印制 ／ 李志强

图书出现印装质量问题，请拨打售后服务热线，本社负责调换

再版前言 PREFACE (4TH EDITION)

国家对二手车市场的发展很重视，2009年、2016年、2018年和2021年的政府工作报告中都涉及了二手车的内容，2016年颁布实施的《中华人民共和国资产评估法》也将旧机动车评估作为六类国家级资产评估专业之一。随着我国经济的发展、人民生活水平的提高，汽车消费已成为人们追求美好生活的需要，也是国家扩大内需的需要。从国外汽车市场发展的经验看，当社会汽车保有量很大时，二手车销售量将是新车销售量的2~3倍——二手车交易逐渐成为汽车市场的经济增长点。中国现在已经是全球最大的新车市场，汽车拥有量居世界第二位，未来也将成为最大的二手车市场，市场潜力很大——二手车市场已成为拉动中国汽车市场继续前行的重要力量。

本书2007年出版第1版，2012年出版第2版，2017年出版第3版，一直受到众多读者的喜爱和关注，很多学校将其作为授课教材。在前几版的使用过程中，很多读者认为该书（旧版）注重理论性和实用性相结合，二手车知识比较全面，同时对书中存在的问题提出了宝贵意见。2017年以来我国出台了很多涉及二手车的消费政策，这使二手车的交易环境有了很大变化，因而书中涉及的部分内容需要加以调整和更新。因此，在原有内容的基础上，编者对旧版内容做了较大调整，推陈出新，与时俱进。

本书内容分为7章，由庞昌乐担任主编，负责全书的编写和统稿，程勉宏参与编写了第1章和第4章的部分内容。在编写过程中，编者参考了大量已出版的相关图书和文献资料，谨此致谢！

由于编者水平有限，书中疏漏之处在所难免，殷切希望广大读者对不妥之处提出宝贵意见，请致信：pangcl@cau.edu.cn，我们将认真对待、加以完善，并表示感谢。

编　者

2021年7月

目录 CONTENTS

第1章 二手车概述 ... 001
1.1 二手车概念 ... 001
1.1.1 旧机动车与二手车 ... 001
1.1.2 二手车属性和特点 ... 002
1.2 我国二手车市场介绍 ... 002
1.2.1 二手车产业链概述 ... 002
1.2.2 二手车交易市场和二手车经营主体 ... 004
1.2.3 我国二手车流通市场的特征 ... 007
1.2.4 当前二手车流通行业存在的主要问题 ... 011
1.2.5 促进二手车流通市场发展的对策与建议 ... 014
1.3 国外二手车市场介绍 ... 017
1.3.1 美国二手车市场介绍 ... 018
1.3.2 日本二手车市场介绍 ... 027
1.4 二手车在汽车后市场中的地位和作用 ... 037
1.4.1 汽车后市场概述 ... 037
1.4.2 汽车后市场分类及发展历程 ... 038
1.4.3 二手车业务在汽车后市场的地位分析 ... 041

第2章 汽车基础知识 ... 043
2.1 汽车的组成 ... 043
2.1.1 发动机 ... 043
2.1.2 底盘 ... 045
2.1.3 车身 ... 047
2.1.4 电气设备 ... 048
2.2 汽车类型及型号编制规则 ... 051
2.2.1 汽车类型 ... 051

2.2.2 汽车型号编制规则 053
2.3 车辆识别代号 055
2.3.1 车辆识别代号的定义 055
2.3.2 车辆识别代号的基本内容 056
2.3.3 车辆识别代号（VIN）的作用及应用 065
2.4 汽车使用寿命 066
2.4.1 汽车使用生命周期 066
2.4.2 汽车使用寿命分类 067
2.4.3 汽车经济使用寿命的计算 070
2.4.4 影响机动车经济使用寿命的因素 075

第3章 二手车鉴定评估基础知识 078
3.1 二手车鉴定评估概述 078
3.1.1 资产评估与旧机动车评估 078
3.1.2 二手车鉴定评估的当事人和评估对象 080
3.1.3 二手车鉴定评估的当事人权利和行为规范 081
3.1.4 二手车鉴定评估的业务类型 085
3.1.5 二手车鉴定评估的目的、特点和依据 087
3.2 二手车鉴定评估机构 089
3.2.1 二手车鉴定评估机构的设立条件 089
3.2.2 二手车鉴定评估机构的备案制度与公示 089
3.3 二手车鉴定评估师 091
3.3.1 二手车鉴定评估专业人员 092
3.3.2 二手车鉴定评估师岗位技能证书和注册证书 093
3.3.3 二手车鉴定评估师申报条件 095
3.3.4 二手车鉴定评估师基本要求 098
3.3.5 二手车鉴定评估师管理 103

第4章 二手车技术状况鉴定 107
4.1 二手车技术状况鉴定方法 107
4.1.1 技术状况鉴定方法 107
4.1.2 技术状况鉴定范围和内容 108
4.1.3 不可交易车辆和事故车鉴别方法 110
4.2 二手车技术状况人工检查鉴定 120
4.2.1 检查车辆信息 120
4.2.2 车身外观检查与鉴定 121
4.2.3 发动机舱检查与鉴定 132
4.2.4 驾驶舱检查与鉴定 134
4.2.5 起动检查与鉴定 135

- 4.2.6 路试检查与鉴定 ………………………………………………… 136
- 4.2.7 底盘检查与鉴定 ………………………………………………… 138
- 4.2.8 检查功能性零部件 ……………………………………………… 139

4.3 二手车技术状况仪器检查 …………………………………………… 139
- 4.3.1 汽车动力性检测 ………………………………………………… 140
- 4.3.2 发动机气缸密封性检测 ………………………………………… 144
- 4.3.3 汽车燃油经济性检测 …………………………………………… 146
- 4.3.4 汽车制动性能检测 ……………………………………………… 147
- 4.3.5 车轮侧滑检测 …………………………………………………… 149
- 4.3.6 汽车前照灯技术状况检测 ……………………………………… 151
- 4.3.7 四轮定位检测 …………………………………………………… 154
- 4.3.8 汽车车速表检测 ………………………………………………… 156
- 4.3.9 汽车排气污染物检测 …………………………………………… 157

第5章 二手车价值评估 …………………………………………………… 161

5.1 二手车价值评估概述 ………………………………………………… 161
- 5.1.1 二手车价值评估类型 …………………………………………… 161
- 5.1.2 二手车价值评估方法选择 ……………………………………… 162
- 5.1.3 影响二手车价值的因素 ………………………………………… 164

5.2 二手车成新率计算方法 ……………………………………………… 166
- 5.2.1 使用年限法 ……………………………………………………… 167
- 5.2.2 行驶里程法 ……………………………………………………… 169
- 5.2.3 技术鉴定法 ……………………………………………………… 169
- 5.2.4 综合成新率法 …………………………………………………… 172

5.3 现行市价法评估二手车 ……………………………………………… 176
- 5.3.1 现行市价法的基本原理 ………………………………………… 176
- 5.3.2 现行市价法评估方法和程序 …………………………………… 177
- 5.3.3 现行市价法的应用前提和适用范围 …………………………… 179
- 5.3.4 现行市价法评估实例 …………………………………………… 180

5.4 重置成本法评估二手车 ……………………………………………… 181
- 5.4.1 重置成本法的基本原理 ………………………………………… 181
- 5.4.2 重置成本法评估方法 …………………………………………… 182
- 5.4.3 重置成本法的应用前提和适用范围 …………………………… 183
- 5.4.4 重置成本法的评估实例 ………………………………………… 184

5.5 收益现值法评估二手车 ……………………………………………… 191
- 5.5.1 收益现值法的基本原理 ………………………………………… 191
- 5.5.2 收益现值法评估方法 …………………………………………… 192
- 5.5.3 收益现值法的应用前提和适用范围 …………………………… 194
- 5.5.4 收益现值法的评估实例 ………………………………………… 194

5.6 二手车价值评估的衍生方法 ································· 196
    5.6.1 清算价格法评估二手车 ································· 196
    5.6.2 清算价格法的应用前提和适用范围 ································· 197
    5.6.3 清算价格法的评估实例 ································· 197
    5.6.4 折旧法评估二手车 ································· 198
    5.6.5 折旧法的优缺点和适用范围 ································· 203
    5.6.6 折旧法二手车收购估价实例 ································· 203

第6章 二手车鉴定评估实务 ································· 206

6.1 二手车鉴定评估程序 ································· 206
    6.1.1 资产评估的基本程序 ································· 206
    6.1.2 二手车鉴定评估作业流程 ································· 207
    6.1.3 受理鉴定评估 ································· 209
    6.1.4 查验可交易车辆 ································· 211
    6.1.5 签订鉴定委托书 ································· 220
    6.1.6 登记基本信息 ································· 221
    6.1.7 判别事故车 ································· 222

6.2 二手车技术状况鉴定 ································· 223
    6.2.1 二手车检查与技术状况鉴定 ································· 223
    6.2.2 拍摄车辆照片 ································· 229

6.3 评估二手车价值 ································· 231
    6.3.1 价值评估方法的选择 ································· 231
    6.3.2 确定二手车成新率 ································· 232
    6.3.3 市场询价 ································· 232
    6.3.4 计算车辆价值 ································· 233

6.4 撰写鉴定评估报告 ································· 234
    6.4.1 二手车鉴定评估报告的概念与作用 ································· 234
    6.4.2 编制二手车鉴定评估报告 ································· 235

6.6 二手车鉴定评估业务案例 ································· 240
    6.6.1 二手车鉴定评估机构评估案例 ································· 240
    6.6.2 二手车交易类企业评估案例 ································· 250

第7章 二手车交易实务 ································· 253

7.1 二手车交易概述 ································· 253
    7.1.1 一个合法完备的二手车交易过程 ································· 253
    7.1.2 二手车交易的相关法规介绍 ································· 254

7.2 常见二手车交易模式 ································· 260
    7.2.1 二手车购买渠道 ································· 260
    7.2.2 二手车直接交易 ································· 260

7.2.3 二手车中介交易 ·· 262
 7.2.4 二手车经营销售 ·· 264
 7.2.5 二手车电商交易模式 ··· 265
7.3 二手车交易程序 ·· 269
 7.3.1 二手车直接交易程序 ··· 269
 7.3.2 二手车销售程序 ·· 270
 7.3.3 二手车拍卖程序 ·· 271
7.4 办理交易过户手续 ·· 272
 7.4.1 二手车交易过户需要的资料 ··· 272
 7.4.2 二手车交易过户流程 ··· 273
7.5 办理所有权转移登记过户手续 ·· 279
 7.5.1 申请转移登记 ·· 279
 7.5.2 办理二手车转移登记提交的资料 ··· 280
 7.5.3 二手车转移登记类型及程序 ··· 282
 7.5.4 车辆同辖区转移登记 ··· 282
 7.5.5 车辆不同辖区转移登记 ··· 284
7.6 办理税、险过户手续 ·· 287
 7.6.1 车辆购置税和车船税过户问题 ··· 287
 7.6.2 车辆保险过户 ·· 288
7.7 二手车买卖合同 ·· 289
 7.7.1 二手车买卖合同概念和订立依据 ··· 289
 7.7.2 订立二手车买卖合同的基本原则和注意事项 ······························· 290
 7.7.3 二手车买卖合同的内容 ··· 291
7.8 二手车质量保证 ·· 296
 7.8.1 二手车质量保证的意义 ··· 296
 7.8.2 二手车质量保证的前提及质量保证期 ··· 297
 7.8.3 二手车的售后服务 ··· 298

参考文献 ··· 300

第1章 二手车概述

本章学习要点：

1. 掌握二手车和二手车产业链的概念，了解我国二手车的市场状况、特点以及存在的主要问题。

2. 了解国外二手车的发展状况，了解发达国家二手车的交易方式和特点及对二手车市场的管理方法。

3. 掌握汽车后市场的概念，了解二手车在汽车后市场中的地位和作用。

1.1 二手车概念

1.1.1 旧机动车与二手车

在我国，人们喜欢用旧这个词来形容一件使用过的东西的外观，有陈旧（或老旧）和破旧之分。陈旧反映了时间对外观的影响；破旧反映了磨损对外观的影响。基于这个观念，在用车一直以来被称为旧机动车或旧车。在概念上，旧机动车只是在用车，没有交易的含义，不是商品。如果将其用于交易，它就变成了待售商品，但旧机动车这一概念让人在不看车的情况下想象车辆老旧或破旧，感觉使用起来车辆会发出异响、坐着不舒服甚至不安全等，认为肯定不是什么好车，从而在一定程度上影响人们消费二手车的情绪，不利于二手车再次流通和消费。其实只要办理完注册登记手续的车，不管有多新，再次进入市场流通时就是二手车。现在，有许多只开了几个月甚至是一两个月的车（也被称为次新车）就拿到市场上进行再交易，所以把这些再次交易的在用车叫"二手车"更准确，词意一致。当然，二手车也包括那些交易的使用年限较长的老旧车。国际上，对二手车有一个中性的、通俗易懂的叫法：Used Car（即"用过的汽车"），但这个词字面上没有交易的含义。用过并不意味着一定是旧的。为了鼓励二手车行业的发展，国家在颁布实施的《二手车流通管理办法》法规中，首次明确地将交易的在用车称为二手车。在该法规中，把二手车做了如下严格的定义：

二手车（Used Car）是指从办理完注册登记手续到达到国家强制报废标准之前进行交易并转移所有权的汽车、挂车和摩托车。二手车概念有4个关键词，分别是：

①注册登记。已注册登记表明二手车交易时必须是合法的汽车。

②强制报废标准。强制报废标准前交易是为了确保二手车交易后继续可用。

③交易。交易反映了二手车的商品属性，即在用汽车只有再次进入流通市场进行交易时才能被称为二手车。根据《中华人民共和国民法典》第二百二十四条规定：动产物权的设

立和转让，自交付时发生效力，但法律另有规定的除外。也就是说，二手车完成交易后，卖方虽然向买方交付了车辆，但只是交付了车辆的使用权，买方不能算是合法取得了二手车的所有权，因为机动车转让后的所有权法律归属由《机动车登记规定》规定，这就是"法律另有规定的除外"的含义。所以，完成二手车交易只是实现了二手车使用权的转移，还需要进一步完成所有权转移。

④转移所有权。转让的二手车必须依据《机动车登记规定》的法律规定完成转移所有权，以解决二手车的最终法律归属。交易后的二手车能够通过所有权转移登记表明该车的法定证件齐全、合法有效，能合法正常使用；新车主只有通过所有权转移才能真正成为法律意义上的合法拥有该车的车主。也就是说二手车交易后必须法律易主才算完成合法的交换，两者缺一不可。

由于上述③和④的规定，所以，二手车也被称为特殊商品。

1.1.2 二手车属性和特点

二手车是正在交易的在用汽车，既有汽车的使用属性，又有商品的交易属性。

在用汽车一般有两种属性：一是消费品，二是资产。

作为消费品，汽车技术状况会随着时间和消费条件的变化而变化，且价值逐步减少；作为资产（是一种动产），汽车具有价值，能进行交易、质押和抵押。

汽车作为一种资产进行交易，就是商品，所以二手车具有商品属性。但二手车商品是一个非标商品，具有"一车一况，一况一价"的特点。

完成交易和所有权转移后的二手车又将成为一辆在用车。

二手车商品与新车商品是有区别的，体现在：

①新车是标准化商品，同车型、同配置的所有新车质量是一致的；二手车是一个非标商品，同车型、同配置的任意两辆二手车质量是不一样的。

②在同一销售地点，同车型、同配置的所有新车车况、价格基本是一致的；二手车的车况和价格一般是不同的，有"一车一况，一况一价"的特性。一般来说，价格便宜是二手车最大的卖点。用相同价格购买新车的钱可以买到高一个档次的二手车。

1.2 我国二手车市场介绍

通常所说的二手车市场是指二手车流通市场，包括二手车交易市场、各类二手车经营主体及相关服务行业等，实际上是二手车流通产业链的环节。

在美国、德国等发达国家，由于社会汽车保有量庞大，二手车交易量几乎是新车销售量的2~3倍。目前，我国二手车交易量只有新车销售量的一半，二手车市场尚处于起步发展阶段，发展空间极大。可以预见，在未来10年，二手车行业将成为一个不折不扣的朝阳产业。

1.2.1 二手车产业链概述

二手车产业链是指二手车作为商品出售从车主流通到消费者所涉及的环节总和。如图1-1所示，C_1代表车主（卖方），C_2代表消费者（买方）；B_1、B_2代表流通中各个中间经营环节，包括二手车经销商、4S 店、二手车中介经营企业（如经纪、拍卖）等。4S 店（全称是 4S 汽车销售服务店（Automobile Sales Serviceshop）），是指集整车销售（Sale）、零配件（Sparepart）、售后服务（Service）、信息反馈（Survey）四位一体的汽车销售服务企业，是由经销商投资建设，按照汽车生产厂家规定的标准建造，只能销售由汽车生产厂家授权的品牌汽车，能够为顾客提供专业的技术支持和售后服务的一种特许经营模式。因此，4S 店也被称为汽车品牌经销商、品牌专卖店。

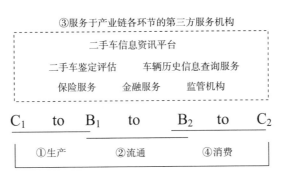

图 1-1 二手车产业链示意图

图 1-1 中的二手车产业链包括生产、流通、流通服务和消费四大环节，其中汽车"C_1 to B_1"是二手车生产环节；"B_1 to B_2"是二手车流通环节（包括本地和异地流通）；"B_2 to C_2"是二手车销费环节；"C_1 to C_2"是车主到消费者的二手车直接交易环节；"C_1 to B_1（B_2）to C_2"或"C_1 to C_2"，中间提供服务的是第三方服务机构。

1. 二手车生产环节

二手车不是新制造的产品，所以并不存在真正的生产环节，但二手车却是新产生的二次商品。不是商品的在用车再次出售就相当于生产了一件商品，从这个意义上理解，在用车变成商品二手车就相当于生产了一辆二手车。

在用车变成商品二手车的途径有："C_1 to B_1"和"C_1 to C_2"。其中 B_1 包括二手车经销商、4S 店和其他形式的二手车经营企业。4S 店的二手车由企业开展以旧换新的汽车置换业务得来。

2. 二手车流通环节

二手车流通环节包括 B_1 to C_2 的各种中间商及其组合形式，是二手车产业链中最复杂，也是商机最多的关键环节。这个环节中，B_2 不包括4S 店，其他形式与 B_1 相同。传统二手车流通形式有 C2B（C_1 to B_1）、B2B（B_1 to B_2）、B2C（B_1 to C_2 和 B_2 to C_2）、C2C（C_1 to C_2）多种模式（注：这里的 2 与 to 英文读音相同，所以用 2 代表 to，是一种约定成俗的写法），但在"互联网+资本"的双重助力推动下，二手车流通转型升级，出现各种组合（混合）流通模式的二手车拍卖平台和电商平台（B_1 或 B_2）（参见第 7 章 7.2.5 节），二手车流通也由以本地流通为主向在全国流通转型。

C2B 拍卖模式处于最上游的收车环节，主要帮助个人车主解决了卖车难的痛点，刺激市场需求，为二手车行业增添新的车源。同时，C2B 拍卖模式又补充了车商、B2B 平台获取车源的途径，帮助车商和平台拿到一手车源。随着 C2B 拍卖模式的成熟和技术升级，B_1 端的 4S 店正在成为车源供给方，而本地 B_2 与外省市 B_2 经营者的比例出现变化，跨区域 C2B 的拍卖在检测技术、物流运输、系统支撑、网络支付多方面升级后成为可能。

B2B 模式通常由"B_1 + 二手车拍卖企业 + B_2"组合形式出现，帮助下游车商解决了车源问题，这种模式服务的交易双方均为专业车商，车源和需求都更加集中，成交效率更高，为当前的主要交易模式。B2B 环节参与者较多，车源多层次分配难以集中，而 4S 店作为一种 B_1 端具有通过优质服务增加置换、提升车源收集效率的优势，是稳定车源的重要途径。

由于 C_2 端买方市场尚待培育，行业尚无完善的认证体制，2C（即 to C_2）模式市场还需大力培育。对于 B2C 模式，前期可通过培育车商资源来建立信任，扩大车源数量，进而增加用户流量和成交量。对于 C2C 模式，由于两端均需要培育用户，资金、时间成本巨大，还需要通过更多的努力和投入来建立成熟稳定的交易体系。

3. 二手车流通第三方服务机构

第三方服务机构是二手车流通中的重要组成部分，包括促成二手车交易的中介企业（如二手车鉴定评估公司、二手车价格查询平台）、二手车信息资讯平台、车辆历史信息查询服务（如维修保养、事故数据等）、保险服务和金融服务以及二手车流通监管机构等。其中，二手车信息资讯平台面向全产业链为二手车买卖各方提供信息资讯，是产业链中不可或缺的信息来源渠道；第三方鉴定评估服务、价格查询服务及车辆历史信息查询服务则作为重要工具为二手车估价提供数据支持；保险、金融和监管机构则为买卖双方提供服务支持和保障。

目前，二手车流通的现状是：二手车车源（置换、淘汰）集中在北上广（北京、上海、广州）一线城市，而购买需求在广大的三四线城市，分散不集中的状况使二手车流通产业链中间环节过多，各级层层加价，而 4S 店等收车者把收购价压得极低，加上渠道和信息不对称，使得卖车者和消费者往往无法卖出和买到一个市场公允价的二手车。

1.2.2 二手车交易市场和二手车经营主体

《二手车流通管理办法》和《二手车交易规范》对二手车交易市场及相关经营活动做出了明确规定。

1. 二手车交易市场

（1）定义

二手车交易市场是指依法设立、为买卖双方提供二手车集中交易和相关服务的场所。这个定义有如下含义。

①它是一个企业，是为二手车交易提供场地服务的企业。

②经营范围：二手车交易市场经营服务和管理，包括二手车交易服务、信息咨询服务、房屋及场地租赁等。

从定义可知，二手车交易市场是有形市场，企业经营者不从事二手车买卖，其主营业务是为二手车交易提供相关服务。

（2）设立条件与备案

二手车交易市场经营者需要具备企业法人条件，依法到工商行政管理部门办理登记取得营业执照，并在商务管理部门备案。申请条件如下：

①符合所在地城市发展及城市商业发展规划要求。

②市场开办主体具备企业法人条件，持有工商管理部门颁发的市场经营者营业执照。

③有固定的交易场地，设立车辆展示区、交易大厅、办公区域等。经营场地面积要求：一类城市，场地面积不少于 10 000m²，办公建筑面积不少于 1 000m²，交易大厅面积不少于 500m²；二类城市，场地面积不少于 5 000m²，办公建筑面积不少于 500m²，交易大厅面积不少于 250m²。

④具有从事经营活动的必要设施，能为客户提供二手车信息查询、鉴定评估、转移登记、保险、纳税等相关服务。

⑤有 3 名以上从事二手车鉴定评估业务的专业人员（取得中国汽车流通协会颁发证书的二手车鉴定估价师，包括以前取得国家职业资格证书的旧机动车鉴定估价师）。

⑥有规范的市场监管制度。

⑦企业在商务部业务系统统一平台"全国汽车流通信息管理系统"（网址：http://bfqc.scjss.mofcom.gov.cn/）内完成企业注册。

（3）二手车交易市场服务与职责

①为驻场的二手车经营主体提供固定场所和设施，并为客户提供办理二手车鉴定评估、转移登记、保险、纳税等手续的条件。

②为客户提供相关服务（如验车服务、交易服务和物业等），在收取服务费时应开具发票。

③对二手车直接交易和通过二手车经纪机构进行二手车交易的，应当由二手车交易市场经营者按规定向买方开具税务机关监制的二手车销售统一发票。

④建立交易档案。交易档案保留期限不少于 3 年。

⑤确认卖方的身份、核对车辆所有权或处置权证明及车辆的合法性，杜绝盗抢车、走私车、非法拼装车和证件不合法的违法车辆上市交易。

⑥对交易违法车辆的，二手车交易市场经营者要承担连带赔偿责任和其他相应的法律责任。

（4）二手车交易市场服务管理要求

①二手车交易市场经营者应具有必要的配套服务设施和场地，设立车辆展示交易区、交易手续办理区及客户休息区，做到标识明显，环境整洁卫生。交易手续办理区应设立接待窗口，明示各窗口的业务受理范围。

②二手车交易市场经营者在交易市场内应设立醒目的公告牌，明示交易服务程序、收费项目及标准、客户查询和监督电话号码等内容。

③二手车交易市场经营者应制定市场管理规则，对场内的交易活动负有监督、规范和管理责任，保证良好的市场环境和交易秩序。由于管理不当给消费者造成损失的，应承担相应的责任。

④二手车交易市场经营者应及时受理并妥善处理客户投诉，协助客户挽回经济损失，保

护消费者权益。

⑤二手车交易市场经营者在履行其服务、管理职能的同时，可依法收取交易服务和物业等费用。

⑥二手车交易市场经营者应建立严格的内部管理制度，牢固树立为客户服务、为驻场企业服务的意识，加强对所属人员的管理，提高人员素质。二手车交易市场服务、管理人员须经培训合格后上岗。

2. 二手车经营主体及经营行为

（1）二手车经营主体

二手车经营主体是指经工商行政管理部门依法登记，从事二手车经销、拍卖、经纪、鉴定评估以及经营服务的企业。在这些二手车经营主体中，二手车交易市场是为二手车经营提供服务的经营主体，二手车拍卖、经纪和鉴定评估是中介服务的经营主体，二手车经销是专业从事二手车收购和销售的经营主体。4S 店从事二手车置换业务归类为二手车经销。近几年出现的各类二手车电商企业依照其业务性质归类为二手车经销、拍卖、经纪企业。

我国对二手车经营主体实行备案制度。上述二手车经营主体必须经过当地商务主管部门备案后才能合法地开展二手车业务。从事二手车中介服务的二手车经营主体通常在二手车交易市场内租赁场地开展经营业务。成熟的二手车交易市场应是聚集众多二手车经营主体的经营场所，这样有利于形成规模市场，交易活跃，带来公平竞争，容易形成二手车市场行情和公平市价，为二手车评估和交易提供丰富的参照车辆。

（2）二手车经营行为

二手车经营行为是指二手车经销、拍卖、经纪、鉴定评估等。

①二手车经销是指二手车经销企业收购、销售二手车的经营活动。

②二手车拍卖是指二手车拍卖企业以公开竞价的形式将二手车转让给最高应价者的经营活动。

③二手车经纪是指二手车经纪机构以收取佣金为目的，为促成他人交易二手车而从事居间、行纪或者代理等经营活动。从事二手车经纪业务的从业人员称为经纪人（Broker）。

④二手车鉴定评估是指二手车鉴定评估机构对二手车技术状况及其价值进行鉴定评估的经营活动。

上述②~④情形的二手车经营行为属于中介经营活动。

（3）现阶段我国二手车经营方式

现阶段我国对二手车经营采取不同的税收政策，即二手车经销商、4S 店销售二手车依 3% 征收率并减按 2% 征收增值税，二手车拍卖按照 3% 缴纳增值税，二手车经纪无须缴纳增值税。这一政策间接确立了我国二手车交易方式采用"经纪"方式，而非"经营"方式的发展路径。

自 2020 年 5 月 1 日至 2023 年 12 月 31 日，从事二手车经销的纳税人销售其收购的二手车，由原按照简易办法依 3% 征收率减按 2% 征收增值税，改为减按 0.5% 征收增值税。

3. 监督与管理

二手车经营主体开展二手车业务涉及三个监督管理部门：国务院商务主管部门、工商行政管理部门、税务部门。具体监管要求如下：

①建立二手车交易市场经营者和二手车经营主体备案制度。备案时应具备的条件是：依法取得营业执照、具备企业法人条件。备案部门：向当地（地市级）商务主管部门提出备案申请，由省级商务主管部门备案。省级商务主管部门应当将二手车交易市场经营者和二手车经营主体有关备案情况定期报送国务院商务主管部门。只有通过备案的二手车经营主体才能从事二手车相关业务。

②建立和完善二手车流通信息报送、公布制度。二手车交易市场经营者和二手车经营主体应当定期将二手车交易量、交易额等信息通过所在地商务主管部门报送省级商务主管部门。省级商务主管部门将上述信息汇总后报送国务院商务主管部门。国务院商务主管部门定期向社会公布全国二手车流通信息。

③商务主管部门、工商行政管理部门应当在各自的职责范围内采取有效措施，加强对二手车交易市场经营者和经营主体的监督管理，依法查处违法违规行为，维护市场秩序，保护消费者的合法权益。

④国务院工商行政管理部门会同商务主管部门建立二手车交易市场经营者和二手车经营主体信用档案，定期公布违规企业名单。

1.2.3 我国二手车流通市场的特征

现阶段我国二手车流通市场有以下特征。

1. 以有形二手车交易市场为主体

我国二手车市场从20世纪80年代发展至今已有40多年的历史。二手车交易模式由早期以零散的个人直接交易、车贩子倒买车为主的单一交易模式，发展到了今天以二手车经销企业、二手车经纪机构、二手车拍卖企业、品牌二手车置换、二手车租赁业务等多种交易模式并存的格局。2013年以来，随着"互联网+二手车"的兴起，出现了以互联网为交易平台的二手车营销模式，二手车线上展示、线下完成交易。但这些外部条件的变化，并没有改变我国二手车市场长期以来形成的以有形交易市场为主体的流通特征。

2. 二手车经营主体向多元化发展

2004年以前，二手车是作为特殊商品交易的，且只能在二手车交易市场里进行交易，形成了以二手车交易市场主导的交易模式，那时的二手车交易量远远落后于新车交易量，不利于二手车市场的整体发展。2005年10月国家发布了《二手车流通管理办法》，放开了二手车经营权、降低了二手车经营门槛，很多经营实体纷纷进入二手车流通市场开展二手车经营业务，出现了二手车拍卖企业、二手车经纪机构、二手车连锁销售和二手车品牌经销商等多元二手车经营主体，二手车市场开始向多元化、规范化方向发展。

3. 新车市场与二手车市场联动效应明显

新车市场和二手车市场存在着联动的关系，新车销售的表现直接影响二手车交易的走势。图1-2和图1-3分别为2002—2019年全国乘用车销售量和二手车交易量统计图。从图中可以看出新车销售量和二手车交易量都有着逐年递增的趋势（新车销售复合增长率

CAGR 为 16.01%，二手车交易复合增长率 CAGR 为 19.93%）。新车销售量持续增长使社会汽车保有量逐年增加，为二手车市场成长提供了丰富的车源，同时也影响和改变了二手车流通市场的走势。

对比图 1-2 和图 1-3 可见，2014 年以后二手车交易增长率超过新车销售增长率，2018 年新车销售量出现下降，呈现负增长态势（主要原因是汽车生产转型升级和消费升级，以及新能源车和传统汽油车销售量分开统计），而二手车仍保持平稳增长。2017 年以来，二手车交易量/新车销售量的值均大于 0.5∶1。连续三年出现的新车销售量下降、二手车交易量上升的现象说明我国汽车行业正在由增量市场迈向存量市场，汽车行业已进入转型的十字路口，二手车交易对新车销售的拉动作用正在显现，二手车市场已成为拉动我国汽车市场继续前行的重要力量，二手车行业将成为一个不折不扣的朝阳产业。

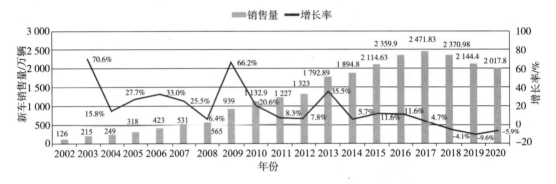

图 1-2　2002—2019 年全国乘用车销售量和年度增长变化

图 1-3　2002—2019 年全国二手车交易量和年度增长变化

根据公安部交通管理局发布的数据显示（图 1-4），汽车转移登记业务量从 2014 年的 1 207 万笔增加到 2020 年的 2 481 万笔，短短六年增长了一倍多，也反映出二手车市场的活跃。

图1-4 2014—2020年全国汽车转移登记业务量情况

4. 汽车生产商、新车经销商与二手车交易市场紧密合作开展二手车业务

新车、汽车保有量和二手车三者之间存在一定的关系：新车销售是汽车保有量的增量因素，汽车保有量为二手车交易提供车源，而二手车交易为解决在用车置换新车、实现消费者使用车辆的更新换代提供了途径，是促进新车销售的助推器。基于这样的发展认识，2005年国家颁布实施《二手车流通管理办法》和《二手车交易规范》后，开放了二手车经营权，新车市场和二手车市场开始融合沟通，新车销售市场增加了二手车交易，二手车交易市场出现了新车销售和汽车置换，同时多品牌汽车经销商也在积极推出收旧卖旧、收旧卖新等业务，从新车销售向二手车销售延伸，形成新车市场和二手车市场的联动效应。新车和二手车同场交易的局面，使汽车生产商、新车经销商与二手车交易市场互利合作的发展态势得到进一步延续和深化。二手车交易市场的人员在长期的经营过程中积累了丰富的市场运作经验，和公安车辆管理部门、工商管理部门等保持着长期友好的合作关系，拥有庞大的二手车经营网络、信息资源和人才资源等，而这些优势又恰恰是汽车生产商和新车经销商开展二手车经营业务最薄弱的环节。因此，汽车生产商和新车经销商迫切希望同有经验的二手车交易市场人员开展合作，共同推进二手车置换业务。置换已成为新车市场的核心驱动力之一，置换也带来了更多的二手车供给，从而引发更为活跃的交易行为。一辆二手车，在使用寿命周期内可能会交易数次，而一辆新车的使用期限至少为3年，因此二手车的交易频次要远远高于新车的销售频次。

汽车生产商及新车经销商介入二手车市场，带来了规模化、专业化的服务保障体系，在行业中树立起二手车经营的品牌理念和诚信机制。首先汽车生产商建立了二手车品牌，然后利用其新车品牌优势，通过其品牌经销商取得二手车经营权后凭借二手车市场的人气优势开展新车和二手车置换经营业务，在注重品牌效应、连锁经营、售后服务等更高层面上形成新旧车销售和售后服务的优势互补。目前，大多数汽车厂商如上海通用、上海大众、一汽大众、东风雪铁龙、广州本田等已经在全国开展了二手车置换业务。如上海通用汽车从2002年开始推出"诚新二手车"品牌以来，已全面覆盖上海通用汽车旗下的别克、雪佛兰和凯迪拉克三大汽车品牌，依据其全国4S店销售网络开展由汽车生产企业主导的品牌二手车置换业务，以二手车品质与质量担保为其经营特色，主打的是诚信和放心的理念。"诚新"的发音与"诚信"相同，表达上海通用汽车诚新二手车品牌秉承了上海通用汽车"诚信正直"的核心价值观。"诚新"的含义是：上海通用汽车的二手车值得信赖、讲究品质；同时每一辆交付给消费者的诚新二手车，都将受到最严格的品质检测、修复等专业服务，焕然一新。诚新二手车的 logo 由"Customer""Chengxin"和"Certified"的开头字母"C"衍生而来。大众集团的二手车品牌是"Das WeltAuto"，目前已联合旗下国内的一汽大众、上海大众两家合资公司共同建立了统一的品牌二手车销售途径。

5. 二手车经营内涵由单一销售向注重售后服务转变

随着经营规模的扩大和市场竞争的加剧，苦练内功、拓宽经营思路、增加服务内容与功能成为众多二手车经营主体的共同取向。如部分二手车交易市场转变经营机制，拓宽服务领域，延伸服务产业链，改变原有交易过户的单一功能，采用维修—美容—交易—质量担保等多环节的一条龙式服务模式，既为消费者创造了更加周到的服务，又为企业找到了新的利润增长点。

以北京、上海、天津等二手车交易市场为代表的大批二手车流通企业，不断探索，勇于创新，深度挖掘服务内涵，以追求高品质服务作为企业生存发展的根本，服务质量、服务水平大幅度提高，走出了一条以二手车交易服务为主线，以置换、拍卖、鉴定评估、美容、维修等多种经营服务模式并存的发展之路。他们在营销方法与手段上，不断推陈出新，把二手车交易引入二手车网上拍卖系统，通过开展网上交易、定期或不定期举办现场拍卖会、开展质量跟踪服务等进一步扩大了原有二手车经营业务的涵盖范围，为二手车交易市场在新的市场形势下实现可持续发展，提供了新的思路和支点。

在进一步完善二手车售后服务功能方面，北京二手车交易市场开辟了"竞价寄卖"交易模式，缩短了办理机动车辆登记时间。上海二手车交易市场在完善市场管理功能的基础上，努力建立售前、售中、售后等服务，推出"二手车售后服务标准""信誉保证金"等一系列售后服务措施。

6. 二手车流通有行业组织是二手车行业日渐成熟的标志

随着二手车市场的不断壮大与发展，二手车流通企业自律意识和维权意识不断增强，为营造地方二手车市场正常的经营秩序，维护企业的合法权益，保护消费者的利益，我国大部分地区自发地成立了一些地方性的二手车流通协会。目前已形成了全国和地方两层级协会，全国性的二手车流通协会是中国汽车流通协会，地方性的二手车流通协会包括省级和地市级，这些行业协会是独立的社团法人组织，在协助政府部门制定行业发展规划，参与行业法规体系建设，为企业与政府架起有效沟通平台等方面发挥了很重要的作用。

这些行业协会以二手车经营企业为会员，基本上做到了协会来自企业，服务于企业，真正为企业办实事。

7. 消费环境的改善和服务体系的健全助推二手车市场发展

这些年中国二手车市场在消费环境与服务体系建设方面出现了很多积极的变化。这些变化既体现在政府加强二手车交易市场服务功能的升级改造以及逐步细化上，也表现在众多二手车经营主体主动地强化基础功能设施建设，同时还表现在通过竞价、拍卖等市场模式提高市场透明度和公信力。此外,还借鉴国际成熟模式,采用品牌经营、连锁化经营和电商平台经营的模式去发展壮大。一系列变化都为改善消费环境和完善服务体系发挥了积极的作用,为二手车市场发展高潮的到来准备了条件。

在二手车市场,相关主管部门正在研究完善二手车发展政策,鼓励二手车流通。同时,积极研究、支持和培育二手车流通市场的政策、措施,鼓励品牌汽车供应商和品牌汽车经销商开展二手车经营和汽车置换服务,形成以品牌供应商为龙头、品牌经销商为基础的二手车营销网络。另外,针对当前二手车经销企业增值税税收负担过重的问题深入开展调查研究,推动、完善品牌二手车经营主体的税收政策。

1.2.4 当前二手车流通行业存在的主要问题

二手车市场的快速发展,使原有政策制定时的环境有了极大的改变,原有的管理办法与市场的现状存在一定的脱节。另外,随着二手车互联网电商的发展,对法律法规又有了新的需求。还有,二手车市场自身的发展,使得原有的问题进一步凸显出来,如二手车市场信息不对称的问题、全国性流通问题,等等。影响我国二手车流通行业的问题可以从外部市场环境和行业内部自身存在问题两个方面进行分析。

1. 现有法规和政策规定不合理成为阻碍二手车流通的瓶颈

我国二手车流通市场环境存在的问题主要是二手车的相关法规滞后、时效性不强,不能满足二手车流通发展的需要。

(1)税收政策不合理造成了二手车经营主体结构不合理的发展

根据当前我国二手车销售增值税政策,二手车经销企业销售二手车按照3%的征收率减按2%征收增值税,拍卖公司按照3%的征收率征收增值税,而二手车经纪机构免征增值税,只需按交易佣金收入的5%缴纳营业税,每次向二手车交易市场缴纳200~400元的开票费用,即可开具二手车销售统一发票,办理过户。从税收政策可以明显看出二手车经纪机构在二手车交易中的税收政策上占有很大优势,这一税收政策间接确立了我国二手车交易采用"经纪"方式,而非"经营"方式的发展路径,目前这种经纪交易模式占据我国二手车交易总量的90%。由于监管难度大、管理体系不完善,二手车经纪机构大多存在不规范经营的情况——在从事二手车收购和销售业务时既赚取收购、销售差价,又赚取中介佣金,但不缴纳增值税,这一现状也造成了一些4S店即使有交易也不通过自身公司完成,而是通过体外循环的方式——经纪公司、经纪人来交易以避税。二手车经纪机构规模小,大多以灰色、碎片化交易方式为主,没有售后服务。二手车交易是一次性的买卖,这造成了二手车经纪机构的信誉普遍不好,从而增加了消费者对二手车交易的不信任。很多正规的二手车经营公司也利用二手车交易市场进行开票以规避税收,这样在规避税收的同时,二手车经销商也逃避了对二手车消费者应承担的售后服务责任等——不仅给二手车市场造成混乱,而且使国家税收大量流失,这对二手车市场的长远和健康发展极其不利,难以产生经营规模效应。

(2)限迁政策阻碍了二手车流向和全国性流通

据公安部统计,截至2020年年底我国汽车保有量2.81亿辆,全国70个城市汽车保有量超过100万辆,其中北京、成都、重庆保有量超过500万辆,苏州、上海、郑州保有量超过400万辆,西安、武汉、深圳、东莞、天津、青岛、石家庄这7个城市保有量超过300万辆。汽车保有量的增加带来了二手车市场消费量的增加，由于各地汽车保有量差异很大，需要二手车全国性流通才能满足各地的二手车消费需求。但有些地方以环保名义出台限迁政策限制外省市二手车流入本地。限制条件主要是排放标准和使用年限，如有些城市的二手车准入门槛为国Ⅳ、国Ⅴ排放标准车型，有些城市要求注册登记5年以上的车辆不能迁入。当前，我国二手车的车源地主要集中在汽车保有量大的经济发达地区，二手车交易呈现地域性发展的特点。汽车保有量大的地区，二手车交易活跃，但本地往往消费不了那么多的二手车，而汽车保有量小的地区或经济欠发达地区的二手车消费欲望往往较旺盛，通过二手车跨区域流通可以促进汽车的普及消费。限迁政策一方面限制了二手车在全国范围内的自由流通，成为二手车市场通向繁荣的绊脚石，另一方面也抬高了二手车的流通成本，损害了消费者的利益。

2016年3月，国务院办公厅印发《关于促进二手车便利交易的若干意见》，要求各地取消限制二手车限迁政策，并明确地方政府是这项工作的责任主体。2016年12月，环境保护部（现为生态环境部）办公厅、商务部办公厅联合印发《关于加强二手车环保达标监管工作的通知》，统一了取消二手车限迁政策的标准。这个标准是：对于在机动车环保定期检验和安全检验有效期内，并经转入地环保检验，符合转入地在用车排放标准要求的车辆，各地不得设定其他限制措施（国家明确的大气污染防治重点区域和国家要求淘汰的车辆除外）。迁入地统一了排放标准，但全国并没有统一执行标准，也没建立全国统一的查询平台，这样会因各地执行不同的排放标准而影响二手车在全国流通的效率。

（3）现有的二手车产权登记制度影响了二手车流通效率

根据《机动车登记规定》，二手车经销商收购和销售二手车两个环节都存在所有权转移问题，需要进行2次所有权转移登记：收购时先将二手车过户到企业名下，销售时再过户给买方，两个流程大大增加了二手车经销商的经营成本并降低了二手车的流通效率。在一些实行摇号政策的城市（如北京），二手车经销商名下必须有指标才能收购二手车，这样就制约了企业的经营规模和经营效率，不利于有资金实力的企业发展壮大。

2. 行业自身存在的问题制约了二手车流通行业的整体快速发展

从二手车流通行业内部来看，我国二手车市场主要存在以下问题：

（1）车源分散，规模经营困难

我国二手车的车源主要来自个人车主和4S店两个渠道，其中中低端车在个人车源中所占比例高，高端车则在4S店车源比例较高，这就导致车源极度分散。这种车源碎片化、规模收购困难，加上信息壁垒的特点导致了市场的无序，也提高了交易成本，使二手车流通效率低下。

（2）买卖双方信息不对称，行业诚信缺乏有效的监督

在二手车交易中车况信息透明化、车辆定价标准和售后服务保障三大问题是买方最关心的问题，也是制约二手车交易的三大障碍。国内车辆的使用信息记录不完善，也不公开，且缺乏权威公正的二手车鉴定评估和统一的定价标准，导致买卖双方掌握的车辆信息极其不对称，消费者很难获取购买二手车所必需的与车辆相关的信息，包括车辆的合法性信息、维修记录信息、技术状况信息、保险理赔信息等，尤其是事故车、火烧车、水泡车这一类涉及安全性的问题车信息。这些信息内容分别掌握在各自管理单位或企业封存而没有共享。车况信

息不透明是对消费者的侵害,极大地降低了消费者对二手车的信任,消费行为必然大打折扣,许多潜在的二手车需求难以转化成为现实的市场需求。

诚信问题是整个社会的问题,几乎所有的二手商品交易市场都存在或大或小的诚信问题。目前在我国社会信用体系不健全、公民诚信意识不强的情况下,诚信问题造成消费者无法完全相信二手交易商品的真实性。商品流通领域中,诚信来自两个方面,一是企业之间的诚信,二是企业对消费者的诚信。体现在买卖中,就是卖方掌握商品的信息,而买方是不知情的。卖方以次充好、隐瞒二手商品的缺陷信息是诚信问题的主要表现。对不涉及安全或安全性不高的商品,即使出现了外观及描述与实际情况有出入,对买方仅仅是上当受骗而已;但二手车就不一样了,车辆的使用与人的性命息息相关,因此,二手车交易中诚信问题危害甚大。

车况和车价不透明、经营缺乏诚信一直是二手车市场的痛点,成为困扰二手车行业健康发展的重要因素,这些问题不解决,二手车市场就难以实现质的飞跃。

(3) 流通环节冗长,流通效率低下

按照国内传统的二手车交易模式,从转让车主到购买用户的中间需要经过多次转手,图1-5是一种典型的二手车流通链条示例。过多的中介转手导致二手车交易流通环节冗长,流通效率低下,增加消费者的成本负担。

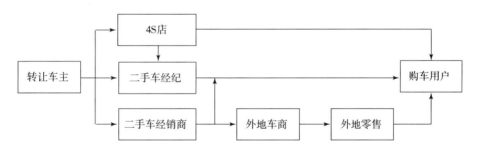

图1-5 我国典型的二手车流通链条示例

(4) 售后服务不保障,严重限制了二手车市场发展

二手车售后服务问题主要在于解决如何提供过户、维修保养、质量检测和保险理赔等保障。二手车市场长久以来给消费者的印象是鱼目混珠,没有一个监管部门对二手车的质量和品质进行监督,缺乏必要的规范和相应的管理政策,买卖双方经常因为车辆状况而引发各种纠纷。商家不仅刻意隐瞒车辆状况,甚至以次充好来蒙骗客户,同时售出的二手车得不到商家的任何售后服务,质保条件也非常苛刻。目前二手车市场还有数量众多的二手车经纪机构,这些公司按《二手车流通管理办法》的规定应该只从事经纪业务,没有提供售后维修保养的资质,但大多都有二手车收购销售的交易行为。消费者从这些公司购车,无法得到应有的享受售后质量保证以及售后服务的权利,从而削弱了消费者的购买信心。因此,很多消费者对二手车市场持怀疑态度,对二手车的质量更是信不过,这不利于二手车市场的整体发展。

(5) 经营主体散、小、弱,发展不合理

目前,我国二手车交易市场的经营主体是以二手车经纪机构为大多数的市场结构,二手车经销企业、汽车厂家品牌经销商、二手车拍卖企业等经营主体分散在市场外且多以单店形式出现。这些经营主体具有规模性的大企业少，普遍存在规模小、实力弱、经营能力欠缺和区域发展不平衡等问题。这些问题使得企业把经营重点放在本地经营，制约了二手车全国性流通的发展。

(6) 二手车市场信息化程度较低

从国外的经验可以看出，二手车市场的发展是建立在公开、透明的市场基础条件下的，是依靠庞大的信息系统支撑起来的。正是由于二手车信息与新车信息具有相同的可靠性、准确性和科学性，消费者才会根据不同的需要放心地选择消费二手车，经营者才会更负责地经营二手车并向消费者提供必要的售后服务。目前我国二手车市场信息化程度不高，主要表现在两个方面：一是尚无完善的全国性二手车交易信息网络系统，无法形成规范稳定的二手车交易氛围；二是汽车在使用过程中的基础信息比如车辆发生事故的记录、维修保养记录以及实际行驶里程等，还不属于公开信息，不能进入二手车流通信息中，从而导致了信息不对称，并使之成为制约消费者购买二手车的重要因素。

(7) 从业人员素质不高

汽车本身技术含量高，二手车从业人员不仅要会驾驶机动车，还要掌握汽车构造、汽车维修、故障诊断、经济管理、市场营销、资产评估理论等方面的知识。同时，还需要及时关注汽车市场行情的变化及国家相关法规政策的调整。所以，对二手车从业人员的综合素质要求极高。目前，我国二手车的从业人员大多数都是从实践中成长起来的，没有经过正规的二手车人才体系的培养，故从业人员的职业道德素质及专业技能普遍不高，这阻碍了我国二手车市场的发展。

1.2.5　促进二手车流通市场发展的对策与建议

解决二手车流通市场存在的主要问题，必须依靠政策和法律，规范二手车流通市场各个环节，大力营造二手车自由流通的市场环境，构建新型市场流通机制，在行业内大力培育规模化二手车经营企业，促进二手车流通市场持续快速健康发展。

1. 调整二手车交易增值税征收方式，统一征税税率

①二手车交易增值税征收方式由现行的按照销售额2%计征，调整为按照增值部分来计征。二手车销售的增值部分＝销售价－收购价，这样的好处是企业可以根据收购价的高低调整销售价格，在保证企业合适的利润基础上薄利多销，既有利于消费者买到较低价格的二手车，也有利于降低企业的经营成本与经营风险，激发二手车经营企业的积极性。

②将不同二手车经营主体销售二手车的增值税统一征税税率，营造公平竞争的流通环境。目前二手车经销、拍卖和经纪三类企业涉及二手车交易的增值税征税税率分别为2%、3%和0%，很多二手车经销企业、拍卖企业同时成立二手车经纪子公司，进行个人对个人的中介交易（免税）来规避税收，同时也逃避了对二手车消费者应承担的售后服务责任等，不仅给二手车市场造成混乱，而且使国家税收大量流失。我国每年二手车交易量很大，但国家在这个领域的增值税收入很少，这是很不正常的。统一增值税征税税率后，有利于国家对二手车交易增值税的征收和对二手车市场的监管。

2. 将二手车经纪改为二手车经营，培育实力强大的二手车经营集团

目前我国实行二手车经纪免缴纳增值税的政策间接确立了我国二手车交易方式采用

"经纪"方式，而非"经营"方式的发展路径。经纪属于中介经营行为，企业以收取佣金生存，这种经营模式导致了经营主体小、散、弱的特点，企业没有能力对二手车消费者承担二手车售后服务，不利于二手车行业的规范发展。此外，随着我国二手车市场规模的不断壮大，二手车经纪模式已不适应行业做大做强的发展需求。二手车经纪改为二手车经营后，有利于国家推行统一的税收政策，稳定二手车交易税收，有利于全国统一二手车售后服务保障政策，也有利于吸引资本市场进入二手车行业，培育大型二手车经营集团做大做强，如大型二手车经销商、大型二手车拍卖企业等。

3. 建立二手车迁入政策全国统一查询平台，便利二手车流通

国务院办公厅印发了《关于促进二手车便利交易的若干意见》，从国家层面全面取消限制二手车迁入政策，并明确地方政府是这项工作的责任主体；环境保护部办公厅和商务部办公厅联合印发《关于加强二手车环保达标监管工作的通知》，从操作上统一了取消二手车限迁政策的标准。这个标准是：对于在机动车环保定期检验和安全检验有效期内，并经转入地环保检验，符合转入地在用车排放标准要求的车辆，各地不得设定其他限制措施（国家明确的大气污染防治重点区域和国家要求淘汰的车辆除外）。但这里存在的问题是转入地在用车排放标准没有明确统一的规定，这使操作极不方便，进而影响了二手车的全国流通效率。应根据上述政策规定分级建立全国统一的二手车迁入查询平台，方便二手车流通，如国家明确的大气污染防治重点区域（京津冀：北京、天津、河北，长三角：上海、江苏、浙江，珠三角：广州、深圳、珠海、佛山、江门、肇庆、惠州、东莞、中山）是同一级（或有区别），其他非重点地区统一为相同级别，同一级别的地区迁入政策都执行同一排放标准。

4. 建立二手车临时产权登记制度，提高二手车流通效率

二手车经销企业的基本业务流程是先收后卖，如果涉及二手车中间商流转交易，则流通环节更长。在二手车流通过程中，只要车辆所有权转移就需要办理转移登记，这是《机动车登记规定》的法律规定，根据这一规定，二手车经销商收购和销售二手车两个环节都要办理所有权转移登记，这样便增加了企业非营利的业务时间，同时大大增加了企业的经营成本，并降低了二手车的流通效率。为了改变这一现状，中国汽车流通协会向公安部提出了建立二手车临时产权登记制度的建议，所谓二手车临时产权登记制度，是指二手车经销商凭合法的收购凭证到二手车市场管理机构办理车辆和号牌分离登记手续，二手车经销商获得二手车商品销售电子标签作为临时产权凭证。电子标签采用可以溯源的区块链技术，与车管所车辆管理系统对接，保证合法登记。办理二手车临时产权的意义如下：

①《中华人民共和国民法典》（物权篇）第二百二十四条规定：动产物权的设立和转让，自交付时发生效力，但是法律另有规定的除外。这就是说，动产买卖不以合同签订为生效条件，而是以交付为生效条件。

②《中华人民共和国民法典》（物权篇）第二百二十五条规定：船舶、航空器和机动车等物权的设立、变更、转让和消灭，未经登记，不得对抗善意第三人。也就是说，买卖双方之间的交易，因为没有办理变更登记，对于车的物权变更仅在买卖双方之间有效，而不能对抗法院的查封（如果卖方卖车前已欠别人的债而被起诉至法院并提出财产保全申请，则法院有权将已经交付给买方的车查封）。

基于上述两条规定，办理二手车临时产权登记可以起到二手车所有权转移登记的过户作用，保证二手车经销商合法获得二手车产权及合法销售。

二手车临时产权登记制度涉及车辆管理、税收和市场监管等多个国家职能部门，需各监管部门协同一致才能制定出有效实施的政策，这不是一件容易的事。

5. 加强二手车信息互联互通和共享运用，推进二手车信息透明化

二手车交易中相关车辆信息，如车辆使用历史，是否为事故车、水泡车、火烧车，行驶里程记录是否真实，保险理赔情况等是买卖双方都关心的问题，但这些车辆信息掌握在车主个人和不同管理部门手里，信息不能互联互通和共享致使二手车信息不透明，消费者想买但不敢买、顾虑重重，这是二手车交易中长期存在的困境，必须解决。车辆使用信息数据应当归属于车主本人，但作为掌握二手车商品交易信息的主体，车主本人及有关数据保存机构都应满足消费者对信息的公开请求，充分保障消费者的知情权。2016年国务院办公厅在印发的《关于促进二手车便利交易的若干意见》中明确指出：车辆的保养、维修、保险、报废等非保密、非隐私性信息应当向社会公众开放，便于查询。二手车信息公开、车况信息透明化是解决二手车交易困境的核心。

6. 构建二手车流通的诚信体系和价格体系，促进二手车流通健康发展

长期以来，我国二手车流通中存在的诚信问题一直得不到解决，其主要原因是二手车经营主体的整体素质参差不齐，导致二手车交易严重缺乏诚信。因此，解决这些问题，加快整个二手车流通市场诚信体系建设刻不容缓。首先，二手车流通行业的诚信不仅要靠行业自律来保证，而且政府部门应该加强干预，规范相关标准，保障二手车交易的诚信。如加强二手车市场主体信用体系建设，依法采集二手车交易市场、经销企业、拍卖企业、鉴定评估机构、维修服务企业以及其他市场主体的信用信息，建立二手车市场主体信用记录，纳入全国信用信息共享平台，并按照有关规定及时在企业信用信息公示系统以及"信用中国"网站予以公开，方便社会查询和应用。其次，建立二手车"行"认证标准，对二手车进行标准化检测认证，使车况信息透明化，使认证二手车的理念得到社会公众认可，在此基础上建立一个具有科学性、得到消费者广泛认同和可供市场广泛使用的二手车价格参考体系，使二手车交易价格透明化。

7. 大力发展二手车批量化业务，促进二手车市场做大做强

我国二手车市场由于车源碎片化和随机性的特点，一直无法形成二手车收卖批量化和流水化，这成为二手车流通市场繁荣发展的瓶颈和痛点，以下两种途径容易实现二手车批量化业务：

①发展新车融资租赁销售业务，促进租赁车进入二手车市场，是破解二手车车源难题的一种重要措施。消费者通过融资租赁方式购车，每一个租约（24个月或36个月）到期，车辆消费者可以将车购买下来继续使用或归还给汽车租赁公司，随后车辆以认证二手车的形式进入二手车市场，这个量在美国每年是800万到1 000万辆。国际上很多大的汽车租赁服务公司的汽车更新速度为8~12个月，车辆租赁到期后就会批量进入二手车市场再次流通。因此，经销商更加注重新车租赁这一业务，能够一定程度上让经销商实现批量化收卖二手车。

所谓汽车融资租赁（Car Leasing），又被称作"以租代购"，也被视为分期付款购车，是指租赁人与汽车经销商达成租车协议，在固定合约期内（通常为2～4年）以协议的价格长期租赁汽车，获得车辆的使用权，租赁期满后，将车归还给经销商，或租赁人按照汽车残值（residual）把车买下来的一种用车方式。租金的价格一般远远低于月供。

②发展大型二手车经销商和互联网电商，破解二手车流通慢的难题。互联网电商有天然的流量优势和地域覆盖优势，能够有效地将全国各地零散的车源聚集在一起形成批量化销售业务，并能够根据购买需求信息精准定位消费者，加快二手车的流通速度。二手车互联网电商除了搞活国内二手车购销业务外，还容易打破地域限制实现二手车出口，将国内二手车卖到国外，如新兴国家二手车市场前景广阔，中亚、东盟、中东、非洲、南美等发展中国家对于价格便宜、质量可靠的二手车需求量很大，特别是当地低收入群体。很多国家对二手车进口未设置较高的限制条件，仅对车龄和检验等提出规定，如肯尼亚要求进口二手车车龄小于7年，且通过相关检测机构的认定评估。尼日利亚只允许左舵车进口，车龄限制在15年以内。随着我国陆续实施国Ⅵ排放标准，部分国Ⅲ、国Ⅳ和国Ⅴ车在新兴国家二手车市场具备一定的竞争优势，可以满足当地市场需求和法规要求，具有较大的出口潜力。因此大力培育和发展大型二手车经销商和互联网电商从事二手车出口业务，对提升我国二手车竞争力，促进国内汽车工业的繁荣发展将起到积极作用。

8. 加强二手车流通理论研究、政策法规建设和人才培养，促进二手车市场全面协调可持续发展

二手车交易作为一种新兴的行业，要想得到发展必须从我国的国情出发，探讨我国市场经济条件下的二手车流通理论体系，如市场规划体系、组织结构体系、信息网络体系、资本组合体系、政府宏观调控体系等。重视研究国外二手车流通领域的政策法规、国际惯例等，吸取发达国家二手车流通行业的先进经验，制定出与世界接轨的二手车流通制度。二手车是一种特殊的商品，其交易过程虽然表现为商品的流通，但实质上却是资产的产权交易，因此在客观上要求从业人员具备良好的道德水准、精深的专业知识和丰富的实践经验。应加快二手车流通的人才培养，着力加强对二手车市场紧缺的高级经营管理人员、二手车鉴定评估师、二手车交易经纪人等的培训，提高其业务能力，增强二手车流通行业的发展后劲。规范二手车市场，促进二手车市场持续快速健康发展，对促进汽车产业的振兴和国民经济的繁荣都具有重要作用。

1.3 国外二手车市场介绍

在汽车工业发达国家中，二手车市场早就形成了一个十分成熟的市场，图1-6显示了各国二手车交易量与新车销售量的比率。美国二手车交易量是新车销售量的3倍，法国、德国的二手车交易量都为新车销售量的2倍多，日本和韩国的二手车交易量也达到了新车销售量的1.5倍左右，我国新车销售量已是世界第一，但我国二手车交易量为新

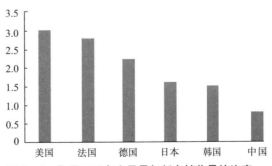

图1-6 各国二手车交易量与新车销售量的比率

车销售量的 0.7 倍左右，发展空间巨大。

国外的二手车市场已经进入成熟阶段。二手车作为一般商品进入市场，销售渠道形成了品牌专卖、大型超市、连锁经营、二手车专营、二手车拍卖等并存的多元化经营体制，交易方式有直接销售、代销、租赁、拍卖、置换等多样化形式，交易手续灵活简便，为消费者营造了购买二手车更加方便的消费环境。国外发达国家二手车流通发展经验表明，随着人均汽车保有量的增长和大众汽车消费观念的成熟，二手车交易量会逐渐增加，进而形成一个供需两旺的巨大市场。汽车行业协会在加强汽车流通行业管理和行业自律，制定行业标准，引导新旧车市场协调发展等方面起到了很重要的作用，是促进这些国家二手车市场繁荣的关键原因。从国外的二手车市场情况看，越是汽车发达的国家和地区，二手车市场越活跃。"他山之石，可以攻玉"，我们不妨学习借鉴一下国外的经验。

1.3.1 美国二手车市场介绍

美国二手车市场起步早，经过数十年的发展已经相当成熟，形成了一套行之有效的市场规则，从价格评估、质量认证和售后服务等多个方面给消费者提供了保证和信心，是成熟二手车市场的典型代表。

1. 美国二手车产业链

美国二手车产业链比较完善（图 1-7），每年销售的新车中，60% 流向个人车主，30% 被租车公司购买，剩下的 10% 为政府或公司的公务用车。当这些车主需要更换车辆时，除了部分个人自己卖或到 4S 店置换外，大部分车主（尤其是租车公司和政府机构车主）通常会把车辆交给以 Manheim、KAR 为首的拍卖公司进行出售，批发给下游不同经营模式的零售商（主要由新车经销商 4S 店、二手车经销商和线上二手车平台组成），他们购买二手车后

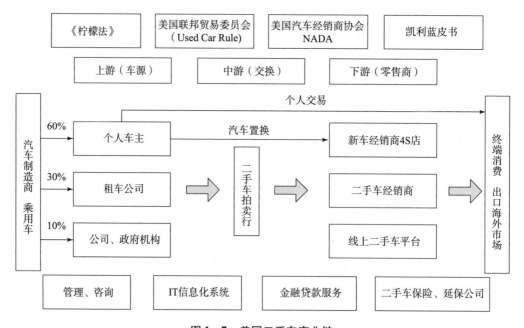

图 1-7 美国二手车产业链

再将其销售给终端的个人车主或出口海外二手车市场。围绕二手车产业链有各种提供服务的企业和机构（如报价参考的凯利蓝皮书、保险和延保公司、金融公司等），其保障二手车的流通有序、高效。

2. 美国二手车市场规模

目前美国总人口约为3.2亿人，汽车保有量约为2.8亿辆，千人保有量高达875辆，是世界上汽车最多的国家之一，被誉为"车轮上的国家"，汽车普及率非常高，是世界上最大的汽车市场，也是最大的二手车市场。图1-8所示为2000—2020年美国新车和二手车销售量对比，从图中数据可见，美国汽车市场中二手车市场比新车市场大、交易最火热，且市场规模非常稳定，年销量稳定在3 500万~4 500万辆，基本上是新车销量的2~3倍，2020年在新冠疫情的影响下美国新车与二手车销量分别为1 446万辆和3 470万辆，二手车与新车的实际销售比例为2.4∶1。美国二手车价格平均每辆约为1.65万美元，每年的二手车市场空间有6 000亿~8 000亿美元。正是由于美国汽车市场二手车交易的活跃，才带动了其新车的销售，大多数消费者通过置换的方式购买新车，汽车平均更新周期仅4年。在美国马路上行驶的汽车中，一大半是二手车。发达的二手车市场给消费者提供了多种选择，又反过来促进了新车的销售。

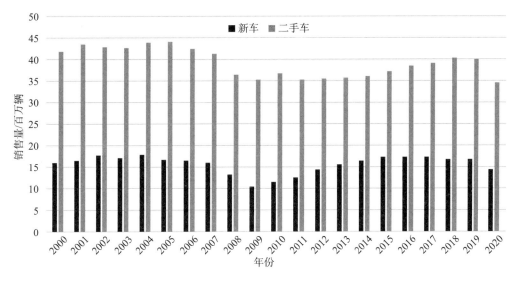

图1-8 2000—2020年美国新车和二手车销售量对比

二手车交易的活跃度远远高于新车交易，造成二手车比新车热销的原因主要是：

①新车利润率逐年下降，几乎所有的汽车经销商都经营二手车业务，一辆新车的毛利率是5%~6%，而一辆二手车的毛利率是10%~12%，二手车的毛利率是新车的2倍。

②美国消费者对二手车认知和消费理念成熟。普通消费者认为汽车只是代步工具，会贬值，二手车各方面的费用都比新车低得多，买新车不如买二手车。

③美国二手车价格便宜。美国二手车的价格很低，一般只有新车价格的一半左右，但这类车的质量并不差，再使用2~4年性能仍然可靠，使用后的价值损失远比购新车小得多。这样的二手车用过后可再次卖掉，这时车价只有新车价格的20%~30%，主要流向低收入

者或者没有收入的学生手中。另外还有一些较旧的车价格更低，仅有新车价的5%～10%，购买这种二手车，虽然要花费一定维修费用，但总体上使用成本最低，很划算。

例如，一辆行驶了5万km、3年不到的宝马X5越野车，开价3.5万美元左右；开了10万km、5年不到的保时捷跑车，3万美元出头；开了超过5万km、3年多的奔驰越野车，2.8万美元；8万km左右、5年不到的沃尔沃S60轿车，2万美元以内。虽然这些汽车的绝对价格还是略高于多数中档轿车的新车，但是相比同车型的原价至少便宜了30%，而且属于七八成新。

④二手车销售主体以汽车品牌经销商和大型二手车经销商为主，他们能很好地为消费者提供可靠的质量保障和用车服务，得到消费者的普遍认可。

⑤美国有比较完善的法律和诚信体系，二手车认证、置换、拍卖、收购和销售体系，从价格、质量、服务等多个汽车消费的关键领域给消费者提供了保证，大大降低了二手车交易的风险。

3. 二手车市场车源

美国二手车市场的一手车源主要为个人车源和机构车源两种，其中机构车源是美国二手车市场保持稳定发展的重要原因。

①个人车源是指通过置换将在用车卖给汽车经销商4S店或直接卖给二手车经销商和个人消费者，这类车源零散、量小和不稳定。

②机构车源包括大型租车公司和政府机构更新出售的车辆，其中租车公司的汽车是批量从汽车生产厂家租赁的新车，租赁合约到期后作为二手车流入二手车市场，为二手车市场提供了稳定且高质量的车源，促使二手车市场销量保持增长趋势，这类车源是美国二手车市场的主流，是强势群体，主要的销售模式以B2B模式和B2C模式为主。美国租车业很发达，租车公司众多，租车出行很普及，通常租车公司的新车使用1～2年后便作为二手车出售。这些公司的车源更新周期短、批量大。如美国最大的汽车租赁公司——赫兹（Hertz）公司的新车服务20个月就作为二手车处理，2015年处理的车辆中35%的车辆附有厂家回购协议（相当于置换），42%的车辆直接进行拍卖，剩下的23%以Rent2Buy方式处理。所谓Rent2Buy是指消费者可以标准租金试用3天决定是否购买，购车免除试用租金并享受该车保养余下期限。这是一种试驾并以实惠价格购买梦想中车辆的最佳方式。

4. 美国二手车销售渠道

美国没有专门设立的二手车交易市场，二手车销售渠道主要分为拍卖批发和终端零售两种，拍卖销售的对象是各种类型的二手车经销商，终端零售渠道分为三类：汽车经销商4S店、二手车经销商、个人交易。其中以汽车经销商为主，占市场份额的37%，二手车经销商份额为34%，剩下29%则是个人及其他形式交易。汽车经销商和二手车经销商是美国二手车经营主体。

（1）二手车拍卖行

二手车拍卖企业是B2B的销售模式，其主营业务就是把机构车源（如租车公司的到期车辆、汽车租赁公司的租赁到期车辆、政府的处理车辆等）批发给二级经销商（如下游的汽车经销商4S店、二手车连锁经营店等），几乎不存在个人车源及个人买家，此类拍卖行的特点不仅体现在 B 端的收车能力很强,而且拥有将车源进行重新整修的能力。美国二手车市场巨大,因此汽车拍卖业很发达,全国有近 300 家二手车拍卖企业,分别从事汽车租赁公司、汽车经销商、个人委托、保险公司的事故车、失窃车、执法部门的罚没车以及政府机构委托的车辆拍卖。在美国,通过拍卖方式售出的二手车约占交易总量的 65%。美国的二手车拍卖企业中一些大公司设备齐全,操作规范,成交量很大,主要面向下游各类二手车零售商。北美有两家公司占据了二手车拍卖市场 70% 的份额,它们分别是 Cox Enterprises 的子公司 Manheim(美瀚)和 KAR Auction 拍卖服务公司。

①Manheim 拍卖公司是美国最大的二手车拍卖行、B2B 汽车拍卖市场的领导者,是全球领先的汽车营销服务提供商,其主营业务就是把机构车源(如租车公司的到期车辆、政府的处理车辆等)批发给下游二级车商(如下游的 4S 店、汽车出租公司、二手车经销商等)。公司经营途径包括实体店拍卖和网上拍卖,并提供与拍卖相关的服务,例如汽车翻新、事故赔偿金额鉴定以及二手车评估等。

②KAR Auction 拍卖服务公司是北美和英国二手车拍卖服务和事故车拍卖服务的供应商,通过 250 个北美实体拍卖地点和互联网方式为二手车和事故车的卖家提供拍卖服务,其收入来自车辆买卖双方的拍卖费用,以及为客户提供其他增值服务(如:物流运输、二手车整备和修复、二手车市场数据调研等),每年通过拍卖点销售 300 多万辆二手车。KAR Auction 拍卖服务公司拍卖的车辆供应商主要包括:大型机构(如汽车制造商及其专属财务部门)、汽车租赁公司、金融机构、商业车队和车队管理公司、特许汽车经销商和独立二手车经销商,而拍卖的车辆买家主要包括特许汽车经销商和独立二手车经销商。

二手车拍卖的模式也从最初的现场拍卖,发展到如今的卫星拍卖和网络拍卖等,如图 1-9 所示。特别是近年来,随着网络经济的兴起,网络拍卖以其方便和快捷吸引了越来越多原本以传统的拍卖方式进行交易的经销商。因此,为了给汽车经销商提供网上交易的平台,拓展二手车网络拍卖业务,近年来美国各大二手车拍卖企业纷纷开设专门的网站,比如 Manheim 公司、ADESA 公司和 Broadcasting 拍卖公司等。此外,还有一些网站公司也积极向二手车拍卖领域进军。

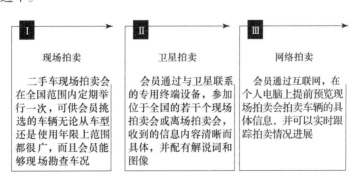

图 1-9 美国二手车拍卖模式

(2)汽车经销商

在美国,由汽车生产厂家授权经营的汽车经销商称为 OEM(Orignal Equipment Manufacture)经销商或品牌经销商、特约经销商,汽车经销商以销售新车为主,同时也销售二手车,且各品牌二手车交易不在经销商新车专卖车型限制之内。其零售二手车的来源通常通过新车、二手车置换（trade-in）、收购个人车辆或者拍卖等方式获得，经销商在销售新车的同时提供二手车置换业务，通过提供优惠的二手车收购价格来吸引消费者成交，经销商零售二手车的来源55%为消费者购买新车时的置换，另45%为个人车辆收购、车辆拍卖等其他途径。经销商的主要业务分为三块：新车、二手车、服务和备件，其收入占比分别为56%、35%、9%，但三者的净利润占比分别为：9%、15%、76%，其主要净利润来自服务和备件销售。虽然主要利润来自服务和备件销售，但这部分利润却不得不依赖于车辆的销售。由于品牌经销商占据了大多数更新车龄、更好质量的二手车源，并能提供可靠的质量保障，所以享受了更高的交易价格和盈利。同样是车辆销售，每辆二手车的利润大约是新车利润的2倍，且新车利润逐年降低，二手车利润却逐年升高。

　　汽车品牌经销商在美国的二手车市场流通中占据着举足轻重的地位，成为美国二手车市场的主流，主要有如下几个原因：一是这些品牌经销商规模大、信誉好，对该品牌的汽车车型、性能等相当熟悉，也具有零件储备、维修等售后服务的优势，让消费者有很好的"首次二手车接触"场景优势，树立了公司的品牌形象，所以置换新车有独特优势，很多二手车买家愿意到这里买个放心；二是前期卖新车时打下的客户优势；三是专业的经营和高诚信度。在美国几乎所有汽车生产厂家都建立了自己的认证二手车（Certified Pre-Owned），消费者购买汽车品牌经销商认证的二手车在一定时期内享受与新车同样的售后服务，尽管价格相对较高（比市场的平均价要高出6%左右），但是依然占据市场40%的份额，这是因为其专业的经营和高诚信度吸引了客户，赢得了消费者的青睐。

　　全美有17 545家汽车经销商，其中AutoNation是美国最大的汽车经销商集团，其在全美共计拥有360家4S店，业务包括新车销售、二手车销售、零配件和汽车金融/保险服务等，集团对二手车销售采取统一定价机制，提供125项检测，90天质量保证，并且购买者在全国所有4S店都享受维修服务。平均每月到店置换率为35%～40%，二手车销售量仅次于美国最大的二手车经销商CarMax。

　　（3）二手车经销商

　　二手车经销商也称为独立二手车经销商，专业从事二手车经营业务，主要以零售模式（即B2C模式）经营二手车，是美国二手车销售的一个重要途径，约占市场34%的份额。二手车经销商通常分为连锁和单店两种形式，连锁经营店通常会对待售的车辆进行适当的修理整备，并对出售的部分车辆提供一定时期内的保修服务，销售价格比汽车品牌经销商稍低。这类连锁经营店的特点是店面多、交易量大、信息化管理程度高，建立有统一标准和服务体系，背后有物流体系支撑。美国最大的二手车经销商是CarMax，它是二手车领域的"沃尔玛"超市零售大卖场，其主营业务包括：二手车零售、二手车批发、新车零售等，其中主要的收入和主要的利润均来自二手车零售：零售占55%，批发占18%，金融服务占14%，其他服务性项目占11%，CarMax也卖新车，大概占到2%的销售额。CarMax把二手车和超级市场的概念融合在一起，通过明码标价和天天低价的超市化经营，给购车者不一样的用户体验。CarMax车源主要来自拍卖行和个人车主，CarMax一般会以比市场价高5%～15%的价格从C端个人车主手里收车，以保证平台供货量，同时再以低于市场价5%～15%的价格保证车辆尽快售出，这种大卖场薄利多销的方式大大提升了库存周转率，促进二手车的销售量。

　　美国约有3.6万个二手车经销商，约40%的经销商年销售二手车在250辆以内，只有不到 10% 的经销商年销售量会超过 1 000 辆。美国还有一些规模很小的二手车经销商，年销量不足百辆，不能为所售车辆提供保修服务，面向的消费群体多为较低收入人群，与我国二手车市场内比较普遍的经纪公司的经营模式类似。

（4）个人交易（C2C）

个人交易二手车更多地以在当地报纸、汽车杂志、广告媒体以及相关交易网站上刊登广告为主，车辆质量不能得到保证，鱼目混珠，车辆保障缺失，但因其交易简单方便，价格便宜，流通量也占到二手车交易总量的 15% 左右。同时，以电子商务形式开展的二手车 C2C 业务也在迅速成长，如美国二手汽车交易公司 Beepi 公司，它创立于 2014 年 4 月，总部位于美国加利福尼亚州，是互联网二手车 C2C 模式的先驱企业，其盈利模式是赚取销售提成及提供各种金融、保险等增值服务。美国最大的汽车交易网站是 AutoTrader，主要提供新车信息查询、二手车交易查询、汽车贷款、汽车保险等服务，用户可以在这里通过搜索汽车车型、价格和其他的指标来研究和对比新旧二手车。在二手车电商的 C2C 个人交易中，流行使用线上看车 + Carfax 的查询 + 线下店交付组合模式完成交易。

5. 美国二手车市场法规

因为美国二手车市场以强势的机构车源出现，所以容易进行有序经营和自我约束，是一个具有很强自我规范能力的主体，政府对市场的干预主要是在政策层面上的，通过制定一些法规和法案来规范市场行为，主要有商务部推出的《柠檬法》（Lemon Law）、美国联邦贸易委员会实行的《二手车法规》（Used Car Rule）。

（1）《柠檬法》

美国经济学家乔治·阿克罗夫教授在发表的论文《柠檬市场：质化的不确定性和市场机制》中，以香甜的樱桃与水蜜桃来譬喻车况优良的二手车，把质量糟糕的二手车比喻为柠檬车（Lemon Car）（在美国的俚语中，柠檬意为"次品"或者"不中用的东西"），"柠檬车"通常用来形容有人买了一辆二手车后才发现其中有缺陷，让人觉得像吃了柠檬后那种酸酸涩涩的难受的感觉。

《柠檬法》是由美国商业部制定的旨在提高美国国产车质量、保护汽车消费者权益的法律，制定《柠檬法》主要是针对由车辆质量问题而引起的用户索赔投诉。1982 年以后美国各州以《马格努森－莫斯保修法》为蓝本，相继颁布了细节各有不同的《柠檬法》，所以《柠檬法》是美国各州保护汽车消费者权益的法律规定的总称。尽管各州《柠檬法》有些条款的细节不尽相同，但总的来说就是，如果你买了在制造商质量担保期内的有缺陷的汽车，并且处于制造商所承担的质量担保期内，在合理的修理次数后，制造商仍没能修好汽车，车主便有资格要求换车、货币赔偿或其他方式补偿。因此《柠檬法》是一部汽车保用法（也被称为消费者保护法）。

二手车经销商收回的"柠檬车"在整修之后还会再次出售，但是根据《柠檬法》的规定，再次出售车窗上必须贴有"柠檬"标志，文件上也必须注明是"柠檬法回购车"（Lemon Law Buyback），出售的"柠檬车"至少要有 1 年的保质期。《柠檬法》是二手车的保用法，汽车经销商向消费者销售不合格车辆，消费者有权利向经销商索赔。

（2）《二手车法规》

《二手车法规》是针对美国二手车流通管理的一部最重要的法规，主要内容包括以下两方面：

①执照申领。《二手车法规》规定，在一个年度（12个月）之内出售5辆二手车以上的经销商必须申领二手车销售执照，执照的发放由各个州自行管理。这个规定杜绝了个人黄牛的出现，也将小型经销商纳入联邦管理之中。

②《买车指南》（Buyers Guide）。《二手车法规》提供了统一格式的《买车指南》，规定二手车经销商在出售二手车的同时，必须填写完整的《买车指南》，并将其张贴在车内的明显位置，以供买方参考。《买车指南》的主要内容包括车辆的基本信息、质量状况、维修历史、厂家或经销商的质保承诺等重要信息——应成为购车合同的一个重要组成部分。这就在法律上确保了经销商提供的二手车信息的准确性，同时将消费者关心的保修承诺合同化，保证了消费者的权益。《买车指南》的制定说明了政府采取措施强制规定二手车经销商增加透明度，以此来保护消费者的合法权益。

6. 二手车质量认证制度

随着汽车保有量的快速增加，新车市场开始增长缓慢，二手车销量逐年上升，自1990年起，美国二手车年销量达到了4 000万辆以上并保持稳定，而新车销量仅仅是二手车销量的三分之一左右。消费者在购买二手车时最担心的就是二手车的质量。针对这种担心，美国建立了二手车质量认证制度，所谓二手车质量认证（又称认证二手车，Certified Pre-Owned，CPO），就是由汽车生产厂家或其品牌经销商对二手车进行全方位的质量检测，以确保汽车的品质达到一定的出售标准，同时，经过认证的二手车还可以在一定时期内享受与新车同样的售后保障。目前这项制度已经推广到几乎所有品牌的汽车生产厂家。后来一些规模较大的二手车经销商为了促进销售也仿照这一制度对出售的二手车进行认证，因此美国的二手车质量认证体系有两种认证模式：汽车生产厂家认证（Certified Pre-Owned）和二手车经销商认证（Dealer-backed），二手车经销商认证的二手车在出售后有一定的售后服务，但比不上品牌经销商的售后保障，因此，消费者可以放心购买经由汽车生产厂家或其品牌经销商认证的二手车。

很多美国消费者刚开始并不信任认证的二手车，认为认证无非是制造商和经销商玩弄的一个把戏，但后来发现，经过认证的二手车质量可以放心，于是开始逐步改变对二手车的传统观念。由于汽车厂家或者大型经销商通过质量认证给二手车的质量"打了保票"，所以，尽管认证的二手车要比没经过认证的二手车平均售价高出1 000~1 500美元，但仍然受到消费者的青睐。

7. 二手车交易的第三方服务

二手车价格和车辆历史是消费者最关心的问题之一，美国消费者购买二手车时通常通过一些权威的专业机构网站获取二手车价格和车辆历史信息。

（1）二手车价格

美国没有专门的二手车评估师进行人为的定价，许多买车人和卖车人在交易前一般参考由行业协会、大公司等第三方权威机构定期发布的二手车价格指南来确定价格，这样就不用担心成交价格会很离谱。

①美国汽车经销商协会（NADA）发布的《二手车价格指南》。该指南每月发行一本针

对美国九个区的价格指南，指南中二手车的价格分为两种，分别是置换价格和零售价格。置换价格指的是二手车以旧换新时的价格，通常也是二手车回收的批发价；零售价格则指的是二手车单独销售时的价格，一般比前者高20%左右。

②凯利蓝皮书（Kelly Blue Book，简称KBB）。KBB是一家专业的汽车评价公司，也是美国最具权威的新车和二手车信息发布平台，拥有全美所有车款的技术数据、销售数据以及二手车价格数据，提供了市场上成千上万种车的市场参考价，长期向美国消费者提供关于新车与二手车的产品与定价资讯服务，深得美国消费者的信赖。公司出版的二手车价格杂志被称为《凯利蓝皮书》，是北美二手车行业的标杆性定价杂志，对二手车评估有一套基于庞大数据支撑的KBB估值模型。在进行车辆技术状况评价时，根据车辆的内饰、外观、车辆机械部分、轮胎和总体状况来判断车辆状况是优秀（Excellent）、良好（Good）、一般（Fair）或较差（Poor），并给出相应的估值作为权威的二手车参考价格，成为美国汽车消费者买卖二手车时的重要参考依据，被誉为美国人的买车宝典。任何一位个人消费者和二手车经销商，其要想了解车辆的任何价格信息，就可以浏览KBB网站（www.KBB.com），按照提示，输入需求的信息即可查询，大致了解买卖这辆车的现时价格，如图1-10所示。

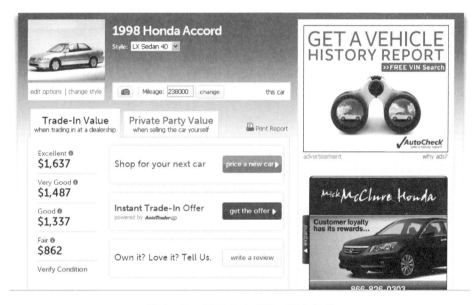

图1-10 KBB网上查询二手车价格

③AutoNation拥有集团自建网站，对于二手车实施总部统一定价机制，并对置换销售的二手车进行125项检测，且通过每个州的不同数据库进行定价。在销售二手车时，AutoNation首推消费者使用厂家的品牌金融产品进行采购车辆，并为车主提供集团90天4 000英里①的质保服务。

（2）车辆历史信息查询

在美国有权威的第三方车辆历史信息查询系统，可以查询到车辆历史信息，如交通事故、维修保养、车主人数等信息记录，这些数据可靠，大大提高了买二手车的保障。

---

① 1英里=1 609.344米。

Autocheck 和 Carfax 是车辆历史报告最知名的来源。

Carfax 是北美地区最大的车辆历史数据公司和独立的第三方车辆历史信息服务商，其主要业务是通过互联网向消费者提供二手车历史信息报告。Carfax 报告由 Carfax 数据库提供支持，该数据库的车辆数据主要从美国所有 50 个州以及加拿大 10 个省份的车辆管理所、警察局、公路交通安全管理局、保险公司获得，也可以从汽车经销商、二手车经销商、各种专业连锁汽修店、汽车事故数据收集网站等地方廉价购买——数据量达数十亿条记录，该数据库被认为是世界上最大的车辆历史数据库。通过规范化的大数据处理，利用车辆识别代号（VIN）的唯一性，为每辆车建立档案，向用户提供非常完善的车辆历史信息报告。一方面确保了车辆历史报告的全面性，另一方面保证了信息的准确性和公正性。报告记录的数据内容十分广泛，包括 Major Accident（重大事故）、Odometer Rollback（是否私调里程表）、Multiple Owners（车主数量）、Service History（车辆保养记录）、Registration Information（车辆使用性质，包括租赁、个人使用、公务车等）、Airbag Deployment（气囊是否有过弹出历史）、Last Reported Mileage（最近一次记录时的表显里程）、Warranty Information（原厂保修期限）等。用户付费后在 Carfax 官网（http：//www.carfax.com/）输入车辆的 VIN 代号即可得到一份查询报告，Carfax 报告首页分左右两侧显示不同的信息，左侧显示车辆的基本信息（如年份、车型、VIN 等）和栏目菜单：Vehicle History Report（车辆历史报告）、Vehicle Highlight（车辆亮点）、SmartBuyer Checklist（智购清单）、Warranty Checklist（保修清单）和 Buyback Guarantee（回购保证），点击栏目菜单则在右侧显示本栏目的概要信息，图 1-11 所示为 Vehicle History Report（车辆历史报告）显示的概要信息，包括是否有车体结构损伤记录、事故记录、历任车主人数、维护保养记录、历史用途（租赁车还是个人车）和估价，点击某项信息则会显示相应的详细内容。

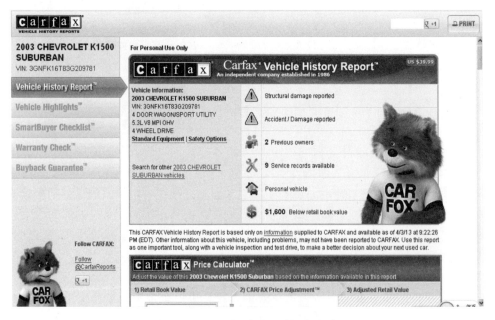

图 1-11　Carfax 车辆历史记录报告

8. 二手车售后服务

美国二手车市场交易发达,与其完善的售后服务是分不开的,按照法律规定,购买二手车后继续享有这部车的质保和其他服务。

二手车售后服务主要在汽车品牌经销商 4S 店进行,完善的售后服务可以解除消费者购买二手车的后顾之忧。在美国,多数知名汽车厂商都对发动机等主要部件实行保修政策,知名汽车厂商销售的汽车通常提供 5 年以上至少 10 万 km 的保修,高级汽车保修时间更长,公里数也更多,比如宝马就达到 7 年 16 万 km 左右的保修,而且明确规定即使更换车主,没有用完的保修照样生效,换句话说,买下一辆开了 4 年和 8 万 km 的宝马汽车的车主,可以继续享受余下的 3 年和 8 万 km 服务。

此外,像沃尔沃等公司在最初几年内不仅保修发动机,易损部件也免费保修,还有四五次免费保养服务。雷克萨斯、沃尔沃等知名品牌的经销商,还给前来保修或保养汽车的车主,免费提供当天租赁用车或是接送服务。

在美国的一些州,如果消费者对已购二手车表示不满,在确保二手车未遭损坏而行车又未满 300mile① 或购车不足 3 天的情况下,购车款可全额退还给消费者。在美国的某些经销商处购买二手车,虽然不能享受"全额退款",但在 7 天之内可以享受"无理由换车"。也就是说,如果顾客在购车后 7 天之内,对所购二手车不是百分之百的满意,可以把二手车开回到店里,另外换一辆完全满意的二手车。这些保障都大大提高了消费者购买二手车的信心。

1.3.2 日本二手车市场介绍

日本称二手车为中古车,经过几十年的发展,激烈竞争使得日本二手车市场成熟、规范、可信,二手车交易简单、透明,质量有保障,价格低廉。

1. 日本二手车发展的几个阶段

日本的二手车交易是在 20 世纪 50 年代开始的,当时经济复苏,新车销量约为 20 万辆。1955 年,4S 店开创了革命性的创新方式——以旧车置换新车,置换车源及购买第二台车的需求推动了二手车交易,是二手车交易的起源。1970 年前的日本二手车市场也无诚信可言,调里程表现象普遍,市场欺诈、混乱,整个社会对二手车行业的看法就是:它是一个"你骗我,我骗你",令人生畏,敬而远之的行业。

1970—1985 年是日本二手车交易高速增长期,由 1970 年的 200 万辆猛增至 1980 年的 480 万辆,至 1985 年二手车交易量超越新车销售量。在高速增长期内,日本二手车的销售与新车销售一样,都学习和引进了美国的经验和做法。例如美国最大的二手车经销集团 CarMax 公司的超市经营模式——对车辆进行认证,对售出车辆提供有限质保,是当时最先进的二手车运营管理技术。

从 20 世纪 90 年代开始,日本二手车经历了一场流通革命,Gulliver 首创二手车收购专门店和网络二手车经销系统;Aucnet 公司首开不看现车的电子拍卖,并成功上市;丰田汽

---

① 1mile = 1 609.344m。

车跟随创立 T–UP（取自 Toyota、Used car、Purchase 三个英语单词的首字母）二手车专门店，其他厂家也随之跟进；卫星技术的导入，使日本二手车大批量地出口到发展中国家；开始市场整合，发展至今天的二手车经销集团。图 1–12 所示为丰田汽车和二手车国内营销流通体系。

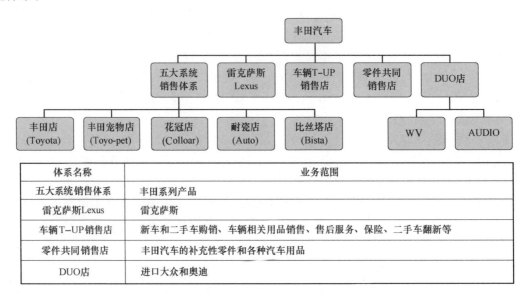

图 1–12　丰田汽车和二手车国内营销流通体系

2. 日本二手车市场规模

日本是一个汽车工业大国，每年生产约 1 000 万辆汽车，2020 年有 1.26 亿人口，汽车保有量约为 0.77 亿辆，每 1 000 人拥有 611 辆汽车，是一个汽车比较普及的国家。随着汽车保有量的不断增加，二手车市场交易量一直呈上升趋势，于是成就了发达的二手车市场，自 20 世纪 90 年代起，二手车交易量一直保持着每年 800 万辆的水平，远远超过新车销售量，且占比一直维持在 60% 左右。日本对汽车报废没有强制要求，但采用车检和汽车税收政策引导报废。日本车辆年检要求严格，不合格的要多交税。日本市场对车龄的税收提出了更高的要求，车龄超过 13 年的汽车税增加 15%，超过 18 年的上涨 20%，而且会逐年上涨，这就迫使消费者适时更换新车。基于这样的汽车政策，日本新车售出后价格随使用年限的增加而下降较快，一般 2 年左右价格折半，平均车龄为 9 年，8 年以上市价相当低，大部分汽车报废时车况仍然很好。

为了适应二手车行业不断发展的需要，日本在全国建立了覆盖大小城市的 16 个大型二手车交易市场，另设有大大小小 150 多个覆盖全国城乡的二手车拍卖场，保证全国各地二手车购销顺利开展，绝大多数的二手车交易都是在二手车销售业者之间进行的。通过拍卖模式出售的二手车在交易中占有的份额最大。拍卖集中了同行业之间的交易，使二手车流通效率大大提高。

3. 日本二手车流通模式

日本二手车产业链比较完善（图 1–13），车源主要为个人车主和租车公司，当这些车主需要更换车辆时,除了部分个人车主到汽车经销商4S店置换外,大部分车主(尤其是租车公司)通常会把车辆卖给二手车市场的销售业者,个人直接交易二手车的情况很少。不论是4S店置换下来的车源还是二手车经销商收购的车源,大部分到期后都是通过拍卖方式进行批发处置的,拍卖是日本大量销售二手车的主要形式。为了保障二手车流通有序、高效,政府部门及行业协会制定了各种法律法规,提供了各种相关服务。

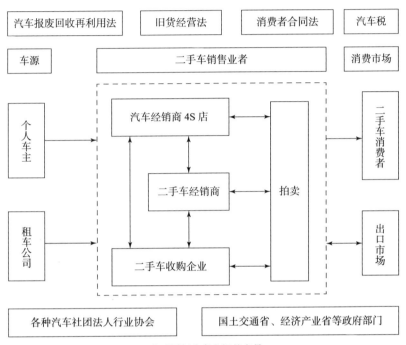

图 1-13 日本二手车产业链示意图

日本传统的二手车流通主要由专业二手车经销商承担,二手车经销商同时从事二手车的收购和销售业务,少部分车辆在自家店进行零售,大部分是通过拍卖平台在同行业者之间流通。传统二手车流通形式具有渠道短、单车销售利润高的特点,但由于流通主体是中小零售商,其资金和库存都十分有限,因此,二手车经营规模比较小,品种的可选择性不大。随着新车市场竞争激烈,加上二手车利润丰厚,大企业纷纷进入二手车流通领域,大型二手车超级市场也应运而生,流通主体趋于多元化。新车经销商几乎都兼营二手车业务,如4S店通过品牌二手车业务提高消费者的品牌忠诚度,拉动和促进汽车厂商的新车销售,并在一定程度上增加利润。消费者购买二手车渠道也多,颇具代表性的形式有以下几种。

(1) C2B2C+拍卖会的流通形式

这是一种主要针对个人车源的传统的二手车流通形式。通常,个人车主用置换新车的方式将旧车卖给新车经销商或直接卖给二手车经销商,新车经销商或二手车经销商留少部分在自家店铺零售,大部分通过拍卖平台卖给二手车同行业者。新车经销商又叫新车商,是指专门从事新车销售的企业,一般拥有一家或多家零售店铺。新车商旗下的零售店铺又分系列店和独立店。系列店是指汽车厂商下的专门从事本企业内品牌系列新车销售的零售商店,如4S店。独立店则是指完全独立于汽车厂商,不分厂家和品牌的新车专业零售商店。二手车经销商又叫二手车商,是指专门从事与二手车相关业务的企业,包括二手车的销售和收购业务,一般也有一家或多家零售店铺。

在这种流通形式里,新车系列店在销售新车的同时进行"以旧换新"的二手车置换,顾客可以把旧车卖给新车行,补缴差额后取得新车。新车行和二手车行则对以比较低的价格买下的旧车进行进一步整新和再销售。

新车商的加入使得二手车流通改变了过去的仅由专业二手车商长期垄断市场的格局。并且,新车商与二手车商采用了置换和拍卖会两个渠道,特别是通过拍卖市场能够组织大量的高品质二手车货源,因此,极大地丰富了二手车品种,提高了消费者的商品可选择性。

(2) B2B+拍卖会的流通形式

在这种流通形式里,新车商和二手车商(B1)将从各店铺置换或购进的车辆参加拍卖会,通过拍卖市场销售给其他二手车同行业者(B2)。其特点是新车商和二手车商都不从事二手车的零售业务。

(3) C2B+拍卖会的流通形式

这种流通形式比较单纯。在这种流通形式里,由二手车专业收购商(是指专业从事二手车收购的企业,不做车辆的零售)将从个人车主手中收购的二手车通过拍卖市场进行拍卖。

(4) B2B+拍卖会+出口的流通形式

日本鼓励二手车出口,优质、高残值的二手车尤其是品牌二手车由于具备较好的车况、适中的价格及完善的售后服务保障,具备和新车相当的国际竞争力,在俄罗斯、新西兰、非洲等国家享有较高的认知度和信誉度。日本很多汽车品牌经销商、大型二手车经销商和拍卖公司都成立了二手车进出口公司,从事二手车进出口业务。二手车进出口商通过拍卖会高效购入进口国家适销对路的车型,然后出口到国外的销售公司,也从国外二手车市场上进口一些二手车作为补充车源参与拍卖。2010年后,二手车出口商在互联网上开设了交易网站,海外用户可以直接在网上交易买卖二手车,这个模式现在已成为二手车出口的主流模式。出口车辆必须经过专业人员的质量检查鉴定,结果标注在出品票上,保障车辆的品质,因此造就了日本良好的二手车出口国的声誉。可以说拍卖市场为日本二手车出口市场的扩大做出了很大的贡献。

日本最大的二手车经销商 BeForward 公司除了对二手车进行质量评估外,还与国外二手车零部件经销商建立了业务合作关系,开展销售零部件的售后服务,因此在非洲经常会看到坏了的车仍可通过更换零部件继续使用。

日本有很多从事二手车交易的拍卖公司,如: USS (Used car System Solutions) 拍卖公司、AUCNET 在线拍卖平台、丰田 TAA 拍卖公司、欧力士 ORIX 拍卖公司等。其中,USS 是日本最大的拍卖公司,它搭建了完备的收购、销售、鉴定体系和线上拍卖系统,通过分布在各地的 20 个会场进行现场拍卖以及通过卫星电视拍卖和互联网拍卖方式来分销二手车,在千叶县野田会场的拍卖系统有三个交易大厅、近一万个电子交易平台,极大地提高了二手车的交易效率,实现每 5 秒钟就能拍出一辆汽车,日平均交易量为 1.7 万~2.2 万辆。AUCNET 株式会社成立于 1984 年,是一家日本二手车远程拍卖服务商,拍卖模式在日本二手车交易中占有的份额最大,该平台主要采用电视拍卖和网络拍卖的形式,提供 B2B 的在线拍卖服务,参与拍卖的车辆均需事先由 AIS 公司进行检测,并将检测结果显示在拍卖屏幕上。AUCNET 的盈利模式主要是收取会员费、注册费（含检测费）、交易佣金等。

日本各种汽车相关协会，如日本自动车工业协会、日本中古自动车协会（含 2002 年成立的中古车拍卖协会）、日本自动车车检登记协会、日本自动车查定协会、日本中古自动车贩卖协会、日本自动车整备振兴会、汽车公正交易协会、评估协会、各地区的自动车商会等，其共同制定的法律法规、二手车流通和监管体系，贯通了二手车查定（欧美和国内称认证）、评估（估价）、收购、整备（清洁、翻新、维修、美饰等）、拍卖（批发）、零售、售后服务、国际贸易等整个二手车产业，有力地保证了二手车交易的规范和透明。

产业的各个环节采用了先进设备，减少了人为错误。需要经验的地方全部量化。整个产业标准化、专业化、简单化、数字化、品牌化、连锁经营。商社通过产业组织和价值集成，帮助经营者运用电子商务技术运营，并在交易、结算、物流、信息、管理等方面提供服务。在日本有 3 万家独立法人的二手车销售或贸易公司，有独立商号的企业约 3 万家，90% 的企业员工人数在 20 人以下。有二手车拍卖场 168 个，年均交易车辆 800 万辆。他们在行业协会和地区商会的组织下，按各自的产业流通位置为消费者提供专业服务。

4. 日本二手车市场交易特点

日本二手车交易市场规模较大，交易量也较大，交易体制完善，覆盖面广。日本的二手车市场最大的特点是已形成一张分布均匀、覆盖完整的"交易网"，各个地区、不同的地方可以交叉交易，并不受地域限制。

（1）品牌二手车置换率高

日本汽车厂商几乎都做二手车业务，他们基于新车销售店有效地利用 4S 店网络优势进行品牌二手车置换，长期的品牌保证和专业的价值评估技术能够为置换客户提供全方位的配套服务。品牌二手车是汽车厂商直接向经销商授权，并使用统一的店铺名称标识和商标等从事二手车经营活动。因此，相对于传统二手车经营主体而言，更加规范，还能够提供相应的一定期限的售后保障。此外，品牌二手车置换成本低，可加快车辆更新速度。

日本消费者对品牌的认知度很高，多数人购买新车时会选择同一汽车厂商，甚至同一品牌的车，并乐意"以旧换新"购进新车。品牌二手车的实际置换率很高，购买新车时的品牌二手车置换比率占到 47%，直接将车辆卖给二手车行的占 22%，也有近 10% 是在熟人或朋友等个体之间交易。由于置换解决了新车的价格与消费能力的矛盾，在购买新车的同时快速变现旧车，交易手续简单方便，因此，有效地满足了消费者需要。

（2）价值评估和交易体系完善

二手车的流通有信息不对称、价格弹性大、市场信用度低的特点，二手车的营销也较一般商品复杂。每辆二手车的情况都可能不一样，不仅有品牌、款式、行驶里程、出厂年数，而且还有内外车况以及大小修理等多种因素，尤其是电视拍卖会具有不能接触商品实物，仅是凭借拍卖商提供的信息进行交易的特点，因此，对每一车辆的准确鉴定和价值评估显得十分重要。

日本二手车流通市场之所以社会信用度高，电视拍卖会等流通形式之所以成功，不仅是因为引进了计算机系统和先进的信息技术，真正支撑它的是健全的市场运营机制、完善的二手车价值评估及管理体系。这是日本二手车流通成功的主要因素。

企业均建立了具体而详细的检查和评估、定价等一系列标准体系和制度，拥有专业评价师，每辆车的检查和价值评估以及价格制订都严格按照标准和程序进行。对置换或收购进来的每辆车，首先由车行专业评价师进行严格和全面的检查，按照程序从生产厂家、车种、行驶里程、出厂年限，车辆的外伤、内部装配及使用状况，甚至旧车来源的合法性等基本情况全面进行检查鉴定，将每辆车的实际状况记录到"检查票"，并配有适当照片和示意图；接着，将这些信息资料发送到经营总部，然后，由总部评定师根据车行的基本信息，结合市场信息进一步对车辆进行综合分类评级，如车辆内部分为 5 个档次，车辆外部满分为 100 分等；最后，综合制定价格并再反馈给各车行。

日本已经形成一套完善的交易体制，确保了交易的"诚信度"。掌握车况的真实情况，是进行公平买卖的前提。每次拍卖前，卖方都要签订相关协议，确定将交易完全委托给二手车交易公司。为防止车主做"手脚"，车辆都要入库。在交易结束之前，车主不能再与交易车辆进行接触。入库后，二手车交易公司作为第三方中介，由专门评估部门对车辆进行严格检查和公平中立的评价。同时，对原车进行拍照，将检查、评估内容做成数据输入电脑，进行存储，拍卖时这些数据就在大屏幕上显示。最后，按照拍卖区对汽车进行整理并认真保管，直至交易完成。

交易之前，买方可以通过电脑网络检索到所有进行交易车辆的相关信息，查到有意向的车辆，买主在交易前将被安排对车辆进行一次实地检查，重点是避免交易结束后发生意外纠纷。为避免纠纷，日本的二手车经营公司一般都需要卖方提供各种车辆证明，如验车证、转让证明、印件证明等。同时，对一些不法分子也建立了一套相应的惩罚系统，比如每次交易之前，都要调查相关交易人员的档案，一旦检查到有不良记录的会员，将阻止不良记录会员进入拍卖会场。

由于二手车流通行业内各企业或商家始终坚持以"建立顾客信赖的价格"为指导思想，自觉地建立和不断完善车辆价值评估体系，信息的公开和价格制订的高度透明，以及拥有大批接受过专业学习和严格考核的专业评价师等，这就为二手车流通市场赢得了消费者和社会的极大信任。

（3）流通全面实现网络化

连锁经营是日本二手车流通组织的主要经营形式，其中又以加盟连锁的特许经营型为最多。新车商和二手车商，以及专业二手车收购商在全国各大城市和城镇都建有连锁店，连锁店少则数十数百家，多则上千家，经营二手车业务的店铺遍布日本全国，包括农村市场。

二手车连锁经营商业模式具有单店规模较小、店铺多的特点，加之拍卖会实行的是会员制度，因此，分布在各地的店铺自然形成一个个购销网络，有新车商的连锁店，有二手车商的连锁店，还有专业二手车收购商的连锁店。

连锁店的库存信息在各会员组织内全面公开，会员之间实行信息共享，因此，形成了一个个以组织运营二手车流通的拍卖商为核心，由一大批新车商、二手车商、专业二手车收购商等连锁机构组成的全国性的二手车流通网络化经销体系和信息网络。

拍卖会场不需要摆放现车，也不需要一定的库存，会员可以及时了解最新二手车信息，并可根据所在地区的顾客需求在全国的会员店库存中进行车辆调剂、异地交易和服务，随时满足消费者的需求。发达的网络化流通体系使各地会员店的库存车辆周转很快，平均在库周转时间均低于 2 个月，极大地降低了二手车经销商的风险和流通成本。

此外，许多二手车企业建网站公开车辆信息，直接面向消费者提供诸如电话、邮件等的交易库存查寻，在线申请车检和评估服务，消费者可以直接获取网上信息，在线进行二手车的选择、购买和销售，甚至有的开通了二手车寻呼业务，使得消费者买卖二手车极为方便。

卫星系统构成交易网。位于千叶县野田的USS是全球最大的二手车交易市场，2万多辆二手车可以同时拍卖，每周四开市一天，场内设有3个交易大厅，每个大厅有上千个电子交易平台，通过卫星系统将各个二手车市场连接起来，将要进行交易的二手车信息反映在大屏幕上，不同市场的人员就像在同一个市场中进行交易一样便捷，实现每5秒钟就能拍出一辆汽车，日平均交易量为1.7万~2.2万辆，每年的成交量接近300万辆，占到全日本全年交易总量的一半。

(4) 日本二手车的交易范围广

与国内相比，日本二手车的交易范围更广，甚至事故车也能进行交易，由于事故车便宜，一些修理厂就专门进行收购，经过修理后再到二手车市场上进行交易。

现在，日本二手车交易主要包括二手车、事故车和一些销路不好的新车。日本出台了《汽车报废回收再利用法》，该法案将交易范围扩展到报废车。《汽车报废回收再利用法》将规定细化到一辆车"从摇篮到坟墓"的所有使用历程。

根据《汽车报废回收再利用法》，报废汽车也有利用价值。二手车交易公司将对报废车进行拆卸，分类再利用。报废车拆卸的零部件一般销往海外。除此之外，从保护环境考虑，一些不能再使用的零部件将被妥善安置。

(5) 日本二手车的一切修复历史都要如实告知车主

日本的二手车交易需要填写由"自动车公正交易协会"统一印制的《汽车状况记录》。除了对厂牌、车型、首次登记日期、车牌、车辆的用途进行登记以外，还要对车的行驶里程做特别记录。如果车辆曾更换过里程表，那么要将现在的里程数和更换前的里程数分别登记。

除此以外，还要对车辆的侧梁、前梁、发动机舱吸能区、中控台、A柱、B柱、C柱、车顶、车内底板、后备厢底板等处的修复历史和不符合安全标准需要修复的隐患做详细记录。据了解，车的修复历史是指车的事故历史，任何修过的地方都要附有《车辆状况评价书》。但是外部损伤则不作为"修复历史"处理，比如挡泥板破损了，重新换了一块。所有被修复的部位要全部公开。另外，每一辆二手车都可以在全国享受一年或2.5万km的售后维修服务；买车人如果有任何不满意，也可以在出货的10天以内或500km以内退货。

5. 日本二手车市场的政策

(1) 日本二手车评估制度

二手车质量评估提高了二手车品质的透明度，促进了二手车流通市场的健康发展，这也是保证日本二手车价格竞争力的源泉。AIS是由丰田、日产、本田等汽车厂商出资组建的最大的民营二手车评估公司，评价证书上非常详细的检查项目给出十个级别的评估，大部分二手车经销商都使用AIS的评估证书进行销售，出口商以及购买人都可以根据评估证书放心购买。

在日本，对二手车有一套公正的评估制度，监管部门每年都会出二手车行情手册，对不同年份的每款车型估价，让用户参考，二手车价格非常透明。日本在1966年成立了财团法人日本评估协会，对规范二手车的评估行为起了重要作用。根据日本评估协会的规定，要想获得二手车的评估资格，首先它必须是一个二手车的销售店，然后要向评估协会申请实施评估业务，评估协会对该店进行审查之后，合格就发给《评估业务确认书》，并制作"评估业务实施店"的标牌挂在店内。同时，在有资格的店内，还应该有通过评估协会组织的技能考试的专业评估师，在日本，这种评估师分两类，即大型评估师和小型评估师。评估师的资格有效期为3年，通过进修可以晋升。

对二手车价格的评估，在日本有一套通行的计算方法，其计算公式是：

评估价格 = 基本评估价 A − 标准维修费用及标准杂费 B − 各公司调整点 C − 加减点 D

式中：基本评估价 A 是根据评估协会发行的指导手册，通过一个二手车行情信息系统推算出来的价格；标准维修费用及标准杂费 B 是为让该车正常使用而进行的必要的维修费用，该数值由各公司自行设定，同时加入了约15%的毛利；各公司调整点 C 的数值根据公司的保修期限、公司进货和销售能力等各自确定；加减点 D 根据评估协会制订的基准来确定加减点数。

评估协会每月会发行一本价格指导手册，俗称《银皮书》，在书中刊登各地区（全国分为三个地区）的零售价格。这样即便认证估价标准不同，但同一辆车最后的交易价格基本不会有太大差距。远程拍卖也是如此，地区之间几乎没有差价。日本有一个《禁止垄断法》，公众可以根据这个法律来判断评估协会的做法是否真正做到了公正。

（2）日本二手车有第三方认证

日本二手车没有统一的认证标准，主要使用由几个较大的二手车公司建立的第三方认证标准。不同的二手车公司采用不同的认证形式，有的是十分制，有的是百分制，但具体的检测项目基本相同。如出厂日期、使用年限、里程数、是否加装了ABS、天窗、内饰、配置等都是检测的项目，但是否出现过交通事故是其中最重要的一项考查内容。

虽然各个二手车公司的认证标准自成一家，但经过长期充分的市场竞争，它们做出的认证评定都得到了社会的认同。汽车专卖店里受过专门训练的评估人员将车辆情况如实记录，传输给其二手车公司，很快就能够得到一个检测证明和根据目前市场状况对该车的基本估价。

（3）日本二手车销售方面的法规

日本有一个《旧货经营法》，以此来规范旧货交易，二手车的交易就属于旧货交易之一。所谓旧货，是指用过一次以上的物品，或者虽然没有用过，但是为了使用的目的而进行过交易的物品，或者修理过的物品。经营旧货（包括网上交易）必须得到当地都道府县警察（相当于我国的公安部门）的许可，并且在经营场所张挂标识。管理人员需要有3年以上经营旧货的经验，能够辨别非法物品（例如盗窃来的），有能力核实旧货的来源，如果怀疑旧货来历有问题，要及时向公安部门报告，交易必须有记录而且要保管3年。如果在经营场所以外的地方进行交易（例如到客户家里），这称为"行商"，要进行"行商"资格登记并获得批准。必要时，公安委员会可以对旧货经营进行干预、指示甚至停止其业务。

（4）二手车的流通制度

在日本，要求二手车销售商提供公平的价格，并向消费者提供充分的信息。要遏制不恰当的宣传和过于贵重的赠品。为了达到以上目的，由社团法人"汽车公平交易协会"制订了相关的行业规定。协会会员是各汽车厂家、新车销售商和二手车销售商。协会的主要宗旨是制订公平竞争的规约，对普通消费者进行购买指导，接受消费者的咨询和投诉，对销售商的违规情况进行调查并提出改进的措施，等等。日本销售二手车的一些规定是：在销售二手车的商店里以及广告媒体上，必须明确说明的内容有：车名、主要规格、第一次上牌照时间、售价（包括各种费用的说明）、已经行驶的公里数、公用车还是私用车、验车有效期、有无保修证以及保修期限、定期保养的情况、有无维修记录，如果登载广告，必须有彩色照片。此外，不许把行驶里程调整减少，以及隐瞒修理过的事实等。除了这个协会以外，其他的相关团体还有财团法人"汽车检查登记协会"、社团法人"日本汽车工业会"和社团法人"日本汽车销售协会联合会"等组织，它们对于如何防止把里程表调小以及汽车信息登记等都做了一些工作。

（5）机动车的报废管理

机动车旧了，出路有两个：一个是卖了它；另一个就是扔了不要了。前者就是二手车交易，后者就是机动车的报废。所以，在我们讨论二手车的交易问题的同时，顺便就会涉及车辆的报废问题。在日本，每年淘汰的机动车400万~500万辆，多数是依照国土交通省的规定履行了合法的报废手续。但是还是有0.5%，即2万多辆车被违法地丢弃，给环境带来了危害，增加了处理费用。为了合理处置报废车，日本有关部门研究和实施了《汽车报废回收再利用法》。

日本现行的机动车注销登记制度，规定了两种情况：

①永久注销，就是机动车解体时的注销，将解体证明交给陆运支局进行注销登记。

②临时注销，就是机动车暂停使用。这样的机动车，也许以后会解体，也许以后又会恢复使用。如果以后解体了，陆运支局也不会得知。

现行制度存在的问题是：永久注销的车每年约20万辆，临时注销的车每年约500万辆，其中约100万辆后来又恢复了运行，约300万辆后来解体了，约100万辆最后出口了。为什么后来又有300万辆解体了呢？这是因为很多人在注销的时候并没有最终决定要解体，可能本来想再卖的，但是后来因为价格等原因而不卖了，于是就解体处理了，再说解体处理也不需要另外的手续。由于这时候的解体情况陆运支局不掌握，所以就会发生违规丢弃的现象。出口车也是属于临时注销，虽然基本上不可能再在日本国内恢复使用了。

为了解决以上问题，新修改的注销登记制度规定，第一，车辆从停止运行的时候开始，到最终的解体为止，每个环节都要得到陆运支局的确认；第二，如果临时注销了，但是长期没有恢复运行又没有出售，过一段时间车主就要向陆运支局证明此车依然存在；第三，凡是出口的车，都需要先向陆运支局提出出口注销申报，否则不得通关，这样就能掌握出口注销的情况了，也能防止被盗车的出口。如果申报了出口，但是事后又没有出口，则应另行办理手续。只有这样，才能防止车辆被非法遗弃。

（6）二手车违规交易的对策

在日本的二手车交易中，也像中国一样，存在着违规交易的现象。

1）销售者违规的现象

①在向消费者提供的信息中有虚假的内容。对某辆二手车的车况并不清楚，但是消费者问起的时候假装知道，信口开河，误导消费者；隐瞒曾经发生的事故，或者隐瞒曾经修理过的事实。

②把里程表的里程调小。在日本的消费者对汽车消费的投诉中，70%的投诉是针对二手车销售的，而投诉的内容中，改动里程表或者对车辆的维修历史有疑义的投诉又占了30%。

2）二手车违规交易的对策

过去，消费者都是等到出现了问题之后，才去找销售者解决问题，到了2001年4月，日本实行了《消费者合同法》，此法规定，如果销售者有不正当的行为，违背了消费者的意志，则可以判定合同无效或者部分无效。这样，就从法律上约束了销售者，他们如果实施了不正当的销售行为，就要承担相应的责任。但是，在具体实施的时候，仍然有一些尚待解决的问题。例如，某人购买了一辆曾经发生过事故的二手车，但是他买的时候并不知道，只是到了年检的时候才发现。这样，由于当初销售者隐瞒了事故的事实，所以该合同被视为无效合同，于是消费者可以要求销售者赔偿，但是涉及赔偿金额的时候，这个《消费者合同法》就无能为力了，需要另外的民事诉讼去解决。

在日本的二手车销售中，一个非常普遍的违规问题就是擅自调整里程表的行为。把车的里程表调小，就等于隐瞒了车况，提高了售价。首先，里程表被改动过，很难被发现，尤其是原车车主自己把里程调回去，就是销售商也无从判断。因此，这类问题如果发生怀疑或者争执，很难举证。其次，虽然在二手车市场上改里程表的现象普遍存在，但是在实际交易中真正作为问题被查出来的却非常少。这是因为即使怀疑里程表有问题，要取得证据非常困难。因此改里程表的方法被二手车销售商作为获利的一种经验而在私下里互相传授。

此外，在二手车交易后，如果过了很久才发现里程表的问题，那么就不能追后账了，因为根据日本的《招商法》，在交易发生的6个月后才发现问题，就已经过了时效。通常消费者也不会为里程表的问题而诉诸法律，因为要维护这个利益所花费的精力太多了，所以多数消费者都放弃追究责任。

在日本，由于同时有多个汽车协会存在，二手车交易的经销商可能分属不同的协会，这样一来，有的经销商根本不参加任何一个协会，于是协会制订的各种行业自律的条约就管不到他们的头上。这些不受约束的商家都是一些小的商家，但是数量也很多，占到了二手车经营者的一半左右。这种情况也造成了交易不规范现象的存在。

3）制定里程表数据的新管理模式

如上所述，往回拨里程表的计数，是很多二手车交易市场的通病。如何能够把这个里程表管理起来，日本的汽车协会想了很多办法。先是在1997年开发了拍卖车的行驶管理系统，日本二手车销售联合会下所有的拍卖车，都要把车辆VIN代号和该车的行驶里程实行登记，建立可以查询检索的行驶里程管理系统。一旦某车在这个系统里面做了登记，那么以后凡是这辆车参加的二手车交易，买家都可以查询到它的行驶里程，如果其里程表的行驶里程小于档案中的数值，就说明里程表被改动过了。

在日本经济产业省的指导下，2002年4月，成立了日本机动车拍卖协会，把上述二手车销售联合会的管理系统和日本机动车查定协会的管理系统统一了起来，这样，所有参加这个系统的机动车的里程表就都统一接受管理了。但是，上述管理系统只是供销售者查询检索的。这样仍然有一个问题，就是缺乏道德的销售者还是会为了自己的利益而私自改动里程表，因为消费者看不到这个系统的查询记录。所以到了2002年8月，该系统向普通消费者开放，即普通消费者也可以利用这个系统来查询二手车的行驶里程，查询费为每次1 500日元（约合人民币100元）。不过，即使如此，对于没有参加二手车交易的机动车，还是不知道其真实的行驶里程，这就是说，车主可能在机动车卖出之前就偷偷地把里程表改动了，这仍然是不完善的管理。因此，日本的国土交通省决定，从2004年1月起，利用机动车年检的机会，要把里程表的计数在车检证上进行记载。这样，除了对二手车交易有好处外，对于防止由于里程表造假而本应定期更换的备件不能获得更换而造成重大事故等隐患有积极作用。

1.4 二手车在汽车后市场中的地位和作用

1.4.1 汽车后市场概述

汽车后市场（Auto After Market）是指汽车销售后围绕汽车使用过程中所需的各种消费服务构成的市场。汽车后市场涵盖了消费者买车后所需要的一切服务，这些服务贯穿了汽车从售出到报废的整个使用生命周期与汽车服务和消费相关的产业链。汽车后市场属于第三产业（即服务业），是一个非常庞大的产业链，包括配件供应、维修保养、汽车用品、汽车改装、二手车经营、物流运输、金融服务、出租和租赁、汽车俱乐部、汽车检测、汽车认证、汽车导航、停车场和加油站、充电基础设施、报废机动车回收拆解、政府汽车管理和相关服务等，随着5G物联网和车联网等汽车电子IT技术的发展，汽车后市场产业链得到了进一步扩展。产业链提供的这些服务贯穿了汽车从售出到报废的整个使用生命周期——是一个汽车从生到死的服务产业链。汽车后市场具有重服务、流程多、链条长等特点。

在汽车行业内有一个"1∶8"的规律，即每生产1元的汽车，将产生8元的汽车后市场价值。在汽车产业链已经非常成熟的发达欧美国家中，汽车整体利润中20%为整车销售利润，20%为零部件供应利润，而其余的60%在汽车售后服务领域中产生。因此，汽车后市场服务业被誉为"黄金产业"。我国汽车后市场规模从2012年的4 690亿元，逐年递增约1 000亿元，2017年已超过10 000亿元。图1-14显示了我国汽车后市场的发展趋势。

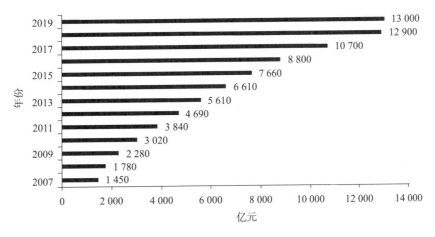

图1-14 我国汽车后市场规模

从图1-14中可见我国汽车后市场规模呈逐年递增趋势，2017年汽车后市场规模已超过1万亿元，但汽车后市场规模仅占国内汽车产业链的10%，而发达国家的占比在50%~60%，还有很大的提升空间，汽车保有量的增加为汽车后市场提供了巨大的空间，图1-15所示是2010—2020年我国汽车保有量统计图，图中可见我国汽车保有量是呈逐年增加趋势的，其中 2013—2016 年大量增加的汽车，车龄都超过 5 年，而根据发达国家的发展经验，一旦车龄超过 5 年，对售后服务的需求增大，汽车后市场就将迎来繁荣。根据商务部的统计数据，2020 年虽然受到新冠疫情的影响，但汽车后市场消费还保持了超过 1 万亿元的规模。目前，我国汽车后市场受到互联网企业的高度关注，"互联网＋"成为新的运营模式，据预测，2020—2024 年我国汽车后市场将保持在 10%～15% 的市场发展增速，到 2024 年我国汽车后市场的规模将突破 2.5 万亿。

图 1－15　2010—2020 年我国汽车保有量

二手车市场是汽车后市场的重要组成部分。随着近年国内汽车保有量的不断上升以及用车成本的持续上涨，二手车的保有量也有稳定的增长。目前国内二手车交易量与新车销售量均呈不断上升的趋势（见 1.2.2 节的图 1－2 和图 1－3），而且随着二手车交易量的不断提升，在未来新车销售遇到困难的时候，二手车和售后维修将双双成为稳定经销商基础利润的业务组成。

纵观国际市场，汽车制造业已进入微利时代，更多的获利机会将在汽车后市场中展开。所以，我国汽车后市场有很大的发展空间和潜力。可以这样说，谁能做好新车销售以外的业务谁就会活得更健康。那么，无疑二手车市场这块"风水宝地"成了商家的必争之地。但是从当前国内二手车市场的发展状况来看，企业发展规模小、服务水平低下，商家想从汽车后市场中大幅获利还需要走很长的一段路。

1.4.2　汽车后市场分类及发展历程

1. 汽车后市场分类

汽车后市场包括产品和服务两大部分，涉及众多的细分行业，主要以汽车使用中的服务需求进行分类，后市场从最初的基础维修保养业务发展至今，大致涉及十一大细分行业，并随着"5G 物联网＋车联网"的赋能，汽车后市场的产业链将呈复杂的网格化，细分行业将会更多，行业发展潜力无限。

①汽车保险行业，包括各种汽车保险代办销售及理赔。
②汽车金融行业，包括汽车消费信贷、抵押贷款、典当等。

③汽车IT行业，包括汽车电子产品、车联网、GPS导航、无人驾驶等，是汽车后市场中汽车功能产品运用的重要细分行业，与传感器、半导体、计算机和信息技术等高科技紧密关联，是信息技术产品的重要应用领域。

④汽车维保及配件行业，包括汽车维修、保养和美容、配件供应和销售等。其中：

a. 汽车维修包括道路救援、故障排查和修理、更换零部件等。

b. 汽车保养主要包含对发动机系统、变速箱系统、空调系统、冷却系统、燃油系统、动力转向系统等的保养工作，定期对汽车相关部分进行检查、清洁、补给、润滑、调整或更换某些零件的预防性工作。

c. 汽车美容主要包括车表美容（汽车清洗、除去油性污渍、新车开蜡、旧车开蜡、镀件翻新和轮胎翻新）、车饰美容（车室美容护理、发动机美容护理和后备厢清洁）、漆面美容（漆面失光处理、漆面划痕处理和喷漆）、汽车防护（粘贴防爆太阳膜、安装防盗器、安装语音报警系统和安装静电放电器）和汽车精品（汽车香水、车室净化、装饰贴和各种垫套）5个方面。

d. 汽车配件供应和销售。汽车配件是构成汽车整体的各个单元及服务于汽车的一种产品。汽车配件服务于后市场的多个细分行业，种类繁多、消费量大，是汽车后市场产品中重要的细分市场，做好汽车配件供应和销售变得越来越重要。

⑤汽车改装行业。汽车改装是指根据汽车车主需要，将汽车制造厂家生产的原形车进行外部造型、内部造型以及机械性能的改动，主要包括车身改装和动力改装两种。

⑥汽车文化及汽车运动行业，包括车模型、汽车竞技、汽车休闲、汽车娱乐、汽车俱乐部、汽车展览、汽车报刊和书籍、汽车影视、车友会、驾驶培训等。

⑦二手车行业，包括二手车交易、经纪、拍卖、鉴定评估、过户等。

⑧汽车运用与服务行业，主要涉及运输及物流行业，包括客运、货运、出租车、汽车租赁、公路收费、停车场、交通信息服务等。物流涉及采购、运输、仓储、包装、搬运、配送等环节。

⑨汽车油品供应和充电行业，包括（汽柴油）加油站、润滑油供应、充电桩建设和电力供应等。

⑩报废汽车回收拆解行业，包括报废汽车回收、拆解和再生利用，这是节约资源、实现资源永续利用的重要途径，其细分领域涉及的产业也很广，回收数量与新车销售量基本同级别，产值达千亿级市场规模。

⑪政府汽车管理和相关服务，包括道路交通管理、汽车注册登记和年检管理等。

2. 汽车后市场发展历程

汽车市场发展有三个阶段：第一阶段为汽车营销，满足于购买汽车和拥有汽车；第二个阶段为汽车使用和消费，市场需求多样化，更加丰富；第三个阶段为汽车生活，汽车文化、汽车休闲、汽车体验等高级消费形式主导市场。汽车生活时代以汽车后市场高度发达为特征。

我国汽车后市场起步较晚，国内汽车后市场的发展伴随着汽车市场的发展而经历了四个发展阶段：第一阶段是1990—1996年，在汽车工业作为国民经济支柱产业的政策指导下，国内汽车行业大规模开展合资企业建设，轿车开始进入我们的生活，这个时期是汽车后市场的开始阶段，服务对象基本是公务车。第二阶段是 1997—2006 年，国家把轿车生产作为汽车工业发展的重点，尤其是 2004 年 6 月 1 日正式实施的《汽车产业发展政策》，提出培育以私人消费为主体的汽车市场，并鼓励私人购车，轿车开始迅速进入百姓家，私人轿车保有量的增长带动了整个汽车工业的快速成长，但整个汽车市场仍是以公务购车为主的市场。汽车后市场进入快速发展阶段，服务对象以公务车为主，私车占 15%。第三阶段是 2007—2010 年，以中外合作和技术引进为基础的我国轿车工业又迈上了一个新台阶，私人消费成为汽车市场的主体。汽车后市场进入高速发展阶段，服务对象私车为 50%，公务车 50%。第四阶段是 2011 年以后，国内新车销售量和二手车交易量都得到了快速增长，进入了全民汽车消费时代，服务对象以私家车为主。2013 年后，随着"互联网+汽车""互联网+二手车"和新能源汽车普及的快速发展，汽车后市场进入多元化、稳定增长的发展阶段。2017 年 1 月，由国务院发布的《"十三五"节能减排综合工作方案》中，首次将汽车后市场作为一个产业写入国家层面政策中，自此以后，国家层面政策中多次提及推动汽车后市场产业发展，深挖汽车后市场产业潜力，汽车后市场相关政策体系逐步建立与完善。

3. 中国汽车后市场现状分析

现阶段中国汽车后市场是一种低层次的、粗放型的市场。这也是每一个成熟市场体发展必然经历的阶段，具体表现在以下几个方面：

（1）经营集中度不高

目前我国汽车后市场的一个显著特点是小而散，新车销售、二手车交易、租赁、配件和用品供应、汽车改装、美容养护、检测维修、金融信贷、保险、俱乐部等各自为政，分散经营，各企业各自花费大量的时间和费用去搜集、分析有关政策法规、市场环境等信息，但由于种种原因，所得资料的置信水平较低，因而导致企业在制定一系列决策时产生偏差甚至重大失误，给企业发展带来严重的负面影响，也使企业经营难以形成规模效益。而规模大在某种程度上代表了资金和技术的实力，只有上规模，才能与国外企业抗衡。

（2）管理服务水平低

中国汽车后市场在发展过程中，由于长期受政府的行政干预而不能完全进入市场，人力资源的不足和人才培养体系不健全等，成为我国汽车后市场向前推进的瓶颈。这也是行业总体服务水平差的一个主要原因。当然服务意识及服务能力的欠缺也是导致服务水平差的一个主要原因。属于第三产业的汽车后市场中所涉及的各行业，"服务"即为它们所能提供给社会的"产品"，在以质量保证为前提的品牌化经营战略中，服务质量的低下必然使企业不能进行品牌化经营。面对即将带着知名品牌大举进入我国的国外同行，国内企业不能形成自己的品牌，在激烈的竞争之初无疑是先失一招。

（3）市场秩序混乱

汽车后服务产业目前还处于 4S 店主导的时代，也就是说，目前我国汽车后市场还很难完全脱离 4S 店掌控的汽车后市场服务而成为独立的市场，这种主导在专业技术或服务上会使车主得到保障，但是价格不透明是最大的隐患。除此之外还有许多大小不一的汽车服务店，它们无法在专业性、技术上与 4S 店对抗，而且又面临着同一档次竞争对手的挑战。行业体系不完善、法律法规不健全，加之缺乏成本优势，造成它们进行恶性的价格竞争，以次充好，导致市场的混乱。这样对行业的发展、对客户的安全都产生了极大的影响。

（4）汽车后市场服务意识、观念淡薄

汽车销售的火爆，并没有使汽车后市场得到理想的发展，汽车4S店内的销售和售后分属不同的部门，这导致销售时给客户的承诺，到售后可能得不到完整的实现，更何况那些小的汽车服务店，它们缺乏严格的管理制度，诚信度低，市场观念淡薄，服务不到位。

影响汽车后市场需求的两大因素是：汽车保有量和汽车产业链利润结构。在汽车保有量方面，2020年我国汽车保有量达2.81亿辆，已成为全球第一大汽车保有国，由此将产生巨大的维修保养、汽车美容、汽车保险、汽车用品等多元化服务需求。在成熟国家的汽车产业链中，汽车后市场占到50%~60%，而我国目前只占到10%左右，未来成长空间巨大。

4. 汽车后市场发展趋势分析

汽车后市场是一个存量市场，中国汽车保有量已经达到2.81亿辆，保有量是汽车后市场的客户来源。未来十年我国对汽车的需求量仍将保持在13%~15%的年均增长率，比起世界上的汽车强国，我国的汽车市场有一个相对较长的快速增长期，二三线市场正在成为我国汽车发展的主要增长点和支撑点，同时"以养代修"的用车观念正在普及，以及巨大的汽车保有量将推动后市场走向前台，这对国内所有汽车后市场服务企业来说是一个很好的发展机遇。

我国汽车后市场未来将会呈现三大趋势：一是品牌化和连锁化。通过品牌化可以增强客户黏性，而连锁化则使得企业在自身采购、仓储、物流、销售等环节拥有更精细化的管理，从而有效地降低成本，提高企业运转效率。二是互联网电商进入汽车后市场后，行业正迎来新零售时代。O2O（Online to Offline，线上线下）深度垂直化，产业链上游进一步对配件厂商、配件经销商进行渠道扁平化，完成相关的采购、仓储、物流建设；产业链下游需对线下直营加盟店进行标准化管理、加强用户生态建设等。三是汽车销售、二手车、汽配、汽车用品，呈现集中交易的趋势。汽车后市场规模化和集约化将形成主流。

互联网正向汽车全产业链进行渗透，涵盖了新车市场以及后端服务市场，其中"互联网＋汽车后市场"将把新车销售、二手车交易、汽车保养、零件销售、打车租车和电子支付等相关领域有机融合起来，形成超级消费市场。

1.4.3 二手车业务在汽车后市场的地位分析

从当前汽车市场的发展情况看，随着汽车保有量大幅增加，整个产业正在由制造业向后市场转移，这是成熟汽车市场较为明显的特征。在汽车产业链中，二手车交易是重要环节之一。二手车市场的繁荣程度反映了一个国家汽车流通领域的成熟度，越是汽车市场发达的国家和地区，二手车交易越活跃，且二手车的交易量往往数倍于新车销售量。二手车市场将成为汽车后市场的亮点。二手车市场作为汽车流通体系中不可分割的重要组成部分，将扮演越来越重要的角色。

（1）促进汽车在社会中的再配置，普及汽车使用

在中国，汽车既是大件高值耐用消费品，又是正在普及的交通工具，很多家庭尤其是年轻人都急切希望拥有一辆汽车。这是新车保持销售增长的促动力，但由于新车价格较贵，尤其是中高级轿车，限制了汽车在较低收入人群的快速普及。二手车车型丰富、价格比新车便宜，消费者可以以"相对少"的资金买到"相对好"的车子，是普及汽车使用和满足汽车爱好者需求的首选，可以在社会不同地区和不同收入人群中实现再配置。二手车流通的发展

方向是从城市流向乡镇，从东部流向西部，从经济发达地区流向经济相对落后地区，从高收入者流向中低收入者。

（2）增加汽车后市场服务项目，带来更多发展机遇

二手车交易市场、二手车经纪、二手车鉴定评估和二手车拍卖等业务是新车市场及其售后服务中所没有的，二手车流通不仅丰富了汽车后市场的服务项目，同时也丰富了汽车产业链的经营主体，使汽车产业链增加了更多的分支链和价值链。此外，二手车也是改装车的原型车，挑选性能相对较好的二手车，用节省的资金添置一些"新装备"，是改装爱好者的愿望。二手改装车的发展带动了汽车用品市场的繁荣与发展。

（3）延长售后服务，稳定汽车产业链发展

汽车经销商主要盈利业务为售后服务与二手车业务。开展二手车业务有助于增加服务车源，延长原车的售后服务，增加利润来源。据统计，在汽车销售商的利润来源中，售后服务占50%，汽车销售占20%，零部件销售占10%，二手车经营占20%，这说明二手车业务至少占有汽车后市场的五分之一。对于汽车产业链来说，二手车市场的兴盛有利于促进汽配、美容、保养等汽车服务行业的繁荣和稳定。

（4）促进新车制造和销售，完善汽车流通体系

单向新车销售是不可持续的，只有完善二手车流通体系，才能促进汽车更新换代的频率，加快轿车进入家庭的步伐，满足不同层次消费者的需求，形成新旧汽车市场相互促进、互为补充、共同发展的良性循环。二手车是新车销售的助推器。

本章思考与练习题

1. 简述二手车定义及定义中关键词的含义。
2. 二手车有哪些属性和特点？
3. 二手车产业链有哪些环节？
4. 我国二手车交易市场的功能是什么？
5. 现阶段我国二手车流通市场主要有哪些特征？
6. 当前二手车流通行业存在的主要问题有哪些？
7. 什么是二手车临时产权登记制度？什么是认证二手车？两者对二手车流通起到什么作用？
8. 我国二手车交易政策法规有哪些？
9. 分析美国二手车比新车销售量大的原因。
10. 简述美国二手车车源和销售渠道，其对我国二手车流通发展有什么启示？
11. 什么是认证二手车？消费者购买认证二手车有什么好处？
12. 美国有哪些二手车第三方服务机构？消费者使用这些机构的服务有什么好处？
13. 日本二手车的经销企业有哪些？二手车的流通模式主要有哪些？
14. 日本二手车市场的交易特点有哪些？
15. 日本和美国对二手车的认证有何不同？
16. 在美国和日本的二手车经营主体中，二手车拍卖起到怎样的作用？
17. 汽车后市场包括哪些内容？二手车业务在汽车后市场的地位如何？

第 2 章　汽车基础知识

本章学习要点：
1. 掌握汽车组成、分类、汽车型号编制规则，能够根据汽车型号解读其基本含义。
2. 重点掌握车辆识别代号的内容及车辆识别代号编码的作用，能够根据 VIN 代码识别国产车、进口车，解读生产年份等车辆基本信息，掌握 VIN 代码校验位的作用及计算方法。
3. 掌握汽车使用生命周期和三种使用寿命的概念，掌握汽车经济使用寿命的计算方法和影响汽车经济使用寿命的因素。

2.1　汽车的组成

汽车有多种类型（如乘用车、客车、货车等），同一类型的汽车又有不同车型之分。不同类型的汽车构造有差异，但它们的组成基本相同。一辆汽车主要由发动机、底盘、车身和电气设备四大部分组成。

2.1.1　发动机

1. 发动机功用

发动机是一个能量转换机构，其功用是在密闭的气缸内部，将燃料（液体或气体）的化学能通过燃烧后转化为热能，再把热能通过膨胀推动活塞做功带动曲轴旋转转化为机械能并对外输出动力。因此，发动机是汽车的动力装置，被形容为汽车的心脏。

2. 发动机组成

常见的汽车发动机有汽油机和柴油机两种类型。

汽油机主要由两大机构和五大系统组成，即由曲柄连杆机构、配气机构、燃料供给系统、润滑系统、冷却系统、点火系和起动系统组成。汽油机多用于乘用车上。

柴油机主要由两大机构和四大系统组成，即由曲柄连杆机构、配气机构、燃料供给系统、润滑系统、冷却系统和起动系统组成。柴油机是压燃的，不需要点火系统。柴油机压缩比大，功率大，多用于货车上。

①曲柄连杆机构的功用是提供燃烧场所，将活塞的往复运动转变为曲轴的旋转运动，同时将作用于活塞上的力转变为曲轴对外输出的转矩。曲柄连杆机构由机体组、活塞连杆组、曲轴飞轮组三部分组成，如图 2-1 所示。

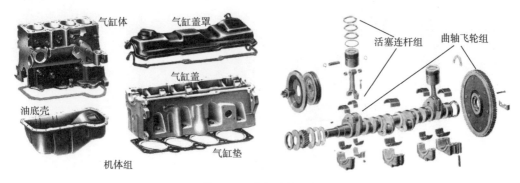

图 2-1　曲柄连杆机构

②配气机构的功用是按照发动机每一气缸内所进行的工作循环和点火顺序的要求,定时开启和关闭各气缸的进、排气门,使新鲜的可燃混合气(汽油机)或空气(柴油机)及时进入气缸,废气及时从气缸排出,实现换气过程;在压缩与做功行程中,关闭气门保证燃烧室的密封。

配气机构如图 2-2 所示,可分为气门组和气门传动组两大部分。气门组包括气门及与之相关联的零件。气门传动组是从曲轴正时齿轮开始至推动气门动作的所有零件,它的功用是定时驱动气门使其开闭。

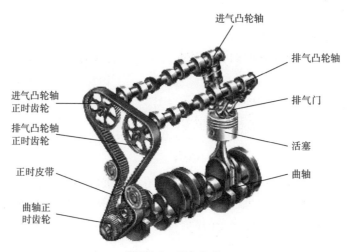

图 2-2　配气机构

③汽油机燃料供给系统的功用是根据发动机的要求,配制出一定数量和浓度的混合气,供入气缸,并将燃烧后的废气从气缸内排出到大气中去;柴油机燃料供给系统的功用是把柴油和空气分别供入气缸,在燃烧室内形成混合气并燃烧,最后将燃烧后的废气排出。

④润滑系统的功用是向做相对运动的零件表面输送定量的清洁润滑油,以实现液体摩擦,减小摩擦阻力,减轻机件的磨损;并对零件表面进行清洗和冷却。

⑤冷却系统的功用是将吸收受热零件的部分热量及时散发出去,保证发动机在最适宜的温度状态下工作。

⑥在汽油机中,点火系统的功用是按时在火花塞电极间产生电火花。

⑦起动系统的功用是带动曲轴转动,使发动机由静止状态过渡到工作状态。

2.1.2 底盘

1. 底盘的功用

底盘的功用是支承、安装汽车发动机及其各部件、总成,形成汽车的整体造型,并接受发动机的动力,使汽车产生运动并保证汽车能够按照驾驶员的操纵而正常行驶。

2. 底盘的组成

汽车底盘由传动系统、行驶系统、转向系统和制动系统四大系统组成。

(1) 传动系统

①传动系统的基本功用是将发动机的动力传给驱动车轮。传动系统具有减速增矩、变速增矩、倒车、中断动力、驱动轮差速等功能,与发动机配合工作,能保证汽车在各种工况条件下的正常行驶,并具有良好的动力性和经济性。

②手动换挡汽车传动系统的组成:离合器、手动换挡变速器、万向传动装置、驱动桥。

③自动换挡汽车传动系统的组成:液力变矩器、自动换挡变速器、万向传动装置、驱动桥。

④四轮驱动汽车[包括越野汽车、SUV(即运动型多功能车)]传动系统的组成:离合器、变速器、分动器、万向传动装置、前驱动桥和后驱动桥。

⑤上述驱动桥由主减速器、差速器、半轴和桥壳等组成。

主减速器是汽车传动系统中减小转速、增大转矩的主要部件。对发动机纵置的汽车来说,主减速器还利用锥齿轮传动以改变动力方向。

差速器保证当汽车转向行驶时,外侧车轮转速比内侧车轮转速大。

半轴是差速器与驱动轮之间传递转矩的实心轴,其内端一般通过花键与差速器的半轴齿轮连接,外端与驱动轮轮毂连接。

图2-3所示为四轮驱动的汽车传动系统,前后两个车桥都是驱动桥,动力由分动器分配。

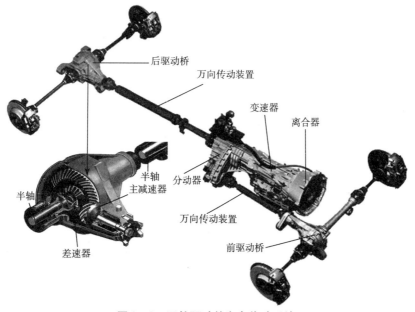

图2-3 四轮驱动的汽车传动系统

（2）行驶系统

①行驶系统的功用：接受传动轴的动力，通过驱动轮与路面的作用产生牵引力，使汽车正常行驶；承受汽车的总重量和地面的反力；缓和不平路面对车身造成的冲击，衰减汽车行驶中的振动，保持行驶的平顺性；与转向系统配合，保证汽车操纵稳定性。

②行驶系统的组成。由车架、车桥、车轮和悬架等组成。车桥两侧安装车轮，车架通过悬架固定在车桥上。没有车架的汽车则是承载式车身，通过悬架固定在车桥上。悬架是连接车桥与车身的机构，对车身起支撑和减振的作用。

③车轮定位及定位参数。轿车的转向车轮、转向节和前轴三者之间的安装具有一定的相对位置，这种具有一定相对位置的安装叫作转向车轮定位，也称前轮定位。后轮与后轴之间安装的相对位置，称后轮定位。

前后轮安装的相对位置是由厂家制定的标准值。调整恢复这个位置的安装，称为四轮定位。

车轮定位的作用是使汽车保持稳定的直线行驶和转向轻便，并减少汽车在行驶中轮胎和转向机件的磨损。

前轮定位参数包括主销后倾角、主销内倾角、前轮外倾和前轮前束四个内容。后轮定位参数包括后轮外倾角和后轮前束。

（3）转向系统

①转向系统的功用：保证汽车能够按照驾驶员选定的方向行驶。

②转向系统的组成。由转向操纵机构、转向器、转向传动机构三大部分组成。

③按照转向能源的不同，转向系统可以分为机械转向系统和动力转向系统两大类。机械转向系统以驾驶员的体力作为转向能源，其中所有的传力部件都是机械的；动力转向系统是在机械式转向系统的基础上加设了一套转向助力装置。以驾驶员的体力和发动机动力作为转向能源，只有一小部分由驾驶员提供，而大部分是由发动机通过转向助力装置提供。为了充分减轻驾驶员的负担，现代轿车普遍采用动力转向系统。

④转向器的作用和类型。转向器的作用是增大转向盘传到转向传动机构的力和改变力的传递方向。常见的汽车转向器主要有两种：一种是循环球齿条齿扇式转向器；另一种是齿轮齿条式转向器。

（4）制动系统

①制动系统的功用是使汽车减速、停车并能保证可靠地驻停。

②制动系统由供能装置、控制装置、传动装置和制动器四部分组成。

供能装置包括供给、调节制动所需能量以及改善传能介质状态的各种部件。其中产生制动能源的部分称为制动能源。人的肌体也可作为制动能源。

控制装置包括产生制动动作和控制制动效果的各种部件，如制动踏板、制动阀等。

传动装置包括将制动能量传输到制动器的各个部件，如制动主缸和制动轮缸等。

制动器是产生阻碍车辆的运动或运动趋势的力（制动力）的部件。汽车上常用的制动器都是利用固定元件与旋转元件工作表面的摩擦而产生制动力矩，称为摩擦制动器。它有鼓式制动器和盘式制动器两种结构型式。

供能装置、控制装置、传动装置的作用就是产生制动动作、控制制动效果并将制动能量传输到制动器的部件，这些部件称为制动操纵机构。所以也可以说，制动系统由制动操纵机构和制动器两个主要部分组成。

③制动系统的类型。

按制动系统作用,制动系统可分为行车制动系统、驻车制动系统、应急制动系统及辅助制动系统等。用以使行驶中的汽车降低速度甚至停车的制动系统称为行车制动系统;用以使已停驶的汽车驻留原地不动的制动系统则称为驻车制动系统;在行车制动系统失效的情况下,保证汽车仍能实现减速或停车的制动系统称为应急制动系统;在行车过程中,辅助行车制动系统降低车速或保持车速稳定,但不能将车辆紧急制停的制动系统称为辅助制动系统。上述各制动系统中,行车制动系统(即脚刹)和驻车制动系统(即手刹)是每一辆汽车都必须具备的。

按制动操纵能源,制动系统可分为人力制动系统、动力制动系统和伺服制动系统等。以驾驶员的肌体作为唯一制动能源的制动系统称为人力制动系统;完全靠发动机的动力转化而成的气压或液压形式的势能进行制动的系统称为动力制动系统;兼用人力和发动机动力进行制动的制动系统称为伺服制动系统或助力制动系统。

按制动能量的传输方式,制动系统可分为机械式、液压式、气压式、电磁式等。

上面所述各种名称的制动系统中,人力机械式制动系统是汽车的基本制动系统,其他形式制动系统都是在它的基础上加上其他装置演变而成的。也就是说,在制动系统的其他助力功能失效的情况下,人力机械式制动系统仍能保持正常工作。

2.1.3 车身

车身作为车辆的重要组成部分,对整车的安全性、动力性、经济性、舒适性及操控性有重要的影响,同时汽车的个性化也是通过车身设计表现出来。

1. 车身的功用

汽车车身的功用是作为驾驶员操作以及容纳乘客和货物的场所,隔绝振动和噪声,为乘员提供安全、舒适的乘坐环境,不受恶劣气候的影响。

2. 车身结构

汽车车身结构包括:车体骨架、车门、车窗、(车体骨架的)外部覆盖件和内部覆饰件等。常见的车体骨架按照受力情况可分为非承载式和承载式两种。

(1)非承载式车身

非承载式车身是指有刚性车架的车身,如图2-4所示。其特点是车架贯穿车身整体,发动机、离合器、变速器、转向器和车身都固定在车架上。车架通过前后悬架与车桥连接,它除了承受在其上所安装的各个总成的各种载荷外,还要承受汽车行驶时产生的动载荷。这种结构的最大优点就是车身强度高,车架能够提供很强的车身刚性,车身抗扭曲变形强,因此具有较好的平稳性和安全性。缺点是车辆质量

图2-4 非承载式车身结构

大，重心高。一般用于客车、载重货车及越野车上，有些高级轿车也使用。

(2) 承载式车身

承载式车身没有车架，由车体骨架和覆盖件组成。发动机、离合器、变速器、转向器都固定在车体骨架上，车体骨架通过前后悬架固定在车桥上，如图 2 - 5 所示。车体骨架由不同形状的冲压件焊接而成。车体骨架兼有车架的作用并承受全部载荷。承载式车身最大优点是质量轻、重心较低、稳定性好，而且车内空间利用率也比非承载式车身结构的更高，但承载式车身的抗扭刚性和承载能力相对较弱，所以常用于轿车和跑车上，不适合在越野车和载重货车上应用。

图 2 - 5　承载式车身结构

2.1.4　电气设备

1. 汽车电器组成

汽车电器主要由电源系统、用电系统、检测系统和配电系统四大部分组成。

(1) 电源系统

电源系统包括蓄电池、发电机、调节器。

①蓄电池的作用是：当发动机起动时，向起动机和点火系统供电；在发电机不发电或电压较低的情况下向用电设备供电；当用电设备同时接入较多，发电机超载时，协助发电机供电；当蓄电池存电不足，而发电机负载又较少时，它可将发电机的电能转变为化学能储存起来。

②发电机是汽车的主电源，发电机正常工作时，对除起动机以外的所有用电设备供电，同时给蓄电池充电，以补充蓄电池在使用中所消耗的电能。即发电机既是用电器的电源，又是蓄电池的充电装置。

③调节器的作用是使发电机的输出电压保持恒定。

(2) 用电系统

用电系统包括起动系统、点火系统、照明系统、信号系统、辅助电器系统和电子控制系统等。

①起动系统。包括起动机和控制电路。其作用是用于起动发动机。

②点火系统。包括点火开关、点火线圈、分电器总成、火花塞等，其作用是产生高压电火花，按发动机的工作顺序点燃气缸内的可燃混合气。

③照明系统。包括汽车内、外各种照明灯及其控制装置。主要有前照灯、雾灯、尾灯、制动灯、棚灯等。其作用是保证夜间行车安全。

④信号系统。包括灯光信号(转向灯闪光器及各种行车信号标识灯)和音响信号(喇叭、蜂鸣器)。其作用是保证安全行车所必要的信号。

⑤辅助电器系统。包括电动座椅、车窗清洁装置(刮水器、洗涤器、除霜装置)、电动车窗、电动后视镜、防盗装置与中控锁、空调器、低温起动预热装置、音响系统、点烟器等。辅助电器设备有日益增多的趋势,主要向舒适、娱乐、保障安全等方面发展。车辆的豪华程度越高,辅助电气设备就越多。

⑥电子控制系统。包括电控燃油喷射装置、电子点火装置、制动防抱死装置、驱动防滑系统、自动变速器、电控悬架系统、自动巡航系统、安全气囊等。电控系统的采用可以使汽车上的各个系统均处于最佳工作状态,达到提高汽车动力性、经济性、安全性、舒适性和降低汽车污染排放的目的。

(3)检测系统。包括各种检测仪表(如电压表、电流表、水温表、油压表、燃油表、车速里程表、发动机转速表)和各种报警灯。其作用是监测和显示发动机和汽车行驶中有关装置的工作状况。

(4)配电系统。包括中央接线盒、电路开关、保险装置、继电器、电线束及插件等,以保证线路工作的可靠性和安全性。

2. 汽车电器系统的特点

(1)特点

①低压。汽油车多采用12 V,柴油车多采用24 V,低于36 V安全电压。

②直流。汽车上的蓄电池、发电机以及各用电设备都是使用直流电。

③单线制。单线制即从电源到用电设备使用一根导线连接,而另一根导线则用汽车车体或发动机机体的金属部分代替。

④负极搭铁。汽车电气系统采用单线制式,蓄电池的一个电极接到车体上,俗称"搭铁"。负极搭铁是指汽车上所有电源和电气设备的负极都直接接到金属车体上,车体作为电气系统的公共回路。按照国家标准《汽车电气设备基本技术条件》(QC/T 413—2019)规定:国产汽车电气产品可做成单线制或双线制,做成单线制时,应使其负极搭铁。汽车电气系统实现负极搭铁的前提是:a. 电源必须是直流电(即电极极性不能变);b. 发动机、底盘和车身必须是金属导体且连接在一起对电导通。负极搭铁的好处:a. 有效减缓车体钢板电化学腐蚀的速度;b. 使用单线制电气设备,可大大减少电气设备导线数量,降低成本,有利于解决线多布线困难和接点多检修困难的问题;c. 汽车车身、电气设备电路及设备金属外壳都接电池负极(相当于接地),接地后车身、金属外壳就相当于一个屏蔽罩,可以有效地屏蔽外来信号干扰,提高抗干扰能力,电路工作更稳定。

(2)负极搭铁防腐蚀原理

①车身腐蚀的原理:汽车车身采用钢板制成,钢板的基本组成是铁元素。铁是一种比较活泼的金属,它在常温下可以与空气中的氧气和水发生化学反应,铁原子会失去外层电子变成铁离子,铁离子与氧结合生成水合三氧化二铁($Fe_2O_3 \cdot XH_2O$,俗称铁锈),这是导致汽车车身腐蚀的最根本原因,很显然,铁原子失去电子的速度越快,车身腐蚀就越快,腐蚀程度也越严重。这个腐蚀过程本质上是铁与氧气和水组成了一个个微小的电池,如图2-6所示,因此这种腐蚀被称为电化学腐蚀。

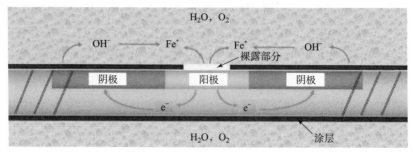

图 2-6 金属腐蚀原理

② 汽车制造时一般常用电泳、喷漆等防腐蚀措施防止车身钢板裸露,目的是隔绝铁与氧气和水接触,防止或者减缓车身腐蚀的速度。但车身有很多连接点,如焊点、搭铁点和螺栓联接点等,无法做到百分之百隔绝空气和水,尤其是搭铁点必须保持金属裸露才能保持电路接通,所以搭铁点处更容易锈蚀。

③ 蓄电池工作原理。汽车上的蓄电池基本都是铅酸蓄电池,如图 2-7 所示,它的正电极板是二氧化铅,负极板是纯铅,电解液是稀硫酸。在正极板上的铅是以铅离子(Pb^{4+})的状态存在的,在负极板上的铅是以电离的状态存在的(即形成铅离子(Pb^{2+})和电子),正负极板之间大约有 2.1 V 的电位差,这就是蓄电池产生电动势的基本原理。蓄电池的充放电过程实际上是铅、二氧化铅、硫酸铅、硫酸、水这几种物质的相互转化过程,在这个过程中伴随着电子的流动,从而形成了电流。

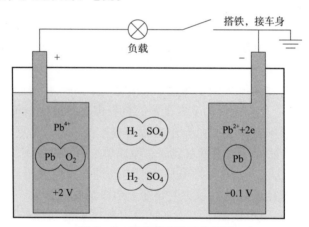

图 2-7 铅酸蓄电池工作原理

④ 负极搭铁工作原理。车身、用电设备与蓄电池通过负极搭铁相连接,如图 2-7 所示,蓄电池负极板上是游离状态的铅离子(Pb^{2+})和电子,它具有 -0.1 V 的电位,在负极板上的电子是富余的,在这种情况下,蓄电池负极可以随时给车身钢板提供电子,钢板就不容易失去电子而被氧化腐蚀了。这个原理可解释为什么汽车经常使用车身不容易生锈,而长期停放的汽车车身很容易生锈。

如果是采用正极搭铁,即车身与蓄电池正极相连接,则蓄电池正极不断吸附车身上的电子,车身上的铁原子失去电子后就变成了铁离子,遇到空气中的水和氧气就会迅速结合成水合三氧化二铁而产生腐蚀,所以车身正极搭铁相当于增强了车身金属的活性,让电化学更容易进行,腐蚀更快、更严重,这就是为什么不采用车身正极搭铁的原因。

2.2 汽车类型及型号编制规则

2.2.1 汽车类型

汽车的分类有很多方法，可以按用途分类，也可以按动力装置类型、行驶机构特征、行驶道路条件等进行分类。

1. 按用途分类

GB/T 3730.1-2001《汽车和挂车类型的术语和定义》对在道路上运行的汽车、挂车和汽车列车的类型给出了术语和定义。该标准对汽车按用途分类进行了十分详尽的表述，将广义上的汽车分为（有动力的）汽车、（无动力的）挂车和（汽车和挂车组成的）汽车列车三大类，其中将汽车分为乘用车和商用车辆两大类，如图2-8所示。

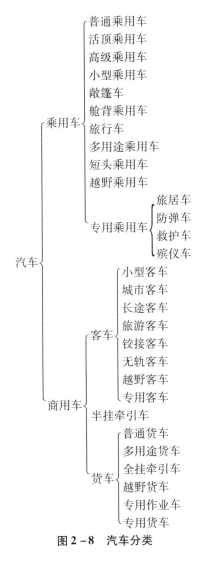

图2-8 汽车分类

汽车、乘用车、商用车辆、挂车和汽车列车分别定义如下：

（1）汽车（Motor Vehicle）

汽车是指由动力驱动，具有四个或四个以上车轮的非轨道承载的车辆，主要用于：载运人员和/或货物；牵引载运人员和/或货物的车辆；特殊用途。它还包括：①与电力线相连的车辆，如无轨电车；②整车整备质量超过400kg的三轮车辆。

（2）乘用车（Passenger Car）

乘用车是指在其设计和技术特性上主要用于载运乘客及其随身行李和/或临时物品的汽车，包括驾驶员座位在内最多不超过9个座位（即≤9座）。它也可以牵引一辆挂车。

乘用车分为基本型乘用车、多用途乘用车、运动型乘用车和交叉型乘用车。

基本型乘用车包括普通乘用车、活顶乘用车、高级乘用车、小型乘用车、敞篷车和舱背乘用车6种，也可称为轿车。在GA 802-2019《道路交通管理 机动车类型》中轿车被定义为：车身结构为两厢式且乘坐人数小于或等于5人，或者车身结构为三厢式且乘坐人数小于或等于9人，安装座椅的载客汽车。

多用途乘用车（Multiple Purpose Vehicle，MPV），它是集轿车、旅行车和厢式货车的功能于一身，车内每个座椅都可以调整，并有多种组合方式，前排座椅可以180度旋转的车型。这种车型特点：采用轿车底盘、前轮驱动、座椅多组合功能，尺寸比轿车大（可乘坐5~9人）。

运动型乘用车（Sport Utility Vehicle，SUV），指那些以轿车平台为基础、在一定程度上既具有轿车的舒适性能，又具有一定越野性能的车型。这种车型的特点：采用四轮驱动，动力性强大；一般前悬架是轿车型的独立悬架，后悬架是非独立悬架；离地间隙较大，越野性能好；内部空间宽敞舒适，具有良好的载物和载客功能。

专用乘用车（Special Passenger Car）是运载乘员或物品并完成特定功能的乘用车，例如：旅居车、防弹车、救护车、殡仪车等。

交叉型乘用车（Crossover）是指不能列入上述车型外的其他乘用车。国内这种车型常见的是微型客车（俗称面包车）。其特点是既能乘客，也能拉货。

（3）商用车辆（Commercial Vehicle）

商用车辆是指在设计和技术特性上用于运送人员和货物的汽车，并且可以牵引挂车，乘用车不包括在内。

①客车（Bus）。在设计和技术特性上用于载运乘客及其随身行李的商用车辆，包括驾驶员座位在内座位数超过9座（即>9座）。

②小型客车（Minibus）。用于载运乘客，除驾驶员座位外，座位数不超过16座的客车。

（4）挂车（Trailer）

挂车是指需由汽车牵引，才能正常使用的一种无动力的道路车辆，用于载运人员和/或货物；特殊用途。

（5）汽车列车（Combination Vehicles）

汽车列车是指一辆汽车与一辆或多辆挂车的组合。

2. 按动力装置类型分类

（1）活塞式发动机汽车

①按燃料分类。汽油机汽车：用汽油作为燃料的汽车。柴油机汽车：用柴油作为燃料的汽车。气体燃料发动机汽车：用天然气、煤气等气体作为燃料的汽车。液化气体燃料发动机

汽车：用液化气体（液化石油气）作为燃料的汽车。
②按活塞的运动方式分类。往复活塞式发动机汽车：用往复式活塞发动机作为动力装置的汽车。旋转活塞发动机汽车：用旋转活塞发动机作为动力装置的汽车。

（2）电动汽车

按电能组合方式可以分为：

①纯电动汽车：用蓄电池作为能量源的汽车。
②混合动力电动汽车：用蓄电池和发动机作为能量源的汽车。

3. 按行驶机构特征进行分类

①轮式汽车：用车轮作为行走装置的汽车。
②履带式汽车：用履带作为行走装置的汽车。
③半履带式汽车：用履带作为驱动装置、用前轮作为转向装置的汽车。

4. 按行驶道路条件进行分类

①公路用汽车：在道路上行驶的汽车。
②非公路用汽车：在非道路上行驶的汽车，如越野汽车，矿山、机场、工地等用汽车。

5. 按有无车架进行分类

①有车架汽车：在构成车辆底盘的车架上安装了悬架、车桥、发动机和车身等总成的汽车。
②无车架汽车：没有车架，底盘和车身成为一体，使其具有一定强度的汽车，如使用承载式车身的轿车和部分客车。

汽车有前轮驱动、后轮驱动和全轮驱动之分，根据发动机布置位置，汽车驱动有以下几种形式：

①前置前驱（FF）：前置发动机前轮驱动的汽车，如图2-9（a）所示。
②前置后驱（FR）：前置发动机后轮驱动的汽车，如图2-9（b）所示。
③后置后驱（RR）：后置发动机后轮驱动的汽车，如图2-9（c）所示。
④中置后驱（MR）：发动机布置在前后桥之间，由后轮驱动的汽车。
⑤全轮驱动（4MD）：所有车轮都可以作为驱动轮的汽车。

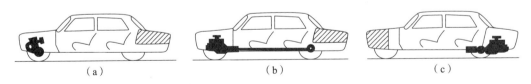

图2-9 发动机与驱动桥在汽车上的布置形式

2.2.2 汽车型号编制规则

为了在生产、管理、使用、维修中便于识别不同的国产汽车，我国对国产汽车规定了统一的型号编制规则。1988年国家颁布了国家标准《GB 9417-1988 汽车产品型号编制规则》。该标准规定，1989年1月1日后新设计定型的汽车和半挂车型号，应由图2-10所示几部分组成。

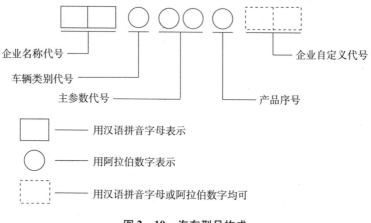

图 2-10 汽车型号构成

1. 汽车型号的构成

汽车型号应能表明汽车的厂牌、类型和主要特征参数等。国家标准规定,国产汽车型号均应由汉语拼音字母和阿拉伯数字组成。汽车型号包括以下五部分:

(1) 企业名称代号

企业名称代号使用 2~3 位字母表示,由中国汽车技术研究中心标准化研究所按照企业的名称及产品情况分配,不同企业分配不同的代号,如 CA(代表第一汽车制造厂)、EQ(代表第二汽车制造厂)、BJ(代表北京汽车制造厂)、SY(代表沈阳汽车制造厂)、SGM(代表上海通用汽车公司)等。

(2) 汽车类别代号

汽车类别代号表明车辆所属分类的代号,用 1 位阿拉伯数字表示,如表 2-1 所示。

表 2-1 汽车类别代号

车辆类别	车辆种类	车辆类别	车辆种类	车辆类别	车辆种类
1	载货汽车	4	牵引汽车	7	轿车
2	越野汽车	5	专用汽车	8	—
3	自卸汽车	6	客车	9	半挂车及专用半挂车

车辆类别代号由厂家确定,车辆出厂后就不再改变。在公安交通管理部门的车辆管理系统中,没有轿车种类,把轿车归类到客车种类里,在机动车登记证书和机动车行驶证上的车辆类型栏里都是写为小型普通客车。

(3) 主要特征参数代号

主要特征参数代号表示汽车的主要特征参数。用 2 位阿拉伯数字表示,主参数不足规定位数时,在参数以前以"0"占位。

① 载货类汽车(汽车类别代号为 1~5 类的汽车及半挂车):表示车辆的总质量(t)。以整数值(四舍五入)表示,如总质量 9 310kg,以 09 表示;总质量为 100t 以上时,允许用三位主参数代号表示。

②客车：表示车辆的总长度（m）。以整数值（四舍五入）表示。当车辆长度<10m时，精确到小数点后一位，以其值的10倍数表示。

③轿车：表示发动机总排量（L）。精确到小数点后一位，以其值的10倍数表示，如排量2.232L，以22表示。

（4）产品序号

产品序号表示该车型改进的顺序号。用数字0、1、2…表示。0—第一代产品；1—第二代产品等。

（5）企业自定代号

企业自定代号可用汉语拼音字母和阿拉伯数字表示，位数由企业自定。它在同一种汽车结构略有变化而需要区别时采用，如汽油机与柴油机、单排座与双排座、长轴距与短轴距等。

2．汽车型号举例

（1）TJ7131U

TJ代表天津一汽夏利汽车股份有限公司，第一位数字7代表汽车类型为轿车，第二位、第三位数字13代表主参数为发动机排量1.3L，第四位数字1代表第二代产品，第五位字母U为厂家自定义，表示三厢。

（2）BJ2020S

BJ代表北京车辆制造厂，第一位数字2代表汽车类型为越野车，第二位、第三位数字02代表该车总质量为2t，第四位数字0代表该车为第一代产品，第五位字母S为厂家自定义。

（3）ZK6146HS

ZK代表郑州宇通客车股份有限公司，第一位数字6代表汽车类型为客车，第二位、第三位数字14代表该车总长度为14m，第四位数字6代表第七代产品，第五位、第六位字母HS为厂家自定义，表示后置双层。

2.3 车辆识别代号

2.3.1 车辆识别代号的定义

车辆识别代号（Vehicle Identification Number，VIN）是指为了识别某一辆车，由车辆制造厂为该车辆指定的一组字码，由17位字码构成。分为三部分：世界制造厂识别代号（World Manufacturer Identifier，WMI）、车辆说明部分（Vehicle Descriptor Section，VDS）、车辆指示部分（Vehicle Indicator Section，VIS）。

17位字码经过排列组合可以保证每个车辆制造厂生产的车辆，其车辆识别代号（VIN）在30年内在全世界范围内不会出现重号现象（即具有唯一性）。因此，车辆识别代号又被称为"汽车身份证"。VIN的每位代码代表着汽车的某一方面信息参数，按照车辆识别代号编码顺序可以识别出该车的生产国家、制造公司或生产厂家、车的类型、品牌名称、车型系列、车身形式、发动机型号、车型年款、装配工厂名称和出厂顺序号等信息。

在汽车上使用车辆识别代号，是各国政府为管理机动车辆实施的一项强制性规定，并制定了专门的技术法规，强制要求汽车厂在汽车上使用车辆识别代号。有了车辆识别代号，就可以使用计算机对车辆进行检索管理，可用 VIN 代号来记录汽车在所有权、转卖、丢失、修理操作等方面的任何变化，如在处理交通事故、维修保养记录、开展交通事故保险赔偿、破获被盗车辆等方面发挥重要作用。我国实行车辆识别代号备案制度，规定负责编制和标示车辆识别代号的制造厂必须在首次使用车辆识别代号前至少一个月，向中国汽车技术研究中心标准化研究所备案。编制车辆识别代号应符合强制性国家标准 GB 16735－2019《道路车辆　车辆识别代号（VIN）》和 GB 16737－2019《道路车辆　世界制造厂识别代号（WMI）》的规定。

2.3.2　车辆识别代号的基本内容

车辆识别代号由三部分组成：第一部分为世界制造厂识别代号（WMI）；第二部分为车辆说明部分（VDS）；第三部分为车辆指示部分（VIS），共 17 位字码。

对于年产量大于或等于 1 000 辆的完整车辆和/或非完整车辆制造厂，车辆识别代号的上述三部分如图 2－11 所示。

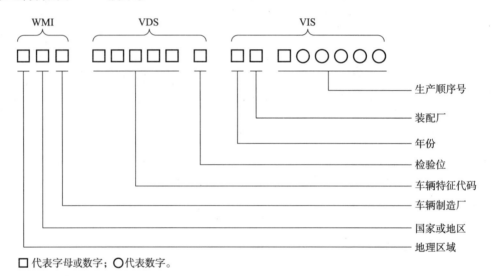

图 2－11　年产量大于或等于 1 000 辆的完整车辆和/或非完整车辆制造厂车辆识别代号结构示意图

对于年产量小于 1 000 辆的完整车辆和/或非完整车辆制造厂，车辆识别代号的第一部分为世界制造厂识别代号（WMI）；第二部分为车辆说明部分（VDS）；第三部分的三、四、五位与第一部分的三位字码一起（共六位字码）构成世界制造厂识别代号（WMI），其余五位为车辆指示部分（VIS），如图 2－12 所示。

1. 世界制造厂识别代号（WMI）

（1）WMI 代号的含义

世界制造厂识别代号（WMI）是车辆识别代号（VIN）的第一部分，用以标识车辆的制造厂。当此代号被指定给某个车辆制造厂时，就能作为该厂的识别标志，世界制造厂识别代

第2章 汽车基础知识

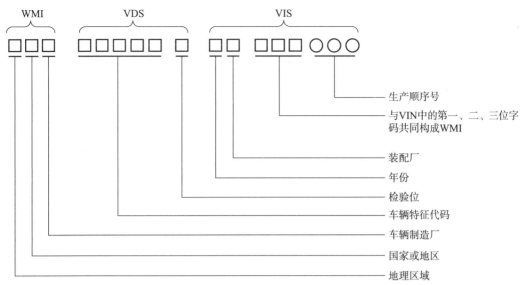

□代表字母或数字；○代表数字。

图2-12 年产量小于1 000辆的完整车辆和/或非完整车辆制造厂车辆识别代号结构示意图

号（WMI）在与VIN代号的其余部分一起使用时，足以保证30年之内在世界范围内制造的所有车辆的VIN代号具有唯一性。WMI应符合国家标准《道路车辆世界制造厂识别代号（WMI）》（GB 16737—2019）的规定。

（2）WMI代号的指定字码及含义

WMI代号由三位字码组成，WMI代号中仅应使用下列阿拉伯数字和大写罗马字母：

1 2 3 4 5 6 7 8 9

A B C D E F G H J K L M N P R S T V W X Y

（字母I、O及Q不能用，以免与数字1和0混淆。）

各位字码的含义如下。

①WMI代号的第一位字码是由国际代理机构分配的、用以标明一个地理区域的字母或数字字码。根据预期的需求，可以为一个地理区域分配一个或多个字码。ISO授权的国际代理机构为美国汽车工程师协会（SAE）。地理区域是按大洲划分的，如非洲、亚洲、欧洲、大洋洲、北美洲和南美洲，如表2-2所示。

表2-2 地理区域划分代码表

地理区域	代码分配
亚洲	J～R
北美洲	1～5
大洋洲	6～7
南美洲	8～0
欧洲	S～Z

057

②WMI 代号的第二位字码是由国际代理机构分配的、用以标明一个特定地理地区内的一个国家的字母或数字字码。国际代理机构根据预期的需求，可以为一个国家分配一个或多个字码，如表 2-3 所示。

表 2-3　国家代码分配表

代码	国家或地区	代码	国家或地区
1，4，5	美国	R	中国台湾
2	加拿大	S	英国
3	墨西哥	T	瑞士
6	澳大利亚	V	法国
9	巴西	W	德国
J	日本	Y	瑞典
K	韩国	Z	意大利
L，H	中国		

通过 WMI 代号的第一位和第二位字码的组合使用可以保证对某个国家唯一识别。国际代理机构已经为每一个国家分配了第一位和第二位字码组合，如：美国（10～19、1A～1Z；40～49、4A～4Z；50～59、5A～5Z）、加拿大（2A～2W）、墨西哥（3A～3W）、德国（W0～W9、WA～WZ）等，分配给中国的字码组合为 L0～L9、LA～LZ、H0～H9、HA～HZ（其中，H0～H9、HA～HZ 是新版国家标准 GB 16737-2019《道路车辆　世界制造厂识别代号（WMI）》中新增加的内容，2019 年以前出厂的车辆 WMI 代号都是以字母"L"开头的）。中国的国家识别字码组合以字母 L 或字母 H 开头，由此可用 VIN 代号的首字母是否为"L"或"H"来判断该车是否为国产车。

③WMI 代号的第三位字码是由国家授权机构分配、用以标明特定的车辆制造厂的字母或数字字码。

对于年产量小于 1 000 辆的完整车辆或非完整车辆制造厂，授权机构应在此位置上使用数字 9 来识别。对于此类车辆制造厂，VIN 的第十二、十三、十四位字码应由授权机构指定，以确保对车辆制造厂的唯一识别。WMI 代号备案证书上的标示方法如 LA9/TTJ，TTJ 是授权机构指定的代码。年产量小于 1 000 辆的车辆制造厂多见于规模较小的货车、挂车和专用车等产品的生产企业，如 LA9××××××××TTJ×××。

通常国家授权机构将 WMI 的第二位和第三位字码组合分配给指定的车辆制造厂（即第二位和第三位组合表示车辆制造厂，如 SG 代表上海通用，SV 代表上海大众）。WMI 的第二位和第三位字码组合也可以表示一个车辆制造厂生产的不同车辆类型（第二位用来表示车辆制造厂，第三位用来表示车辆类型）。如用字母"F"表示第一汽车制造厂，则一汽生产的各种车辆的 WMI 代号表示如下：LFW 表示载货汽车、LFP 表示轿车、LFB 表示客车、LFN 表示非完整车辆、LFD 表示备用、LFS 表示特种车、LFT 表示挂车、LFM 表示多用途乘用车、LFV 表示一汽大众所生产的车。

在国家授权机构颁发的世界制造厂识别代号证书上明确标示有制造厂名称、地址、世界制造厂识别代号、车辆类型和车辆品牌等重要参数（图 2-13），因此，通过 WMI 代号的第一位、第二位和第三位字码组合使用可以确保对车辆制造厂的唯一识别,并知道车辆类型和车辆品牌。

图 2-13 世界制造厂识别代号证书

国内常见汽车制造厂的 WMI 代号如表 2-4 所示。

表 2-4 国内常见汽车制造厂的 WMI 代号

WMI	厂商	WMI	厂商
LSV	上海大众	LSG	上海通用
LFV	一汽大众	LHB	北汽福田
LDC	神龙富康	LKD	哈飞汽车
LEN	北京吉普	LSL	长安汽车
LHG	广州本田	LBE	北京现代

(3) WMI 代号的分配和备案

车辆制造厂应向授权机构申请 WMI,经批准和备案后方可在车辆上使用;进口车辆制造厂应向授权机构备案进口车辆产品使用的 WMI。

中国汽车技术研究中心标准化研究所是我国道路车辆世界制造厂识别代号(WMI)批准和备案的授权机构。车辆制造厂通过申请、批准和备案后获得《世界制造厂识别代号(WMI)证书》,可在有效期内生产标注该代号的汽车,如果企业生产的汽车产品类别或品牌发生改变,必须重新申请。同时授权机构应将已分配的 WMI 代号向 ISO 授权的国际代理机构备案。已经分配给某个车辆制造厂的 WMI 代号,授权机构至少在 30 年之内不再分配给其他车辆制造厂。

2. 车辆说明部分（VDS）

车辆说明部分（VDS）是车辆识别代号的第二部分，用以说明车辆的一般特征信息。由六位字码组成（即 VIN 的第四位至第九位），其中，VDS 的第一位至第五位（即 VIN 的第四位至第八位）应对车辆一般特征进行描述，其组成代码及排列次序由车辆制造厂决定，如果车辆制造厂不用其中的一位或几位字码，应在该位置填入车辆制造厂选定的字母或数字占位；第九位是检验位。

VIN 的第四位至第八位字码可从以下方面对车辆的一般特征进行描述：

①车辆类型（如：乘用车、客车、载货车、挂车、摩托车、非完整车辆等）；

②车辆结构特征（如：车身类型、驾驶室类型、货箱类型、驱动类型、轴数及布置方式等）；

③车辆装置特征（如：约束系统类型、发动机特征、变速器类型、悬架类型等）；

④车辆技术特性参数（如：车辆质量参数、车辆尺寸参数、座位数等）。

不同车辆制造厂对 VIN 第四位至第八位字码的规定不同，但对以下不同类型的车辆，在 VDS 中描述的特征至少应包括表 2-5 中规定的内容。

表 2-5 车辆特征描述

车辆类型	车辆特征
乘用车	车身类型、动力系统特征[a]
客车	车辆长度、动力系统特征[a]
货车（含牵引车、专用作业车）	车身类型、车辆最大设计总质量、动力系统特征[a]
挂车	车身类型、车辆最大设计总质量
摩托车和轻便摩托车	车辆类型、动力系统特征[a]
非完整车辆	车身类型[b]、车辆最大设计总质量、动力系统特征[a]

a. 其中对于仅发动机驱动的车辆至少包括对燃料类型、发动机排量和/或发动机最大净功率的描述；对其他驱动类型的车辆，至少应包括驱动电机峰值功率（若车辆具有多个驱动电机，应为多个驱动电机峰值功率之和；对于其他驱动类型的摩托车应描述驱动电机额定功率）、发动机排量和/或发动机最大净功率（若有）的描述。

b. 车身类型分为车载式车身、驾驶室-底盘、无驾驶室-底盘等。

如上海通用汽车公司车辆识别代号（VIN）系统对 VDS 第一位的定义是汽车生产线代码、第二位是车型系列代码、第三位是车身款式代码、第四位是保护装置系统代码、第五位是发动机类型代码，例如 LSGWL52D53S173668 中的第四位 W 表示 GL 车型生产线，第五位 L 表示 GL 系列车型，第六位 5 表示车身形式为三厢四门，第七位 2 表示手动安全带及驾驶员、前排乘客正面安全气囊，第八位 D 表示发动机类型为 LB8、2.49L、V6、MFI。

VDS 的第五位为检验位。检验位可为 0~9 中任一数字或字母"X"。当余数为 10 时，检验数为 X。其作用是核对 VIN 代号誊写的准确性（也可用来确认 VIN 代号的真伪）。车辆制造厂在确定了 VIN 代号的其他 16 位字码后，检验位应由以下步骤计算得出：

①确定 VIN 中的数字和字母对应值。VIN 中的数字和字母对应值如表 2-6、表 2-7 所示。

表2-6 VIN中的数字对应值

VIN中的数字	0	1	2	3	4	5	6	7	8	9
对应值	0	1	2	3	4	5	6	7	8	9

表2-7 VIN中的字母对应值

VIN中的字母	A	B	C	D	E	F	G	H	J	K	L	M	N	P	R	S	T	U	V	W	X	Y	Z
对应值	1	2	3	4	5	6	7	8	1	2	3	4	5	7	9	2	3	4	5	6	7	8	9

②给VIN中的每一位置指定一个加权系数,如表2-8所示。

表2-8 VIN中每一位置的加权系数

VIN中的位置	1	2	3	4	5	6	7	8	9	10	11	12	13	14	15	16	17
加权系数	8	7	6	5	4	3	2	10	*	9	8	7	6	5	4	3	2

③将检验位之外的16位,每一位的加权系数乘以此位数字或字母的对应值,再将各乘积相加,求得的和被11除。

④除得的余数即为检验位;如果余数是10,检验位应为字母X。

例1:LFVBA21Jβ23021749,如表2-9所示。

表2-9 解析案例1

位数	1	2	3	4	5	6	7	8	9	10	11	12	13	14	15	16	17	总和
VIN代码	L	F	V	B	A	2	1	J	β	2	3	0	2	1	7	4	9	
对应值	3	6	5	2	1	2	1	1		2	3	0	2	1	7	4	9	
加权系数	8	7	6	5	4	3	2	10		9	8	7	6	5	4	3	2	
乘积	24	42	30	10	4	6	2	10		18	24	0	12	5	28	12	18	245

$245/11 = 22 \cdots 3$,$\beta = 3$。

则该车辆完整的VIN代号为:LFVBA21J323021749。

例2:LDC131D2β10020808,如表2-10所示。

表2-10 解析案例2

位数	1	2	3	4	5	6	7	8	9	10	11	12	13	14	15	16	17	总和
VIN代码	L	D	C	1	3	1	D	2	β	1	0	0	2	0	8	0	8	
对应值	3	4	3	1	3	1	4	2		1	0	0	2	0	8	0	8	
加权系数	8	7	6	5	4	3	2	10		9	8	7	6	5	4	3	2	
乘积	24	28	18	5	12	3	8	20		9	0	0	12	0	32	0	16	187

$187/11 = 17 \cdots 0$,$\beta = 0$。

则该车辆完整的VIN代号为:LDC131D2010020808。

利用这一特点,可以判定车辆VIN代号是否为非法代码(是否被人故意篡改过其中的一位或几位),从而帮助我们识别车辆的合法性。

3. 车辆指示部分（VIS）

车辆指示部分（VIS）是车辆识别代号的第三部分，是车辆制造厂为区别不同车辆而指定的一组代码。这组代码由八位字码组成（即 VIN 的第十位至第十七位），这组字码连同 VDS 部分一起，足以保证每个车辆制造厂在 30 年之内生产的每辆车辆的车辆识别代号具有唯一性。

①VIS 的第一位字码（即 VIN 的第十位）代表年份。年份代码按表 2-11 规定使用。车辆制造厂若在此位使用车型年份（Model Year，简称型年），应向授权机构备案每个车型年份的起止日期，并及时更新；同时在每一辆车的机动车出厂合格证或产品一致性证书上注明使用的车型年份。车型年份不一定是实际生产的年份，但一般与实际生产的年份之差不超过 1 年。

表 2-11 表示年份的字码

年份	代码	年份	代码	年份	代码	年份	代码
2001	1	2011	B	2021	M	2031	1
2002	2	2012	C	2022	N	2032	2
2003	3	2013	D	2023	P	2033	3
2004	4	2014	E	2024	R	2034	4
2005	5	2015	F	2025	S	2035	5
2006	6	2016	G	2026	T	2036	6
2007	7	2017	H	2027	V	2037	7
2008	8	2018	J	2028	W	2038	8
2009	9	2019	K	2029	X	2039	9
2010	A	2020	L	2030	Y	2040	A

注意：表中不使用 I、O、Q、U、Z 5 个字母和数字 0，以避免和相近数字或字母混淆。

表 2-9 按阿拉伯数字（1 2 3 4 5 6 7 8 9）和大写罗马字母（A B C D E F G H J K L M N P R S T V W X Y）顺序循环排列，30 年循环一次，可根据这一规律推算出表中未注年份的代码，如 1999 年的年份代码是 X。

②VIS 的第二位字码（即 VIN 的第十一位）用来指示该车的装配厂（即实际生产工厂）代码，除了总厂外没有其他装配厂的一般用数字 0 表示。

③VIS 的第三位字码（即 VIN 的第十二位）用来指示该生产厂的某条装配线（或生产线）代码。

④如果是车辆制造厂年产量大于或等于 1 000 辆的完整车辆和/或非完整车辆，VIS 的第三位至第八位字码（即 VIN 的第十二位至第十七位）用来表示某条装配线的生产顺序号（或该车的出厂编号）。实际应用中，生产顺序号可用于针对某一顺序号范围内的车辆（即某一批次的车辆）存在的设计（或制造）缺陷实施召回处理，一般配合年份确定召回的车辆范围，如某年款某批次的车属于本次召回处理的范围。

⑤如果是车辆制造厂年产量小于 1 000 辆的完整车辆和/或非完整车辆，则 VIS 中的第三、四、五位字码（即 VIN 的第十二位至第十四位）应与第一部分的三位字码一同表示一个车辆制造厂（即世界制造厂识别代号 WMI 由六位字码表示），VIS 的第六、七、八位字码（即 VIN 的第十五位至第十七位）用来表示生产顺序号，如 LC9××××××NBC×××。

4. 车辆识别代号中采用的字母

车辆识别代号中仅能采用下列阿拉伯数字和大写罗马字母：
1 2 3 4 5 6 7 8 9 A B C D E F G H J K L M N P R S T V W X Y
（字母 I、O 和 Q 不能使用；同时注意，字母 U、Z 不能用在 VIN 中的第十位字码上）

5. 识别 VIN 代号真伪的方法

①看 VIN 代号的十七位字码中是否出现 I、O、Q、U、Z 5 个字母，如果出现，则 VIN 代号是假的；

②看第九位字码是否为 0～9 中任一数字或字母"X"。如果出现别的字母，则 VIN 代号是假的；

③根据 VIN 代号检验位计算方法得到的余数，如果和 VIN 代号的第九位值不相同，则 VIN 代号是假的；

④看第十位字码是否出现 I、O、Q、U、Z 5 个字母和数字 0，如果出现，则 VIN 代号是假的；

⑤看 VIN 代号的最后 3 位字码中是否出现字母，如果出现，则 VIN 代号是假的。

6. 车辆识别代号的标示

车辆识别代号采用人工可读码，或人工可读码与机器可读码组合，或电子数据的形式进行标示。

①标示要求：车辆识别代号打刻在车辆结构件上的字高应不小于 7.0mm，深度应不小于 0.3mm；在文件上标示时应保持在一行，不应有空格，不应使用分隔符；车辆识别代号直接打刻在车架上、标示在标签或标牌上时应尽量标示在一行；对无车架车身直接打刻在不易拆除或更换的车辆结构件上；字码在任何情况下都应是字迹清楚、坚固耐久和不易替换的。

②车上标示位置：车辆识别代号应标示在易于看到且能防止磨损或替换的车辆结构件上（如发动机舱内和车内的各种铭牌上、车身显见位置等，玻璃除外），前挡风玻璃左下方的仪表板上等位置。

③证件上标示：在车辆重要证件上都写有 VIN 代号，如：机动车行驶证、机动车登记证书等。有些机动车文件在"车辆识别代号/车架号"一栏一般都打印 VIN 代号（如机动车登记证书、机动车保险单、机动车销售统一发票等），也就是说车架号就是车辆识别代号，两者等同。

7. 车辆识别代号示例

VIN 代号是由汽车生产厂家根据 VIN 代号国家标准 GB 16735－2019《道路车辆　车辆识别代号（VIN）》和 GB 16737－2019《道路车辆　世界制造厂识别代号（WMI）》的规定自己制定的，不同厂家制定的 VIN 代号含义是有差别的，学习中注意体会。下面举几个例子具体说明。

（1）国内品牌车辆识别代号

实例 1：LDC131D2010020808

第一位至第三位：LDC 表示生产商为神龙汽车有限公司

第四位至第五位：13 表示车型代码（11—RT 富康 ZX 型轿车；12—RL、RLC 富康 ZX1.4i 型轿车；13—RP、RPC 富康 ZX1.4i 型轿车；21—AL、ALC 富康 ZX1.6i 型轿车；22—AT、ATC 富康 ZX1.6i 型轿车；31—EL、ELC 富康 988 型轿车；41—BR – DC1010J 底盘）

第六位：1 表示车身外型代码（0—不完整车辆；1—两厢五门；2—旅行车；3—三厢四门）

第七位：D 表示发动机形式代码（A—TU3F2/K；B—TU3JP/K；C—TU5JP/K；D—TU3JP/K 带三元催化转化器；E—TU5JP/K 带三元催化转化器）

第八位：2 表示变速器形式代码（1—四挡 MA 变速器；2—五挡 MA 变速器；3—AL4 自动变速器）

第九位：0 表示检验位

第十位：1 表示车型年款为 2001 年款

第十一位：0 表示装配厂为总厂（无其他装配厂）

第十二位至第十七位：020808 表示生产顺序号（出厂编号）

整个 VIN 代号含义解读为：2001 年神龙富康公司生产的神龙富康 ZX1.4i 型轿车，该车配备 TU3JP/K 发动机（带三元催化转化器），五挡手动变速器，出厂编号为 020808。

实例 2：LGBF1DE04AR007045

第一位至第三位：LGB 表示生产商为中国东风汽车乘用车有限公司

第四位：F 表示是天籁系列

第五位：1 表示四门三厢轿车

第六位：D 表示 V 型 6 缸汽车发动机

第七位：E 表示手动安全带 + 双气囊

第八位：0 表示自动变速箱

第九位：4 表示检验位

第十位：A 表示 2010 年生产

第十一位：R 表示风神一厂装配

第十二位至第十七位：表示生产顺序号为 007045

（2）国外品牌车辆识别代号

实例 1：1FALP52U7SG208380

第一位：表示生产国家，1—美国

第二位：表示生产厂家，F—福特汽车公司

第三位：表示汽车类型，A—轿车

第四位：表示车辆安全约束系统类型，L—主动安全带被动安全带气囊

第五位：表示车辆品牌型式，P—福特牌轿车

第六位至第七位：表示车名、车辆种类系列，52—Taurus 金牛星座牌 L、MTS、GL、LX、SHO 四门轿车

第八位：表示发动机型号，U—3.0L V6 型发动机

第九位：表示检验位为 7

第十位：表示车型年款，S—1995 年

第十一位：表示总装配工厂，G—芝加哥

第十二位至第十七位：表示生产顺序号为208380

2.3.3 车辆识别代号（VIN）的作用及应用

1. 车辆识别代号的作用

车辆识别代号（VIN）是识别一辆汽车不可缺少的工具。其作用有：

①VIN的每位代码代表着汽车某一方面的信息参数。按照识别代号编码顺序，从VIN中可以识别出该车的生产国家、制造公司或生产厂家、车辆类型、品牌名称、车型系列、车身形式、发动机型号、车型年款（属哪年生产的年款型车）、安全防护装置型号、检验数字、装配工厂名称和出厂顺序号码等。

②17位VIN代号经过排列组合可以使车型生产在30年之内不会发生重号现象，就像我们的身份证号码一样，故又称为"汽车身份证"。一辆汽车有了唯一的VIN代号就可以用于车辆识别和针对其包含的信息开发相关应用。

2. 车辆识别代号的应用

针对VIN代号包含丰富的车辆信息，且这些信息是以数字和字母出现的，那么就可以利用计算机及相关软件开发相关应用程序，满足实际工作需要。如：

①车辆管理：注册登记、车辆信息查询、车辆检测记录、报案等信息化管理。

②车辆执法：非法车辆识别、交通事故处理等。如：建立全国联网的车辆数据库，根据报案信息或摄像头抓拍记录信息，可以快速识别盗、抢等非法车辆，促进车辆破案；利用VIN代号规定还可以鉴别出拼装车、走私车，因为拼装的进口汽车一般是不按VIN规定进行组装的，走私车的VIN代号首位字母不是"L"；通过VIN代号的字码规定和第九位、第十位字码可以鉴别其书写真伪。

③车辆保养与维修：建立以VIN代号查询的客户关系管理系统，能快速查询客户和车辆保养与维修历史信息，有助于企业开展有针对性的服务，提高服务质量；车型年款多、适用车型的测试诊断仪器和维修设备多、配件匹配性是否良好等是维修保养企业面临的实际问题，建立以VIN代号查询的维修保养管理系统，能快速查询到适用工具和配件，有助于提高服务效率；在各种智能测试仪表和维修设备中存储VIN代号的数据作为修理依据。

④配件经营管理：对于大型汽车配件经销商，经营不同车型的配件多且杂，配件存放位置分散，查找比较困难，建立VIN代号配件管理系统，就能方便地根据车型年款查找零件目录中汽车零件号和存放位置号，避免产生配错、误购、错装等现象。

⑤车辆保险：保险登记、理赔、浮动费率的信息查询等。

⑥二手车评估与交易：查询车辆的技术资料、历史信息，利用VIN代号的第一位字码可以鉴别出该车是进口车还是国产车。

⑦汽车召回：利用VIN代号的车型、车型年款、生产顺序号等信息确定召回汽车的车型、车型年款、生产批次和数量。

作为从事与汽车相关工作的人员（如车辆交通管理人员、汽车配件销售人员、汽车修理厂材料员、汽车维修技术工人、二手车评估人员、车辆保险人员等），在了解、认识和掌握车辆的车型、品牌、种类、所装部件总成型号及规格参数等信息时，车辆识别代号都是必不可少的信息工具。

2.4 汽车使用寿命

2.4.1 汽车使用生命周期

汽车跟人一样也有从生到死的生命周期过程。从注册登记开始使用到报废拆解为止，汽车的生命周期可分为六个阶段：磨合期、黄金期、成熟期、衰落期、淘汰期和报废期。在这六个阶段里，汽车的技术状况具有不同特点，对汽车的保养、维修重点要各不相同。

1. 磨合期（1年或1万~2万km）

新车注册登记后使用的第一年，正常行驶里程为1万~2万km。这个时期汽车的特点是：汽车零部件都是崭新的，处于使用磨合时期，是车辆功能最完整时期，车况极好，只要进行常规保养［保养内容包括更换机油、三滤（机油滤芯、汽油滤芯、空气滤芯）］，基本上不会有什么问题。

2. 黄金期（2~3年或2万~6万km）

汽车处于厂家质保承诺期（普遍在2年6万km内，一些主流车型是3年10万km）内。这个时期只要按照厂家规定的时间、里程（如3个月、5 000km）进行保养，定期更换一些易损易耗件，汽车就会保持良好的技术状态。

这个时期汽车的特点是：汽车虽然不能像纯新车那样崭新明亮，但零部件保持良好的技术性能和技术状况，车辆整体使用效果优异。因此，3年之内的时间又叫车辆的黄金期或巅峰期。过了这个时间之后，车辆性能开始下降，维修保养的成本开始上升。

3. 成熟期（4~5年或7万~10万km）

这个时期汽车的特点是：很多零部件经过多年的使用摩擦和磨损，需要更换和检查清洗，如更换刹车皮、刹车油、变速箱油等；检查减振器、轮胎花纹（如果轮胎花纹深度低于2mm就需要更换了）；清洗燃油泵、空调系统等。只要按规定正常保养，中等使用强度，车辆性能仍保持良好的状态。

这是最佳的卖旧车换新车时期，此时出售二手车会得到较高的价格。很多懂车的消费者喜欢买这种车龄的二手车，因为这个阶段的二手车性能还很好，花点小钱换一些必要的配件，就能够正常使用。所以，这个时期的二手车很受欢迎。

4. 衰落期（6~10年或10万~20万km）

这个时期汽车的特点是：很多部件都开始老化了，油封和密封件等橡胶件、空调、车漆、动力系统等方面问题会比较突出，容易出现漏油、漏水现象，小问题层出不穷；发动机气缸磨损也到了一定程度，动力性开始下降，油耗增大。有点像人的中老年期，更加需要精心保养，定期更换易损件，时不时到维修站或养护中心检查一下车况，出车前和收车后都必须做好例行的检查、维护工作。当今汽车制造技术已经非常可靠，只要保养得当行驶30万~

40万km也没问题。一些精明的车主趁这个时期开始换车，还可以卖个较好价钱。

5. 淘汰期（10~15年或20万~30万km）

这个时期汽车的特点是：汽车部件磨损加剧，各种连接部位，如转向系统的连接杆球头、球笼万向节等部位都会出现松动情况，汽车的安全性能下降，各种隐性、显性的危险开始不断出现；根据《机动车强制报废标准规定》，大多数运营性汽车在这个时期是强制报废期，非运营性的大中型客车处于淘汰期。此时应该加强车辆的定期检查，安全件需要更换的一定要换，而且一定要遵循维修站的使用建议，以保证汽车平稳地使用到报废期。

非运营性轿车虽然没有强制报废年限，但在我国很多轿车车主使用10年后考虑换车，当汽车使用到15万~25万km时，其性能就会明显降低，技术状况也会变差，需要不断地进行修理或更换零配件，或进行大修。一般大修包括发动机大修、车身大修、底盘大修、变速箱大修等，以桑塔纳2000为例，要完成一次全身大修需要3.8万~4.5万元，如果是30万元左右的车型，大修一次的费用在6万~8万元。经过大修的车辆性能得到了一定程度的恢复，有效延长了生命周期，但使用经济性已开始显现不合算了。在这个阶段，大部分车主选择更换新车。

6. 报废期（16~20年或30万~60万km）

这个时期只针对非运营性轿车和客车。这个时期汽车的特点是：使用到这个阶段的汽车，一般都经过一次大修，很多部件已更换过了，整辆汽车处于新旧部件共用阶段，尽管有些新部件性能很好，但机体整体配合性能下降，新部件也很难发挥最佳性能，整车技术状况达不到最佳状态。如车体经过多次拆卸、维修、装配，零部件之间的配合精度变差，加上生锈、腐蚀等外力因素影响，机体零件错位、松动、穿孔、漆面老化或脱落现象普遍，汽车在安全性能和排放性能方面都下降很厉害，表现在技术状况低劣、耗油量增加、排放污染物超过国家规定的汽车排放标准等。这个阶段的汽车处于报废期或延缓报废期。

根据《机动车强制报废标准规定》，大中型客车强制报废年限为20年，或中型客车50万km、大型客车60万km；非运营性的小、微型客车，大型轿车无报废年限限制，或60万km时引导报废，但只要车况符合国家安全标准、排放符合环保标准，能够通过年检（第16~20年为1年审验2次，从第21年起1年审验4次），还可以继续使用。但这个时期的很多车型早已淘汰，已无配件来源维持维修和保养，要保证汽车技术性能继续符合国家安全标准和排放标准不容易。

2.4.2 汽车使用寿命分类

汽车使用寿命是指汽车从投入使用后到报废为止的总运行时间或累计行驶里程。它受汽车技术和经济指标的约束，可分为技术使用寿命、经济使用寿命和合理使用寿命三种形式。

1. 汽车技术使用寿命

汽车技术使用寿命是指汽车从投入使用到主要零部件已不能用修理的方法恢复其主要技术性能时的使用年限或行驶里程。一辆汽车的主要零部件（如发动机、车架和车身等）达到了无法修理的极限状态时即可认为该汽车丧失了继续使用功能而到达了技术使用寿命。

汽车技术使用寿命与汽车制造质量、零件材料品质、使用条件、驾驶操作技术及保养维修质量等因素有关。虽然通过恢复性修理可延长汽车技术使用寿命,但是随着汽车使用时间的延长,维修费也随着增加。汽车到达技术使用寿命时,应对车辆进行报废处理。

2. 汽车经济使用寿命

汽车经济使用寿命是指汽车从全新状态投入使用到年平均使用总费用最低时的行驶里程或使用年限。换句话说就是指汽车行驶到一定里程,对其进行全面经济分析之后得出汽车使用成本较高的寿命时刻。汽车在使用中,随着运行时间或行驶里程的增加,每千公里(或吨公里)的单位费用是变化的。一般情况下,汽车运行总费用中的燃料费、维修费随着使用时间的增长而累计增加;每年应分摊的汽车购置费将随着使用时间的增长而减少。从这些费用随里程的变化中可以发现,当汽车使用里程达到某一值时,其汽车运行总费用为最小。超过这一限值继续使用,运行总费用将会逐步增加。运行总费用最小的那个年份或行驶里程定为经济使用寿命,此时更新汽车最为经济。因此,汽车更新应以经济使用寿命为依据。一般汽车经济使用寿命在 30 万 ~ 50 万 km。

大量统计研究表明,在汽车使用寿命内,汽车制造费用约占总费用的 15%,而使用和维修费则占 85%。所以,如果汽车在长期使用中,能保持其较低的使用维修费用,那么其经济使用寿命则长,反之,则缩短。

3. 汽车合理使用寿命

汽车合理使用寿命是以汽车经济使用寿命为基础,综合考虑了技术、经济、社会等因素而确定的使用期限。简单地说,就是汽车到了经济使用寿命,但是否需要更新,还要视自身经济条件、汽车技术发展水平和燃料供应情况等因素而定。如出现了技术性能先进的新车型,尽管旧车型未达到技术和经济的使用期限,但为了保持车辆处于较好的性能,获得较高的运输效率和经济效益,在经济条件许可时也可提前更新。因此,汽车合理使用寿命实际上是考虑了国民经济可能性而加以修正的经济使用期限。

以上三种汽车使用寿命的关系是:技术使用寿命 > 合理使用寿命 ≥ 经济使用寿命。

确定汽车的使用寿命,主要是研究汽车的经济使用寿命。

4. 汽车报废标准

汽车在使用过程中,由于零件磨损、老化等原因,汽车性能随行驶里程的增加而逐渐下降,到了一定期限就应报废。如果把汽车使用寿命无限延长,不断地对汽车进行维修,用很高的代价来维持其运行,必然会出现技术性能下降、小修频率上升,致使维修费用急剧增加,燃料消耗增多,最终使车辆动力性、经济性和安全性大幅下降,同时排放超标,严重污染环境。因此,必须从提高经济效益和环境保护的角度出发,制订符合我国实际情况的汽车报废标准以指导汽车更新。汽车报废标准是指导汽车更新的法律依据,是制止老旧车辆无限期使用的最有效措施。

《中华人民共和国道路交通安全法》第十四条规定:国家实行机动车强制报废制度,根据机动车的安全技术状况和不同用途,规定不同的报废标准。我国在 1997 年首次实施了《汽车报废标准》,后又经 1998 年、2000 年做了两次调整,对汽车的使用年限做了规定。标准中有两个规定的指标:一个是使用年限(本书称为规定使用年限),另一个是累计行驶里程。这两个指标中,汽车只要达到其中的一个指标,就应作报废处理(不考虑延长报废期)。规定使用年限是以经济使用寿命为基础，综合考虑国民经济的发展水平、能源情况和环保要求，以及考虑广大人民群众的经济状况、消费水平、承受能力等因素而确定的。此后从鼓励技术进步、加强对汽车安全技术状况和排放污染控制的要求出发，于2013年5月1日颁布了新的《机动车强制报废标准规定》（原《汽车报废标准》废止），该标准对不同用途汽车使用寿命做出了新的调整和规定，如表2-12所示，根据该标准对达到报废标准的汽车实施强制报废。

表2-12 《机动车强制报废标准规定》机动车使用年限及行驶里程参考值汇总表

车辆类型与用途				使用年限/年	行驶里程参考值/万km
汽车	载客	运营	出租客运 小、微型	8	60
			出租客运 中型	10	50
			出租客运 大型	12	60
			租赁	15	60
			教练 小型	10	50
			教练 中型	12	50
			教练 大型	15	60
			公交客运	13	40
			其他 小、微型	10	60
			其他 中型	15	50
			其他 大型	15	80
		专用校车		15	40
		非运营	小、微型客车，大型轿车*	无	60
			中型客车	20	50
			大型客车	20	60
	载货		微型	12	50
			中、轻型	15	60
			重型	15	70
			危险品运输	10	40
			三轮汽车、装用单缸发动机的低速货车	9	无
			装用多缸发动机的低速货车	12	30
	专项作业		有载货功能	15	50
			无载货功能	30	50

注：1. 表中机动车主要依据《道路交通管理 机动车类型》（GA 802-2019）进行分类；标注*的车辆为乘用车。

2. 对小、微型出租客运汽车（纯电动汽车除外）和摩托车，省、自治区、直辖市人民政府有关部门可结合本地实际情况，制定严于表中使用年限的规定，但小、微型出租客运汽车不得低于6年，正三轮摩托车不得低于10年，其他摩托车不得低于11年。

表 2-10 中使用年限是强制报废规定，行驶里程是引导报废规定。新标准对非运营性轿车无使用年限限制规定，改为按行驶里程数引导报废，最大行驶里程是 60 万 km。这意味着，非运营性轿车只需要根据行驶里程来确定是否需要报废。这种以行驶里程数为依据的引导报废方法，大大延长了非运营性轿车的使用寿命，如私家车以平均使用强度为 2 万 km/年来计算，使用年限可达 30 年，比旧标准规定的 15 年使用年限翻了一番。这一规定对那些平时使用率不高的私家车来说，大大减少了车主面临爱车到期被迫报废的压力，同时，这一规定也有利于政府推广少开车改善空气质量的措施。

虽然不再把使用年限作为非运营性轿车的强制报废指标，但并不意味着非运营性轿车使用年限超过 15 年后都能真正开满 60 万 km，而是通过汽车年检的方法进行引导报废，年检合格可以继续使用，年检不合格且符合强制报废规定的则强制报废。年检是否合格看车辆检验是否满足国家规定的机动车安全技术和排放检验标准，应当强制报废的具体规定是：

①经修理和调整仍不符合机动车安全技术国家标准对在用车有关要求的。

②经修理和调整或者采用控制技术后，向大气排放污染物或者噪声仍不符合国家标准对在用车有关要求的。

③在检验有效期届满后连续 3 个机动车检验周期内未取得机动车检验合格标志的。

只有通过审验，取得检验合格标志的车辆才可实现无限延期使用。目前，国家对汽车检验周期有如下规定：自车辆注册登记起的前 6 年内每 2 年审验 1 次，第 7～15 年为 1 年审验 1 次，第 16～20 年为 1 年审验 2 次，从第 21 年起 1 年审验 4 次。后两个检验周期对车龄超过 15 年的老旧车起到了严格把关的作用，通常车龄越长排放越差。把排放要求作为决定汽车报废的主要考核指标，这将加快排放不合格的老旧车型的淘汰速度，并加快汽车更新速度。

2.4.3　汽车经济使用寿命的计算

1. 汽车经济使用寿命的计量指标

汽车经济使用寿命通常以行驶里程或使用年限两个指标作为计量单位。

（1）行驶里程

行驶里程是指汽车从开始投入运行到更新时的累计行驶里程数。这里所述的更新时刻就是汽车经济使用寿命，换句话说，就是将汽车经济使用寿命以累计行驶里程数表示。行驶里程能够比较客观地反映汽车的使用强度和实际损耗，但无法反映汽车的使用条件、闲置时间的自然损耗以及使用、养护和维修水平对汽车技术状态的影响。

（2）使用年限

使用年限是指汽车从开始投入运行到更新时的使用年数。使用年限理论上考虑了汽车运行时间及使用损耗（包括车辆停驶期间的自然损耗），但是它不能真实反映汽车使用强度和使用条件的影响带来的损耗，造成同年限的车辆技术性能有较大的差异。如同一车型的两辆汽车同时投入使用，一辆作为家庭用车，另一辆作为运营性的出租车，虽然使用年限相同，但出租车的使用强度和使用频率比家庭用车高得多，因此，出租车的技术状况比家庭用车差，其经济使用寿命也比家庭用车短。

为了比较真实地反映汽车使用强度，通常采用折算年限法计算汽车使用年限。汽车使用

年限等于累计行驶里程与平均行驶里程之比,即

$$T_Z = S/S_{avg} \tag{2-1}$$

式中:T_Z——折算年限,年;

S——累计行驶里程,km;

S_{avg}——年平均行驶里程,km/年。

年平均行驶里程是汽车使用寿命周期内累计行驶里程与累计使用时间的比值。通常用统计方法确定,它与汽车的使用性质、使用强度、使用条件和技术状态等因素有关。汽车的使用性质主要是指运营和非运营、公用或私用等。不同使用性质的汽车,其年平均行驶里程是不同的,我国各类汽车年平均行驶里程如表2-13所示。

表2-13 我国各类汽车年平均行驶里程　　　　　单位:万km/年

车辆类型	私家车	公务车	出租车	公交车	长途客车	大货车
年均行驶里程	1~3	2~5	10~15	8~12	10~20	8~12

折算年限法计算汽车使用年限的关键是能够确定汽车的年平均行驶里程。对每一辆汽车来说,要取得准确的年平均行驶里程是比较困难的,在没有具体的调查数据的情况下,可取表2-14中的中间值作为同一用途类型汽车的年平均行驶里程,代入式(2-1)计算,如私家车的年平均行驶里程为2万km/年。

汽车在使用过程中,不同使用者使用的车辆由于其运行条件(使用强度、平均技术速度、地理环境、道路条件等)不同,累计行驶里程和年平均行驶里程差异较大,用行驶里程指标作为汽车更新的考核指标会导致更新时间差异较大,可比性较差,因此,采用使用年限作为汽车更新的考核指标更为确切。在实际应用中,通常以使用年限作为计量指标、行驶里程作为参考性指标。

2. 汽车经济使用寿命的计算方法

汽车经济使用寿命的计算方法有多种,本书主要介绍低劣化数值法。

(1)汽车低劣化的概念

汽车使用过程中,随着行驶里程的增加,里程折旧费不断减少,汽车有形损耗和无形损耗加剧,其主要技术性能和经济指标均有明显下降,燃料费、维修费和大修费不断上升,这种现象称为汽车低劣化。也就是说,汽车使用完全是一个性能不断下降、消耗不断上升的低劣化过程。

(2)汽车经济使用寿命的评价指标

在汽车低劣化过程中,致使经济使用寿命下降的主要因素是车辆的有形损耗和无形损耗。这些损耗可用汽车使用费用表示。汽车使用费用由固定费用和可变费用两大部分组成,主要包括:

$$C = C_{固定} + C_{可变} = (C_1 + C_2) + (C_3 + C_4 + C_5 + C_6 + C_7 + C_8) \tag{2-2}$$

式中:C_1——驾驶员工资;

C_2——管理费用;

C_3——基本折旧费用;

C_4——燃料费用；

C_5——维修费用；

C_6——大修费用；

C_7——轮胎更新费用；

C_8——其他费用。

其中：C_1、C_2 是与汽车经济使用寿命无关的因素。在可变费用的诸多因素中，当使用寿命确定后，C_3 基本上是一个定值；C_7、C_8 所占比例较小，可以忽略不计。只有 C_4、C_5、C_6 是随行驶里程（或使用年限）的增长、车况的下降而增加，是汽车使用中支出最大的三项费用，也是影响汽车经济使用寿命的主要因素。因此，以燃料费、维修费和大修费这三项汽车运行费用作为汽车经济使用寿命的评价指标比较接近实际。

①燃料费。包括燃油和润滑油。随着行驶里程的增加，其消耗不断增加。

②维修费。维修费是指在汽车使用过程中，各级维护费用及日常小修费用的总和。它随着车辆行驶里程的增加而呈现线性增加，如图 2－14 所示。

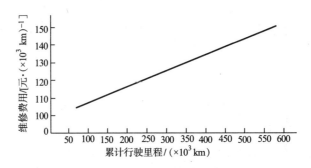

图 2－14 行驶里程与维修费用关系图

车辆行驶里程与维修费用关系可用下式表示：

$$C = a + bS \tag{2-3}$$

式中：C——维修费用；

a——维修费用的初始值；

b——维修费用的低劣化增长强度（由试验统计回归分析确定）；

S——累计行驶里程，$\times 10^3 \text{km}$。

公式中的 b 值是维修费用随行驶里程增加的增长强度（低劣化值每千千米以 b 的幅度增加），不同车型和不同的使用条件 b 值也不相同。通常把维修费用增长强度 b 作为确定汽车经济使用寿命的主要依据之一，b 值越大，车辆维修费用随行驶里程增加的速度越快。

③车辆的大修费用。车辆在使用过程中，当其动力性和经济性下降到一定程度，无法用正常的维护和小修方法使其恢复正常使用状态时，就必须进行大修。新车第一次大修的费用一般为车辆原值的 10% 左右，以后的大修费用随行驶里程（或使用年限）的增加而逐渐增加。

(3) 汽车经济使用寿命的计算

将式（2－2）中与汽车经济使用寿命无关的因素费用和随行驶里程变动较小的费用合计用 C_0 表示，基本折旧费用 C' 表示，车辆平均低劣化费用用 C'' 表示，则式（2－2）的汽车使用费用方程式可写为：

$$C = C' + C'' + C_0 = k_0/S + bS/2 + C_0 \quad (2-4)$$

式中：C——汽车使用总费用，元；

k_0——汽车原始投资费，元；

b——汽车使用费用的低劣化增长强度，元/10^3km。由单位营运费用（燃料费 + 维修费 + 大修费）与行驶里程进行回归计算确定；

S——累计行驶里程，×10^3km；

C_0——固定费用，即与车辆行驶无关的累计费用值，元；

$C' = k_0/S$，表示每千 km 车辆投资费（即里程折旧费），其值随行驶里程的增加不断减少；

$C'' = bS/2$，表示车辆平均低劣化费用随行驶里程的增加而不断增加。

式（2-4）可绘制成如图 2-15 所示的曲线图。图中总使用费用曲线是里程折旧费曲线和使用成本曲线的叠加曲线，其最低点（极值点）是使用价值与投入之间的比例最佳点，所对应的累计行驶里程就是所求的汽车经济使用寿命。

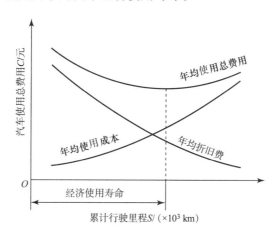

图 2-15 汽车使用费用曲线图

用低劣化数值法计算汽车经济使用寿命的具体求解过程如下：

（1）计算使用费用的增长强度 b

$$L_{xx} = \sum_{i=1}^{n} X_i^2 - \frac{1}{n}\left(\sum_{i=1}^{n} X_i\right)^2; L_{yy} = \sum_{i=1}^{n} Y_i^2 - \frac{1}{n}\left(\sum_{i=1}^{n} Y_i\right)^2$$

$$L_{xy} = \sum_{i=1}^{n} X_i Y_i - \frac{1}{n}\left(\sum_{i=1}^{n} X_i\right)\left(\sum_{i=1}^{n} Y_i\right)$$

$$b = L_{xy}/L_{xx} \ [元/(\times 10^3 \text{km})] \quad (2-5)$$

式中：X——行驶里程，×10^3km，Y——费用，元。

（2）计算经济使用寿命里程 S_{opt}

将式（2-3）的汽车使用费用方程 C 对行驶里程 S 求一阶导数，并令 $dC/dS = 0$，得：

$$S_{opt} = \sqrt{\frac{2k_0}{b}} \ (\times 10^3 \text{km}) \quad (2-6)$$

式中：k_0——汽车新车价格，元。

（3）计算经济使用寿命年限 T_{opt}

采用式（2-1）的折算方法，即：

$$T_{opt} = \frac{S_{opt}}{S_{avg}} \qquad (2-7)$$

式中：S_{avg}——年平均行驶里程，$\times 10^3$ km/年。

低劣化数值法的目标是保证汽车单位折旧费用和使用成本总和为最小。采用低劣化数值法计算汽车经济使用寿命基本上包括了影响汽车经济使用寿命的主要因素。

例 2-1 为了分析东风 EQ140 载重汽车在一般使用条件下的经济使用寿命，对湖北、湖南、江西三省多家汽车运输公司的 3 000 多辆汽车进行了抽样调查，调查样本量为 302 辆。对调查数据进行处理后得到表 2-14 所示的有形损耗统计表。通过市场询价，新车价格为 22 500 元。行业统计数据表明，该车型的年均行驶里程为 4.5 万 km。试计算该车型的经济使用寿命。

表 2-14 有形损耗统计

行驶里程段/($\times 10^4$ km)	累计行驶里程 X/($\times 10^3$ km)	保修费/[元·($\times 10^3$ km)$^{-1}$]	大修费/[元·($\times 10^3$ km)$^{-1}$]	燃料费/[元·($\times 10^3$ km)$^{-1}$]	总费用 Y/[元·($\times 10^3$ km)$^{-1}$]
0~5	50	89.85	29.25	203.80	322.90
5~10	100	96.23	29.25	209.28	334.76
10~15	150	102.61	29.25	214.76	346.62
15~20	200	108.99	29.25	220.24	358.48
20~25	250	115.37	37.45	225.72	378.54
25~30	300	121.75	45.65	231.20	398.60
30~35	350	128.13	45.65	236.68	410.46
35~40	400	134.51	45.65	242.16	422.32
40~45	450	140.89	52.12	247.64	440.65
45~50	500	147.27	58.58	253.12	458.97
50~55	550	153.65	58.58	258.60	470.83
55~60	600	160.03	58.58	264.08	482.69
$\sum X_i$	3 900			$\sum Y_i$	4 825.42
$\sum X_i^2$	1 625 000			$\sum Y_i^2$	1 973 226.34
n	12			$\sum X_i Y_i$	1 676 442

解：（1）根据表 2-15 的数据 (X, Y, n)，按式（2-5）计算使用费用的增长强度 b。

$$L_{xx} = \sum_{i=1}^{n} X_i^2 - \frac{1}{n}\left(\sum_{i=1}^{n} X_i\right)^2 = 357\ 500;\ L_{yy} = \sum_{i=1}^{n} Y_i^2 - \frac{1}{n}\left(\sum_{i=1}^{n} Y_i\right)^2 = 32\ 836.49$$

$$L_{xy} = \sum_{i=1}^{n} X_i Y_i - \frac{1}{n}\left(\sum_{i=1}^{n} X_i\right)\left(\sum_{i=1}^{n} Y_i\right) = 108\ 180.50$$

$$b = L_{xy}/L_{xx} = 108\ 180.50/357\ 500 = 0.303\ [元/(\times 10^3\ km)]$$

(2) 将 k_0 和 b 代入式（2-6）中计算经济使用寿命里程 S_{opt}

$$S_{opt} = \sqrt{\frac{2\,k_0}{b}} = \sqrt{\frac{2 \times 22\,500}{0.303}} = 385.63\ (\times 10^3 \text{km})$$

(3) $S_{avg} = 4.5 \times 10^3 \text{km}$，按式（2-7）将经济使用寿命里程 S_{opt} 折算为经济使用寿命年限 T_{opt}

$$T_{opt} = \frac{S_{opt}}{S_{avr}} = \frac{385.63}{45} = 8.57 \approx 9\ (\text{年})$$

2.4.4 影响机动车经济使用寿命的因素

汽车经济使用寿命是反映汽车经济效益的指标，随着汽车使用年限的增加，其低劣化程度加剧，技术性能和经济性指标逐渐下降，燃油费用、维修费用等运行费用增加。因此，必须以提高经济效益的观点来分析影响汽车经济使用寿命的因素。影响汽车经济使用寿命的因素有车辆的损耗、车辆用途与使用强度、车辆的使用条件等。

1. 车辆的损耗

车辆的损耗包括有形损耗和无形损耗。汽车经济使用寿命的低劣化过程主要受到汽车有形损耗和无形损耗的影响。

有形损耗是指汽车使用过程中本身的消耗。包括零部件的物理性磨损和自然损耗（如锈蚀、老化等）。由于汽车各零部件设计强度不同，因此，磨损速度也不尽相同。有形损耗可以通过维护、修理或更换的方式来消除，但是维护和修理就会导致汽车运输成本增加。当有形损耗较为严重时，汽车的运行费用将大幅增加，从而缩短其经济使用寿命。有形损耗是造成汽车低劣化的主要因素。

无形损耗是指由于技术进步，汽车的自身价值减少，如出现了性能好、生产效率高的新车型，或原车型价格下降等情况，原车型相对新车型来说贬值严重。因此，无形损耗实际上是经济损耗，它使汽车的经济使用寿命缩短，促使汽车提前更新。

2. 车辆用途与使用强度

不同用途的车辆使用强度差异比较大。汽车使用强度也是低劣化的一个主要因素。由于使用条件不同，管理和维修水平相差较大，按使用部门不同，车辆可归纳为以下5类。

(1) 交通专业运输车辆

交通专业运输车辆是指专门从事运输生产的营运车辆。物流公司和客运公司的车辆就属于这一类。这些车辆是为整个社会服务的，使用条件复杂，使用强度比较大。一般客车年平均行驶里程为5万km左右，货车为4.5万km左右。

(2) 社会专业运输车辆

社会专业运输车辆是指各行各业专门从事运输的车辆，主要是为本行业的运输生产服务的，如商业、粮食、冶金、林业等部门的运输车辆。这类车辆一般为短途运输，运输频率不高。随着运输服务社会化，这类运输有逐渐被专业物流企业车辆取代的趋势。

(3) 社会非运营车辆

社会非运营车辆是指机关、企事业单位和个人的非营运车辆，主要是为一般零散运输和生活服务的公务、商务用车。这些车辆一般没有专门的管理机构和维修基地，使用情况差异很大。

（4）城市出租车辆

这是城市和乡镇为客运和货运服务的车辆，多集中在大中城市，多以国产轿车、轻型客车从事客运出租经营，以微型、轻型货车从事货运出租经营。客运出租车辆使用强度很大，一般年平均行驶里程在10万km左右；货运出租车辆，使用强度受货运市场影响较大。目前，由于货运量不足，车辆闲置，其使用强度不是很大，但是，由于车主受利益驱动，车辆经常超载运行，机件磨损迅速上升，这大大影响了车辆的使用寿命。另外，这些车辆的管理、使用、维修水平情况差异很大。

（5）城市公共交通车辆

城市公共交通车辆是指城市公共汽车，一般这些车辆常年服役，根据国家规定这类车不参与二手车市场交易。

上述车辆中，到二手车交易市场交易较多的是社会零散车辆和城市出租车辆，前者使用强度不大，一般车况较好；后者车况较差。

3. 车辆的使用条件

车辆的使用条件包括道路条件和环境条件。道路条件差，车辆磨损很大，使汽车技术性能下降很快，导致使用成本增加，缩短了汽车经济使用寿命。我国地域辽阔，各地自然条件差别很大，温度、湿度、年降雨量、空气中的含氧量和沙尘含量差异较大，造成汽车经济使用寿命有一定的差异。具体考虑使用条件为：

（1）道路条件

道路条件（主要影响因素是道路类型和路面情况）对汽车经济使用寿命的影响很大，直接影响汽车的技术速度，使其年平均行驶里程相差比较大。道路类型主要包括：城市道路、公路、村镇道路等。路面情况包括：汽车专用道路和人车混行道路。汽车专用道路（如高速公路、城市快速路）实行机动车与非机动车和行人分道行驶，且路面质量好，汽车能在经济行驶速度下运行，这样的道路条件有利于延长汽车经济使用寿命。人车混行道路受干扰因素比较多，汽车经常在不经济行驶速度下运行，制动多、单位里程燃油消耗较大，汽车运行成本相对较高，对汽车经济使用寿命影响很大。

（2）环境条件

环境条件主要指汽车使用的自然环境条件，如寒冷、沿海、多雨潮湿、风沙、高原、山区等地区。在这些特殊使用条件下工作的汽车，将缩短经济使用寿命。

本章思考与练习题

1. 简述汽车的基本组成及各组成部分的功用。
2. 简述汽油发动机和柴油发动机组成及各组成部分的功用，这两种发动机有什么区别？
3. 什么是负极搭铁？为什么汽车电器能采用负极搭铁，而家用电器不能？汽车上采用负极搭铁有什么好处？
4. 简述汽车按用途是如何分类的。乘用车分为几种类型？轿车属于哪一类型？

5. 如何区分小型客车与多用途乘用车？
6. 汽车型号是怎样构成的？轿车、客车和货车的主参数单位分别是什么？
7. 车辆识别代号的定义是什么？
8. 车辆识别代号由哪几部分组成？各代表什么意义？
9. 什么叫世界制造厂识别代号（WMI）？如何保证这个代号的世界唯一性？
10. 世界制造厂识别代号（WMI）的字码是由哪些授权机构分配的？这些机构名称是什么？
11. 我国备案车辆识别代号的授权机构名称是什么？
12. 车辆识别代号第九位字码的作用是什么？
13. 判断 LBESCCBHA5X103841 是否正确，为什么？
14. 如何识别 VIN 代号的真伪？
15. 汽车使用生命周期有几个阶段？各阶段的特点是什么？
16. 汽车的使用寿命分哪几类？影响机动车经济使用寿命的因素有哪些？
17. 简述国家引导汽车报废的技术手段。
18. 《机动车强制报废标准规定》对非运营性的轿车强制报废有哪些规定？这些规定对私家车来说有什么好处？

第3章 二手车鉴定评估基础知识

本章学习要点：
1. 了解《资产评估法》对二手车鉴定评估的指导意义。
2. 理解二手车鉴定评估当事人及其行为规范。
3. 理解二手车鉴定评估的类型和资质要求。
4. 理解二手车鉴定评估师的定义、从业要求，了解二手车鉴定评估师的管理办法及其在二手车交易中的地位和作用。

3.1 二手车鉴定评估概述

3.1.1 资产评估与旧机动车评估

2016年12月1日国家颁布实施了中国资产评估行业的首部基本大法：《中华人民共和国资产评估法》（以下简称《资产评估法》），该法将全国不同专业评估管理统一在一部法律框架之下。目前，国务院将不同专业资产评估划分为六大专业类别，分别是：资产评估、房地产估价、土地估价、矿业权评估、旧机动车评估、保险公估，并依照专业领域分别设立了相应的全国性评估行业协会（中国资产评估协会、中国房地产估价师与房地产经纪人协会、中国土地估价师协会、中国矿业权评估师协会、中国汽车流通协会、中国保险行业协会）实行自律管理。不同行业协会分别接受财政部、国土资源部①、住房和城乡建设部、商务部和保监会五个政府部门的监督和社会监督。虽然各专业类别同属资产评估行业，但各自专业性很强，国家通过立法将不同评估专业统一在一部法律下管理，这样的好处是：有利于各评估行政管理部门统一监管尺度，有利于各评估行业协会统一制定规则，有利于各评估专业机构统一执业标准，有利于统一落实评估当事人各方的法定责任，有利于评估机构实现多种专业综合发展（即综合性资产评估机构开展多种专业的评估业务）。

旧机动车评估是国务院公布的六类资产评估专业之一，管理旧机动车评估的全国性评估行业协会是中国汽车流通协会。资产评估是促进资产交易公平合理进行的市场中介服务。本书在1.1节中提到，旧机动车的概念本身不含交易的意思，且这一概念不利于促进在用车的流通和交易，因此，从2005年颁布实施《二手车流通管理办法》开始，中国汽车流通协会及汽车行业很多时候都将旧机动车称为二手车，相应地，旧机动车评估也被统称为二手车鉴定评估，本书也以二手车鉴定评估作为涉及旧机动车评估的替代概念。

---

① 今自然资源部。

1. 资产评估定义

《资产评估法》对资产评估的定义如下：

资产评估是指评估机构及其评估专业人员根据委托对不动产、动产、无形资产、企业价值、资产损失或者其他经济权益进行评定、估算，并出具评估报告的专业服务行为。

这一概念涵盖了包括资产评估、房地产估价、土地估价、矿业权评估、旧机动车评估和保险公估在内的六大类专业评估领域，涉及多种资产价值或未来新出现的评估项目经济权益的评定和估算，并且规定只有出具了最终的评估报告，专业服务行为才算成立。口头报价或价格咨询服务，没有正式委托评估、出具最终评估报告是不算资产评估的。

2. 资产评估与价格咨询服务的区别

资产评估与一般的价格咨询服务行为，虽然都涉及对有关资产价值或资产损失价值的估算，但咨询性估价不属于资产评估范畴，二者有本质的不同。

一是法律责任不同。资产评估要由评估机构和评估专业人员正式接受委托并出具评估报告，且评估机构和评估人员要对出具的评估报告承担法律责任。而价格咨询服务一般不出具报告，有关机构和人员对给出的咨询价格也不承担相应的法律责任。

二是评估机构资质不同。出具评估报告是资产评估区别于一般价格咨询服务行为的重要要求，评估报告需要由依法注册登记和备案的评估机构出具。价格咨询行为对评估主体没有法定要求，只要经工商注册登记的一般机构（也包括有资质的评估机构）都可以从事。

三是专业性质不同。资产评估是由专业的评估机构和评估专业人员完成的专业服务行为。价格咨询是从事本行业的一般机构和人员都可以完成的一般服务行为。

3. 二手车鉴定评估定义

在《二手车鉴定评估技术规范》（GB/T 30323-2013）中对二手车鉴定评估做了如下定义。

二手车鉴定评估（Appraisal and Inspection）是指对二手车进行技术状况检测、鉴定，确定某一时点价值的过程。这一定义只是给出了二手车鉴定评估具体工作内容及过程，相当于只叙述了鉴定评估这一事实，没有涉及提供鉴定评估的主体、为谁服务、评估结果以什么形式给出等关键内容，定义的边界不明确、内容不完整。没有出具评估报告为依据的评估结果是不具有法律效力的。

汽车属于动产，在使用中存在价值损失，二手车鉴定评估属于资产评估的范畴，所以《资产评估法》是规范二手车鉴定评估行为的最高法律，二手车评估机构及其评估专业人员依法开展的二手车评估业务，受资产评估法的规范和保护。对照资产评估定义，本书对二手车鉴定评估定义修改和完善如下。

二手车鉴定评估是二手车鉴定评估机构及其评估专业人员根据委托对评估对象进行技术状况检测、鉴定，运用科学的方法评估其价值，并出具鉴定评估报告的专业服务行为。

定义中包含以下关键词：

①评估主体：评估机构和评估专业人员，其中评估专业人员必须是该机构的正式员工，不能是其他机构的兼职专业评估人员。

②评估目的：为委托人服务。委托人出于不同的经济行为委托评估机构为其提供服务。

③评估对象：被评估二手车，即委托人委托评估的车辆。

④评估方法：技术鉴定+价格估算。在用专业的技术鉴定方法进行技术状况鉴定的基础上，应用科学的估算方法完成价格估算。

⑤评估结果：出具鉴定评估报告。鉴定评估报告是完成委托合同的工作结果，评估主体要签字、盖章，对报告负法律责任。

因为汽车是一项动产，使用中其价值是逐步损失的，有一车一况、一况一价的特点，所以对其价值评估需要由评估专业人员在对车辆技术状况鉴定的基础上进行。定义中，二手车技术状况鉴定是指对车辆技术状况进行缺陷描述、等级评定。二手车价值评估是指根据二手车技术状况鉴定结果和鉴定评估目的，对目标车辆价值评估。

3.1.2 二手车鉴定评估的当事人和评估对象

1. 二手车鉴定评估的当事人

二手车鉴定评估是一种专业服务行为，涉及评估当事人、评估对象、评估行为、评估结果等方面，其中，二手车鉴定评估当事人包括委托人、二手车鉴定评估机构。委托人是指享有二手车所有权或处置权的公民、法人或其他组织。二手车鉴定评估机构是二手车鉴定评估业务的承担者，由二手车鉴定评估机构及其评估专业人员共同组成。二手车鉴定评估机构（也有称为机动车鉴定评估机构或旧机动车鉴定评估机构的）是指从事二手车鉴定评估经营活动的第三方服务机构。评估专业人员包括二手车鉴定评估师和其他具有二手车评估专业知识及实践经验的评估从业人员。二手车鉴定评估师是指按照《资产评估法》的有关规定，由中国汽车流通协会依法组织实施初级、中级、高级二手车鉴定评估师岗位技能全国统一考试合格的专业人员。

二手车鉴定评估机构及其评估专业人员开展二手车鉴定评估业务应当遵守法律、行政法规和评估准则，遵循独立、客观、公正的原则，开展二手车鉴定评估业务，出具车辆鉴定评估报告，并对鉴定评估报告内容负法律责任。

2. 二手车鉴定评估的评估对象

二手车鉴定评估的评估对象是指被评估二手车。被评估二手车必须符合《二手车流通管理办法》规定的条件：

①本行政辖区内的公安机关交通管理部门注册登记的车辆。

②国家强制报废前的车辆。

③车辆法定证件合法、有效，税、险凭证有效。车辆法定证件是指《机动车登记证书》、《机动车行驶证》、机动车号牌、机动车安全技术检验合格标志；税、险凭证是指车辆购置税、车船税和交强险（即机动车交通事故责任强制保险）。

④车辆委托方应当拥有车辆的所有权或者处置权，国家机关、国有企事业单位出售或委托拍卖车辆，应持有本单位或者上级单位出具的资产处理证明。

⑤涉案车辆（如海关监管车辆，法院、检察院、行政执法部门依法查封、扣押期间的车辆）、事故车辆等要符合国家规定。

不能对国家不允许交易的车辆进行评估。

3.1.3 二手车鉴定评估的当事人权利和行为规范

二手车鉴定评估遵循《资产评估法》对评估中当事人的权利和行为规范进行规定，具体规定如下。

1. 委托人的权利和行为规范

具体内容如下：

第二十二条　委托人有权自主选择符合本法规定的评估机构，任何组织或者个人不得非法限制或者干预。

评估事项涉及两个以上当事人的，由全体当事人协商委托评估机构。

委托开展法定评估业务，应当依法选择评估机构。

第二十三条　委托人应当与评估机构订立委托合同，约定双方的权利和义务。

委托人应当按照合同约定向评估机构支付费用，不得索要、收受或者变相索要、收受回扣。

委托人应当对其提供的权属证明、财务会计信息和其他资料的真实性、完整性和合法性负责。

第二十四条　委托人有权要求与相关当事人及评估对象有利害关系的评估专业人员回避。

第二十七条　委托人不得串通、唆使评估机构或者评估专业人员出具虚假评估报告。

第三十条　委托人对评估报告有异议的，可以要求评估机构解释。

第三十一条　委托人认为评估机构或者评估专业人员违法开展业务的，可以向有关评估行政管理部门或者行业协会投诉、举报，有关评估行政管理部门或者行业协会应当及时调查处理，并答复委托人。

第三十二条　委托人或者评估报告使用人应当按照法律规定和评估报告载明的使用范围使用评估报告。

委托人或者评估报告使用人违反前款规定使用评估报告的，评估机构和评估专业人员不承担责任。

2. 评估机构的权利和行为规范

具体内容如下：

第四条　评估机构及其评估专业人员开展业务应当遵守法律、行政法规和评估准则，遵循独立、客观、公正的原则。

评估机构及其评估专业人员依法开展业务，受法律保护。

第十七条　评估机构应当依法独立、客观、公正地开展业务，建立健全质量控制制度，保证评估报告的客观、真实、合理。

评估机构应当建立健全内部管理制度，对本机构的评估专业人员遵守法律、行政法规和评估准则的情况进行监督，并对其从业行为负责。

评估机构应当依法接受监督检查，如实提供评估档案以及相关情况。

第十八条　委托人拒绝提供或者不如实提供执行评估业务所需的权属证明、财务会计信息和其他资料的，评估机构有权依法拒绝其履行合同的要求。

第十九条　委托人要求出具虚假评估报告或者有其他非法干预评估结果情形的，评估机构有权解除合同。

第二十条　评估机构不得有下列行为：

（一）利用开展业务之便，谋取不正当利益；

（二）允许其他机构以本机构名义开展业务，或者冒用其他机构名义开展业务；

（三）以恶性压价、支付回扣、虚假宣传，或者贬损、诋毁其他评估机构等不正当手段招揽业务；

（四）受理与自身有利害关系的业务；

（五）分别接受利益冲突双方的委托，对同一评估对象进行评估；

（六）出具虚假评估报告或者有重大遗漏的评估报告；

（七）聘用或者指定不符合本法规定的人员从事评估业务；

（八）违反法律、行政法规的其他行为。

第二十四条　对受理的评估业务，评估机构应当指定至少两名评估专业人员承办。

第二十六条　评估机构应当对评估报告进行内部审核。

第二十七条　评估报告应当由至少两名承办该项业务的评估专业人员签名并加盖评估机构印章。

评估机构及其评估专业人员对其出具的评估报告依法承担责任。

第二十八条　评估机构开展法定评估业务，应当指定至少两名相应专业类别的评估师承办，评估报告应当由至少两名承办该项业务的评估师签名并加盖评估机构印章。

第二十九条　评估档案的保存期限不少于十五年，属于法定评估业务的，保存期限不少于三十年。

第三十五条　评估机构、评估专业人员加入有关评估行业协会，平等享有章程规定的权利，履行章程规定的义务。

3. 评估专业人员的权利和行为规范

具体内容如下：

第四条　评估机构及其评估专业人员开展业务应当遵守法律、行政法规和评估准则，遵循独立、客观、公正的原则。

评估机构及其评估专业人员依法开展业务，受法律保护。

第五条　评估专业人员从事评估业务，应当加入评估机构，并且只能在一个评估机构从事业务。

第十一条　因故意犯罪或者在从事评估、财务、会计、审计活动中因过失犯罪而受刑事处罚，自刑罚执行完毕之日起不满五年的人员，不得从事评估业务。

第十二条　评估专业人员享有下列权利：

（一）要求委托人提供相关的权属证明、财务会计信息和其他资料，以及为执行公允的评估程序所需的必要协助；

（二）依法向有关国家机关或者其他组织查阅从事业务所需的文件、证明和资料；

(三) 拒绝委托人或者其他组织、个人对评估行为和评估结果的非法干预；
(四) 依法签署评估报告；
(五) 法律、行政法规规定的其他权利。

第十三条　评估专业人员应当履行下列义务：
(一) 诚实守信，依法独立、客观、公正地从事业务；
(二) 遵守评估准则，履行调查职责，独立分析估算，勤勉谨慎从事业务；
(三) 完成规定的继续教育，保持和提高专业能力；
(四) 对评估活动中使用的有关文件、证明和资料的真实性、准确性、完整性进行核查和验证；
(五) 对评估活动中知悉的国家秘密、商业秘密和个人隐私予以保密；
(六) 与委托人或者其他相关当事人及评估对象有利害关系的，应当回避；
(七) 接受行业协会的自律管理，履行行业协会章程规定的义务；
(八) 法律、行政法规规定的其他义务。

第十四条　评估专业人员不得有下列行为：
(一) 私自接受委托从事业务、收取费用；
(二) 同时在两个以上评估机构从事业务；
(三) 采用欺骗、利诱、胁迫，或者贬损、诋毁其他评估专业人员等不正当手段招揽业务；
(四) 允许他人以本人名义从事业务，或者冒用他人名义从事业务；
(五) 签署本人未承办业务的评估报告；
(六) 索要、收受或者变相索要、收受合同约定以外的酬金、财物，或者谋取其他不正当利益；
(七) 签署虚假评估报告或者有重大遗漏的评估报告；
(八) 违反法律、行政法规的其他行为。

第二十五条　评估专业人员应当根据评估业务具体情况，对评估对象进行现场调查，收集权属证明、财务会计信息和其他资料并进行核查验证、分析整理，作为评估的依据。

第二十六条　评估专业人员应当恰当选择评估方法，除依据评估执业准则只能选择一种评估方法的外，应当选择两种以上评估方法，经综合分析，形成评估结论，编制评估报告。

第二十七条　评估报告应当由至少两名承办该项业务的评估专业人员签名并加盖评估机构印章。

评估机构及其评估专业人员对其出具的评估报告依法承担责任。

第三十五条　评估机构、评估专业人员加入有关评估行业协会，平等享有章程规定的权利，履行章程规定的义务。

4. 评估当事人的法律责任规定

(1) 委托人的法律责任

第五十一条　违反本法规定，应当委托评估机构进行法定评估而未委托的，由有关部门责令改正；拒不改正的，处十万元以上五十万元以下罚款；情节严重的，对直接负责的主管人员和其他直接责任人员依法给予处分；造成损失的，依法承担赔偿责任；构成犯罪的，依法追究刑事责任。

第五十二条　违反本法规定，委托人在法定评估中有下列情形之一的，由有关评估行政管理部门会同有关部门责令改正；拒不改正的，处十万元以上五十万元以下罚款；有违法所得的，没收违法所得；情节严重的，对直接负责的主管人员和其他直接责任人员依法给予处分；造成损失的，依法承担赔偿责任；构成犯罪的，依法追究刑事责任：

（一）未依法选择评估机构的；
（二）索要、收受或者变相索要、收受回扣的；
（三）串通、唆使评估机构或者评估师出具虚假评估报告的；
（四）不如实向评估机构提供权属证明、财务会计信息和其他资料的；
（五）未按照法律规定和评估报告载明的使用范围使用评估报告的。

前款规定以外的委托人违反本法规定，给他人造成损失的，依法承担赔偿责任。

(2) 评估机构的法律责任

第四十六条　违反本法规定，未经工商登记以评估机构名义从事评估业务的，由工商行政管理部门责令停止违法活动；有违法所得的，没收违法所得，并处违法所得一倍以上五倍以下罚款。

第四十七条　评估机构违反本法规定，有下列情形之一的，由有关评估行政管理部门予以警告，可以责令停业一个月以上六个月以下；有违法所得的，没收违法所得，并处违法所得一倍以上五倍以下罚款；情节严重的，由工商行政管理部门吊销营业执照；构成犯罪的，依法追究刑事责任：

（一）利用开展业务之便，谋取不正当利益的；
（二）允许其他机构以本机构名义开展业务，或者冒用其他机构名义开展业务的；
（三）以恶性压价、支付回扣、虚假宣传，或者贬损、诋毁其他评估机构等不正当手段招揽业务的；
（四）受理与自身有利害关系的业务的；
（五）分别接受利益冲突双方的委托，对同一评估对象进行评估的；
（六）出具有重大遗漏的评估报告的；
（七）未按本法规定的期限保存评估档案的；
（八）聘用或者指定不符合本法规定的人员从事评估业务的；
（九）对本机构的评估专业人员疏于管理，造成不良后果的。

评估机构未按本法规定备案或者不符合本法第十五条规定的条件的，由有关评估行政管理部门责令改正；拒不改正的，责令停业，可以并处一万元以上五万元以下罚款。

第四十八条　评估机构违反本法规定，出具虚假评估报告的，由有关评估行政管理部门责令停业六个月以上一年以下；有违法所得的，没收违法所得，并处违法所得一倍以上五倍以下罚款；情节严重的，由工商行政管理部门吊销营业执照；构成犯罪的，依法追究刑事责任。

第四十九条　评估机构、评估专业人员在一年内累计三次因违反本法规定受到责令停业、责令停止从业以外处罚的，有关评估行政管理部门可以责令其停业或者停止从业一年以上五年以下。

第五十条　评估专业人员违反本法规定，给委托人或者其他相关当事人造成损失的，由其所在的评估机构依法承担赔偿责任。评估机构履行赔偿责任后，可以向有故意或者重大过失行为的评估专业人员追偿。

（3）评估专业人员的法律责任

第四十四条　评估专业人员违反本法规定，有下列情形之一的，由有关评估行政管理部门予以警告，可以责令停止从业六个月以上一年以下；有违法所得的，没收违法所得；情节严重的，责令停止从业一年以上五年以下；构成犯罪的，依法追究刑事责任：

（一）私自接受委托从事业务、收取费用的；

（二）同时在两个以上评估机构从事业务的；

（三）采用欺骗、利诱、胁迫，或者贬损、诋毁其他评估专业人员等不正当手段招揽业务的；

（四）允许他人以本人名义从事业务，或者冒用他人名义从事业务的；

（五）签署本人未承办业务的评估报告或者有重大遗漏的评估报告的；

（六）索要、收受或者变相索要、收受合同约定以外的酬金、财物，或者谋取其他不正当利益的。

第四十五条　评估专业人员违反本法规定，签署虚假评估报告的，由有关评估行政管理部门责令停止从业两年以上五年以下；有违法所得的，没收违法所得；情节严重的，责令停止从业五年以上十年以下；构成犯罪的，依法追究刑事责任，终身不得从事评估业务。

第四十九条　评估机构、评估专业人员在一年内累计三次因违反本法规定受到责令停业、责令停止从业以外处罚的，有关评估行政管理部门可以责令其停业或者停止从业一年以上五年以下。

第五十条　评估专业人员违反本法规定，给委托人或者其他相关当事人造成损失的，由其所在的评估机构依法承担赔偿责任。评估机构履行赔偿责任后，可以向有故意或者重大过失行为的评估专业人员追偿。

3.1.4　二手车鉴定评估的业务类型

二手车鉴定评估业务分法定评估和自愿评估（也称非法定评估）两种业务类型。

1. 法定评估业务

涉及国有资产或者公共利益等事项，法律、行政法规规定需要评估的业务，称为法定评估业务。委托开展法定评估业务，应当依法选择评估机构。

随着国有企业改革的深化和其他所有制经济的混合发展，国有企业和非公有制企业之间的资产转让、并购、重组、股权交易比较频繁，为了防止国有资产流失，维护公共利益，保护各种所有制资本的合法权益，需要依法有序、客观公正地进行资产评估。汽车作为一项动产，在涉及以下情况的经济行为时需要进行法定评估。

①涉及国有资产产权的车辆转让和抵押，如公车拍卖、转让给个人等；

②实际评估项目涉及公共利益的；

③涉及相关法律、行政法规规定需要评估的，如处理海关监管的车辆，法院等行政执法部门依法查封的涉案车辆处理等。

法定评估可以理解为，按照法律、法规的要求，资产评估机构和评估师对某种经济行为的资产进行强制评估，由于评估结果涉及国有资产及社会公众利益，需要严格遵守相关规范、承担法律责任，所以法定评估业务需要专业把关。因为法定评估业务是通过法律、法规或政府的认可和基于法律、法规的强制要求，所以鉴定评估结果具有法定参考证明效力。这种效力是由法律或国家公权机关赋予的。

因此，法定评估业务有以下特点：一是强制性；二是应依法选择和委托国家备案的具有法定评估资质的评估机构；三是要由相应专业类别的评估师承办并签署评估报告；四是评估结果具有法定参考证明效力。

可见，涉及国有资产或社会公众利益的法定评估不是所有的评估机构都可以随意做的，要求承接业务的评估机构具有法定评估资质和评估人员具有评估师执业资格，才能依照法律、法规、规章规定的程序被选择和被委托承办法定评估业务。

《资产评估法》对法定评估业务设立了具有专业类别的评估师准入类职业资格，是为避免未取得评估师资格的其他评估专业人员和非相应专业类别的评估师承办了其他专业类别的法定评估业务而导致违法。二手车评估的评估师专业类别是二手车鉴定评估师，《二手车鉴定评估师管理办法》中规定了中级、高级二手车鉴定评估师必须经执业注册才能以注册二手车鉴定评估师的名义执业。所以只有执业注册的二手车鉴定评估师才能承办法定评估业务和签署评估报告。

2. 自愿评估业务

自愿评估业务（又称非法定评估业务）是指自然人、法人或者其他组织需要确定评估对象价值的，可以自愿委托评估机构评估的业务类型。这一业务类型主要是针对二手车交易、置换和拍卖等产权交易类和一般价格咨询服务的二手车鉴定评估，主要任务是判定二手车的合法性、为交易双方提供交易的参考价格等。《二手车流通管理办法》规定，二手车鉴定评估应当本着买卖双方自愿的原则，不得强制进行。

自愿评估有以下特点：一是委托人自愿委托；二是评估业务由评估机构承接；三是评估报告可以由评估师和其他评估专业人员签署；四是评估结果为非法定参考效力。

《资产评估法》对自愿评估的规定降低了二手车鉴定评估机构和评估人员的参与门槛。允许普通合法经营的二手车鉴定评估机构和二手车鉴定评估师以外的其他具有评估专业知识及实践经验的评估专业人员在评估机构中从事评估业务，有利于评估机构吸引更多人才、提供更多的就业岗位和就业机会。

3. 非法定评估业务转换

一般情况下，非国有资产或私人之间的资产交易是民事主体所拥有的权利，其价值确定符合交易双方利益最大化的取向，交易是否成立、价格是否公允由交易双方自己负责，所以对其价值评估应是非强制性、非法定的。但当私人之间的资产交易涉及公众利益或有约束性规定时，涉及交易的双方如偏离公允定价，会侵害社会公众或第三方的利益。此时，对此类行为的评估通常是强制性的、法定的，需按法定评估业务程序处理，以提供一种独立于交易双方的价值。

3.1.5 二手车鉴定评估的目的、特点和依据

1. 二手车鉴定评估的意义

对二手车鉴定评估的过程不仅是对车辆技术状况鉴定和价值的评估，其背后还隐含着很多深层次的重要意义。

①二手车鉴定评估直接关系到国家税收及公证合理性。二手车进入市场再流通，属资产转移和处置范畴，按国家有关规定，二手车交易应纳税。纳税额以评估价格作为计征依据体现了公正性和合理性。

②国家单位的车辆是国有资产，进行车辆拍卖、转让时，通过二手车鉴定评估能有效防止车辆低价出售，防止国有资产流失。

③二手车属特殊商品，其流通涉及车辆管理有关的法律、法规，通过鉴定评估是防止非法交易发生的重要手段。

④二手车鉴定评估可为二手车抵押贷款、司法裁决及企业重组等涉及处置二手车的业务提供公平、公正的参考。

⑤二手车鉴定评估可为买卖双方提供价格参考，有利于促进交易的达成。

2. 二手车鉴定评估的目的

二手车鉴定评估的目的：a. 正确反映二手车的价值及变动，为将要发生的经济行为提供公平的价值尺度；b. 鉴定、识别走私、盗抢、报废、拼装等非法车辆，防止其通过二手车市场重新流入社会。常见的经济行为有：

（1）车辆交易

车辆交易（即二手车买卖）是二手车业务中最常见的一种经济行为。在二手车的交易过程中，买卖双方对交易价格的期望值是不同的。而二手车鉴定评估人员对交易车辆进行的鉴定估价作为第三方估价，可以作为双方议价的基础，从而起到协助确定二手车交易成交额的作用，进而协助达成二手车交易。评估师必须站在公正、独立的立场对交易车辆进行评估，提供一个评估值，作为买卖双方成交的参考价格。

（2）车辆置换

随着二手车交易的发展，越来越多的品牌专卖店（4S店）展开以旧换新的置换业务，为使车辆置换顺利进行，必须对待置换的二手车进行鉴定和价值评估。

（3）企业资产变更

在公司合作、合资、联营、分设、合并、兼并等经济活动中，牵涉到资产所有权的转移，车辆作为转移资产的一部分，自然也存在产权变更的问题，在产权变更时，必须对其价值进行评估。

（4）车辆拍卖

根据资产评估法的法定评估规定，涉及国有资产或者公共利益等事项，法律、行政法规规定需要评估的，应当依法委托评估机构评估。如法院查封车辆、企业清算车辆、海关查扣或监管处置车辆、个人或单位的抵债车辆、公车改革的公务用车均须经过拍卖市场公开拍卖变现，拍卖前必须对车辆进行评估，提供拍卖底价。

（5）抵押贷款

银行或典当企业在处理贷款业务中，为了确保放贷安全，一般要求贷款人以一定金额的资产作为抵押（如以在用汽车为抵押物），给予贷款人与汽车价格相适应的贷款。这个抵押物到底值多少钱，也只有经过评估才能确定。因此，需要专业评估人员对汽车的价格进行评估。

（6）保险公估

保险公估是对保险标的事故的鉴定和评估，机动车保险是我国法定的险种，车辆出险理赔是常见的车辆保险理赔业务，保险公司赔付额要以对出事车辆的鉴定评估结果为依据。

（7）司法委托和鉴定

当事人遇到涉及车辆诉讼时，委托二手车鉴定评估机构对车辆进行评估，有助于把握事实真相；同时，法院判决债务纠纷案件时，涉及车辆价值可以依据评估结果进行执行。此外评估机构亦接受法院等司法部门或个人的委托鉴定和识别走私车、盗抢车、非法拼装车等非法车辆。

3. 二手车鉴定评估的特点

汽车是构造复杂的移动机器，使用情况复杂多变，有一车一况、一况一价的特点，与其他资产评估相比，对二手车鉴定评估具有以下特征：

（1）知识面广

二手车鉴定评估涉及汽车构造、技术鉴定方法、资产评估方法、汽车市场行情和市场营销等多方面知识和技术，鉴定评估人员知识面越广，评估质量越高。

（2）政策性强

鉴定评估人员既要熟知《资产评估法》《拍卖法》《机动车强制报废标准规定》《二手车流通管理办法》《二手车鉴定评估技术规范》等法律和政策法规，还要掌握车辆管理有关规定及各地相关政策规定。

（3）实践和技能水平要求高

要求从业人员不仅会驾驶汽车，还要正确使用检测仪器和设备，并能通过目测、耳听、手摸等手段判断二手车外观质量、是否发生过事故，能够通过路试判断发动机、传动系统、转向系统、制动系统、电路、油路等工作情况，判断二手车的技术状况，甚至对汽车主要部件功能和更换也要有一定的了解。评估质量的高低取决于评估人员的专业知识和实践经验以及掌握的市场信息。

（4）动态特征明显

目前汽车产品更新换代快，结构升级、技术创新层出不穷，加之市场经济条件下市场行情多变，使二手车鉴定评估工作具有极强的动态性、时效性。

4. 二手车鉴定评估的依据

（1）法律和政策法规依据

二手车鉴定评估是资产评估中的一种专业类别，因此其理论依据必然是资产评估学的有关理论和方法，在操作中应遵守我国有关资产评估和管理的有关政策法规。具体涉及二手车价格评估的主要法律和政策法规有：《资产评估法》《资产评估基本准则》《机动车强制报废标准规定》《二手车流通管理办法》《二手车交易规范》《二手车鉴定评估技术规范》及其他有关二手车的政策法规。

（2）价格依据

二手车价格评估中的价格依据主要是新车或二手车市场价格。在评估价值时都以评估基准日的交易价格（即现时价格）为准，如新车价格、已成交过的二手车价格等。

5. 二手车鉴定评估遵循的原则

二手车鉴定评估机构及其评估专业人员开展二手车鉴定评估业务应当遵守法律、行政法规和评估准则，遵循独立、客观、公正的原则。

3.2　二手车鉴定评估机构

设立二手车鉴定评估机构依法规定要执行三个步骤：一是向工商部门申请办理登记；二是向评估行政管理部门备案；三是评估行政管理部门向社会进行公示。

3.2.1　二手车鉴定评估机构的设立条件

《资产评估法》实施后，商务部令2017年第3号公布的《商务部关于废止和修改部分规章的决定》中，经公安部、工商总局、税务总局同意，删去《二手车流通管理办法》第九条、第十条、第十一条。这三条是关于二手车鉴定评估机构设立具备条件和办理程序的。新的设立条件由《资产评估法》规定。

《资产评估法》第十五条对评估机构设立条件规定如下：

评估机构应当依法采用合伙或者公司形式，聘用评估专业人员开展评估业务。

①合伙形式的评估机构，应当有两名以上评估师；其合伙人三分之二以上应当是具有三年以上从业经历且最近三年内未受停止从业处罚的评估师。

②公司形式的评估机构，应当有八名以上评估师和两名以上股东，其中三分之二以上股东应当是具有三年以上从业经历且最近三年内未受停止从业处罚的评估师。

③评估机构的合伙人或者股东为两名的，两名合伙人或者股东都应当是具有三年以上从业经历且最近三年内未受停止从业处罚的评估师。

设立合伙形式或公司形式的二手车鉴定评估机构，应当依《中华人民共和国合伙企业法》《中华人民共和国公司法》和《资产评估法》的规定向工商行政管理部门申请办理登记。企业一般根据自身业务范围起名，如×××（二手车经营有限公司、旧机动车鉴定评估有限公司、价格事务所有限公司、旧机动车交易中心等）。

《资产评估法》对合伙形式评估机构的设立条件由以前《二手车流通管理办法》要求三名评估师降为两名以上，降低了行业准入门槛，而对公司形式评估机构的设立条件提高到要求八名以上评估师，则是提高了行业准入门槛。

3.2.2　二手车鉴定评估机构的备案制度与公示

1. 机动车评估业务的备案流程

3.2.1节介绍的只是完成了企业注册登记，还需要到有关评估行政管理部门备案（即行政许可）才能开展机动车评估业务。《资产评估法》规定评估机构设立后，应当自领取营业执照之日起三十日内向有关评估行政管理部门备案。评估行政管理部门应当及时将评估机构备案情况向社会公告（目前多采用互联网公告形式）。《二手车流通管理办法》第三十三条规定，省级商务主管部门是二手车交易市场经营者和二手车经营主体备案的行政管理部门（目前已下放到地市级商务主管部门备案后报送省级商务主管部门，并由省级商务主管部门统一网上公示，省级商务主管部门将备案情况定期报送国务院商务主管部门）。因此，各地二手车鉴定评估机构设立时是向地市级商务主管部门备案的，备案属于行政许可事项类别，二手车鉴定评估机构得到行政许可就可以开展二手车鉴定评估业务了，行政许可通常也被称为业务资质。备案审核流程如图3-1所示。

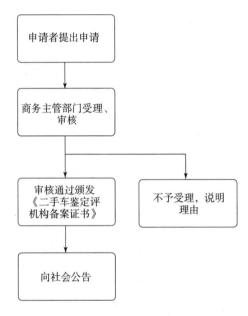

图3-1 二手车鉴定评估机构备案审核流程

《二手车鉴定评估师管理办法》规定只有持有二手车鉴定评估师注册证书才能以注册二手车鉴定评估师的名义执业，在评估报告上以注册二手车鉴定评估师名义签名。所以，二手车鉴定评估机构备案时需要有规定数量的二手车鉴定评估师注册证书，才能依法开展机动车资产评估业务。也就是说，二手车鉴定评估师注册证书是二手车鉴定评估机构具备开展二手车鉴定评估业务的资质条件之一。该注册证书由中国汽车流通协会依据《二手车鉴定评估师管理办法》规定组织注册考试，成绩合格才颁发，注册有效期为二年。在有效期期满前参加由协会组织的继续教育课程，考试通过后申请办理年审手续，才能继续维持注册证书有效。

其他专业类别的资产评估公司如果想开展机动车评估业务，除了营业执照上的经营范围要增加机动车评估业务外，同时也需要规定数量的二手车鉴定评估师注册证书和申请材料一起向省级商务主管部门申请行政许可，审核通过后才能开展二手车鉴定评估业务。

根据《资产评估法》和《二手车鉴定评估师管理办法》的规定，二手车鉴定评估师只能持注册证书在一个评估机构执业，不能兼职，所以，一本二手车鉴定评估师注册证书只能用在一个评估机构里的资质备案材料中。

2. 特定机动车评估业务的资质许可

获得省级商务主管部门备案的二手车鉴定评估机构作为社会中介机构，可以接受社会各界的委托依法开展各种与机动车技术状况鉴定和价格评估服务。但有些涉及特殊需求的机动车专业评估服务是需要获得相关专业行政管理部门的资质许可才能开展的。

（1）机动车司法鉴定服务

机动车司法鉴定通常应用在涉案的交通事故诉讼中，交通事故发生后，如果造成人员伤亡或是财产损失的，发生诉讼、纠纷时一般由司法机关或仲裁机构委托具备资质的鉴定机构进行机动车司法鉴定，为公正判决提供坚实的鉴定依据。《道路交通事故处理程序规定》第四十九条也有这样的规定：需要进行检验、鉴定的，公安机关交通管理部门应当按照有关规定，自事故现场调查结束之日起三日内委托具备资质的鉴定机构进行检验、鉴定。二手车鉴定评估机构需要在省级司法机关备案，获得机动车司法鉴定资质许可才能有资格接受司法机关、仲裁机构的司法鉴定委托开展涉及司法性质的机动车鉴定评估业务。

司法鉴定是指在诉讼过程中，对案件中的专门性问题，由司法机关或当事人委托法定鉴定单位，运用专业知识和技术，依照法定程序做出鉴别和判断的一种活动。

一般机动车司法鉴定主要是事故车痕迹鉴定、性能鉴定以及车辆价值和贬值鉴定等内容，具体内容以当事人向法院提出的鉴定内容而定，主要是为事故责任认定和法律诉讼服务的。痕迹司法鉴定是应用痕迹学的原理和方法，对诉讼涉及的痕迹（如形象痕迹、整体分离痕迹以及动作习惯痕迹等）的形成原因、形成过程、相互关系及造痕客体等做出的专业判断。

（2）机动车安全技术检验业务

有相关技术条件的二手车鉴定评估机构如果想增加涉及机动车安全技术检验业务，则需要获得省级质量技术监督管理局资格认证和资质许可。按照国家标准《机动车安全技术检验项目和方法》（GB 38900-2020）开展机动车安全技术检验、机动车综合性能检验和机动车环保排放检验。业务类型包括：机动车技术状况鉴定、事故车鉴定、泡水车鉴定、火烧车鉴定、机动车零部件鉴定、机动车维修质量鉴定、机动车维修合理性及必要性鉴定、拼装车鉴定以及车辆贬值鉴定等。

3.3 二手车鉴定评估师

二手车鉴定评估师在《中华人民共和国职业分类大典（2015年版）》中被命名为"机动车鉴定评估师"（鉴定估价师（4-05-05-02）下设的一个工种），是国家六类资产评估师（即资产评估师、土地评估师、房地产估价师、矿业权评估师、旧机动车评估师和保险公估人员）之一，六个专业类别的评估师分别由相对应的全国性评估行业协会（中国资产评估协会、中国土地估价师协会、中国房地产估价师与房地产经纪人学会、中国矿业权评估师协会、中国汽车流通协会、中国保险行业协会）实行自律管理，行业协会接受相对应的评估行政管理部门（财政部、国土资源部、住房和城乡建设部、商务部和保监会）的监督和社会监督。中国汽车流通协会是负责二手车鉴定评估师岗位水平认证、备案和注册登记的专业管理机构，其对应的评估行政监管部门是商务部。

3.3.1 二手车鉴定评估专业人员

1. 评估专业人员的定义

《资产评估法》第八条对评估专业人员作了如下定义：

评估专业人员包括评估师和其他具有评估专业知识及实践经验的评估从业人员。

评估师是指通过评估师资格考试的评估专业人员。

上述定义将评估专业人员分为评估师和其他评估从业人员两类，这两类人的差别体现在以下方面：

①学历要求。评估师需要具有高等院校专科以上学历，其他评估从业人员没有学历要求。

②从业要求。评估师从业要求相应专业类别的评估师资格证书和注册证书，且评估师姓名及证书在发证的协会网站上可查；其他评估从业人员没有证书要求，只要具有一定的评估专业知识及实践经验就可以从业。

③对评估机构的重要性。评估师资格证书是资产评估机构的设立条件，评估师注册证书是资产评估机构资质备案的必要条件；资产评估机构设立和资质备案不需要用到其他评估从业人员的资料。

④承办法定评估业务资格。开展法定评估业务至少要两名相应专业类别的评估师承办，且在评估报告上签名，依法承担责任。其他评估从业人员不能单独承办法定评估业务，即使参加了该项法定评估业务也不能在评估报告上签名，不用依法承担责任。

在二手车鉴定评估行业中，上述定义中的评估师是指二手车鉴定评估师。

2. 二手车鉴定评估师的定义

在《资产评估法》颁布前，在国家标准《二手车鉴定评估技术规范》（GB/T 30323—2013）中，对二手车鉴定评估师作了以下定义：二手车鉴定评估师（Appraiser）是指从事二手车技术状况鉴定和价值评估的人员。从定义中可以看出，这只是从评估人员完成实际工作内容的角度给出的一种简单定义，给人一种凡是参与二手车鉴定评估的人员都可以叫二手车鉴定评估师的感觉，对评估人员的资格没有界定，这个定义不够严谨。本书作者认为这个定义用来表示除二手车鉴定评估师以外的其他二手车鉴定评估从业人员是合适的。

中国汽车流通协会作为我国二手车鉴定评估师岗位水平认证、备案和注册登记的唯一行业组织，在参照《资产评估法》和《二手车鉴定评估技术规范》对评估师的定义后，在2017年3月15日颁布实施的《二手车鉴定评估师管理办法》中对二手车鉴定评估师做了如下规范定义：二手车鉴定评估师是指按照《资产评估法》的有关规定，由中国汽车流通协会依法组织实施初级、中级、高级二手车鉴定评估师岗位技能全国统一考试合格的专业人员。本书以这个定义作为二手车鉴定评估师的定义。

二手车鉴定评估师是一种对岗位技能水平和职业水平评价的称谓，不是专业技术职称。

目前在二手车流通领域中二手车鉴定评估师作为二手车行业的核心职业，是各大二手车企业争抢的重点人才。经验丰富、评估能力强的二手车鉴定评估师给企业带来了很好的经济效益，同时他们用知识和技能在维护着二手车市场的交易公平。

3.3.2 二手车鉴定评估师岗位技能证书和注册证书

1. 二手车评估行业协会

根据《资产评估法》的规定：评估行业按照专业领域设立全国性评估行业协会，根据需要设立地方性评估行业协会。评估行业协会是评估机构和评估专业人员的自律性组织，依照法律、行政法规和章程实行自律管理。二手车鉴定评估对应的全国性行业协会是中国汽车流通协会，协会按照国家规定组织实施二手车鉴定评估师资格全国统一考试，二手车评估机构和评估专业人员加入协会，协会对会员实行自律管理。

2. 二手车鉴定评估师岗位技能证书

2016年12月1日国家取消了二手车鉴定评估师职业准入类资格许可认定，改为职业水平评价类资格许可认定。原来由人力资源和社会保障部职业技能鉴定中心颁发的二手车鉴定评估师职业资格证书（分中级和高级两个级别）继续有效使用。新的二手车鉴定评估师证书改称为二手车鉴定评估师岗位技能证书，由中国汽车流通协会颁发。

《二手车鉴定评估师管理办法》将二手车鉴定评估师的专业类别等级分为初级、中级、高级三个级别，各级别的二手车鉴定评估师岗位水平的认证实行全国统一考试，理论和实操考核均合格的学员，分别颁发相应级别的初级、中级、高级二手车鉴定评估师岗位技能证书。三个级别的二手车鉴定评估师岗位技能证书一经拥有永久有效。

3. 二手车鉴定评估师注册证书

中级、高级二手车鉴定评估师实行执业注册制度，未经执业注册，不得以注册二手车鉴定评估师的名义执业。满足以下注册条件的人员申请执业注册的，中国汽车流通协会准予注册后将颁发二手车鉴定评估师注册证书。

①取得中级二手车鉴定评估师岗位技能水平一年以上的在岗人员；
②参加协会组织的注册考试，成绩合格；
③遵守《资产评估法》等与二手车鉴定评估有关的法律、法规与标准，未出现重大过错和不良记录的人员。

也就是说，只有取得中级二手车鉴定评估师岗位技能水平一年以上且工作中未出现重大过错和不良记录的在岗人员，经注册考试合格才能申请注册。二手车鉴定评估师注册证实际上是岗位技能注册证书，是一种岗位技能证明，不在岗的人员是不能申请注册的，所以也称为执业注册。二手车鉴定评估师注册证书的有效期是两年，期满前需要通过在岗年审保持有效。

《二手车鉴定评估师管理办法》规定，初级、中级、高级二手车鉴定评估师必须持有《中华人民共和国机动车驾驶证》，如果二手车鉴定评估师被吊销驾驶证，其《二手车鉴定评估师注册证》将自动注销，且相应级别的中级或高级的二手车评估师不得继续执业。

4. 二手车鉴定评估师岗位技能证书和二手车鉴定评估师注册证书的作用

二手车鉴定评估师岗位技能证书代表专业技能水平满足一般评估的从业要求，而二手车鉴定评估师注册证书代表高要求的从业资质。两者有不同的应用场合。

（1）二手车鉴定评估师岗位技能证书的应用场合和作用

①它是设立二手车鉴定评估机构的条件之一。

②持有二手车鉴定评估师岗位技能证书的评估师（没有经过注册的）可以直接从事非法定评估类的评估工作，如交易类和价格咨询类的二手车交易、二手车金融、二手车电商、二手车置换等。这类业务要求不高，开具的评估报告属于给自身企业和客户提供车况说明和参考报价，不需要承担法律责任，具体价格买卖双方可根据参考价格进行商议。

（2）二手车鉴定评估师注册证书的应用场合和作用

①二手车鉴定评估师注册证书是二手车鉴定评估机构承办法定评估业务的必要资质条件。在第三方二手车鉴定评估机构、机动车拍卖机构、司法鉴定机构、保险公估机构、资产评估公司等开展涉及机动车法定评估业务中，开具具有法律效应的评估报告或相关鉴定材料，要负法律责任，对评估机构和评估师有资质要求。中级或高级二手车鉴定评估师必须和所在单位一起申请注册认证，才能合法从业，才有资格承办法定评估业务。也就是说评估机构必须注册，二手车鉴定评估师才有资质开展机动车法定评估业务。

②二手车鉴定评估机构给客户开具二手车评估报告时，必须以注册二手车鉴定评估师名义签字，评估报告才具备法律效力。

5. 二手车鉴定评估师在二手车交易中的地位和作用

在二手车交易中，二手车具有一车一况、一况一价的特点，大部分车主和买主都不能客观地对交易车辆的现值做出合理定价，且买卖双方普遍存在信息不对称和彼此不信任问题，影响二手车的交易成交率。因此，需要第三方能够本着公正、科学、专业的原则，对交易车辆的技术状况做出专业鉴定和合理的价格估算，提供一个交易双方都认可的评估值。能够承担起这个责任的就是掌握专业理论知识和具有丰富实践经验的二手车鉴定评估师。所以，二手车鉴定评估师在车辆交易中有着不可或缺的作用和地位。

二手车鉴定评估师在二手车交易中所起的作用体现在以下几点：

①起到保护消费者合法权益的作用。二手车交易中经常存在买卖双方信息不对称，卖方有意隐瞒车辆真实技术状况的重要信息，以次充好，使消费者上当受骗的情况，买卖双方彼此不信任，无法对车价有一致的认同价格，必须借助二手车鉴定评估师的专业评估能力，对交易车辆的真实技术状况做出公正的鉴定和合理估值，既保护消费者合法权益，又起到协调交易双方利益、促进交易达成的目的。

②起到维护二手车市场交易公平的作用。二手车鉴定评估师是二手车行业的高级专业技术人才，开展业务时应当遵守法律、行政法规和评估准则，遵循独立、客观、公正的原则，用专业知识和技能维护二手车市场的交易公平。

③为二手车抵押贷款的评估发挥作用。因为银行或典当公司的贷款额是按车辆的价值来发放的，所以需要鉴定评估师对交易车辆进行评估，使得该项交易得以顺利进行。

④在涉及司法鉴定、争端与争议处理、国有汽车资产处置、车辆拍卖、二手车纳税等环节，需要鉴定评估师对标的车辆的价值进行专业评估，发挥公正的作用。

⑤为防止二手车非法交易、防止非法车辆重新流入社会发挥作用。二手车流通涉及车籍管理、税收等，是一种特殊商品流通，通过鉴定评估能够鉴定和识别走私、盗抢、报废、拼

装等非法车辆，是防止这些车辆通过非法交易重新流入社会的重要手段。

3.3.3 二手车鉴定评估师申报条件

二手车行业是有较高技术含量的行业，从业者需要经过多年工作实践、积累丰富评估经验才能把鉴定评估技能学好、掌握好。取得二手车鉴定评估师岗位技能证书是有机会提高技能经验的有效途径。二手车鉴定评估师申报按取得初级、中级、高级二手车鉴定评估师岗位技能证书的先后顺序逐级别申报，不能越级别申报。申请人通过中国汽车流通协会组织的二手车鉴定评估师岗位技能全国统一考试（考试分为理论考试和实操考试两部分），成绩合格者获得对应申报级别的二手车鉴定评估师岗位技能证书。具体各级别的二手车鉴定评估师申报条件如下。

1. 报考二手车鉴定评估师的从业基础

二手车鉴定评估师是一种看重实践经验和技能的职业，从事相关行业的人通过学习培训才有机会成为一名专业的评估师。有以下专业背景和从业经验的人员适合报考二手车鉴定评估师。

（1）有汽车营销、汽车商务、汽车运用、汽车维修与检测、汽车工程、汽车企业管理等相关专业背景

具有以上相关专业背景的人员适合报考二手车鉴定评估师。

（2）从事以下业务的从业人员

①二手车交易、拍卖、置换和报废回收；

②二手车贷款、抵押、典当、理赔；

③汽车贸易、汽车销售、汽车服务（提供汽车金融、汽车保险、汽车租赁、汽车维修、汽车检测及汽车市场需求信息服务等）；

④二手车鉴定评估机构、资产评估机构；

⑤各省市汽车流通协会、商会，"行"认证机构及其他相关机构。

2. 初级二手车鉴定评估师申报条件

初级二手车鉴定评估师的申报对象是还没有获得初级二手车鉴定评估师岗位技能证书的、正在从事本职业（工种）的从业人员。通过全国统一考试合格后将获得初级《二手车鉴定评估师》岗位技能证书。申请人需向协会提交以下材料：

①初级二手车鉴定评估师电子申请表；

②最高学历毕业证书电子扫描件；

③从事本职业（工种）工作年限证明（原件）加盖工作单位公章；

④本人身份证和驾驶证扫描件；

⑤近期免冠2寸蓝底彩色照片一张及同版电子照片。

上述材料中，拥有大专学历证书和机动车驾驶证是最基本的技能要求。

高等院校的在校学生也可以申报，在提交上述材料的同时还需要提供在校证明，并且加盖院校公章。

根据《资产评估法》第九条"具有专科以上高等院校学历的公民，可以参加评估师资格全国统一考试"的规定，上述要求最高学历毕业证书应是专科以上的毕业证书，这样的

规定有利于提高资产评估师的学力水平和专业素质。允许高等院校的在校学生报考初级二手车鉴定评估师，是贯彻落实《资产评估法》，降低资产评估从业人员的职业资格准入门槛的精神，有利于带来更多的就业机会。

3. 中级二手车鉴定评估师申报条件

中级二手车鉴定评估师的申报对象是已经获得初级二手车鉴定评估师岗位技能证书的从事本职业（工种）的从业人员，且需要在实际工作中实习一年后，方可报考中级二手车鉴定评估师。通过全国统一考试合格后将获得中级二手车鉴定评估师岗位技能证书。申请人需向协会提交如下材料：

①中级二手车鉴定评估师电子申请表；
②最高学历毕业证书电子扫描件；
③从事本职业（工种）工作年限证明（原件）加盖工作单位公章；
④本人身份证和驾驶证扫描件；
⑤初级二手车鉴定评估师岗位技能证书扫描件；
⑥近期免冠2寸蓝底彩色照片一张及同版电子照片。

上述材料中，拥有初级二手车鉴定评估师岗位技能证书和机动车驾驶证是最基本的技能要求。

4. 高级二手车鉴定评估师申报条件

高级二手车鉴定评估师的申报对象是已经获得中级二手车鉴定评估师岗位技能证书的从事本职业（工种）的从业人员，且取得中级二手车鉴定评估师岗位技能水平一年以上，方可报考高级二手车鉴定评估师。通过全国统一考试合格后将获得高级二手车鉴定评估师岗位技能证书。申请人需向协会提交如下材料：

①高级二手车鉴定评估师电子申请表；
②最高学历毕业证书电子扫描件；
③从事本职业（工种）工作年限证明（原件）加盖工作单位公章；
④本人身份证和驾驶证扫描件；
⑤中级二手车鉴定评估师岗位技能证书扫描件；
⑥近期免冠2寸蓝底彩色照片一张及同版电子照片。

上述材料中，拥有中级二手车鉴定评估师岗位技能证书和机动车驾驶证是最基本的技能要求。

5. 申请二手车鉴定评估师执业注册证的条件

（1）初次申请执业注册的条件

只有满足以下注册条件的二手车鉴定评估师方可申请执业注册证。
①取得中级二手车鉴定评估师岗位技能水平一年以上的在岗人员；
②遵守《资产评估法》等与二手车鉴定评估有关的法律、法规与标准，未出现重大过错和不良记录；
③参加中国汽车流通协会组织的注册考试，成绩合格。

申请人应申请初始注册，将申请材料加盖所在工作单位公章后报送协会。提交材料如下：

①中级二手车鉴定评估师注册纸质与电子申请表；

②中级二手车鉴定评估师岗位技能证书原件与电子扫描件；

③本人身份证和驾驶证扫描件电子版；

④近期免冠2寸蓝底彩色照片一张及同版电子照片。

符合上述规定注册条件的人员申请执业注册的，协会准予注册，并颁发二手车鉴定评估师注册证；高级二手车鉴定评估师也要按上述条件申请，颁发二手车高级鉴定评估师注册证。对于已不再从事二手车及相关行业工作、无法出具从业证明的中级或高级二手车鉴定评估师，不予办理注册登记。也即是说，二手车鉴定评估师注册的前提是：只有正在执业单位中从事二手车评估工作的评估师才能申请注册执业注册证书。执业注册和工作单位是挂钩的。

有下列情形之一的人员不能申请执业注册：

①有《资产评估法》第十四条、四十四条、四十五条规定所指情形的；

②因故意犯罪或者在从事二手车鉴定评估工作中因过失犯罪而受刑事处罚，自刑罚执行完毕之日起至申请注册之日止不满五年的；

③在从事评估车辆活动中因违法行为而受行政处罚，自处罚决定做出之日起至申请注册之日止不满五年的；

④被开除公职，自处分决定做出之日起至申请注册之日止不满五年的；

⑤被吊销二手车鉴定评估师注册证书的；

⑥以欺骗、贿赂等不正当手段取得二手车鉴定评估师注册证书，被撤销注册的；

⑦法律、行政法规规定的其他不予注册的情形。

上述《资产评估法》第十四条、四十四条、四十五条的具体内容是：

第十四条　评估专业人员不得有下列行为：

（一）私自接受委托从事业务、收取费用；

（二）同时在两个以上评估机构从事业务；

（三）采用欺骗、利诱、胁迫，或者贬损、诋毁其他评估专业人员等不正当手段招揽业务；

（四）允许他人以本人名义从事业务，或者冒用他人名义从事业务；

（五）签署本人未承办业务的评估报告；

（六）索要、收受或者变相索要、收受合同约定以外的酬金、财物，或者谋取其他不正当利益；

（七）签署虚假评估报告或者有重大遗漏的评估报告；

（八）违反法律、行政法规的其他行为。

第四十四条　评估专业人员违反本法规定，有下列情形之一的，由有关评估行政管理部门予以警告，可以责令停止从业六个月以上一年以下；有违法所得的，没收违法所得；情节严重的，责令停止从业一年以上五年以下；构成犯罪的，依法追究刑事责任：

（一）私自接受委托从事业务、收取费用的；

（二）同时在两个以上评估机构从事业务的；

（三）采用欺骗、利诱、胁迫，或者贬损、诋毁其他评估专业人员等不正当手段招揽业务的；

（四）允许他人以本人名义从事业务，或者冒用他人名义从事业务的；

（五）签署本人未承办业务的评估报告或者有重大遗漏的评估报告的；

（六）索要、收受或者变相索要、收受合同约定以外的酬金、财物，或者谋取其他不正当利益的。

第四十五条　评估专业人员违反本法规定，签署虚假评估报告的，由有关评估行政管理部门责令停止从业两年以上五年以下；有违法所得的，没收违法所得；情节严重的，责令停止从业五年以上十年以下；构成犯罪的，依法追究刑事责任，终身不得从事评估业务。

（2）注册年审条件

《二手车鉴定评估师管理办法》规定中级、高级二手车鉴定评估师岗位技能注册证有效期为两年，通过年审取得的注册证继续有效，年审条件如下：

①有效期满前三个月内，持证人应按本管理办法之规定，参加由协会组织的继续教育课程，考试通过后提交相关审核资料，申请办理年审手续。注册证超过注册有效期六个月未办理年审手续的，视为自动放弃年审，注册证书失效。

②中级、高级二手车鉴定评估师应依法接受继续教育，进行知识更新，以保持专业素养。每一注册期内，应接受不少于16课时的继续教育，未参与或未达到规定学时者，不予办理年审。

需提交的注册年审材料包括：

①申请人注册有效期内达到继续教育合格的证明材料；

②中级/高级二手车鉴定评估师年审申请表电子表格；

③中级/高级二手车鉴定评估师岗位技能证书的扫描件；

④本人身份证和驾驶证复印件扫描件；

⑤如需换证，还需提供近期免冠2寸蓝底彩色照片一张及同版电子照片。

3.3.4　二手车鉴定评估师基本要求

1. 基本要求

（1）职业道德要求

热爱本职工作，诚实守信，勤勉尽责，谨慎从业，遵守职业道德规范，自觉维护职业形象，从事业务要保证公正、公平、公开，不得从事损害职业形象的活动。

（2）二手车鉴定评估师职业守则

①遵纪守法，廉洁自律。

②客观独立，公正科学。

③诚实守信，规范服务。

④客户至上，保守秘密。

⑤团队合作，锐意进取。

⑥操作规范，保证安全。

（3）基础知识要求

二手车鉴定评估师应具备以下基础知识：

①了解和掌握汽车结构与理论。了解汽车组成、分类、编号和识别代号（VIN）；了解

汽车构造、原理、技术参数和性能指标。

②有一定的汽车使用与维修知识。会驾驶汽车；熟悉汽车技术状况与使用寿命；熟悉汽车使用性能；熟悉汽车定期检验要求；熟悉汽车检测与维修。

③熟悉二手车鉴定评估流程和方法。掌握二手车鉴定评估要素、二手车鉴定评估方法、二手车鉴定评估流程；签订鉴定评估委托合同；撰写鉴定评估报告书。

④掌握二手车技术状况鉴定和价值评估的理论和方法。包括二手车技术状况检查和鉴定方法；事故车鉴定评估方法；二手车成新率计算方法；二手车价值评估方法。

⑤熟悉二手车市场行情变化及营销。包括新车和二手车市场现价；二手车收购、销售、置换流程；二手车售后服务内容及要求；二手车拍卖流程。

⑥熟悉相关二手车法律、法规。包括《二手车流通管理办法》和《二手车交易规范》；《二手车鉴定评估技术规范》；《机动车强制报废标准规定》；《机动车登记规定》；汽车安全、排放、节能等相关标准；其他相关法律、法规知识。

2. 二手车鉴定评估师的技能要求

（1）中级二手车鉴定评估师的技能要求

中级二手车鉴定评估师的技能要求如表3-1所示。

表3-1 中级二手车鉴定评估师的技能要求

职业功能	工作内容	技能要求	相关知识
一、评估准备	（一）接受委托	1. 能按岗位责任和规范要求，文明用语、礼貌待客 2. 能够简要介绍二手车交易方式、程序和有关规定	1. 岗位责任和规范要求 2. 二手车交易主要方式、程序和有关规定
	（二）核查证件、税费	1. 能确认被评估二手车及评估委托人的机动车来历凭证、机动车行驶证、机动车登记证书等是否合法有效 2. 能核实被评估车辆税费缴纳情况 3. 能按要求对被评估二手车进行拍照	1. 机动车证件类型 2. 机动车证件识别方式 3. 车辆税费种类 4. 车辆税费凭证识别方法 5. 拍照技巧
二、技术状况鉴定	（一）静态检查	1. 能根据资料核对车辆基本情况 2. 能检查发动机技术状况 3. 能检查底盘技术状况 4. 能检查车身技术状况 5. 能检查电器电子技术状况 6. 能识别事故车辆	1. 机动车识伪检查方法 2. 发动机静态检查方法 3. 底盘静态检查方法 4. 车身静态检查方法 5. 电器电子静态检查方法 6. 事故车静态检查方法
	（二）动态路试检查	1. 能进行路试前的准备工作 2. 能动态检查机动车性能 3. 能进行路试后的检查工作	1. 机动车制动性能检查方法 2. 机动车动力性能检查方法 3. 机动车操纵性能检查方法 4. 机动车滑行性能检查方法 5. 机动车噪声和废气检查方法
	（三）技术状况综合评定	1. 能分析二手车的技术状况 2. 能提出机动车检测建议 3. 能识读机动车综合性能检测报告	1. 机动车技术等级标准 2. 机动车技术状况分析方法 3. 机动车技术状况检测项目和内容

续表

职业功能	工作内容	技能要求	相关知识
三、价值评估	（一）选择评估方法	1. 能区分评估类型 2. 能根据评估目的选定评估方法	1. 评估类型分类 2. 评估方法分类
	（二）评估计算	1. 能用重置成本法评估二手车价值 2. 能用现行市价法评估二手车价值 3. 能用收益现值法评估二手车价值 4. 能用清算价格法评估二手车价值	1. 重置成本法的计算模型和估算方法 2. 二手车贬值及其估算 3. 成新率确定方法 4. 现行市价法的评估流程和计算方法 5. 收益现值法的评估流程和计算方法 6. 清算价格法的基本方法
	（三）撰写二手车鉴定评估报告	1. 能与委托方交流，确认鉴定评估结论 2. 能编写二手车鉴定评估报告 3. 能归档二手车鉴定评估报告	1. 撰写二手车鉴定评估报告的具体要求 2. 二手车鉴定评估报告的要素 3. 二手车鉴定评估报告的内容

（2）高级二手车鉴定评估师的技能要求

高级二手车鉴定评估师的技能要求见表3-2。

表3-2 高级二手车鉴定评估师的技能要求

职业功能	工作内容	技能要求	相关知识
一、故障判断	（一）判断发动机常见故障	能判断发动机起动困难、怠速不良、动力不足、排烟异常、机油消耗异常、异响等故障原因	1. 发动车故障表现形式 2. 发动机故障诊断方法 3. 发动机传感器、执行器、电子控制器（ECU）检测方法
	（二）判断底盘常见故障	能判断传动系、转向系、行驶系、制动系等故障原因	1. 传动系、转向系、行驶系、制动系等故障表现形式 2. 传动系、转向系、行驶系、制动系等故障诊断方法
	（三）判断电器电子常见故障	1. 能判断蓄电池、发电机、起动机、空调、电子元件等故障原因 2. 能判断汽车起火自燃原因	1. 汽车电路常见故障 2. 汽车常见电器电子元件 3. 汽车电器电子故障诊断程序 4. 汽车电器电子检修常用仪表
	（四）判断对车价影响较大的故障	1. 能分析汽车故障与车价的关系 2. 能判断对车价影响较大的故障	1. 汽车维修配件价格的相关标准 2. 汽车修理成本的核算方法

续表

职业功能	工作内容	技能要求	相关知识
二、高配装置识别与技术状况鉴定	（一）发动机技术状况鉴定	1. 能识别和鉴定涡轮增压发动机 2. 能识别和鉴定多气门发动机	1. 电控燃油喷射结构原理 2. 涡轮增压装置结构原理 3. 多气门发动机结构原理
	（二）底盘高配置装置识别与技术状况鉴定	1. 能识别和鉴定动力转向装置 2. 能识别和鉴定防抱死制动系统（ABS） 3. 能识别和鉴定巡航控制装置	1. 自动变速器（AT）、无极变速器（CVT）机构原理 2. 动力转向装置结构原理 3. 防抱死制动系统（ABS）结构原理 4. 巡航控制装置结构原理
	（三）车身高配置装置识别与技术状况鉴定	1. 能识别和鉴定倒车雷达装置 2. 能识别和鉴定防盗装置 3. 能识别和鉴定汽车音响	1. 安全气囊结构原理 2. 倒车雷达装置结构原理 3. 防盗装置结构原理 4. 汽车音响结构原理 5. 电动天窗结构原理
三、专项作业车和大型客车鉴定评估	（一）专项作业车鉴定评估	1. 能判别专项作业车技术状况好坏 2. 能静、动态检查专项作业车 3. 能评估专项作业车价值	1. 专项作业车的分类、型号和技术指标 2. 专项作业车的基本结构和技术参数
	（二）大型客车鉴定评估	1. 能判别大型客车技术状况好坏 2. 能静、动态检查大型客车 3. 能评估大型客车价值	1. 大型客车的分类、型号和技术指标 2. 大型客车的基本结构和技术参数
四、二手车营销	（一）二手车收购、销售、置换	1. 能确定二手车收购价格 2. 能确定二手车销售定价方法 3. 能制定二手车销售定价目标 4. 能确定二手车销售最终价格 5. 能制订二手车置换流程	1. 二手车收购估价的方法 2. 二手车收购估价与鉴定估价的区别 3. 二手车销售定价应考虑的因素 4. 二手车营销实务 5. 二手车置换方式
	（二）二手车质量认证	能制订二手车质量认证流程	二手车质量认证内容
	（三）二手车拍卖	能确定二手车拍卖底价	1. 二手车拍卖方式 2. 拍卖相关法规 3. 二手车拍卖的运作过程
五、事故车辆鉴定评估	（一）事故车辆的鉴定	1. 能检查事故车技术状况 2. 能鉴定事故车辆的损伤程度	车辆损伤类型
	（二）事故车辆的评估	1. 能对碰撞车辆进行评估 2. 能对泡水车辆进行评估 3. 能对火烧车辆进行评估	1. 损失项目的确定 2. 损失费用的确定

续表

职业功能	工作内容	技能要求	相关知识
六、培训指导	（一）指导操作	能指导二手车鉴定评估师及鉴定评估从业人员进行实际操作	二手车鉴定评估实际操作流程
	（二）理论培训	能指导二手车鉴定评估师及鉴定评估从业人员进行理论培训	二手车鉴定评估师培训讲义编写方法

3. 二手车鉴定评估人员的岗位职责

①遵守《二手车鉴定评估从业人员自律守则》，认真履行岗位职责。
②接待二手车交易客户，受理客户鉴定估价的委托。
③接受客户对二手车交易的咨询，引导客户合法交易。
④负责检查二手车交易的各项证件。
⑤负责收集二手车鉴定评估的政策法规资料、车辆技术资料、市场价格信息资料。
⑥负责收集二手车进行技术鉴定，估算价格。
⑦不准盗抢、走私、非法拼装、报废车辆进场鉴定评估和交易。
⑧负责报告鉴定估价结果，与客户商定确认评估价格。
⑨填写鉴定估价报告，指导资料员存档。
⑩协助领导做好有关鉴定估价的其他工作。
⑪负责对事故车辆进行车损评估，并撰写事故车评估报告。

4. 二手车鉴定评估人员的素质要求

随着二手车市场的迅猛发展，二手车市场存在的许多重要问题日益突出。要求加强"鉴定估价"行业管理的呼声越来越高。其中比较突出的问题就是规范二手车定价。我国二手车市场从业人员技术素质参差不齐，缺乏统一标准，缺乏经验，缺乏职业道德，特别是在二手车鉴定评估这一中心环节上，有的二手车交易市场缺少合格的专业鉴定估价师。估价随意性较大，定价不太合理，广大消费者的合法权益不能得到保障，企业权益和国家利益常常受到不同的侵害，这就要求提高二手车鉴定评估师的素质，使其发挥更大作用。

二手车鉴定评估人员的素质直接影响着二手车价格评估工作的质量，一名合格的二手车鉴定评估人员应具备的素质主要体现在政策理论素质、业务素质和思想品德素质3个方面。

（1）政策理论素质

①掌握马克思主义的基本理论，能运用马克思主义的立场、观点和方法分析和解决问题。
②有一定的资产评估业务理论，熟悉资产评估基本原理和基本方法。
③有一定的政策水平，熟知国家有关二手车交易的政策法规和国家在各个时期的路线、方针和政策。

（2）业务素质

①具有一定的知识面。二手车鉴定评估涉及知识面广，它不仅要求鉴定估价人员具备财会、经济管理、市场、金融、物价等经济学科方面的知识，同时还要求鉴定估价人员具有工

程技术、计算机操作方面的知识。鉴定估价人员只有具有较全面的知识结构，才能胜任二手车的鉴定估价工作。

②具有娴熟的评估技巧和计算技术。

③具有较高的收集、分析和运用信息资料的能力。

④具有准确的判断能力。二手车鉴定评估的过程，就是一个对二手车技术状况进行判断、鉴定，从而对其价格进行估算判断的过程。

（3）思想品德素质

思想品德素质包括以下内容：热爱祖国，坚持四项基本原则，拥护改革开放的方针政策，遵纪守法，公正廉洁。鉴定估价人员只有具备较高的思想品德素质，才能在评估工作中自觉履行自己的职责和义务，恪守职业道德，全心全意为客户服务。

3.3.5　二手车鉴定评估师管理

二手车鉴定评估师管理按照《二手车鉴定评估师管理办法》规定进行。中国汽车流通协会是各个级别二手车鉴定评估师岗位水平认证、备案和注册登记的管理机构。实行初级二手车鉴定评估师岗位技能水平备案，中级、高级二手车鉴定评估师岗位技能水平执业注册制度，并进行统一编号与等级管理，各级岗位技能证书、二手车鉴定评估师注册证书可通过协会的证书查询系统（http：//sh.cada.cn/）查询。未经执业注册，不得以注册二手车鉴定评估师的名义执业。

1. 备案、注册和年审

根据《资产评估法》规定，二手车鉴定评估师只能在一个评估机构从业，其备案、注册和年审均以评估机构为单位进行。

（1）备案

初级二手车鉴定评估师实行备案管理，需要在实际工作中实习一年后，方可报考中级二手车鉴定评估师。

（2）注册

中级、高级二手车鉴定评估师实行执业注册管理，注册证有效期为两年。申请注册条件如下：

①取得中级二手车鉴定评估师岗位技能水平一年以上；

②参加协会组织的注册考试，成绩合格；

③遵守《资产评估法》等与二手车鉴定评估有关的法律、法规与标准，未出现重大过错和不良记录的人员。

申请人提交材料如下：

①中级二手车鉴定评估师注册纸质与电子申请表；

②中级二手车鉴定评估师岗位技能证书原件与电子扫描件；

③本人身份证和驾驶证扫描件电子版；

④近期免冠2寸蓝底彩色照片一张及同版电子照片。

符合注册条件的人员申请执业注册的，协会准予注册。但有下列情形之一的不准予注册：

①有《资产评估法》第十四条、四十四条、四十五条规定所指情形的；

②因故意犯罪或者在从事二手车鉴定评估工作中因过失犯罪而受刑事处罚，自刑罚执行完毕之日起至申请注册之日止不满五年的；

③在从事评估车辆活动中因违法行为而受行政处罚，自处罚决定做出之日起至申请注册之日止不满五年的；

④被开除公职，自处分决定做出之日起至申请注册之日止不满五年的；

⑤被吊销二手车鉴定评估师注册证书的；

⑥以欺骗、贿赂等不正当手段取得二手车鉴定评估师注册证书，被撤销注册的；

⑦法律、行政法规规定的其他不予注册的情形。

（3）年审

中级、高级二手车鉴定评估师实行注册证年审制度，每一注册期内年审一次。注册证有效期满前三个月内，持证人应按《二手车鉴定评估师管理办法》的规定，参加由协会组织的继续教育课程，考试通过后提交相关审核资料，申请办理年审手续。注册证超过注册有效期六个月未办理年审手续的，视为自动放弃年审，注册证书失效。

申请人年审接受继续教育的目的是进行知识更新，以保持专业素养。每一注册期内，应接受不少于16课时的继续教育，未参与或未达到规定学时者，不予办理年审。

2. 注册证变更和补办

（1）注册证变更

中级、高级二手车鉴定评估师调离原单位，但仍继续从事二手车鉴定评估工作者，须在三个月内凭中级、高级二手车鉴定评估师变更注册申请表办理变更手续。注册证单位变更为新的工作单位。

申请人办理变更注册应提交以下材料：

①二手车鉴定评估师变更注册电子申请表；

②二手车鉴定评估师岗位技能证书扫描件电子版；

③本人身份证和驾驶证扫描件电子版。

（2）注册证补办

中级、高级二手车鉴定评估师在执业过程中遗失二手车鉴定评估师注册证的，需要向中国汽车流通协会申请补办，补办后方可继续执业。

补办注册证需要提交下列材料：

①二手车鉴定评估师注册申请表一份；

②原注册证的扫描件电子档；

③遗失证明（包括遗失经过、本人签字、单位盖章）一份；

④本人身份证和驾驶证扫描件电子版；

⑤近期免冠2寸蓝底彩色照片1张及同版电子照片。

申请人和所在的二手车鉴定评估机构或其他相关机构应当对申请材料内容的真实性负责，证明人应当对证明材料内容的真实性负责。

3. 二手车鉴定评估师执业行为规定

①初级、中级、高级二手车鉴定评估师必须持有《中华人民共和国机动车驾驶证》，如

果二手车鉴定评估师被吊销驾驶证，其二手车鉴定评估师注册证将自动注销，且相应级别的中级或高级的二手车评估师不得继续执业。

②初级、中级、高级二手车鉴定评估师应依法加入协会，接受协会的自律管理，履行行业协会章程规定的义务。

③中级或高级二手车鉴定评估师在执业活动中享有下列权利：

a. 依法执业，签署二手车鉴定评估报告；

b. 要求委托人提供相关的权属证明和其他资料，以及为执行公允的评估程序所需的必要协助；

c. 依法向相关政府部门或者其他组织查阅执业所需的文件、证明和资料；

d. 拒绝委托人及其他组织、个人对评估行为和评估结果的非法干预；

e. 法律、行政法规规定的其他权利。

④中级或高级二手车鉴定评估师在执业活动中应当履行下列义务：

a. 诚实守信，依法独立、客观、公正地执业；

b. 遵守《二手车鉴定评估技术规范》和有关标准，履行调查职责，独立分析估算，勤勉谨慎执业；

c. 完成规定的后续教育，保持和提高专业能力；

d. 对执业中使用的有关文件、证明和资料的真实性、准确性、完整性进行核查和验证；

e. 对执业中知悉的国家秘密、商业秘密和个人隐私予以保密；

f. 与委托人或者其他相关当事人及评估对象有利害关系的，应当回避；

g. 法律、行政法规规定的其他义务。

⑤中级或高级二手车鉴定评估师不得有下列行为：

a. 私自接受委托从事业务、收取费用；

b. 同时在两个以上评估机构从事业务；

c. 采用欺骗、利诱、胁迫，或者贬损、诋毁其他二手车鉴定评估师等不正当手段招揽业务；

d. 允许他人以本人名义从事业务，或者冒用他人名义从事业务；

e. 签署本人未承办业务的评估报告；

f. 索要、收受或者变相索要、收受合同约定以外的酬金、财物，或者牟取其他不正当利益；

g. 签署虚假评估报告或者有重大遗漏的评估报告；

h. 违反法律、行政法规的其他行为。

⑥中级或高级二手车鉴定评估师应主动接受公众监督。对于在注册有效期内，出现违规行为受到投诉，经调查情况属实者，中国汽车流通协会将予以行业内通报，并记录在案。情节轻微但同一注册期内出现两次以上不良记录，或违规行为情节严重者，将取消其注册资格。

⑦中级或高级二手车鉴定评估师应严格按照相关管理规定开展二手车鉴定评估工作，认真填写二手车鉴定作业表，出具二手车鉴定评估报告或二手车技术状况表。

⑧协会对于已不再从事二手车及相关行业工作、无法出具从业证明的中级或高级二手车鉴定评估师，不予办理注册登记。

⑨注册中级或高级二手车鉴定评估师有下列情形之一的,由中国汽车流通协会视其情节轻重,给予警告、行业公示、注销注册以及注销相应级别的二手车鉴定评估师岗位技能证的处分:

  a. 不符合本规定中描述的注册条件而被注册的;
  b. 以欺骗、贿赂等不正当手段取得中级或高级二手车鉴定评估师岗位技能证或注册证书的;
  c. 因故意犯罪或者在从事评估、财务、会计、审计活动中因过失犯罪而受刑事处罚的;
  d. 在执业期间,因违反法律法规规定,对国家、委托人所造成的经济损失有直接责任者;
  e. 利用执行业务之便,私自接受委托、索取、收受委托人不正当的酬金或其他财物,或者谋取不正当的利益的;
  f. 同时在两个及以上评估机构执业的;
  g. 允许他人以本人名义或冒用他人名义执业、开展二手车鉴定评估相关业务的;
  h. 签署本人未参与项目的评估报告或签署虚假评估报告的;
  i. 采用欺骗、利诱、胁迫等不正当手段招揽业务的;
  j. 贬损或者诋毁其他中级及以上级别的二手车鉴定评估师的;
  k. 违反法律、法规的其他行为。

本章思考与练习题

1. 国家将评估行业划分为哪几个专业类别?规范评估行业管理的法律名称是什么?
2. 二手车鉴定评估当事人有哪些?他们有哪些权利和行为规范?
3. 二手车鉴定评估业务有哪些业务类型?这些业务类型有什么特点?
4. 二手车法定评估业务应委托什么样的二手车鉴定评估机构完成?
5. 简述二手车鉴定评估的意义和目的。
6. 简述二手车鉴定评估涉及的经济行为有哪些。
7. 简述二手车鉴定评估机构形式有哪些。设立的条件是什么?
8. 简述综合性资产评估公司需要有什么条件才能开展机动车评估业务。
9. 简述二手车鉴定评估师的定义,它有几个等级?报考条件是什么?
10. 二手车鉴定评估师岗位技能证书和二手车鉴定评估师注册证书的作用有什么不同?
11. 管理二手车鉴定评估师的机构是什么?它是怎样管理的?

第 4 章　二手车技术状况鉴定

本章学习要点：
1. 掌握二手车技术状况鉴定内容和方法，掌握不可交易车辆和事故车鉴别方法。
2. 重点掌握进行二手车外观检查的方法、内容和步骤。
3. 重点掌握二手车技术状况人工鉴定内容、方法和技术状况等级评定。
4. 了解二手车技术状况鉴定仪器检查的方法、内容和手段。

大多数二手车在交易前已经被使用了好几年，其技术性能相比新车有所下降，为了弄清楚车辆的技术状况，需要通过专业的检查和鉴定评估。从质量上来讲，二手车属于非标产品，质量难以确定。在二手车交易过程中，车辆性能好坏、是否出过事故或存在问题，通过二手车技术状况鉴定得到认识，且鉴定结果在很大程度上影响二手车交易价格。本章将介绍如何检查和鉴定评估二手车的技术状况。

4.1　二手车技术状况鉴定方法

4.1.1　技术状况鉴定方法

车辆技术状况（简称车况）是指汽车安全性能、动力性能、操作性能、尾气排放、车容车貌等多项指标技术现状的总称。如何鉴定二手车技术状况？2013 年以前没有统一的标准，2013 年 12 月 31 日国家质量监督检验检疫总局[①]和国家标准化委员会联合发布了国家标准《二手车鉴定评估技术规范》（GB/T 30323 – 2013），对二手车技术状况鉴定和评估做出了统一规范，其实施意义在于让评估过程信息透明，评估指标量化具体，有规范可依。评估人员按照评估标准统一评估方法、统一鉴定要求、统一评估流程，进行二手车鉴定和价值评估。

国家标准对二手车技术状况鉴定做出了如下定义：二手车技术状况鉴定（Technical Inspection）是指对车辆技术状况进行缺陷描述和等级评定。二手车技术状况鉴定的目的是为二手车价值评估提供技术依据。

1. 技术状况检查和鉴定方法

目前，二手车技术状况鉴定有人工检查鉴定和仪器检查鉴定两种方法。人工检查鉴定由评估专业人员采用目测和检测工具相结合的方法，对二手车进行静态和动态检查，并根据检

---

① 今国家市场监督管理总局。

查出的缺陷对照相关评分标准打分确定其技术状况等级；仪器检查鉴定采用专门仪器设备对评估车辆进行定量检测，并依据检测的缺陷对照相关评分标准打分确定其技术状况等级。在二手车人工检查鉴定中，只有通过对车辆进行静态检查和动态检查，才能全面评估车辆的技术状况；仪器检查鉴定在实际工作中往往视评估目的和评估需求而定。

本章主要针对轿车车型介绍人工检查鉴定二手车技术状况及等级评定。

2. 技术状况等级评定方法

国家标准《二手车鉴定评估技术规范》将二手车技术状况等级分为五级，每个等级对应一个分值区间，根据鉴定总分值所在的分值区间确定对应的技术状况等级。鉴定总分由车身外观、发动机舱、驾驶舱、起动、路试和底盘6个检查鉴定项目的评分结果计算而得。具体方法是：首先对照各个项目的评分标准进行检查、鉴定和打分（参见本章4.2节），然后将各个鉴定项目分值累加得到鉴定总分（满分100分），最后按照表4-1确定车辆对应的技术状况等级。对二手车技术状况鉴定总分按下式计算：

$$鉴定总分 = \sum 分项目鉴定分值$$

写成数学表达式如下：

$$X = \sum_{i=1}^{6} X_i \tag{4-1}$$

式中：X——鉴定总分；

X_i——分项目鉴定分值（$i=1\sim6$），其中：车身外观分值 X_1，发动机舱分值 X_2，驾驶舱分值 X_3，起动分值 X_4，路试分值 X_5，底盘分值 X_6。

式（4-1）中的各项目分值计算参见本章4.2.2～4.2.7节。

表4-1中，事故车的技术状况等级定为五级。在《二手车鉴定评估技术规范》中，事故车不在车辆技术状况鉴定和价值评估的范围之内。

表4-1 车辆技术状况等级分值对应表

技术状况等级	分值区间/分
一级	鉴定总分≥90
二级	60≤鉴定总分<90
三级	20≤鉴定总分<60
四级	鉴定总分<20
五级	事故车

4.1.2 技术状况鉴定范围和内容

本章介绍的二手车技术状况鉴定范围和内容只适用于可交易的车辆，《二手车流通管理办法》第二十三条规定禁止交易的车辆和事故车不包括在内。本书把事故车作为不适宜二手车交易继续使用对待，只作鉴别不做进一步的技术状况鉴定和价值评估，理由是：国家标准《二手车鉴定评估技术规范》对事故车定义为汽车最重要的13个车体结构部位（即车体左右对称性、左右A/B/C柱、左右纵梁和前后左右减震器悬架等，见本章4.1.3节的图4-

2 和表 4-3）受损的车辆。车体结构部件一旦严重受损或部分受损，即使通过拉伸、焊接或者其他方式修复了，也无法恢复其整体的刚性和强度，技术性能不能恢复到良好技术状态，使用中存在安全隐患问题，所以不建议购买和继续使用。

汽车是一部复杂的运动机器，要完整地鉴定评估其技术状况需要从静态检查和动态检查多方面、多角度考察。技术状况鉴定内容包括：车辆基本信息及重要配置信息检查和技术状况等级鉴定两方面。按照车身、发动机舱、驾驶舱、起动、路试、底盘等项目顺序检查鉴定车辆的技术状况。检查和鉴定结果填入表 4-2 中。

表 4-2 二手车技术状况表

车辆基本信息	厂牌型号			牌照号码	
	发动机号			VIN 码	
	注册登记日期	年 月 日		表征里程	万 km
	品牌名称		□国产 □进口	车身颜色	
	年检证明	□有（至__年__月） □无		购置税证书	□有 □无
	车船税证明	□有（至__年__月） □无		交强险	□有（至__年__月） □无
	使用性质	□运营用车 □出租车 □公务用车 □家庭用车 □其他			
	其他法定凭证、证明	□机动车号牌 □机动车行驶证 □机动车登记证书 □第三者强制保险单 □其他			
	车主名称/姓名			企业法人证书代码/身份证号码	
重要配置	燃料标号		排量	缸数	
	发动机功率		排放标准	变速器形式	
	安全气囊		驱动方式	ABS	□有 □无
	其他重要配置				
是否为事故车	□是 □否	损伤位置及损伤状况			
鉴定结果	分值			技术状况等级	
车辆技术状况鉴定缺陷描述	鉴定科目	鉴定结果（得分）		缺陷描述	
	车辆信息检查	（不计分）			
	车身检查				
	发动机舱检查				
	驾驶舱检查				
	起动检查				
	路试检查				
	底盘检查				

续表

> 声明：
> 本二手车技术状况表所体现的鉴定结果仅为鉴定日期当日被鉴定车辆的技术状况表现与描述，若在当日内被鉴定车辆的市场价值或因交通事故等原因导致车辆的价值发生变化对车辆鉴定结果产生明显影响时，本二手车技术状况表不作为参考依据。
> 二手车鉴定评估师：_____　　　　鉴定单位：（盖章）_____
> 　　　　　　　　　　　　　　　　　　　　鉴定日期：____年____月____日
> 注：本二手车技术状况表由二手车经销企业、拍卖企业、经纪企业使用，作为二手车买卖合同的附件，车辆展卖期间，放置在驾驶室前风挡玻璃左下方，为消费者提供参考。

4.1.3　不可交易车辆和事故车鉴别方法

1. 不可交易车辆鉴别

不可交易车辆是指《二手车流通管理办法》第二十三条规定的禁止交易的车辆。实质上是鉴别交易车辆的使用合法性。不可交易车辆共有以下9类：

①已报废或者达到国家强制报废标准的车辆。
②在抵押期间或者未经海关批准交易的海关监管车辆。
③在人民法院、人民检察院、行政执法部门依法查封、扣押期间的车辆。
④通过盗窃、抢劫、诈骗等违法犯罪手段获得的车辆。
⑤发动机号码、车辆识别代号或者车架号码与登记号码不相符，或者有凿改迹象的车辆。
⑥走私、非法拼（组）装的车辆。
⑦不具有车辆法定证明、税险凭证的车辆。
⑧在本行政辖区以外的公安机关交通管理部门注册登记的车辆。
⑨国家法律、行政法规禁止经营的车辆。

上述⑦所述的法定证明包括：机动车登记证书、机动车行驶证和有效的机动车安全技术检验合格标志；所述的税险凭证包括：车辆购置税完税证明、车船税缴付凭证和交强险保险单。

（1）走私车、拼装车、非法改装车识别方法

走私车是指没有通过国家正常进口渠道进口的、未纳税的车辆。在 GA 802－2019《道路交通管理　机动车类型》中拼装车和非法改装车被定义为：拼装车是指未经国家机动车产品主管部门许可生产的机动车（或者使用了报废、走私、事故后整车理赔机动车的发动机（驱动电机）、方向机（转向器）、变速器、前后桥、车架（车身）五大总成之一组装的机动车）。非法改装车是指未经国家有关部门批准，改变了已认证或者已登记的结构、构造或者特征的机动车（或者使用了查封、抵押、盗抢骗机动车的发动机（驱动电机）、方向机（转向器）、变速器、前后桥、车架（车身）五大总成之一组装的机动车）。对于走私车和非法拼装车的鉴别可以从以下几个方面进行：

①检查汽车合法性。运用公安车管部门的车辆档案资料，查找车辆来源信息，确定车辆的合法及来源情况。
②检查外观。一些利用其他汽车发动机、变速器、车身以及零配件非法拼装的汽车，外

观一般都存在或多或少的问题，仔细观察车身各板块颜色和新旧程度、零部件新旧程度、车体连接焊点外观是否均匀和连接螺栓是否更换过，还可以通过检查车辆铭牌、车架号码（VIN代码）是否有凿改痕迹，字号有无异常等鉴别，并与机动车行驶证和机动车登记证书等文件核对，检查信息是否一致，尤其是那些利用报废汽车车身和底盘等重要零部件拼装的汽车，VIN代码的检查鉴定是很重要的。

③检查变速器。有些走私车是右驾驶且为自动变速器。为了适应我国的交通管理，走私者将右驾驶改为左驾驶，而为了降低改装成本，走私者不可能更换变速器。自动变速器的车右驾驶改为左驾驶通过变速杆的保险按钮位置就可以识别，如图4-1所示。一般右驾驶改为左驾驶后自动变速器变速杆的保险按钮仍在右侧。

（2）盗抢车的识别方法

盗抢车一般是指通过盗窃、抢劫等违法犯罪手段获得的车辆。

图4-1 左驾驶变速杆保险按钮位置

这类车辆的识别方法一般有以下几种：

①通过公安车辆管理部门的全国盗抢车辆信息查询系统查询，一般车主丢失车辆后都会报案，这是最快捷、最有效的鉴别方法。

②根据一般的盗窃手段，检查汽车门锁是否过新，锁芯有无更换过的痕迹。

③不法分子急于对有些车辆销赃，他们会对车辆有关证件进行篡改和伪造，使被盗车辆面目全非。

④查看车辆外观是否全身重新做过油漆，或改变了原车辆颜色。

汽车识伪检查专业性很强，需要有丰富的实践经验和专业知识，方能做到得心应手。

2. 事故车的鉴别

汽车是移动的机器，其常发生的事故多是由撞击造成的，所以事故车可分为撞击类事故车和非撞击类事故车两大类型。撞击类事故车碰见最多，所以通常所说的事故车就是指这种撞击类事故车。水泡车、火烧车属于非撞击类事故车，相对少见些，因此也常被称为"特殊事故车"，在二手车鉴定评估中将程度严重的水泡车和火烧车按事故车处理。

（1）事故车的定义

汽车使用中存在各种各样的事故，伤及车体部位也不同，但不是所有车体受伤的车辆都被视为事故车。国家标准《二手车鉴定评估技术规范》中从保护乘员安全的使用角度对事故车的车体结构损伤部位及出现缺陷状态作了限定和描述，只有符合规定的车体结构部位存在所描述的缺陷时，才被称为事故车。根据这一规定，在本书中将事故车特别定义如下：

事故车是指车体结构中13个重要部位（即车体左右对称性、左右ABC柱、左右纵梁和前后左右减震器悬架）中任何一个外观检查项目存在变形、扭曲、更换、烧焊和褶皱中对应缺陷的受损车辆。这13个车体部位的具体名称和代码如表4-3所示、在车体上的分布如图4-2所示，缺陷的名称和代号如表4-4所示。

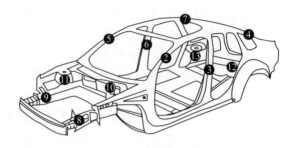

图 4-2 车体结构示意图

2—左 A 柱；3—左 B 柱；4—左 C 柱；5—右 A 柱；6—右 B 柱；7—右 C 柱；8—左前纵梁；9—右前纵梁；10—左前减震器悬架部位；11—右前减震器悬架部位；12—左后减震器悬架部位；13—右后减震器悬架部位

表 4-3 车体部位代码表

代码	检查项目	代码	检查项目
1	车体左右对称性	8	左前纵梁
2	左 A 柱	9	右前纵梁
3	左 B 柱	10	左前减震器悬架部位
4	左 C 柱	11	右前减震器悬架部位
5	右 A 柱	12	左后减震器悬架部位
6	右 B 柱	13	右后减震器悬架部位
7	右 C 柱		

表 4-4 车辆缺陷的名称和代号

代表字母	BX	NQ	GH	SH	ZZ
缺陷描述	变形	扭曲	更换	烧焊	褶皱

至于剐蹭或者轻微追尾等事故所造成的漆面、凹陷等外观损伤（即皮外伤），虽经过钣金和补漆修复，但由于没伤及上面所述的 13 项车体结构，所以不属于事故车。

（2）事故车的危害

车体结构件因撞击产生变形，经过切割、拼接和焊接修复后的事故车最直接的影响就是整车结构失去平衡，车体刚性和强度降低，在再次发生碰撞事故时，车身结构对车内人员的保护性会大打折扣。

（3）鉴别方法

常见的事故车多为碰撞事故造成的。分为前方碰撞、侧面碰撞、后方碰撞和翻滚碰撞等类型。较严重的碰撞，一般都会造成图 4-2 所示车体部位受损，仔细检查这些部位能有效识别是否为事故车。

①检测车体左右对称性。车体结构受损扭曲变形会造成车体左右不对称。检测时，所有轮胎充气到规定气压值，车辆停放在水平路面或水平测试台上，如图 4-3 所示。国家标准《机动车运行安全技术条件》（GB 7258—2017）规定车体应周正，车体外缘左右对称部位高度差应小于等于 40 mm。通常汽车车体左右基本都是对称的，利用车体左右对称性，通过测

量值比较可以发现车体扭曲变形的程度。车体外缘左右对称部位高度差大于 40 mm 时，则该车为事故车。

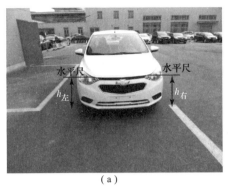
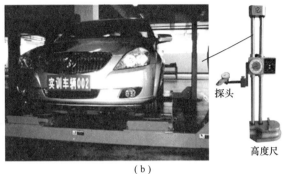

(a) (b)

图 4-3 车体左右对称性检测

(a) 测量工具检测；(b) 设备检测

②按照表 4-3 所示的检查项目内容，检查图 4-3 所示车体结构部位的外观，当表 4-3 中任何一个检查项目存在表 4-4 中对应的缺陷时，则该车为事故车。

③上述②的检测中，可以使用漆面厚度检测仪检测漆面下看不见的凹陷、烧焊部位的漆面厚度，与其他正常部位漆面厚度比较，辅助判定这些部位是否存在缺陷。通常缺陷部位经过人工修复补漆后，漆面厚度都会大大高于原厂机器喷漆厚度，漆厚度均匀性也差于机器喷漆。

具体检查鉴别方法如下：

a. 检查发动机舱左右纵梁（图 4-2 所示的位置 8 和位置 9）是否有扭曲或变形、拼接和焊接的痕迹（最好配合将汽车举升起来从车底检查）。纵梁被压缩、扭曲严重时，通过外力拉伸已达不到校直目的，可能采取切断 + 拼接 + 焊接方法修复。此外，还可以通过水箱框架上的圆凹形焊点是否变形或紧固螺栓是否拧动过、是否有刷漆痕迹，框架表面有无褶皱、焊接的痕迹；左右翼子板内衬和大灯部位金属板有无褶皱、焊接的痕迹，辅助判断是否发生过碰撞事故，一般伤及水箱框架的碰撞，都会伤及左右纵梁。左右纵梁变形后会造成车体左右不对称，可通过图 4-3 所示的测量方法检查。

b. 检查左右减震器悬架部分（图 4-2 所示的位置 10 和位置 11）。悬架是车体与车桥（或车轮）连接的重要部件，这部分受损表明车辆发生过严重事故。重点检查发动机舱内的减震器座，看左右减震器座外形是否对称，是否有变形或焊接修复的痕迹，连接减震器的紧固螺栓是否拧动过（一般螺栓上面有画线标记，标线错开表示拆卸过了）。

c. 检查 A/B/C 柱（图 4-2 所示的位置 2~位置 7）有无钣金切割过、拼接和焊接过的痕迹。柱体受损严重时，也常采用切断、中间拼接的方法修复。检查时将密封条拉开，看是否有断接痕迹，焊点是否为原厂焊点（原厂机器焊点应该是呈圆形并且略有凹陷的状态）。如果焊点粗糙且排列不均，且 A 柱、B 柱、C 柱的两侧油漆存在色差，可以肯定这辆车应该是个事故车；此外，可用油漆厚度仪检测柱面油漆厚度，辅助判断柱子是否修复过。一般做过腻子和补过漆部位的漆面厚度数值会比原漆大。

d. 检查后备厢左右减震器座（图 4-2 所示的位置 12 和位置 13）左右两边外形是否对

称，是否有变形或焊接修复的痕迹，后备厢底板或者是后尾板处有无切割焊接的痕迹，或者是后翼子板和后减震器座的内衬板处是否有焊接的痕迹。

e. 查4S店维修保养记录、保险事故理赔记录也是辅助判断该车是否为事故车的一种好方法。目前国内大大小小的保险公司，都已实现了信息共享。之前出过的事故，哪怕更换了车主和保险公司，只要车架号不变，车辆的事故记录就一直会延续。4S店维修保养记录不一定准确，因为有些保险公司会指定维修地点，不一定是该车品牌4S店。

除了从上述13个车体结构部位损伤鉴别事故车外，还可以从这些结构部位构成的整车壳体框架内安装的重要设备受损情况推断事故车。如发动机舱和驾驶舱内一般不容易受外力撞击损坏的设备，比如发动机舱内的发动机、水箱，驾驶舱内的安全气囊、仪表台等，壳体框架起到保护这些车内安装设备的作用，如果车内的重要设备受到外力撞击损坏严重，那么这13个车体结构部位中的对应位置也受到损坏，因此，只要判断车内重要设备受到外力撞击而损坏程度很大，就可以判定保护其安全的车体前梁、前减震器悬架部位也受损严重，尽管车体结构修复效果很好，看不出损伤程度，也算是事故车。通常车体检查发现符合以下情景任何一条的，都属于事故车。

① 经过撞击，损伤到发动机舱和驾驶舱的车辆。
② 车身后翼子板撞击损伤超过其三分之一的车辆。
③ 纵梁有焊接、切割、整形、变形的车辆。
④ 减震器座有焊接、切割、整形、变形的车辆。
⑤ ABC柱有焊接、切割、整形、变形的车辆。
⑥ 因撞击造成汽车安全气囊弹出的车辆。
⑦ 其他不可拆卸部位有严重的焊接、切割、整形、变形的车辆。

（4）缺陷描述

根据表4-3、表4-4，对车体状态用表达式"车身部位+状态"进行缺陷描述。例：表达式4SH，车体状态缺陷描述为：左C柱有烧焊痕迹。

3. 水泡车的判定

（1）水泡车的定义

水泡车是指泡水深度超过车轮的1/3，且车身底部部件与积水长时间接触的汽车。水泡车往往都是这样出现的：暴雨积水使停放在地下车库或低洼处的车辆不及时转移。常按泡水深度将水泡车分为三个等级，如图4-4所示。

图4-4 水泡车等级划分

一级：水深超过车轮。水淹没驾驶舱内地板，发动机舱进水，底盘和排气管泡在水中，属于轻微泡水。这时候只要将车拖到修理厂拆卸座椅和地板胶，将地板凹槽里的积水、淤泥清理干净，在通风处晾晒干后安装复原，然后仔细检查电路、发动机外围部件。一般情况下，这一水泡等级对车辆的性能不会有太大影响，但会引起底盘结构件生锈腐蚀，影响车辆使用寿命，同时内饰散发出怪味（土腥味、霉气味或两者混合味），影响乘坐舒适性。

二级：水深超过了中控台。电控系统和电器设备、发动机舱和后备厢大部分被水浸泡，零件更换和修复成本很高，即使修复了，车辆性能也无法恢复到原来的状态，而且在修复后像电控开关等电器设备可能经常会出现小问题，安全气囊也可能因电路问题而不起作用，影响车辆安全性能。

三级：水深超过了车顶（俗称"没顶车"）。整车所有零部件和电控系统都被浸泡在水中，整车受到积水腐蚀损毁严重，修复费用非常高，且整车安全性也很差，一般直接报废。

不管是哪一等级的水泡车，都引起车体结构件生锈腐蚀，发动机和电子电器设备受损，存在重大安全隐患，应按事故车处理。

（2）水泡车的危害

①被水浸泡过的车，极易导致车身金属部件生锈，缩短使用寿命，降低安全性能。

②发动机、变速器被浸泡过后一般都会解体清洗，拆后装配很难保证机器的复原质量，会影响使用寿命，如果发动机内部管道清洗不彻底，气缸内存在泥浆等杂质，会严重损坏发动机甚至报废。

③车载电子设备、线路被水浸泡过后，容易造成车载电脑ECU和内部IC电路板短路、电线及插头端腐蚀而产生电路接触不良现象，严重的话，甚至引起短路烧毁现象，尤其是在行驶过程中因线路问题导致电控系统失效、安全气囊失效等。

④车内地毯、座椅等内饰材料因浸泡过久造成材质变形、粗糙及产生异味，滋生细菌，影响乘车者身体健康。

⑤水泡车属于比较严重的事故，因为这种车辆被修复之后很难发现，隐患特别大，电子系统随时可能导致刹车失灵，中控电脑可能随时失控。具有不确定性的问题才是最大的问题。

（3）水泡车鉴别方法

一般常用闻、看、摸的方法鉴别水泡车。具体检查、鉴别项目见表4-5所示综合评定，以下是其中部分项目的检查方法和表述。

①闻。雨水积水带有一定的腐蚀性和混杂着泥土的腥味，被水浸泡过的车一定会有异味，所以用"闻"是比较快捷的鉴别方法。重点闻以下部位：

a. 闻内饰。内饰是驾驶舱内各种装饰面料，包括座椅及内衬等，一般水泡车的修复很少有全部更换内饰和清理得很干净的，这样成本很高。水泡过的内饰面料纤维表面吸附有细菌和杂质，晒干或吹干后很容易闻出异味。修复后的水泡车内饰气味一般会有两种情况，一种是腥（或霉）味，一种是非常香。腥是因为内饰没有处理好，一般来说，座椅、顶棚内衬等清洗过后不晒个十天半个月，后期肯定有腥味（或霉味）。非常香的情况，是想用香水味掩盖掉腥味，但是仔细闻的话，还是能闻出来掺杂的土腥味。

b. 闻空调出风口。制冷系统内部管线是非常难以处理的，积水在里面容易发霉，这个地方很容易被人忽略。检查方法是：把空调调到最低，然后近距离闻气味，是否有很重的鱼腥味或湿霉气味吹出来。

c. 闻安全带。拆安全带需要找到座椅的线路，卸掉安全气囊、拆感应器等很麻烦，而且装上去之后还不知道能否恢复正常的功能，所以一般不会拆安全带出来清洗晾晒。我们可以把安全带拉到尽头闻它的味道，加以判断。

表4-5 水泡车检查项目一览表

序号	检查项目	缺陷描述	缺陷程度
1	车内气味	是否有霉味	
2	内饰（车顶、座椅、地毯、仪表台等）	是否有水渍痕迹	
3	车门地板及死角	是否锈蚀	
4	车内地毯	是否褶皱不平、有泥沙痕迹	
5	座椅滑轨，座椅海绵	是否锈蚀、有泥沙痕迹	
6	脚踏板及方向柱	是否锈蚀	
7	安全带及底座	是否有变色霉斑水渍、泥垢残留	
8	保险盒	是否有泥垢	
9	空调出口死角及气味	是否有泥垢环境、霉味	
10	仪表台内线束及接头	是否龟裂、有泥垢	
11	前后各种车灯	是否有进水痕迹，是否颜色泛黄，是否有水雾	
12	发动机舱线束和接头	是否龟裂、有泥垢	
13	发动机舱盖隔音棉及折边	是否有泥垢痕迹	
14	水箱散热器	是否有淤泥痕迹	
15	发动机舱内金属围板、金属件、焊点及螺丝头	是否普遍锈蚀，是否有拆卸、泥垢痕迹	
16	后备舱内金属围板、焊点及螺丝头、备胎槽及固定架、备胎饰板	是否普遍生锈，是否有泥垢痕迹、水渍霉气	
17	底盘裸露金属件	是否大面积锈蚀、有拆卸痕迹	

②看。看是最直观的方法，一辆车是否为水泡车在许多地方都可以看得出来，这也是鉴别水泡车最常用的方法。

a. 仔细检查驾驶舱内饰、座椅固定支架、车门橡胶条。水泡车内饰的边角和缝隙处的淤泥痕迹是很难清理干净的；水泡车的座椅固定支架经过浸泡和拆卸清洗一定会生锈，如果想让人看不出来，就得整体更换座椅，但整体更换费用太高，一般人不会这么做。如果是真皮座椅，其经过长时间水浸泡会变形；车门缓冲橡胶条也是许多翻新师傅容易忽略的细节，这里常常会藏有淤泥痕迹；此外，检查安全带插座，由于不拆卸清洗，此处一旦被水浸过都会留有泥垢痕迹。

b. 检查前后各种车灯是否有进水的痕迹，进水后的车灯整体会泛黄，甚至有水雾凝结在灯罩处。如果四个大灯均有水雾，那么就可以将此作为水泡车的判断依据。

c. 打开发动机舱盖，查看舱内发动机螺栓是否有拧动过的痕迹。一般水泡车修复都会将发动机舱洗得干干净净不会有大片泥沙，细节处也很难被发现，所以主要是看发动机的螺栓。看螺栓是否有掉漆或者生锈的痕迹，一般来说除非大修，否则不会动发动机，而一动发动机螺栓就会掉漆，导致氧化生锈，如果大部分螺栓都被动过了，最起码可以判定发动机动过大手术了。

d. 查看保险丝盒内是否有水泡的痕迹，如有水雾、泥垢，或者更严重的情况，那么继电器等普遍生锈。此外，发动机舱的线束和接头有无发霉和残留有淤泥痕迹。

e. 打开后备厢盖，检查后备厢底板、备胎槽和随车工具是否有生锈水迹，这些地方透气性比较差，积水长时间浸泡后很容易生锈。

f. 将车举升后检查底盘的发动机、变速箱、元宝梁和纵梁等主要部件是否有大面积的锈蚀痕迹，这些地方一般很少做很精致的处理，所以很容易分辨出来。

③摸。经过"闻"和"看"，基本上已经有了一个大致的判断，这时候再用"摸"来求证我们的猜测。

a. 摸发动机舱的防火墙。因为防火墙靠近驾驶舱，而且前有发动机阻挡，所以如果不拆发动机是很难清理的。由于采用隔音棉阻燃材料，所以非常容易吸附泥沙，这时候用手去摸，能感觉出细小的摩擦感，或者拍一拍，有灰尘扬起。

b. 摸驾驶舱地毯和座椅。经过水浸泡的地毯，清理干净和晒干后，无法恢复到原来的整洁和柔软性，重新装到车内，局部会出现与地板贴合不紧的现象，且用手摸时触感会偏硬。座椅里面包裹的海绵吸附含有杂质的积水，晒干后摸起来感觉会偏硬，达不到原厂的柔软度。

4. 火烧车的判定

(1) 火烧车的定义

火烧车是特指车体局部区域发生火烧后翻新的车辆。整车火烧的车辆，由于火烧面积大，车体结构、发动机和电控系统等重要部件性能已经受到严重损伤，维修费用高，完全没有维修后继续使用的价值，不在本书讨论的范围内。

火烧车一般都会对车体结构件产生高温烘烤，引起车体强度性能下降，同时使发动机、电子电器设备等重要部件受损，存在重大安全隐患，应按事故车处理。

(2) 火烧车的起因

本书只介绍汽车自然引起的火烧。自燃是指在没有外界火源的情况下，由本车电器、线路、供油、机械系统等自身故障或所载货物引起的起火燃烧。汽车自燃的可能原因有：

①供油系统漏油。汽油是易燃物，供油系统（包括油箱和输油管路）如果出现漏油，遇到高温可起火燃烧。

②电器系统出现问题。

a. 漏电。发动机工作时点火线圈的温度很高，使高压点火导线的绝缘层软化、老化、裂损，点火高压电易击穿绝缘层，而产生高压电漏电，引发漏电处温度不断升高，引燃发动机、输油管等泄漏的汽油，导致着火燃烧。

b. 电路短路。如果汽车的起动开关在触点烧结发生熔焊，起动机的磁力开关无法释放，这样会导致起动机长时间起动，可能会引发起动机发热起火。

c. 接触电阻过大。如果电路的接点不实、局部电阻过大产生热能，就会引发易燃材料起火。

d. 线路负载过大。不规范加装大负载电器设备，加大保险丝容量，使用不合规格的电线，导致汽车电器需要大电流工作，使得电路电线过载发热引发燃烧，引起汽车自燃。

③机械摩擦。汽车相关部件因汽车超载而处于过度疲劳和过热状态，一旦超过极限，就有可能引发自燃。

a. 制动系统工作时，制动蹄片上的摩擦片与制动鼓或制动盘之间的摩擦产生大量的热量。如果汽车下长坡或超载行驶，频繁的制动会产生大量热量，其不能及时散发出去。聚集的热量就会将润滑油脂或刹车油点燃。另外，长时间高强度的制动，也会造成制动鼓过热，制动鼓随之又将热量传导到附近可燃物（如轮胎），增加了自燃的可能性。

b. 汽车在高速路上长时间高速行驶，易使轮胎摩擦过热、胎内温度升高而起火，这种现象在夏天太阳暴晒的高温路面上最容易出现。轮胎摩擦过热有几种情况：一是气压不足，二是超载，三是气压不足与超载的综合效应。

④停车位置不当。现在汽车一般都在发动机排气管上装有三元催化反应器，这个装置的温度会比较高，如果停车时三元催化反应器离易燃物（如干草）太近，可能引燃可燃物，进而引发火灾。

大部分火烧车都是因线路起火引起的，不当改装增加用电设备，易造成线路负荷超载，这是引起线路起火的主要诱因。

（3）火烧车的分类

根据燃烧部位、燃烧程度和燃烧后对整车性能影响的大小可将火烧车分为两类。

①轻微火烧车。局部火烧，损失只局限在过火部分，损失程度轻微，修复后对整车行驶性能没有影响。非重要车体部件的缺陷程度表现为熏黑，或线束、橡胶件、塑料件有裂纹等，出现这种火烧损失的判定为轻微火烧车。

②严重火烧车。火烧破坏很严重，即使在修复后对整车行驶性能也影响较大。被火烧的车体部件尤其是发动机舱内的舱盖、金属围板和防火墙、发动机缸体等重点部件的缺陷程度表现为有明显的火烧痕迹，出现这种火烧损失的均判定为严重火烧车。

车身火烧超过 $0.5m^2$，经修复仍存在安全隐患的车辆；以及严重火烧车都按事故车处理。

（4）火烧车的危害

①车的内部部件经过高温烘烤过后，其物理和化学性能会发生改变，抗压、抗弯强度变差，具有很大的安全隐患。烧损严重的车体骨架部件即使经过拼接加固修复也具有严重的安全隐患。

②修复后的火烧车线路被改造过，部分电子元件被更换或修理，电子系统存在元件性能和功率不匹配的隐患。

（5）火烧车的鉴别方法

具体检查、鉴别项目如表4-6所示的综合评定，以下是常见火烧位置及缺陷的检查方法和表述。

①检查车身外观油漆表面是否存在明显的色差、各缝隙是否存在熏黑现象。车辆被火烧、修复后，必须完成的工作就是车身喷漆，通过喷漆范围、喷漆质量和喷漆中遗留的瑕疵

等一些细节来判定是否发生过火烧事故。

②闻驾驶舱、发动机舱内是否有烧焦的气味。驾驶舱着火后修复,驾驶舱内的座椅内饰会整体更新,但车内的气味一时半会儿是清除不干净的,通常会喷香水掩盖烧焦的气味,所以闻气味是很管用的方法。

③检查发动机舱内的线束、保险丝盒和驾驶舱内的保险丝盒是否有更换或火烧熏黑的痕迹。发动机舱是车辆线路最密集的部位,如果发生过火烧事故,线圈以及保险丝一定会过火,所以从发动机舱以及车身线束是否有过更换、部分地方是不是有火烧痕迹可以看出来是不是火烧车。一般火烧后线束会整体更换,没有及时更换的线束会存有火烧滴瘤、熏黑的痕迹,从这方面也可以判断车辆是否发生过火烧。

④观察发动机舱金属部件有无火烧或熏黑痕迹。金属部件被火烧后,会呈现表面被烟熏黑的痕迹,这是很难清除的(尤其是不会更换的部件,如防火墙、纵梁、减震器座壳等)。而发动机缸体表面、进排气管表面也会存在火烧的熏黑痕迹。

⑤观察发动机舱内是否存在经干粉灭火器扑救而残留的黄色粉末痕迹,粉末在高温金属表面形成的氧化膜是很难洗掉的,这是很好的辅助判定火烧的方法。

⑥观察棉元件及塑料元件表面是否存在火烧皱褶变形被刷漆掩盖现象。硬塑或棉元件被火烧后,元件表面会熔化,发生褶皱变形,只要不是损毁很严重,很多时候是不更换的,这些不起眼的部件对辅助判断火烧车很有帮助。

表 4-6 火烧车检查项目一览表

序号	检查项目	缺陷描述	缺陷程度	
			轻微	严重
1	车身外漆	是否有火烧或熏黑痕迹		
2	驾驶舱内气味	是否有烧焦气味		
3	驾驶舱内饰(车顶、座椅、地毯、仪表台等)	是否有火烧或熏黑、炭化、熔化痕迹		
4	驾驶舱内线束、保险丝盒及电器接头	是否有火烧或熏黑、炭化、熔化痕迹		
5	发动机舱内线束和接头	是否有火烧或熏黑、炭化、熔化痕迹		
6	发动机舱电器和车灯座接头	是否有火烧或熏黑、炭化、熔化痕迹		
7	发动机舱盖隔热棉及盖板	是否有火烧或熏黑、炭化、熔化痕迹		
8	发动机舱内金属围板、左右翼子板内侧	是否有火烧或熏黑、炭化、熔化痕迹		
9	发动机舱防火墙和防火棉	是否有熏黑、漆层爆裂、炭化、烧蚀痕迹		
10	水箱及水箱框架	是否有熏黑、边缘有漆层爆裂痕迹		
11	后备厢内围板、内饰	是否有火烧或熏黑、炭化、熔化痕迹		
12	轮胎	是否有火烧或熏黑、炭化、熔化痕迹		
13	全车各车灯	是否有火烧或熏黑、炭化、熔化痕迹		
14	各部位橡胶件、塑料件	是否有熏黑、烧焦、炭化、熔化痕迹		

4.2 二手车技术状况人工检查鉴定

二手车技术状况人工检查鉴定包括二手车技术状况人工检查和技术状况等级鉴定两方面。二手车技术状况人工检查内容包括：车辆信息检查和车辆技术状况检查两部分。车辆信息包括车辆基本情况信息和重要配置信息两方面内容。车辆技术状况检查包括车辆静态检查和动态检查两方面，目的是发现车辆是否存在技术缺陷，为鉴定其技术状况等级提供依据。车辆技术状况检查按照车身外观、发动机舱、驾驶舱、起动、路试、底盘等项目顺序进行。

采用打分方式评价各检查项目的技术状态，各检查项目的分值分配如表4-7所示，具体打分细节参见4.2.2~4.2.7节。

表4-7 二手车技术状况检查项目分值分配表

检查项目	车身外观	发动机舱	驾驶舱	起动	路试	底盘
分值/分	20	20	10	20	15	15

4.2.1 检查车辆信息

车辆价值包括车辆实体有形价值和车辆信息无形价值两部分。车辆信息以文字形式表示，车辆基本属性和技术参数是车辆的重要组成部分，体现车辆的无形价值。一些车辆信息（如法定证明、税险缴纳凭证）是二手车交易和评估的条件因素，只有在其齐全有效的条件下才能受理评估。对二手车技术状况进行鉴定时，需要检查的车辆信息主要包括车辆基本信息和重要配置信息（表4-8）。

表4-8 车辆基本信息和重要配置信息

车辆基本信息	厂牌型号		牌照号码		
	发动机号		VIN码		
	注册登记日期	年 月 日	表征里程	万km	
	品牌名称	□国产 □进口	车身颜色		
	年检证明	□有（至__年__月） □无	购置税证书	□有 □无	
	车船税证明	□有（至__年__月） □无	交强险	□有（至__年__月） □无	
	使用性质	□运营用车 □出租车 □公务用车 □家庭用车 □其他			
	其他法定凭证、证明	□机动车号牌 □机动车行驶证 □机动车登记证书 □第三者强制保险单 □其他			
	车主名称/姓名		企业法人证书代码/身份证号码		
重要技术参数及配置	燃料标号	排量	缸数		
	发动机功率	排放标准	变速器形式		
	安全气囊	驱动方式	ABS	□有 □无	
	其他重要配置				

表4-8中的部分参数说明：表征里程是指里程表的累计行驶里程。年检证明包括机动车行驶证副页上的检验记录和机动车检验合格标志两部分，两者检验时间相符且在有效期内才有效。使用性质分为运营和非运营2种，客运、货运和出租车属于运营车辆，公务用车和家庭用车属于非运营车辆。

车辆基本信息如果有缺陷应在表4-2二手车技术状况表有关技术缺陷描述时予以注明。

4.2.2 车身外观检查与鉴定

车体外层覆盖件构成车身外观。车身外观受损后只需进行简单复原修复或换件即可，并不影响车辆性能。这种车身外观损伤的车辆不算是事故车。但车身外观给人的总体外观印象，是汽车的无形价值，占整车价值的权重较大，所以是重点检查部位。观察车身外观可以帮助判断车辆是否发生过事故、车主对车辆的保养情况和使用强度等。车身外观缺陷对二手车技术状况和价值影响较大，如漆面划痕、裂纹、凹陷、锈蚀等将影响二手车的车容和使用寿命，严重的缺陷甚至导致二手车无人问津。因此，汽车车身外观检查对了解二手车技术状况具有重要的意义。

车身外观检查是指在汽车静态下，采用目测法并结合使用车辆外观缺陷测量工具和漆面厚度检测设备对车身外观进行检测。应清洗干净汽车后进行车身外观检查。

1. 车身外观检查项目

车身外观检查部位包括：前保险杠、左右前翼子板、发动机舱盖、车顶、左右车门和车窗、左右后翼子板、后备厢盖、后保险杠和前后车轮，如图4-5所示。检查项目和对应代码如表4-9所示。

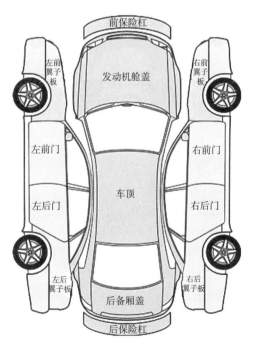

图4-5 车身外观展开示意图

表 4-9 车身外观检查项目作业表

代码	部位	缺陷程度及扣分		代码	部位	缺陷程度及扣分	
		程度	扣分			程度	扣分
14	发动机舱盖表面			27	后保险杠		
15	左前翼子板			28	左前轮		
16	左后翼子板			29	左后轮		
17	右前翼子板			30	右前轮		
18	右后翼子板			31	右后轮		
19	左前车门			32	前大灯		
20	右前车门			33	后尾灯		
21	左后车门			34	前挡风玻璃		
22	右后车门			35	后挡风玻璃		
23	后备厢盖			36	四门风窗玻璃		
24	后备厢内则			37	左后视镜		
25	车顶			38	右后视镜		
26	前保险杠			39	轮胎		

2. 检查项目外观状态描述

表 4-9 各检查项目的外观状态用"车身部位代码 + 状态代码 + 程度"的表达式进行描述。

状态是指划痕、变形、锈蚀、裂纹、凹陷和修复痕迹等缺陷。用表 4-10 所示的拼音字母代码表示。

表 4-10 车身外观状态描述对应表

代码	HH	BX	XS	LW	AX	XF
缺陷描述	划痕	变形	锈蚀	裂纹	凹陷	修复痕迹

程度按缺陷面积或深度大小分为 4 级：

程度 1——面积≤100 mm×100 mm；

程度 2——100 mm×100 mm < 面积≤200 mm×300 mm；

程度 3——200 mm×300 mm < 面积；

程度 4——轮胎花纹深度 <1.6mm。

例：21XS2 对应描述为：左后车门有锈蚀，面积为大于 100 mm×100 mm，小于或等于 200 mm×300 mm。

3. 车身外观状态评分

按照表 4-9、表 4-10 的要求检查 26 个项目存在的缺陷程度，用表 4-11 所示的扣分标准对缺陷项目进行扣分,本部分共计 20 分,扣完为止。剩余分值即为车身外观状态的得分值。

$$车身外观分值 = 20 - \sum 项目扣分$$

表 4-11 车身外观状态扣分标准

缺陷程度	程度 1	程度 2	程度 3	程度 4
扣分标准/分	0.5	1	1.5	1

4. 车身外观检查方法

车身外观检查方法：目测、手摸、使用车辆外观缺陷测量工具（凹陷检测尺、轮胎花纹深度尺等，如图 4-6（a）和（b）所示）和漆面检测仪器（如漆面厚度检测仪、色差检测仪，如图 4-6（c）所示）相结合。逐一检查表 4-9 各项目存在的缺陷。检查顺序（图 4-7）：从车的前部开始按一定方向绕车一周，远看和近看相结合，远看全车整体外观印象，近看车身表面细节情况。

(a)
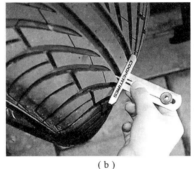
(b)
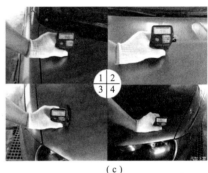
(c)

图 4-6 车身外观缺陷检测
(a) 凹陷检测；(b) 花纹深度检测；(c) 漆面厚度和色差检测

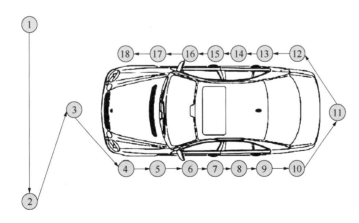

图 4-7 车身外观检查顺序

（1）检查车身整体外观

站在如图 4-7 所示的位置①~③目测（在阳光下观看效果最好）。位置①和②位于距离车头前保险杠 2~3 m、左（右）45°位置，这两个位置能够观看到车辆的前面、侧面和顶部，看到的车身表面积最大（位置②或①拍的照片被称为汽车"标准照"，机动车行驶证首页上的汽车照片就是站在这个位置拍的）。

如图 4-8 所示，观察车身表面是否平整、光滑；发动机舱盖上的棱线、车身面板间的接缝线、车门上的腰线和防擦线是否匀直流畅，接缝线缝隙是否一致；漆面是否存在明显色斑（或面板间的色差，即修复痕迹）。

图 4-8　45°方向检查车身外观表面及线条

（2）检查发动机舱盖

站在如图 4-7 所示的位置④~⑤和⑰~⑱，观察舱盖表面是否有划痕，漆面是否平整、光滑，有无色斑痕迹；与车灯、翼子板的接缝线是否匀直、流畅，缝隙间距是否均匀；舱盖表面的棱线（棱线具有装饰、美观和加强薄钢板强度的作用）有无变形。通过外观缺陷测量器可以检测漆面是否存在裂纹，通过漆面厚度检测仪可以检测漆面厚度是否均匀，通过色差检测仪可以检测漆面是否存在色差。

必要时可通过舱盖内表面是否有钣金修复或焊接过的痕迹，辅助判断发动机舱盖变形及修复情况。发动机舱盖由内外两层冲压钢板焊接而成，外层表面平坦、光滑，内层表面凹凸不平且分布有一些孔（图 4-9），内层起支撑外层的骨架作用。内表面一般只做防锈底漆处理，孔和圆弧均匀美观，碰撞变形后，钣金修复和焊接痕迹很容易被识别，从而判断汽车是否发生过碰撞事故。

图 4-9　发动机舱盖内表面

（3）检查翼子板和保险杠

站在如图 4-7 所示的位置③~⑤、⑨~⑬和⑰~⑱检查翼子板和保险杠。翼子板和保险杠是最容易被剐蹭、破裂的部位。划痕采用喷漆修复，破损采用换件修复。翼子板重点检查部位：与车灯、发动机舱盖接缝间隙是否均匀；

前后翼子板的腰线和车门上的腰线是否匀直；漆面是否存在色斑（或与相邻车身面板存在色差）。

保险杠检查部位：与后备厢盖接缝间隙是否均匀；漆面是否存在色斑（或与相邻车身面板存在色差）。

（4）检查车灯

站在如图 4 – 7 所示的位置③和⑪检查前后车灯。前大灯和后尾灯一般都是总成结构，损坏了采用换件修复。检查内容包括：车灯防尘罩是否开裂，灯罩内是否有雾气，如果有雾气，则有可能是车灯的密封性不好；车灯四周缝隙是否均匀；左右车灯新旧是否一致，安装是否对称；灯泡是否变黑。必要时两个人配合检查各种车灯功能是否正常，两侧灯光是否对称。

（5）检查车门

站在如图 4 – 7 所示的位置⑥~⑨、⑬~⑯检查车门。没打开车门时，检查车门表面是否平整、光滑，有无变形；门漆是否有色斑（色差）；四周门缝线是否整齐，缝隙是否均匀一致；前后车门上的线条（腰线及防擦条）是否平直，过渡是否圆滑，如图 4 – 10 所示。打开车门时，仔细查看 A、B、C 柱（位置见图 4 – 2）上的车门框边线是否呈一条线，表面是否有过修复喷漆痕迹；车门和车窗处密封胶条有无破损、老化；车门框底是否生锈。

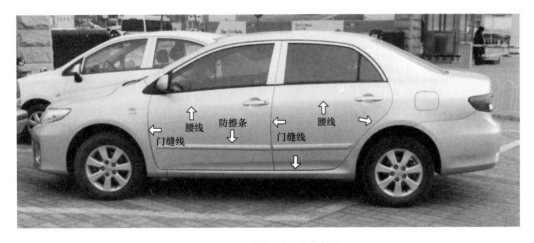

图 4 – 10　车身侧面线条检查

（6）检查车窗玻璃和后视镜

站在如图 4 – 7 所示的位置⑤~⑩、⑫~⑰检查车窗玻璃和后视镜。车窗玻璃和后视镜的缺陷主要体现在前挡风玻璃、后视镜玻璃和玻璃密封性上。前挡风玻璃和后视镜玻璃功能好坏关系行车安全，玻璃密封性关系汽车防雨、隔音性能。

①检查前挡风玻璃有无裂纹。

②后视镜保护架是否完整、无破损，后视镜玻璃有无裂纹。

③各车窗玻璃文字信息是否一致。

④各车窗玻璃四周密封是否良好。

前挡风玻璃真伪鉴别方法：一看玻璃标识是否有 3C 认证标志和工厂编号，没有肯定是假的；二看是否为单层玻璃，如为单层玻璃肯定是假的；三仔细观察夹层胶片与玻璃的黏合质量,是否有气泡、颗粒等瑕疵,有则为不合格产品;四摸玻璃表面,合格汽车玻璃内外表面都非常光滑,没有凹凸不平的现象;五坐在驾驶位置透过前挡风玻璃看是否有波纹、视线是否良好、是否有炫目不适的感觉,有缺陷的则为不合格产品。

检查核对各车窗玻璃文字信息可以了解某块玻璃是否更换过。首先看汽车生产厂标志是否一致,不一致说明换了其他厂的玻璃;其次比较其他信息是否一致,完全一致说明该车采用的是同一玻璃厂家的同一批次产品。一些需求量大的热销车型,往往一家配件厂的产能不能满足生产需求,汽车厂往往与几家配件厂同时保持供应业务,此时,可能会出现来自不同玻璃厂家的产品"混搭"现象,这是正常现象,但至少玻璃生产日期应该相近(相差不超过1年),否则就不是热销车型了;此外,可以通过比较玻璃生产时间、铭牌上标注的出厂日期和VIN代码上的车型年份辅助判断该车玻璃和整车是否同一年生产、玻璃是否更换过,时间差距越大,换过玻璃的概率越大。

汽车玻璃上标示的信息含义参见下面的汽车玻璃知识扩展介绍。

汽车玻璃知识扩展

汽车玻璃上一般印有如图4-11所示的信息。

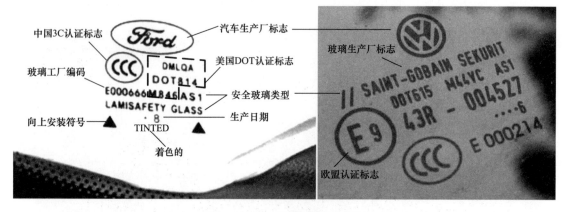

图4-11 车窗玻璃标志信息

①汽车玻璃名称。根据玻璃安装位置不同,汽车玻璃被分为前挡风玻璃、侧窗玻璃、角窗玻璃、顶窗玻璃、后挡风玻璃等。

②汽车玻璃安全性能要求。汽车玻璃必须满足以下安全因素:良好的视线、足够的强度、破碎时对乘员起到保护作用。我国汽车安全标准规定,汽车玻璃必须采用安全玻璃(GB 9656—2016《汽车安全玻璃》)。所谓安全玻璃是指一类经剧烈振动或撞击不破碎,即使破碎也不易伤人的玻璃。不同种类的安全玻璃,其对玻璃性能的要求不尽相同,前风挡玻璃要求是最严格的,不仅要有足够好的光学性能(透光率≥70%,不能产生光畸变),同时还要有足够的强度和破碎时碎片不飞溅伤人的安全性能。而其他车窗玻璃相对要求要低一些,但也要求破碎时不易伤人。玻璃光畸变的危害是——容易引起驾驶员开车犯困、头晕眼花。

③汽车安全玻璃类型及应用。我国常用的汽车安全玻璃有钢化玻璃和夹层玻璃两种类型。汽车安全玻璃是汽车被动安全设施之一,我国汽车安全标准规定:汽车前挡风玻璃必须采用夹层玻璃,其他车窗应采用钢化玻璃。

a. 钢化玻璃（Tempered Glass）。钢化玻璃由普通玻璃经过特殊处理制成，其强度约是普通玻璃的3～5倍。钢化玻璃特性：需要较大撞击力才会破碎，一旦破碎，整块玻璃爆裂成许多无锐角的小颗粒，不易对乘员产生割伤和扎伤，大大降低了对人体的伤害。但钢化玻璃不宜作前风挡玻璃使用，因为它破裂时形成蜂窝状网纹，导致玻璃突然变得不透明，这对高速行驶的汽车危害很大，易导致驾驶员突然失去前方视野，而引起二次交通事故的发生。另外的一个特性是破碎时变成许多碎粒，像瀑布一般泻落，阻断司机的视线，不利于处理应急情况。因此，汽车前挡风玻璃采用钢化玻璃是不安全的，不能保证安全驾驶。钢化玻璃通常用作侧窗、后挡风窗等处玻璃。

b. 夹层玻璃（Laminated Glass）。夹层玻璃是由两片（或多片）玻璃之间夹了一层（或多层）聚乙烯醇缩丁醛（PVB）胶片，经过特殊的高温高压工艺处理后，使玻璃和中间胶片永久黏合为一体的复合玻璃产品。加入PVB胶片后的夹层玻璃柔韧性、抗穿透能力增强了，并能显著降低车内交通噪声和风噪。夹层玻璃特性：当玻璃碎裂时，PVB胶片会把玻璃碎片粘在薄膜上，有效防止碎片散落扎伤人和穿透坠落事件的发生，确保了人身安全；玻璃表面仍保持整洁光滑，保证司机有一定的视野来处理紧急情况。所以夹层玻璃特别适合用作前挡风玻璃。

④汽车玻璃产品质量认证标志。由于汽车玻璃信息标识范围很小，不能用文字详细标识，通常用特定的字母符号和数字简洁标识。国产汽车玻璃上常见的标志可分为四大类：国家安全认证标志、玻璃生产厂识别标志、汽车生产厂标志、国外认证标志。

a. 国家安全认证标志。汽车用安全玻璃属于国家强制认证产品，所以汽车上的每块玻璃都必须有国家安全认证标志。这个标志就是CCC（China Compulsory Certification）认证标志（图标为椭圆圈里3个C，如图4-11所示），其全称是"中国强制性产品认证"，简称为3C认证。汽车玻璃上没有这个标志属于伪劣产品，不允许销售。每个产品经过3C认证后都获得了一个生产厂识别码（如图4-11所示的E000214，E后面一组数字就是工厂编码），其作用是人员借这个识别代码就知道这块玻璃是哪个生产厂的产品。3C标志和工厂编码是必须组合在一起印刷的。

b. 玻璃生产厂识别标志。玻璃生产企业在自己生产的玻璃上印制本企业的商标或公司简称及工厂编码作为产品识别标志。如国内汽车玻璃龙头企业"福耀玻璃工业集团股份有限公司"，其品牌标识为"FY"或"FUYAO"，其在福清、长春、重庆、上海建立了汽车玻璃生产基地，每个生产厂都有唯一的工厂编码，如"E000666"是福耀玻璃（重庆）有限公司。

c. 汽车生产厂标志。玻璃生产厂应汽车生产厂的要求在玻璃上印制该汽车生产厂的标识，如商标、公司名称等。这是品牌汽车宣传其产品的好方法，与汽车标志一样——具有让消费者一眼就识别出其汽车品牌的功能。但凭借玻璃上的汽车品牌标志不能判断该车是哪个汽车总装厂生产的（可通过汽车铭牌或VIN代码识别）。

d. 国外质量认证标志。国外质量认证标志不是国产汽车玻璃产品上必须标注的，而是玻璃生产厂为了其产品能够向国外出口，需要获得国外质量认证机构的认证。国产汽车玻璃上常见的国外质量认证标志有美国交通部的"DOT"标志和欧洲ECE的"E"标志（图标为圆圈里"E+数字"，如图4-11所示，数字为ECE授权的认证机构所在国家的代码，如E9代表认证机构在西班牙）。获得认证后，该认证机构给玻璃生产厂一组工厂识别代码。所以，汽车玻璃上标有国外认证标志时，会在该标志后面标注工厂识别代码，如福耀集团长春有限公司在 DOT 认证的工厂识别代码为 747、在 E443R 认证的工厂识别代码为 000054（E4 为 ECE 荷兰认证标志，43R 为 ECE43 号标准）。

在"DOT"标志后面通常还标有如"M848　AS1"的信息，"M848"主要是用于标注一些玻璃特性的相关信息，例如颜色和厚度等；AS 是美国标准"Sootvetstvie"的简写，"AS1"表示这块玻璃用作前挡风玻璃（透光率不小于 70%），"AS2"表示这块玻璃可用于除前挡风玻璃外的任何部位。

⑤汽车玻璃生产日期。大多数汽车玻璃的生产日期用数字和黑点表示。数字表示年份，月份根据"黑点在数字前"或"黑点在数字后"由如下公式计算：

"黑点在数字前"表示上半年的月份，生产月份 = "7 − 黑点数"

"黑点在数字后"表示下半年的月份，生产月份 = "13 − 黑点数"

例如"……15"表示这块玻璃是 2015 年（7 − 6 =）1 月份生产的；"8…"，表示该车玻璃是 2008 年（13 − 3 =）10 月份生产的。

⑥其他信息。斜线符号"/"表示单层玻璃，"//"表示夹层玻璃，"///"表示三层玻璃（加强玻璃）。TEMPERED 表示钢化玻璃，LAMINATED 表示夹层玻璃。"TRANSP. 70% MIN"表示这块玻璃的最小透光率不小于 70%，透光率是衡量一块玻璃好坏的重要参数。▲TINTED 中的▲表示向上安装，着色玻璃。

（7）检查轮胎外观

站在如图 4 – 7 所示的位置④、⑤、⑨、⑩、⑫、⑬、⑰、⑱检查轮胎外观。轮胎作为汽车唯一与地面接触的配件，是保证安全驾驶的关键部件，其作用是相当重要的，不容忽视。轮胎缺陷主要体现在：胎面磨损、裂纹，胎侧割伤、划伤、起包等。检查轮胎外观时，可从以下几个方面检查：

①四个轮胎或同一车轴左右轮胎的花纹是否一致。

②四个轮胎品牌、规格标识是否一致。

③四个轮胎的生产日期是否一致。将轮胎的生产日期与 VIN 代码、铭牌和行驶证等标有该车生产日期的信息进行比较，可以相互验证。结合轮胎生产日期和胎面磨损程度可以辅助判断该车的使用强度。

④观察胎面磨损程度，胎面花纹是否不清晰，花纹深度是否接近轮胎磨损指示标识（可借助轮胎花纹深度尺检测）。

⑤轮胎表面是否有小裂纹，胎冠、胎肩是否有橡胶缺失和裂口，胎侧是否有割伤、划伤、裂纹、起包等磨损痕迹。

⑥检查轮胎安装方向是否正确。

轮胎胎侧有很多文字信息和符号标识，其含义参考下面轮胎知识扩展介绍。

轮胎知识扩展

①轮胎的类型和结构。汽车充气轮胎按组成结构不同，分为有内胎轮胎和无内胎轮胎两种；按胎体中帘线排列的方向不同，又分为斜交胎（Diagonal Tire，代号为"D"）和子午线胎（Radial Tire，代号为"R"）；按胎内空气压力大小，可分为高压胎、低压胎和超低压胎。现在汽车主流轮胎使用的是低压子午线胎。轿车采用无内胎子午线轮胎，构造如图 4 – 12 所示。

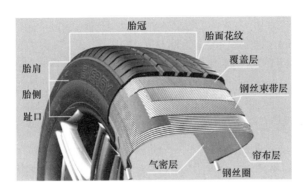

图4-12 无内胎子午线轮胎构造

②轮胎胎侧标识。轮胎标识是指按国家标准规定，将一些重要的信息模刻在外胎的两侧，如轮胎品牌、种类、规格、花纹、生产日期、有无内胎及重要的安全标识等，正确解读胎侧标识有助于更好地了解轮胎的性能，对轮胎的选配、使用、保养十分重要，对于保障行车安全和延长轮胎使用寿命具有重要意义。

a. 轮胎品牌标识。一般轮胎在侧壁上都会印上其厂商的英文商标，作为轮胎品牌标识。国内常见的汽车轮胎品牌及标识如表4-12所示。

表4-12 国内十大汽车轮胎品牌及标识

轮胎品牌	国家	标识	轮胎品牌	国家	标识
米其林	法国	MICHELIN	倍耐力	意大利	PIRELLI
普利司通	日本	BRIDGESTONE	韩泰	韩国	HANKOOK
固特异	英国	GOODYEAR	佳通	中国	GITI
邓禄普	日本	DUNLOP	朝阳	中国	CHAOYANG
马牌	德国	CONTINENTAL	正新	中国	CST

b. 轮胎规格标识。轮胎选用的重要参数，更换轮胎必须按这个参数正确选配。大部分轿车的前后轮胎规格是一样的，在少数跑车、后轮驱动等高性能特殊用途车辆上前、后轮胎规格会有所不同。轮胎规格标识如图4-13所示。按照"胎宽、扁平比、适配轮毂直径、负载指数、速度级别"的排序标注。

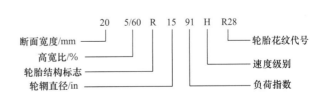

图4-13 轮胎规格标识

轮胎断面宽度 B 和高宽比 H/B（也称为扁平比）是描述轮胎尺寸的两个重要参数。轮胎断面宽度 B（单位：mm）是指轮胎充气到规定压力后，两外侧之间的最大距离，一般以 10 mm 间隔进行划分，常见乘用车轮胎规格有 155、165、175、185、195、205、215、225、235 和 245 等。数值越大，胎面越宽，与地面接触面积及摩擦力越大，汽车行驶稳定性也就越好，但行驶阻力会增大，相应油耗会更高。断面高度 H（单位：mm）是指轮胎充气到规定压力后，外直径与轮辋直径之差的一半。轮胎高宽比（H/B）是轮胎断面高度 H 与断面宽度 B 的比率（%），一般是 5 的倍数，常见乘用车子午线轮胎按扁平比分为 30、35、40、45、50、55、60、65、70、75、80 系列。扁平比对汽车使用性能的影响：数值越小，胎壁越短，胎面宽阔，因而接地面积大，对路面的反应灵敏，转弯时的侧向抵抗能力强，车辆的操控性强，但是舒适性降低；数值越大，胎壁越长，缓冲能力强，舒适性好，但路感较差，转弯的侧向抵抗力弱。

子午线轮胎结构标志：子午线轮胎（用 R 表示），普通斜交轮胎（用 D 表示）。

轮辋直径 d（单位：in），常见的有 13、14、15、16、17、18、19 和 20 等，这个参数代表轮圈适配的直径。

乘用车排量与轮胎规格有相应的适用范围：排量在 0.8~1.5L，轮胎规格在 155/65R13~175/70R14 范围内；排量为 1.6~6.0L，轮胎规格在 185/60R15~245/50R18 范围内。一般情况下排量越大的车型其轮胎规格就会越大。轮胎规格大小将直接影响到整车舒适性、美观和通过性能。

负载指数（许用承载质量代号）是指轮胎单胎最大载重能力。不同的系数对应不同的载重量，常见的汽车轮胎负载指数及对应的最大载重量如表 4-13 所示。超负荷使用轮胎，会影响其寿命，并导致轮胎过度生热，易发生爆胎。实践证明：超负荷 10%，轮胎寿命将降低 20%；超负荷还会增大滚动阻力，超负荷 30%，滚动阻力将增加 45%~60%。因此，不要超负荷使用轮胎。

表 4-13 负载指数对应的轮胎所能承担的最大载荷量

负载指数	最大载重量/kg	负载指数	最大载重量/kg	负载指数	最大载重量/kg	负载指数	最大载重量/kg
63	272	64	280	65	290	66	300
67	307	68	315	69	325	70	335
71	345	72	355	73	365	74	375
75	387	76	400	77	412	78	425
79	437	80	450	81	462	82	475
83	487	84	500	85	515	86	530
87	545	88	560	89	580	90	600
91	615	92	630	93	650	94	670
95	690	96	710	97	730	98	750
99	775	100	800	101	825	102	850
103	875	104	900				

速度级别（许用车速代号）是指轮胎在规定的载重与标准气压下，轮胎所能达到的最高时速（最大安全速度）。常见的轿车轮胎速度级别对应的最大安全速度如表 4-14 所示，字母越靠后，允许速度越高。汽车高速行驶时，会使整个轮胎的温度升高，从而导致胎面磨损加剧，实验证明：胎面温度升高 1℃，胎面磨损增加 2%，并容易发生爆胎。因此，为了安全，不要超过轮胎标识的最大安全速度驾驶车辆。

表 4-14 常见轿车轮胎速度级别对应的最大安全速度　　　　　　　　　km/h

代号	最大安全速度	代号	最大安全速度	代号	最大安全速度	代号	最大安全速度
J	100	K	110	L	120	M	130
N	140	P	150	Q	160	R	170
S	180	T	190	H	210	V	240
W	270	Y	300				

c. 轮胎生产日期标识。用 4 位数字表示，如 2214，前面两位数字表示轮胎在一年中第几周生产，后面两位数字表示生产轮胎的年份，所以该轮胎的生产日期是 2014 年第 22 周（即 6 月份）。轮胎使用最佳更换周期为：一般不要超过 3 年，里程不超过 6 万 km。因此，利用轮胎生产日期标记可以辅助判断轮胎的更换时间。在买新轮胎时也可以分辨是不是库存胎。

d. 轮胎磨损指示标识。位于轮胎各条主排水槽内，是一个截面为梯形的橡胶凸台，凸台高度为轮胎正常使用的磨损极限。我国国家标准规定轿车和轻卡用的子午线轮胎磨耗指示标识的磨损极限为 1.6 mm，货车、客车用的子午线轮胎花纹磨损极限为 3.2 mm。当轮胎花纹正常磨耗至此高度时，胎面几乎磨平，轮胎的排水能力将大大下降，车辆在湿地面行驶会比较危险，应该更换新胎。为了便于检查，在设置磨损指示标识位置的两边胎肩上，相应地用印模印出"△"标志，以提示在此位置的轮胎花纹里设置有轮胎磨损指示标识。轮胎磨损指示标识不仅是轮胎安全行驶的保证，而且可作为检查轮胎是否正常磨损的依据。

e. 认证标识。有 DOT（美国认证）、ECE（欧洲认证）、CCC（中国认证）等。在认证标识后面是轮胎生产厂家代码，如 DOT Y5CD（Y5 是轮胎生产厂家代码，CD 是轮胎规格代码）。

f. 3T 标识。3T 是指 TREADWEAR、TRACTION、TEMPERATURE，这三个单词分别代表耐磨指数、牵引力和温度指数。一般这三个英文单词都是连在一起刻在胎侧上的，例如 TREADWEAR 320、TRACTION AA、TEMPERATURE A。TREADWEAR 320 表示轮胎的耐磨指数为 320，一般耐磨指数在 280~320；TRACTION 表示的是抓地力指数，抓地力从高到低依次是 AA、A、B、C；TEMPERATURE 表示轮胎的耐受温度级别。温度级别由高到低依次是 A、B、C，A 级表示轮胎耐高温的级数比较高。

③轮胎安装与使用。一辆车上四个轮胎应装配同一规格、结构、厂家和花纹的轮胎。如果使用中需要更换轮胎，从安全驾驶角度考虑，更换轮胎的原则为：同一车轴的左右轮胎应同时更换，且必须是同品牌、同规格和结构、同花纹的轮胎，以保证前后车轮或左右车轮的摩擦力相同，不会产生刹车跑偏现象。同轴不可以混装不同品牌的轮胎。新轮胎应安装在后

车轴上。安装时,胎侧的旋转箭头应与车辆前进方向一致;胎侧刻有英文 outside、生产日期的这一面向外装。

4.2.3 发动机舱检查与鉴定

1. 发动机舱检查项目

发动机舱室是汽车心脏和控制中枢,部件多、线路复杂,是二手车鉴定的重点检查部位。检查内容如表 4-15 所示。

表 4-15 发动机舱检查项目作业表

代码	检查项目	缺陷程度及扣分标准					
		A	扣分	B	扣分	C	扣分/分
40	机油有无冷却液混入	无		轻微	15	严重	15
41	缸盖外是否有机油渗漏	无		轻微	5	严重	5
42	前翼子板内缘、水箱框架、横拉梁有无凹凸或修复痕迹	无	不扣分	轻微	1.5	严重	3
43	散热器格栅有无破损	无		轻微	1.5	渗漏	3
44	蓄电池电极桩柱有无腐蚀	无		轻微	2	严重	4
45	蓄电池电解液有无渗漏、缺少	无		轻微	1.5	严重	3
46	发动机皮带有无老化	无		轻微	1.5	严重	3
47	油管、水管有无老化、裂痕	无		轻微	1.5	裂痕	3
48	线束有无老化、破损	无		轻微	1.5	破损	3
49	其他	只描述缺陷,不扣分					

2. 发动机舱检查结果评分

按照表 4-15 所示的扣分标准对各检查项目存在的缺陷程度(程度 A、B、C 只能取一种)进行扣分,本部分共计 20 分,扣完为止。剩余分值即为发动机舱检查结果的得分值。

$$发动机舱分值 = 20 - \sum 项目扣分$$

3. 发动机舱检查方法

检查时,发动机应处于冷机状态。

(1) 检查散热器

散热器和水箱连接,是汽车冷却系统中主要机件。散热器位于汽车进气栅格后面,发生碰撞事故时它是最容易受损的部件之一。检查时,应从以下几个方面进行:

①看水箱框架和横拉梁是否整体平整,水箱框架和前翼子板内缘连接处的焊接点是否为大小一致的圆形焊点。如果在这个部位发现焊点是凸出状的,或者焊点凹凸粗糙不光滑、不均匀,则表明是重新烧焊的痕迹,证明水箱框架受到过撞击,事故波及的范围已经到达了车

内的安全区域。

②看散热器栅格有无破损，散热片表面是否有挤压变形、破损焊接修复过的痕迹。

（2）检查机油

机油在发动机中起到润滑、冷却、密封等作用。机油检查主要是看机油颜色和黏稠度，判断车辆保养和发动机密封情况，辅助判断车辆技术状况。通过机油尺可以检查发动机油底壳里的机油油量、颜色和黏稠度。应在下面条件下检查机油尺：车辆应停放在平坦的路面上，且发动机停转 10 min 以上（目的是让发动机内所有的机油都流回到油底壳里）。

检查方法和步骤：测量前先拔出机油尺用白色的布或餐巾纸擦干净，然后重新插入机油尺测量孔，注意一定要插到底，再次拔出即可检查机油油量、颜色和黏稠度。

①合适的机油量应介于上下刻度线之间，油位过低，表示车主可能很长时间未添加机油或发动机机体存在漏油的情况；油位过高，说明车主加机油很随意或有冷却液混入发动机。

②通过看机油颜色、黏稠度和含杂质情况判断车主是否正常保养汽车，判断发动机技术状况。用白纸巾擦拭机油尺可检测机油颜色，如为黑色，属于正常；如为黏稠发黑带有金属屑，说明油底壳里的机油长时间没更换过，油底壳积聚大量带有金属屑的油泥；如出现乳状发黄且有刺鼻气味等状况，则是发动机冷却液渗漏到油底壳里，这种情况可能是由缸垫损坏或缸盖和缸体结合面变形造成的，发动机可能需要大修，这对车辆的价格影响非常大。

（3）检查发动机缸盖和缸体接口密封

通过检查缸盖外是否有漏油现象判断发动机缸盖和缸体接合面的密封性。检查方法是：

①观察缸盖和缸体接合面部位是否有湿润的油迹。

②用纸巾在缸盖和缸体接合面附近擦拭。

（4）检查发动机皮带

发动机皮带又称为正时皮带，是发动机配气系统的重要组成部分。它属于橡胶部件，随着发动机工作时间的增加会发生磨损和老化。检查方法是：

①通过皮带和皮带轮的接触面积锐减程度判断皮带磨损程度。

②皮带老旧、表面有裂纹、手压皮带感觉张力不足，都是皮带老化的表现。

（5）检查蓄电池

通过以下方法检查蓄电池是否存在缺陷：

①观察蓄电池两侧有无鼓包情况。

②观察电极桩柱有无腐蚀。

③观察蓄电池电解液有无渗漏、缺少。

对于免维护型蓄电池，可根据蓄电池盖上的电量观察孔的颜色判断是否缺少电解液，白色表示电解液不足。因免维护蓄电池无法加液，应立即更换蓄电池。

（6）检查管、线

通过以下方法检查油管、水管和线束是否存在缺陷：

①观察油管和水管有无老化、裂痕和漏液痕迹。

②观察线束包裹层有无老化、导线裸露现象。

4.2.4 驾驶舱检查与鉴定

1. 驾驶舱检查项目

驾驶舱是驾驶员和乘员乘坐的地方,舱内内饰的状态体现车辆的使用情况和乘用的舒适性。通过这些部件检查判断车主对车辆的爱惜和保养程度、使用车辆强度以及辅助判断二手车技术状况。检查内容如表4-16所示。

表4-16 驾驶舱检查项目作业表

代码	检查项目	缺陷程度及扣分标准			扣分/分
		A	扣分	C	
50	车内是否无水泡痕迹	是		否	1.5
51	车内后视镜、座椅是否完整、无破损、功能正常	是		否	0.5
52	车内是否整洁、无异味	是		否	0.5
53	方向盘行程转角是否小于20°	是		否	1
54	车顶及周边内饰是否无破损、松动及裂缝和污迹	是		否	1
55	仪表台是否无划痕,配件是否无缺失	是	不扣分	否	1
56	换挡把手及护罩是否完好、无破损	是		否	1
57	储物盒是否无裂痕,配件是否无缺失	是		否	1
58	天窗是否移动灵活、关闭正常	是		否	1
59	天窗密封条是否良好、无老化	是		否	1
60	安全带结构是否完整、功能是否正常	是		否	1
61	驻车制动系统是否灵活有效	是		否	1
62	玻璃窗升降器、门窗工作是否正常	是		否	1
63	左、右后视镜折叠装置工作是否正常	是		否	1
64	其他	只描述缺陷,不扣分			

2. 驾驶舱检查结果评分

按照表4-16所示的扣分标准对各检查项目存在的缺陷程度(程度A、C只能取一种)进行扣分,本部分共计10分,扣完为止。剩余分值即为发动机舱检查结果的得分值。

$$驾驶舱分值 = 10 - \sum 项目扣分$$

3. 驾驶舱检查方法

①观察车顶及周边内饰有无破损、松动及裂缝和污迹;车内是否整洁、无异味;变速器的换挡把手及护罩是否完好、无破损,判断车主使用、保养情况。

②观察车顶、地毯、座椅等织物和填充物的内饰表面是否有水泡痕迹;这些内饰是否散

发出水泡过的霉味，手感是否发硬，判断该车是否为水泡车。

③检查仪表台时，查看仪表台是否无划痕，配件是否无缺失或字迹清晰；检查仪表盘底部有无更改线束或乱搭接电线现象；储物盒是否无裂痕，配件是否无缺失。

④检查座椅时，观察座椅是否完整、无破损和完好；正、副驾驶座椅调节功能是否完好；安全带结构是否完整、功能是否正常。

⑤在汽车静态下，坐在驾驶员位置，左右转动方向盘，检查方向盘行程转角是否小于20°；操纵驻车把手，检查驻车制动系统是否灵活有效。

⑥坐在驾驶员位置，检查车内后视镜功能是否正常，左、右后视镜折叠装置工作是否正常；天窗是否移动灵活、关闭正常；玻璃窗升降器、门窗工作是否正常；雨刮器、喷水装置工作是否正常。

4.2.5 起动检查与鉴定

1. 起动检查项目

起动检查是指汽车在空挡、停车状态下，发动机由静态起动到无负荷怠速运转状态进行的相关性能检查。主要检查内容如表 4-17 所示。

表 4-17 起动检查项目作业表

代码	检查项目	缺陷程度及扣分标准			
		A	扣分	C	扣分/分
65	车辆起动是否顺畅（时间小于5s，或一次起动）	是		否	2
66	仪表板指示灯显示是否正常，是否会无故障报警	是		否	2
67	各类灯光和调节功能是否正常	是		否	1
68	泊车辅助系统工作是否正常	是		否	0.5
69	制动防抱死系统（ABS）工作是否正常	是	不扣分	否	0.5
70	空调系统风量、方向调节、分区控制、自动控制、制冷工作是否正常	是		否	0.5
71	发动机在冷、热车条件下怠速运转是否稳定	是		否	0.5
72	怠速运转时发动机是否无异响，空挡状态下逐渐提高发动机转速，发动机声音过渡是否无异响	是		否	10
73	车辆排气是否无异常	是		否	10
74	其他	只描述缺陷，不扣分			

2. 起动检查结果评分

按照表 4-17 所示的扣分标准对各检查项目存在的缺陷程度（程度 A、C 只能取一种）进行扣分，本部分共计 20 分，扣完为止。剩余分值即为起动检查结果的得分值。

$$起动分值 = 20 - \sum 项目扣分$$

3. 起动检查方法

①用车钥匙接通电路,观察仪表板指示灯(如机油、电池、车门、安全带、手刹、ABS等)显示是否正常。正常情况下,这些指示灯在自检时会亮起、发动机起动、安全带扣上、手刹放松之后应该熄灭,如果有灯亮或故障报警灯亮,说明该车存在相应的故障问题。

②用车钥匙接通电路后,2人配合检查各类灯光和调节功能是否正常。

③发动机起动涉及蓄电池电量、起动机、点火系统、燃油供给系统等诸多因素。在正常情况下,发动机应在5s内一次起动成功。检查时起动次数不应超过2次。

④观察发动机在冷、热车条件下怠速运转是否稳定;发动机起动后,怠速运转时发动机是否无异响;空挡状态下踩油门踏板逐渐提高发动机转速,发动机声音过渡是否无异响。

⑤发动机起动后,检查空调系统风量、方向调节、分区控制、自动控制、制冷工作是否正常。

⑥泊车辅助系统主要有倒车雷达和倒车影像两种形式。检查泊车辅助系统是否正常工作时,坐在驾驶位置,将变速器换挡把手放在倒挡位置(手动挡车需踩下离合踏板,自动挡车不踩加速踏板),倒车雷达以声音警示、倒车影像以图像形式在显示器上显示,均为工作正常。

⑦观看排气管口的排气颜色和气流,检查车辆排气是否异常。正常汽油发动机排出的气体是连续和无色的,在严寒的冬季可见白色的水气。如果排气颜色发蓝,说明机油窜入燃烧室;如果排气管冒黑烟,说明混合气过浓,汽油发动机点火时刻过迟。

4.2.6 路试检查与鉴定

1. 路试检查项目

路试检查是指在汽车行驶过程中检查汽车各系统的动态性能。路试是了解二手车操控是否轻便、灵活,效能是否满足要求,运行是否安静、舒适的重要手段。二手车大部分技术状况只有在试驾中才能发现问题。路试主要检查内容如表4-18所示。

表4-18 路试检查项目作业表

代码	检查项目	缺陷程度及扣分标准			扣分/分
		A	扣分	C	
75	发动机运转、加速是否正常	是	不扣分	否	2
76	车辆起动前踩下制动踏板,保持5~10s,踏板无向下移动的现象	是		否	2
77	踩住制动踏板起动发动机,踏板是否向下移动	是		否	2
78	行车制动系最大制动效能在踏板全行程的4/5以内到达	是		否	2
79	行驶是否无跑偏	是		否	2
80	制动系统工作是否正常有效、制动不跑偏	是		否	2
81	变速箱工作是否正常、无异响	是		否	2
82	行驶过程中车辆底盘部位是否无异响	是		否	2
83	行驶过程中车辆转向部位是否无异响	是		否	2
84	其他	只描述缺陷,不扣分			

2. 路试检查结果评分

按照表 4-18 所示的扣分标准对各检查项目存在的缺陷程度（程度 A、C 只能取一种）进行扣分，本部分共计 15 分，扣完为止。剩余分值即为路试检查结果的得分值。

$$路试分值 = 15 - \sum 项目扣分$$

3. 路试检查方法

路试过程中，一次性完成从起动、起步、加减挡、加速、转弯、制动和停车等多方面检查。

① 车辆起动前踩下制动踏板，保持 5~10s，检查踏板有无向下移动的现象；踩住制动踏板起动发动机，踏板是否向下移动。

② 汽车起步和行驶中换挡时，检查离合器工作是否正常，观察有无发抖、异响和打滑现象。

③ 踩下加速踏板，检查加速是否正常，听发动机声音检查发动机运转是否正常。

④ 行驶过程中，加、减挡操作，检查变速箱工作是否正常、无异响。

⑤ 行驶过程中，检查转向操作是否轻便、有无摆振现象，转向部位是否无异响。

⑥ 行驶过程中，观察行驶是否有跑偏现象。

⑦ 行驶过程中，踩制动踏板检查制动系统工作是否正常有效，观察制动有无跑偏、甩尾现象；行车制动系统最大制动效能是否能在踏板全行程的 4/5 以内到达，行车制动距离应符合表 4-19 的要求，紧急制动距离应符合表 4-20 要求。

⑧ 行驶过程中，倾听车辆底盘部位有无异响。

⑨ 行车中，通过听车内噪声、爬坡时发动机声音等辅助判断二手车的密封性和动力性。

表 4-19 制动距离和制动稳定性要求

汽车类型	制动初速度 /(km·h^{-1})	满载检验制动距离要求/m	空载检验制动距离要求/m	试验通道宽度/m
三轮汽车	20	≤5.0		2.5
乘用车	50	≤20.0	≤19.0	2.5
总质量不大于 3 500kg 的低速汽车	30	≤9.0	≤8.0	2.5
其他质量不大于 3 500kg 的低速汽车	50	≤22.0	≤21.0	2.5
其他汽车、汽车列车	30	≤10.0	≤9.0	3.0

表 4-20 紧急制动性能要求

汽车类型	制动初速度 /(km·h^{-1})	制动距离 /m	充分发出的平均减速度 /(m·s^{-2})	允许操纵力不应大于/N 手操纵	允许操纵力不应大于/N 脚操纵
乘用车	50	≤38.0	≥2.9	400	500
客车	30	≤18.0	≥2.5	600	700
其他汽车（三轮汽车除外）	30	≤20.0	≥2.2	600	700

4.2.7 底盘检查与鉴定

底盘项目检查最好在设有检查地沟或汽车举升器的工位上进行。

1. 底盘检查项目

底盘检查是路试后的检查,主要是检查底盘外观可见部件的技术状态。主要检查内容如表 4-21 所示。

表 4-21 底盘检查项目作业表

代码	检查项目	缺陷程度及扣分标准			
		A	扣分	C	扣分/分
85	发动机油底壳是否无渗漏	是	不扣分	否	4
86	变速箱体是否无渗漏	是		否	4
87	转向节臂球销是否无松动	是		否	3
88	三角臂球销是否无松动	是		否	3
89	传动轴十字轴是否无松旷	是		否	2
90	减震器是否无渗漏	是		否	2
91	减震弹簧是否无损坏	是		否	2
92	其他	只描述缺陷,不扣分			

2. 底盘检查结果评分

按照表 4-21 所示的扣分标准对各检查项目存在的缺陷程度(程度 A、C 只能取一种)进行扣分,本部分共计 15 分,扣完为止。剩余分值即为路试检查结果的得分值。

$$底盘分值 = 15 - \sum 项目扣分$$

3. 底盘检查方法

底盘外观检查应将车辆开进地沟或由举升器举起后从车头至车尾进行检查,如图 4-14 所示。

①检查底盘是否出现锈蚀、变形和焊接现象;验证判断该车是否发生过碰撞事故修复,或是拼装车。

②检查转向机构杆件有无变形、焊接现象,转向节臂球销是否松动,三角臂球销是否松动,万向节防尘套是否破损。

③检查发动机油底壳表面有无划痕,是否有渗漏现象。

④检查离合器壳、变速箱体有无裂缝,变速箱体有无渗漏。

⑤检查悬架系统和减震装置。减震器是否有渗漏现象,减震弹簧是否损坏。

⑥检查传动轴十字轴是否松旷。

⑦主减速器壳有无渗漏。

图 4-14 底盘外观检查

4.2.8 检查功能性零部件

检查表 4-22 所示零部件的结构有无损坏、功能是否有效,有问题的只进行缺陷描述,不计分。

表 4-22 车辆功能性零部件项目表

代码	类别	零部件名称	代码	类别	零部件名称
93	车身外部件	发动机舱盖锁止	105	随车附件	备胎
94		发动机舱盖液压撑杆	106		千斤顶
95		后门/后备厢液压支撑杆	107		轮胎扳手及随车工具
96		各车门锁止	108		三角警示牌
97		前后雨刮器	109		灭火器
98		立柱密封胶条	110	其他	全套钥匙
99		排气管及消音器	111		遥控器及功能
100		车轮轮毂	112		喇叭高低音色
101	驾驶舱内部件	车内后视镜	113		玻璃加热功能
102		座椅调节及加热			
103		仪表板出风管道			
104		中央集控			

4.3 二手车技术状况仪器检查

二手车技术状况好坏是由汽车的各种性能参数决定的,这些性能参数反映了二手车在特定性能方面的情况。它们涉及汽车行驶安全性、能源消耗情况、对环境影响情况等，采用特定的检测仪器和特定的试验方法，获得这些参数的具体值，然后对比相应的国家法规和标准，评定二手车性能。二手车技术状况的仪器检查在汽车检测站按规定的技术要求进行。

二手车技术状况仪器检查主要用于对被评估二手车用动态检查性能把握不准和不熟悉，并且对评估准确性要求较高的情况，常用于高档的冷僻车型司法评估。

4.3.1 汽车动力性检测

汽车动力性的好坏直接影响汽车运输效率的高低，它是汽车使用的最重要的基本性能。汽车在使用一定时期后，技术状况会发生变化，汽车的动力性也会发生变化。汽车技术状况不良，首先表现为动力性不足，燃料消耗增大。汽车动力性的检测方法有道路试验和室内台架试验两大类。室内台架试验不受客观条件影响，测试条件易于控制，所以在汽车检测站得到广泛应用。

1. 汽车动力性评价指标

汽车检测部门一般常用汽车的最高车速、加速能力、最大爬坡度、发动机最大输出功率、底盘输出最大驱动功率作为动力性评价指标。

（1）最高车速（v_{max}）

最高车速是指汽车以制造厂规定的最大总质量状态在风速≤3 m/s的条件下，在干燥、清洁、平坦的混凝土或沥青路面上能够达到的最高稳定行驶速度。

（2）加速能力

汽车加速能力是指汽车在行驶中迅速提高行驶速度的能力，通常用汽车加速时间（t）来评价。加速时间是指汽车以制造厂规定的最大总质量状态，在风速≤3m/s的条件下，在干燥、清洁、平坦的混凝土或沥青路面上，由某一低速加速到某一高速所需的时间。加速时间有原地起步加速时间和超车加速时间两种。

①原地起步加速时间，是指用规定的低挡起步，选择适当的换挡时机逐步换到最高挡后，以最大的加速度加速到某一规定的车速或达到一定距离所需的时间。一般常用0~100 km/h的时间或为0~400 m距离所需的时间，起步加速时间越短，动力性越好。

②超车加速时间，指用最高挡或次高挡，由某一预定车速开始，全力加速到某一高速所需的时间。超车加速时间越短，其高挡加速性能越好。

（3）最大爬坡度（i_{max}）

最大爬坡度是指汽车满载，在良好的混凝土或沥青路面的坡道上，汽车以最低前进挡能够爬上的最大坡度。

（4）发动机最大输出功率（P_{max}）

发动机最大输出功率是指发动机在全负荷状态下，仅带维持运转所必需的附件时所输出的功率，又称总功率。此时被测试发动机一般不带空气滤清器、冷却风扇等附件。新出厂发动机的最大输出功率一般是指发动机的额定功率。额定功率是制造厂根据发动机具体用途，发动机在全负荷状态和规定的额定转速下所规定的总功率。在国外有些厂家所谓的额定功率是指发动机在额定转速下输出的净功率。常在额定功率后注有"净"字，以示区别。净功率是指在全负荷状态下，发动机带全套附件时所输出的功率。

汽车发动机最大输出功率是汽车动力性的基本参数。汽车在使用一定时期后，技术状况发生变化，发动机的最大输出功率变小，所以用其变小的差值评价发动机技术状况下降的程度。

（5）底盘输出最大驱动功率（DP_{max}）

底盘输出最大驱动功率是指汽车在使用直接挡行驶时，驱动轮输出的最大驱动功率（相应的车速在发动机额定转速附近）。

底盘输出最大驱动功率一般简称底盘输出最大功率，是实际克服行驶阻力的最大能力，是汽车动力性评价的一项重要指标。汽车在使用过程中，发动机本身、发动机附件及传动系的技术状况都会下降，其底盘输出的最大功率将因此减小。

2. 汽车动力性检测项目与有关标准

汽车动力性检测项目主要有：加速性能检测、最高车速检测、滑行性能检测、发动机输出功率检测、汽车底盘输出功率检测。

动力性检测可依据的标准有：JT/T 198－1995《汽车技术等级评定标准》；GB/T 18276－2017《汽车动力性台架试验方法和评价指标》；GB/T 3798－2005《汽车大修竣工出厂技术条件》；GB/T 18344－2016《汽车维护、检测、诊断技术规范》等。

3. 汽车动力性台架检测方法

汽车动力性台架检测的方式，主要是用无负荷测功仪检测发动机功率，底盘测功机检测汽车的最大输出功率、最高车速和加速能力。室内台架试验不受气候、驾驶技术等客观条件的影响，只受测试仪本身测试精度的影响，测试条件易于控制，所以汽车检测站广泛采用汽车动力性室内台架试验方式。

（1）汽车底盘输出功率的检测方法

通过底盘测功机检测车辆的最大底盘驱动功率，来评定车辆的技术状况等级。汽车底盘输出功率的检测方法如下：

①在动力性检测之前，必须按汽车底盘测功机说明书的规定进行试验前的准备。台架举升器应处于举升状态，无举升器者滚筒必须锁定；车轮轮胎表面不得夹有小石子或坚硬之物。

②汽车底盘测功机控制系统、道路模拟系统、引导系统、安全保障系统等必须工作正常。

③在动力性检测过程中，控制方式处于恒速控制，当车速达到设定车速（误差±2km/h）并稳定5s后（时间过短，检测结果重复性较差），计算机方可读取车速与驱动力数值，并计算汽车底盘输出功率。

④输出检测结果。

（2）发动机功率的检测方法

无负荷测功法又称为动态测功法，是发动机在低速运转时，突然全开节气门或置油门齿杆位置为最大，使发动机加速运转，用加速性能直接反映最大功率。这种方法不加负荷，可在试验台上进行，也可就车进行。

用发动机无负荷检测仪检测发动机功率，使用方便，检测快捷，在规范操作的前提下，可对发动机动力性检测与管理提供有效依据。还可以用于同一发动机调试前后、维修前后的功率对比，因此也得到广泛使用。

①起动发动机并预热至正常状态，与此同时接通无负荷测功仪电源，连接传感器。

②按仪器使用说明书进行操作。

③从测功仪上读取（或算成）发动机的功率值。

无负荷测功仪既可以制成单一功能的便携式测功仪（图4-15），又可以和其他测试仪表组合成为台式发动机综合测试仪。

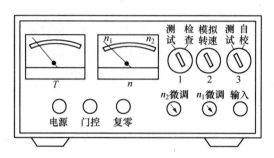

图4-15 便携式无负荷测功仪面板

发动机功率结果分析：在用发动机功率不得低于额定功率的75%，大修后不得低于90%。

（3）底盘测功试验台的结构

汽车底盘测功机在试验时能对试验条件进行控制，使周围环境条件的影响降到最小，同时通过功率吸收加载装置来模拟道路行驶阻力，控制行驶状况，故能进行符合实际行驶状况的复杂循环试验，因而得到了广泛应用。

底盘测功试验台，是一种在汽车不解体情况下检验汽车使用性能的检测设备。其基本功能为：测试汽车驱动轮输出功率；测试汽车的加速性能；测试汽车的滑行能力和传动系统的传动效率；检测校验车速表；辅以油耗计、废气分析仪等设备，还可以对汽车的燃油经济性和废气排放性能进行检测。

底盘测功试验台一般由滚筒装置、功率吸收装置（即加载装置）、测量装置、辅助装置四部分组成。图4-16所示为国产DCG-10C型汽车底盘测功试验台机械部分的结构示意图。该试验台适用于轴质量不大于10 t、驱动车轮输出功率不大于150 kW车辆的检测。

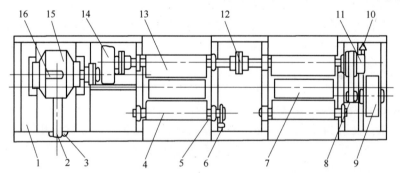

图4-16 国产DCG-10C型汽车底盘测功试验台机械部分的结构示意图

1—框架；2—测力杠杆；3—压力传感器；4—从动滚筒；5—轴承座；6—速度传感器；
7—举升装置；8—传动齿轮；9—飞轮；10—电刷；11—离合器；12—联轴器；
13—主动滚筒；14—变速器；15—电涡流测功器；16—冷却水入口

（4）数据处理

1）底盘最大输出功率计算

目前底盘测功机显示的数值，有的是功率吸收装置的吸收功率的数值，有的则是驱动轮输出的最大底盘输出功率的数值。对于显示功率吸收装置所吸收功率数值的，在检测结果的数据处理时，必须增加汽车在滚筒上滚动阻力消耗的功率、台架机械阻力消耗的功率及风冷式功率吸收装置的风扇所消耗的功率，其计算式应为：

汽车底盘最大输出功率 = 功率吸收装置所消耗的功率 + 滚动阻力所消耗的功率 + 台架机械阻力所消耗的功率 + 风冷式功率吸收装置冷却风扇所消耗的功率

2）发动机最大输出功率计算

依据 JT/T 198 – 1995《汽车技术等级评定标准》的规定，所测发动机最大输出功率应与发动机的额定功率相比较。为此，发动机最大输出功率的计算式应为：

发动机最大输出功率 P_{max} = 附件消耗功率 P_1 + 传动系消耗功率 P_2 + 底盘最大输出功率 DP_{max}

所以，在测得底盘最大输出功率之后，应增加传动系消耗功率 P_2 及附件消耗功率 P_1，才可确定发动机最大输出功率 P_{max}，若该汽车发动机额定功率为净功率，不包括发动机附件消耗功率 P_1，则处理后发动机最大输出功率 P_{max} 的数值为 $P_{max} = P_2 + DP_{max}$。

用发动机无负荷测功仪测得的发动机功率 P 为净功率，若该汽车发动机的额定功率为总功率，而不是净功率，则所测得的功率 P 应加发动机附件消耗功率 P_1 后才可与额定功率相比较。

4. 传动效率检测

将底盘测功仪上测得的驱动轮输出功率与发动机飞轮输出功率进行对比，可计算出传动效率：

$$\eta_t = P_k / P_e \tag{4-2}$$

式中：P_k——驱动轮输出功率，kW；

P_e——发动机飞轮输出功率，kW。

用汽车底盘传动系机械传动效率的正常值作为检验标准，传动效率正常值如表 4 – 23 所示。

表 4 – 23 传动效率正常值

汽车类型		传动效率 η_t
轿车		0.90 ~ 0.92
载货汽车和公共汽车	单级主传动器	0.90
	双级主传动器	0.84
4×4 越野汽车		0.85
6×4 载重汽车		0.80

汽车在使用中，传动效率随着传动系统技术状况的变化而变化。新车的传动效率并不是

最高的,只有传动系完全磨合后,各部件调整为最佳时,才使其传动效率达到最大。随着车辆的继续使用,磨损逐渐变大,润滑条件变差,配合情况逐渐恶化,摩擦损失也逐渐增加,因而传动效率也就逐渐降低。一般发动机功率大于额定功率的75%才符合要求。

4.3.2 发动机气缸密封性检测

气缸密封性与气缸体、气缸盖、气缸垫、活塞、活塞环和进排气门等零件的技术状况有关。在发动机使用过程中,由于这些零件磨损、烧蚀、结焦或积碳,所以气缸密封性下降,发动机功率下降,燃油消耗率提高,使用寿命大大缩短。气缸密封性是表征发动机技术状况的重要参数。

在不解体的条件下,检测气缸密封性的常用方法有:测量气缸压缩压力;测量曲轴箱窜气量;测量气缸漏气量或气缸漏气率;测量进气管负压等。在就车检测时,只要进行其中的一项或两项,就能确定气缸密封性的好坏。

1. 气缸压缩压力检测

气缸压缩压力的大小可以表明气缸的密封性。检测方法有:用气缸压力表检测和用气缸压力测试仪检测。在此介绍用气缸压力表检测气缸压缩压力,气缸压力表如图4-17所示。

(1) 检测方法

发动机正常运转,使水温达75℃以上。停机后,拆下空气滤清器,用压缩空气吹净火花塞或喷油器周围的灰尘和脏物,然后卸下全部火花塞或喷油器,并按气缸次序放置。对于汽油发动机,还应把分电器中央电极高压线拔下并可靠搭铁,以防止电击和着火,然后把气缸

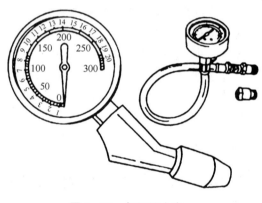

图4-17 气缸压力表

压力表的橡胶接头插在被测缸的火花塞孔内,扶正压紧。节气门和阻风门置于全开位置,用起动机转动曲轴3~5s(不少于四个压缩行程),待压力表头指针指示并保持最大压力后停止转动。取下气缸压力表,记下读数,按下单向阀使压力表指针回零。按上述方法依次测量各缸,每缸测量次数不少于两次。

就车检测柴油机气缸压力时,应使用螺纹接头的气缸压力表。如果该机要求在较高转速下测量,此种情况除受检气缸外,其余气缸均应工作。其他检测条件和检测方法与汽油机相同。

(2) 诊断参数标准

气缸压缩压力标准值一般由制造厂提供。根据GB/T 15746—2011《汽车修理质量检查评定方法》的规定:大修竣工发动机的气缸压力应符合原设计规定,每缸压力与各缸平均压力的差,汽油机不超过8%,柴油机不超过10%。

(3) 结果分析

测得结果如高于原设计规定,可能是由于燃烧室积碳过多、气缸衬垫过薄或缸体与缸盖结合平面经多次修理加工过甚。测得结果如低于原设计规定,可向该缸火花塞或喷油器孔内

注入适量机油，然后用气缸压力表重测气缸压力并记录。

如果第二次测出的压力比第一次高，说明气缸、活塞环、活塞磨损过大或活塞环对口、卡死、断裂及缸壁拉伤等造成了气缸不密封。如果第二次测出的压力与第一次相近，说明进、排气门或气缸衬垫不密封。如果两次检测某相邻两缸压力均较低，说明该两缸相邻处的气缸衬垫烧损窜气。

2. 曲轴箱窜气量检测

检测曲轴箱窜气量，也是检测气缸密封性的方法之一。特别是在发动机不解体的情况下，使用该方法诊断气缸活塞摩擦副的工作状况具有明显的作用。

（1）曲轴箱窜气量检测方法

曲轴箱窜气量检测一般采用专用气体流量计进行，如图4-18所示，具体检测步骤如下：

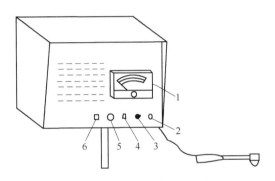

图4-18 曲轴箱窜气量检测仪

1—指示仪表；2—预测按钮；3—预调旋钮；4—挡位开关；5—调零旋钮；6—电源开关

①打开电源开关，按仪器使用说明书的要求对检测仪进行预调。
②密封曲轴箱，即堵塞机油尺口、曲轴箱通风进出口等，将取样头插入机油加注口内。
③起动发动机，待其运转平稳后，仪表箱仪表的指示值即为发动机曲轴箱在该转速下的窜气量。

曲轴箱窜气量除与发动机气缸活塞组技术状况有关外，还与发动机转速和负荷有关。因此在检测时，发动机应加载，节气门全开（或柴油机最大供油量），在最大转矩转速（此时窜气量达最大值）下测试。

（2）曲轴箱窜气量诊断参数标准

曲轴箱窜气量大，一般是气缸、活塞、活塞环磨损量大，使各部分间隙大；活塞环对口、结胶、积碳、失去弹性、断裂及缸壁拉伤等原因造成，应结合使用、维修和配件质量等情况来进行深入诊断。

3. 进气管负压检测

进气管负压（也称真空度）是进气管内的压力与大气压力的差值，发动机进气管负压的大小随气缸活塞组零件的磨损而变化，并与气门组零件的技术状况、进气管的密封性以及点火系统和供油系统的调整有关。因此，检测进气管负压，可以用来诊断发动机多种故障。

进气管负压用真空表检测，无须拆任何机件，而且快速简便，应用极广。一般发动机综合分析仪也具有进气管负压检测功能。

根据 GB/T 15746—2011《汽车修理质量检查评定方法》的规定，在正常工作温度和标准状况下，发动机怠速运转时，进气歧管真空度符合原设计规定，其波动范围为：六缸汽油机一般不超过 3 kPa，四缸汽油机一般不超过 5 kPa。

进气管负压随海拔升高而降低。海拔每升高 1 000 m，负压约减少 10 kPa，检测应根据所在地的海拔高度进行折算。

4.3.3 汽车燃油经济性检测

对汽车燃油经济性的评价，一般是通过汽车燃油消耗量试验来确定的，它是用以评价在用汽车技术状况与维修质量的综合性参数。检测汽车燃油消耗量常通过燃油消耗检测仪测定燃油消耗量的容积或质量来表示。在汽车检测站通过汽车道路试验，更多是在底盘测功试验台上模拟路试来检测其燃油消耗量。

1. 汽车燃油经济性路试检测

汽车燃油消耗量与发动机类型、制造工艺、调整状况、道路条件、气候情况、海拔高度、驾驶技术等多种因素有关。根据 GB/T 12545—2008《乘用车燃料消耗量试验方法》及 GB/T 27840—2011《商用车燃料消耗量测量方法》规定，进行汽车燃料消耗量的试验。

汽车检测站在进行路试时，一般以等速行驶燃料消耗量试验来检测汽车燃油消耗量，即汽车在常用挡位（直接挡）从车速 20 km/h（当最低稳定车速高于 20 km/h 时，从 30 km/h 开始）开始，以间隔 10 km/h 的整数倍的各预选车速，通过 500 m 的测量路段，测定燃油消耗量 Δ（mL）和通过时间 t（s），每种车速试验往返各进行两次，直到该挡最高车速的 90% 以上（至少不少于 5 种预选车速）。两次试验时间间隔（包括达到预定车速所需的助跑时间）应尽量缩短，以保持稳定的热状态。

各平均实测车速 v 及其相应的等速油耗量的平均值 Q_o 为

$$Q_o = \Delta/500 \text{（mL/m）} = 0.2\Delta \text{（1/100 km）}$$

$$v = 3.6 \times 500/t \text{（km/h）}$$

式中：t、Δ 是预选车速下的平均值。

各种车速下油耗测试值对其平均值的相对误差不应超过 $\pm 2.5\%$。

2. 汽车燃油经济性台架检测

检测汽车燃油经济性，按照国标规定应采用道路试验，但是道路试验的方法评价汽车燃油经济性会受到条件限制，因此以整车在底盘测功试验台上按照国标模拟道路试验检测其燃油经济性。在底盘测功机上模拟道路等速行驶油耗测试方法。模拟的基本原理如下：

（1）台架试验中常见的两种检测油耗的方法

其一为质量法，即采用质量式油耗传感器在底盘测功试验台上进行油耗检测；其二为容积法，即采用行星活塞油耗传感器在底盘测功试验台上进行油耗检测。当汽车驶上底盘测功试验台后拆卸燃油管路，接上油耗传感器，排除油路中的空气，然后在底盘测功试验台上进行加载，使加载量符合该车在路试状态下的各种阻力，然后进行油耗检测。

（2）台架试验中模拟加载量的确定

由于各个车型的实际情况不同（包括迎风面积、汽车总质量、汽车与地面接触的轮胎个数等），所以不同的车型在底盘测功试验台上应有不同的加载量，模拟加载量的确定方法是：首先，汽车（磨合过的新车或接近新车的在用车）在额定总质量状态下，以直接挡从 20 km/h 开始做燃油消耗量试验。往返采样各三次，得出 20 km/h 的该车平均等速油耗，然后每间隔 10km/h 一直到该车最高车速的 90%，做与上述同样的试验。这样依次得出 20 km/h 到最高车速的 90% 的等速平均百公里油耗。其次，汽车在整备质量状态下，在底盘测功试验台上也从 20 km/h 开始对底盘测功机加载模拟该车满载时在 20 km/h 路试状态下所受的外界阻力，直至加上某一载荷后得出 20km/h 等速百公里油耗值与车速为 20 km/h 路试所得的平均百公里油耗值相同，则上述对底盘测功机的加载量即为车速 20 km/h 时的模拟加载量。然后按照上述试验方法依次可得出各个车速下的加载量。

（3）油耗测量数据采集

在汽车技术等级评定油耗检测的台架方法中，其油耗数据的重复性按公式：

$$Q_{1max} - Q_{1min}/Q_{AV} \leq 2\%$$

式中：Q_{1max}——台架方法中最大百公里耗油量；

Q_{1min}——台架方法中最小百公里耗油量；

Q_{AV}——平均油耗。

即 50km/h 的工况必须测其 3 个数据，取均值且满足于上式，则 Q_{AV} 定为该车检测到的实际耗油量。如果发现数据重复性达不到上述要求，必须排除仪器及发动机或底盘的有关故障后重新进行测量。然后以标准的 Q_{AV} 与厂方给出的油耗 Q_0 比较：一级车 $Q_{AV} \leq Q_0$；二级车 $Q_0 < Q_{AV} \leq 110\% Q_0$；三级车 $Q_{AV} > 110\% Q_0$。

4.3.4 汽车制动性能检测

汽车制动性能检测有台架试验检验和道路试验检验。根据 GB 7258-2017《机动车运行安全技术条件》规定，当汽车经台试检验后对其制动性能有质疑时，可用道路试验检验，并以满载路试的复检结果为准。

台架试验的检测项目主要有：制动力、制动力平衡要求、车轮阻滞力、制动协调时间。制动性能路试检验的主要检测项目：制动距离、充分发出的平均减速度、制动稳定性、制动协调时间、驻车制动坡度。

1. 台架试验检验制动性能

（1）台架试验检验制动力的技术要求

GB 7258-2017《机动车运行安全技术条件》对台架试验检验制动力的要求如表 4-24 所示。

表 4-24　对台架试验检验制动力的要求　　　　　　　　　　　　　　　　　　　%

汽车类型	制动力总和与整车质量的百分比		轴制动力与轴荷①的百分比	
	空载	满载	前轴	后轴
三轮汽车	≥45		—	≥60②
乘用车、总质量不大于 3 500 kg 的货车	≥60	≥50	≥60②	≥20②
其他汽车	≥60	≥50	≥60②	—

注：①表示用平板制动检验乘用车时应按动态轴荷计算。
②表示空载和满载状态下测试均应满足此要求。

（2）行车制动性能检验要求

①汽车在制动试验台上测出的制动力应符合表 4-24 的要求。

②检验时制动踏板力或制动气压应符合以下要求：

a. 满载检验时，气压制动系统：气压表的指示气压≤额定工作气压；液压制动系统：座位数小于或等于 9 的载客汽车≤500 N，其他车辆≤700 N。

b. 空载检验时，气压制动系统：气压表的指示气压≤600 kPa；液压制动系统：座位数小于或等于 9 的载客汽车≤400 N，其他汽车≤450 N。

③制动力平衡要求。在制动力增长全过程中，左、右轮制动力差与该左、右轮中制动力大者比较，对前轴不得大于 20%，对后轴不得大于 24%。

④汽车和无轨电车的单车制动协调时间应不大于 0.6 s，汽车列车的协调时间应不大于 0.8 s。

⑤汽车和无轨电车车轮阻滞力要求：进行制动力检测时车辆各轮的阻滞力均不得大于该轴轴荷的 5%。

（3）驻车制动性能检验要求

当采用制动试验台检验车辆（两轮、边三轮摩托车和轻便摩托车除外）驻车制动的制动力时，车辆空载，乘坐一名驾驶员，使用驻车制动装置，驻车制动力的总和应不小于该车在测试状态下整车重量的 20%；对总质量为整备质量 1.2 倍以下的车辆此值为 15%。在空载状态下，驻车制动装置应能保证车辆在坡度为 20%（总质量为整备质量 1.2 倍以下的车辆为 15%）、轮胎与路面间的附着系数不小于 0.7 的坡道上正、反两个方向保持固定不动，其时间不少于 5 min。

当车辆经台架检验后对其制动性能有质疑时，可用规定的路试检验进行复检，并以满载路试的检验结果为准。

2. 台试制动性能检验方法

（1）用反力式滚筒制动试验台检测

制动试验台滚筒表面应干燥，没有松散物质及油污。驾驶员将车辆驶上滚筒，位置摆正，变速器置于空挡，起动滚筒，使用制动，测取各轮制动力、每轴左右轮在制动力增长全过程中的制动力差、制动协调时间、车轮阻滞力和驻车制动力等参数值并记录车轮是否抱死。

在测量制动时，为了获得足够的附着力以避免车轮抱死，允许在车辆上增加足够的附加质量或施加相当于附加质量的作用力，附加质量或作用力不计入轴荷；也可采取防止车轮移动的措施，例如加三角垫块或采取牵引等方法。

（2）用平板制动试验台检验

制动试验台平板表面应干燥，没有松散物质及油污。驾驶员以 5～10 km/h 的速度将车辆对正平板台并驶上平板，变速器放在空挡，急踩制动，使车辆停住，测得各轮制动力、每轴左右轮在制动力增长全过程中的制动力差、制动协调时间、车轮阻滞力和驻车制动力等参数值。

3. 路试制动性能检验方法

制动性能路试检测见 GB 7258—2017《汽车运行安全技术条件》的规定。

路试路面应平坦，坡度不超过 1%、干燥和清洁的水泥或沥青路面。轮胎与路面之间的附着系数不小于 0.7，风速不大于 5 m/s。在试验路面上应画出标准中规定的制动稳定性要求的相应宽度试车道的边线。被测车辆沿着试验车道的中线行驶至高于规定的初速度后，置变速器于空挡。当滑行到规定的初速度时急踩制动使车辆停住。用速度计或其他测试方法测量车辆的制动距离、车辆的平均减速度与制动协调时间。制动性能路试检测项目的技术要求应符合国家标准的规定。

4. 制动数据分析

造成制动数据不合格的因素很多，主要有以下几个方面：

①各车轮制动力均偏低：主要原因为制动踏板自由行程太大，制动液中有空气或制动液变质，制动主缸有故障，真空助力器或液压助力系统有故障。

②同制动回路两车轮制动力均偏小：该回路中有空气或分泵或管路漏油，也有可能总泵中相应主腔密封不良。

③单个车轮制动力偏小：该车轮制动器有故障。

④若后轴车轮均存在制动力偏小的现象，可能是感载比例阀有故障，也可能是制动力分配系统设计的原因。

⑤制动力平衡不合格的原因：除以上②、③原因外，两侧制动器间隙不一致、轮毂失圆、轮胎花纹、磨损程度、气压不一致也是可能的原因。

⑥各车轮阻滞力都超限的主要原因：制动主缸卡滞；制动踏板自由行程调整不当；制动踏板传动机构卡滞；由于加了错误型号的制动液，制动缸内皮碗膨胀卡滞。

⑦个别车轮阻滞力超限原因：制动轮缸回位不良；车轮制动器间隙调整过小；制动蹄回位弹簧故障；驻车制动机构卡滞。

⑧各车轮制动协调时间过长的原因：制动踏板自由行程过大；车轮制动器间隙过大。

⑨驻车制动不合格原因：驻车制动调整不良；驻车制动机构因长期不用造成锈蚀卡滞。

4.3.5 车轮侧滑检测

为保证汽车转向车轮无横向滑移地直线滚动，要求车轮外倾角与车轮前束有适当配合，否则，车轮就可能在直线行驶过程中产生侧滑现象。当侧滑现象严重时，车轮的附着条件将被破坏，汽车的定向行驶能力也将降低。在车辆年度审检中，应用侧滑试验台对车辆侧滑量进行检测。

1. 汽车侧滑量要求

侧滑量是指汽车直线行驶位移量为 1 km 时，转向轮的横向位移量。侧滑量的单位是 m/km。GB 7258 – 2017《机动车运行安全技术条件》和 GB 18565 – 2016《营运车辆综合性能要求和检验方法》，对汽车有关转向轮定位参数的检测作了如下一些规定：

① 机动车转向轮转向后应能自动回正，以使机动车具有稳定的直线行驶能力。
② 机动车前轮定位值应符合该车有关技术条件。
③ 用侧滑仪检测时，机动车转向轮的横向侧滑量不得超过 5 m/km。

2. 侧滑量检测原理

汽车转向轮的前束值与外倾角对其侧滑的影响比较大。

（1）转向轮前束引起的侧滑

转向轮有了前束后，在滚动过程中力图向内收拢，只是由于转向桥不可能缩短，因此，在实际滚动过程中才不至于真正向内滚拢。但由此而形成的这种内向力势必成为加剧轮胎磨损的隐患。

又假设让两个只有前束而没有外倾的转向轮向前驶过，可以看到，左右转向轮下的滑动板在转向轮内向力的反作用力的推动下，出现图 4 – 19 中点画线所示分别向外侧滑移的现象。其单边转向轮的外侧滑量 S_t 为：

$$S_t = \frac{L' - L}{2}$$

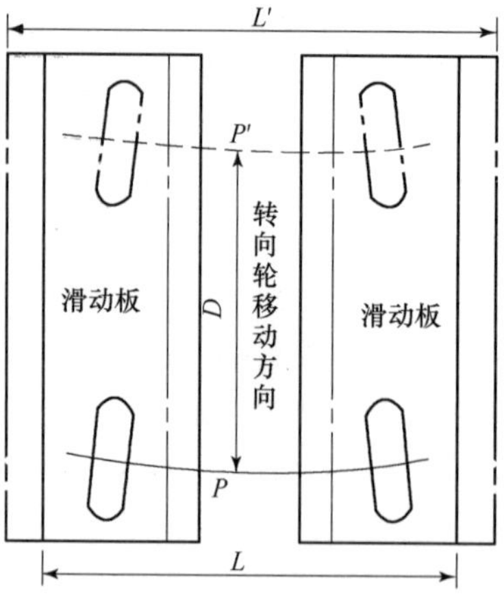

图 4 – 19　由车轮前束引起滑动板的侧滑

（2）转向轮外倾角引起的侧滑

转向轮外倾角的存在，使车轮在滚动过程中力图向外张开，只是由于转向桥不可能伸长，因此，在实际滚动过程中才不至于真正向外滚开。但由此而形成的这种外张力势必成为加剧轮胎磨损等的隐患。

假设让两个只有外倾而没有前束的转向轮同时向前驶过两块可以左右滑动的滑动板，可以看到，左右转向轮下的滑动板在转向轮外张力的作用力的推动下，出现如图4-20中点画线所示的分别向内侧滑移现象。其单边转向轮的内侧滑量S_c为：

$$S_c = \frac{L' - L}{2}$$

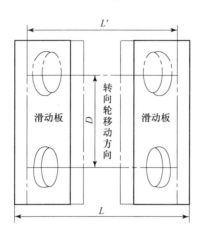

图 4-20　由车轮外倾角引起滑板的侧滑

侧滑试验台就是应用上述滑板原理来检测出转向轮的侧滑量的。

3. 侧滑量检测方法

动态检测法是使汽车以一定的行驶速度通过侧滑试验台，从而测量转向轮的横向侧滑量。汽车侧滑试验台是用以检测汽车前轮侧滑量的一种专门设备。而汽车前轮的侧滑量主要受转向轮外倾角及转向轮前束值的影响。所以，侧滑试验台就是为检测汽车转向轮外倾角与前束值这两个参数配合是否恰当而设计的一种专门的室内检测设备。不同型号的侧滑台，其使用方法有所区别，应根据使用说明书制定操作规程。侧滑试验台一般的检测步骤是：

①拔掉滑动板的锁止销钉，接通电源。
②汽车以3~5 km/h的速度垂直侧滑板驶向侧滑试验台，使前轮平稳通过滑动板。
③当前轮完全通过滑动板后，从指示装置上观察侧滑方向并读取、打印最大侧滑量。
④检测结束后，切断电源并锁止滑动板。

当检测结果不符合侧滑量要求时，应分析其原因。当超出侧滑量要求较小时，一般可以通过调整排除；当超出侧滑量要求较大时，则要更换部分零件，甚至需要校正车身才能排除。明确超差原因，就可以估算排除超差现象所需费用。

4.3.6　汽车前照灯技术状况检测

汽车前照灯检测是汽车安全性能检测的重要项目。前照灯诊断的主要参数是发光强度和光束照射位置。当发光强度不足或光束照射位置偏斜时，会造成夜间行车驾驶员视线不清，或使迎面来车的驾驶员炫目，这将极大地影响行车安全。所以，应对前照灯的发光强度和光束照射位置进行检测、校正。

1. 汽车前照灯技术要求

根据 GB 7258-2017《机动车运行安全技术条件》的规定，汽车前照灯的检验指标为光束照射位置的偏移值和发光强度（单位：cd（坎德拉））。

（1）前照灯远光光束发光强度要求

前照灯远光光束发光强度最小值要求如表 4-25 所示。

表 4-25 前照灯远光光束发光强度最小值要求　　　　　　　　　cd

汽车类型	检查项目					
	新注册车			在用车		
	一灯制	二灯制	四灯制①	一灯制	二灯制	四灯制①
三轮汽车	8 000	6 000	—	6 000	5 000	—
最高设计车速小于 70km/h 的汽车	—	10 000	8 000	—	8 000	6 000
其他汽车	—	18 000	15 000	—	15 000	12 000

注：①是指前照灯就有四个远光光束；采用四灯制的汽车，其中两只对称的灯达到两灯制的要求时视为合格。

（2）前照灯光束照射位置要求

①前照灯近光光束。前照灯照射在距离 10 m 的屏幕上，乘用车前照灯近光光束明暗截止线转角或中点的高度应为 0.7～0.9 H（H 为前照灯基准中心高度，下同），其他汽车（拖拉机运输机组除外）应为 0.6～0.8H。汽车（装用一只前照灯的汽车除外）前照灯近光光束水平方向位置向左偏不允许超 170 mm，向右偏不允许超过 350 mm。

②前照灯远光光束。前照灯照射在距离 10 m 的屏幕上时，要求在屏幕中心离地高度，对乘用车为 0.9～1.0 H，对其他汽车为 0.8～0.95 H；汽车（装用一只前照灯的汽车除外）前照灯远光光束的水平位置要求，左灯向左偏不允许超过 170 mm，向右偏不允许超过 350 mm。右灯向左或向右偏均不允许超过 350 mm。

2. 汽车前照灯的检测

汽车前照灯检测方法有屏幕检测法和前照灯检测仪检测法。

（1）屏幕法检测前照灯光束照射位置

GB 7258-2017《机动车运行安全技术条件》规定，用屏幕法检测前照灯光束照射位置时，检查用场地应平整，屏幕与场地应平直，被检验的车辆应在空载、轮胎气压正常、乘坐 1 名驾驶员的条件下进行。将车辆停置于屏幕前，并与屏幕垂直，使前照灯基准中心距屏幕 10m，在屏幕上确定与前照灯基准中心离地面距离 H 等高的水平基准线及以车辆纵向中心平面在屏幕上的投影线为基准确定的左右前照灯基准中心位置线。分别测量左右远近光束的水平或垂直照射方位的偏移值，如图 4-21 所示。

屏幕上画有三条垂直线和三条水平线：

中间垂直线 $V-V$ 与被检车辆的纵向中心垂直面对齐。

两侧的垂直线 V_L-V_L 和 V_R-V_R 分别为被检车辆左右前照灯基准中心的垂直线。

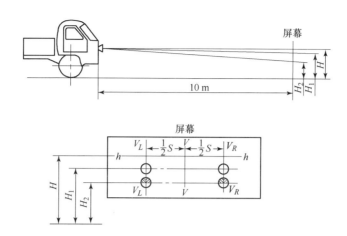

图 4-21 屏幕法检测前照灯光束照射位置

水平线中的 h—h 线与被检车辆前照灯的基准中心等高,距地面高度为 H;H 为被检车辆前照灯基准中心距地面的高度,其值视被检车型而定。

中间水平线与被检车辆前照灯远光光束的中心等高,距地面高度为 H_1,$H_1 = 0.85 \sim 0.90H$。

下侧水平线与被检车辆前照灯近光光束的中心等高,距地面高度为 H_2,$H_2 = 0.60 \sim 0.80H$。

检测时,先遮盖住一边的前照灯,然后打开前照灯的近光开关,未被遮盖的前照灯的近光明暗截止线转角或光束中心应落在图中下边水平线与 $V_L - V_L$ 或 $V_R - V_R$ 线的交点位置上,否则为光束照射位置偏斜。其偏斜方向和偏斜量可在屏幕上直接测量。用同样方法,检测另一边前照灯近光光束照射位置。

根据检测标准,检测调整前照灯光束的照射位置时,对远、近双光束灯应以检测调整近光光束为主。对于远光单光束前照灯,则要检测远光光束的照射位置。其光束中心应落在中间水平线与 $V_L - V_L$ 或 $V_R - V_R$ 线的交点位置上。

用屏幕法检测前照灯简单易行,但只能检测出光束的照射位置,不能检测发光强度。为适应不同车型的检测,需经常更换屏幕,检测效率低,同时,需要占用较大场地。因此目前广泛采用前照灯校正仪对汽车前照灯进行检测。

(2) 前照灯校正仪检测发光强度和光轴偏斜量

前照灯校正仪是按一定测量距离放在被检车辆的对面,用来检测前照灯发光强度与光轴偏斜量的专用设备。光轴偏斜量表示光束照射位置。

1) 发光强度的检测原理

测量前照灯发光强度的电路由光度计、可变电阻和光电池等组成,如图 4-22 所示。按规定的距离使前照灯照射光电池,光电池便按受光强度的大小产生相应的光电流,使光度计指针摆动,指示出前照灯的发光强度。

2) 光轴偏斜量的检测原理

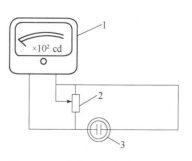

图 4-22 发光强度的检测原理图

1—光度计;2—可变电阻;3—光电池

测量前照灯光轴偏斜量的电路如图 4-23 所示，由两对光电池组成，左右一对光电池 $S_左 S_右$ 上接有左右偏斜指示计，用于检测光束中心的左右偏斜量；上下一对光电池 $S_上 S_下$ 上接有上下偏斜指示计，用于检测光束中心的上下偏斜量。当光电池受到前照灯光束照射时，如果光束照射方向偏斜，将分别使光电池的受光面不一致，因而产生的电流大小也不一致。光电池产生的电流差值分别使上下偏斜指示计及左右偏斜指示计的指针摆动，从而检测出光轴的偏斜方向和偏斜量。

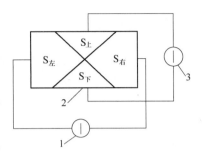

图 4-23　光轴偏斜量检测原理图
1—左右偏斜指示计；
2—光电池；3—上下偏斜指示计

专业的二手车鉴定评估人员在拿来前照灯检测不合格的报告后，通常要对不合格项目进行认真分析，检验确认修理方法和相应的修理费用。

4.3.7　四轮定位检测

汽车车轮定位的检测有静态检测法和动态检测法两种类型。静态检测法是在汽车停止的状态下，根据车轮旋转平面与各定位角间存在的直接或间接的几何关系，用专用的检测设备测量其是否符合规定。动态检测是在汽车以一定车速行驶的状态下，用测量仪器检测车轮定位产生的侧向力或由此引起的车轮侧滑量。

1. 四轮定位参数及四轮定位仪

由于汽车行驶速度越来越快，汽车的操纵稳定性对行车安全影响越来越大。汽车四轮定位参数包括前轮前束、前轮外倾角、主销后倾角、主销内倾角、后轮前束、后轮外倾角等。

如果能对汽车四轮定位参数进行检测，不仅能确定所有车轮定位正确与否，还能确定前轴、后轴、悬架、车架等的技术状况，为底盘不解体诊断提供可靠依据，所以四轮定位是二手车技术状况鉴定的一种重要手段。

四轮定位仪是专门用来测量车轮定位参数的设备。四轮定位仪可检测的项目包括：前轮前束、前轮外倾角、主销后倾角、主销内倾角、后轮前束、后轮外倾角、轮距、轴距、推力角和左右轴距差等。

目前使用的四轮定位仪有光学式和电脑式，它们的测量原理基本是一致的，但不同类型的四轮定位仪的使用方法有一定的差异，因此应严格按使用说明书的要求和方法进行操作。

2. 四轮定位检测

下面以电脑式四轮定位仪为例，说明四轮定位的检测。

电脑式四轮定位仪由主机、显示器、打印机、前后车轮检测传感器、传感器支架、转盘、刹车锁、转向盘锁及导线等零件构成。配有专用软件和数据光盘，可读取近 10 年来世界各地汽车的四轮定位参数，且可更新。还配有数码视频图像数据库，显示检查和调整位置等。

为便于检测和调整，被检汽车需放在地沟上或举升平台上，地沟或举升平台应处于水平状态，四轮定位仪则安装在地沟两旁或举升平台上，图 4-24 所示为四轮定位仪安装在举升平台上的情况。

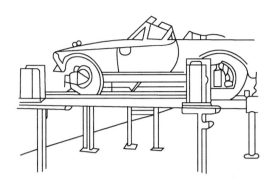

图 4-24 四轮定位仪安装在举升平台上

(1) 检测前的准备

①把汽车开上举升平台，托住车轮，把汽车举升 0.5 m（第一次举升）。
②托住车身，把汽车举升至车轮能自由转动（第二次举升）。
③拆下各车轮，检查轮胎磨损情况，要求各轮胎磨损基本一致。
④检查轮胎气压，使其符合标准值。
⑤做车轮动平衡试验，动平衡完成后，将车轮装回车上。
⑥检查车身高度，检查车身四个角的高度和减振器技术状况，如车身不平应先调平，同时检查转向系统和悬架是否松旷，如松旷则应先紧固或更换零件。

(2) 检测步骤

①把传感器支架安装在轮辋上，再把传感器（定位校正头）安装到支架上，并按使用说明书的规定调整。
②开电脑主机进入测试程序，输入被测汽车的车型和生产年份。
③进行轮辋变形补偿，转向盘位于直驶位置，使每个车轮旋转一周，即可把轮辋变形误差输入电脑。
④降下第二次举升量，使车轮落到平台上，把汽车前部和后部向下压动 4~5 次，使各部位落到实处。
⑤用刹车锁压下制动踏板，使汽车处于制动状态。
⑥将转向盘左转至电脑显示"OK"，输入左转角度数；然后将转向盘右转至电脑显示"OK"，输入右转角度数。
⑦将转向盘回正，电脑显示出后轮的前束及外倾角数值。
⑧调下转向盘，并用转向盘锁锁止转向盘，使之不能转动。
⑨将安装在四个车轮上的定位校正头的水平仪调到水平线上，此时电脑显示出转向轮的主销后倾角、主销内倾角、转向轮外倾角和前束的数值。电脑将比较各测量数值，得出"无偏差""在允许范围内"或"超出允许范围"的结论。
⑩若"超出允许范围"，按电脑提示的调整方法进行针对性调整。调整后仍不能解决问题，则应更换有关零部件。
⑪再次压试汽车，将转向轮左右转动，观察屏幕上数值有无变化，若有变化应重新调整。
⑫拆下定位校正头和支架，进行路试，检查四轮定位调整的效果。

4.3.8 汽车车速表检测

汽车行驶速度对交通安全有很大影响，尤其在限速路段，驾驶员必须按照车速表的指示值，准确地控制车速，为此，要求车速表本身一定要准确可靠。如果车速表的指示误差过大，驾驶员就难以正确控制车速，且极易因判断失误而造成交通事故。为确保车速表的指示精度，必须对车速表进行检测、校正。

1. 车速表误差的测量原理

车速表误差的测量需采用滚筒式车速表试验台进行，将被测汽车车轮置于滚筒上旋转，模拟汽车在道路上的行驶状态。

测量时，由被测车轮驱动滚筒旋转或由滚筒驱动车轮旋转，滚筒端部装有速度传感器（测速发电机），测速发电机的转速随滚筒转速的增高而增高，而滚筒的转速与车速成正比，因此测速发电机发出的电压也与车速成正比。

滚筒的线速度、圆周长与转速之间的关系，可用下式表达：

$$V = nL \times 60 \times 10^{-6}$$

式中：V——滚筒的线速度，km/h；

L——滚筒的圆周长，mm；

n——滚筒的转速，r/min。

因车轮的线速度与滚筒的线速度相等，故上述的计算值即为汽车的实际车速值，由车速表试验台上的速度指示仪表显示，称为试验台指示值。

车轮在滚筒上转动的同时，汽车驾驶室内的车速表也在显示车速值，称为车速表指示值。将试验台指示值与车速表指示值相比较，即可得出车速表的指示误差。

$$车速表指示误差 = \frac{车速表指示值 - 试验台指示值}{试验台指示值} \times 100\%$$

车速表试验台有三种类型：无驱动装置的标准型，它依靠被测车轮带动滚筒旋转；有驱动装置的驱动型，它由电动机驱动滚筒旋转；把车速表试验台与制动试验台或底盘测功试验台组合在一起的综合型。

2. 车速表的检测方法

车速表的检测方法因试验台的牌号、型式而异，应根据使用说明书进行操作。车速表试验台通用的检测方法如下：

①接通试验台电源。

②升起滚筒间的举升器。

③将被检车辆开上试验台，使输出车速信号的车轮尽可能与滚筒成垂直状态地停放在试验台上。

④降下滚筒间的举升器，至轮胎与举升器托板完全脱离为止。

⑤用挡块抵住位于试验台滚筒之外的一对车轮，防止汽车在测试时滑出试验台。

⑥测试结束后，轻轻踩下汽车制动踏板，使滚筒停止转动。对于驱动型试验台，必须先关断电动机电源，再踩制动踏板。

⑦升起举升器，去掉挡块，汽车驶离试验台。

3. 车速表诊断参数标准

车速表检测国家强制性标准 GB 7258—2017《机动车运行安全技术条件》中规定：车速表允许误差范围为 -5% ~ +20%。即当实际车速为 40 km/h 时，汽车车速表指示值应为 38 ~ 48 km/h。超出上述范围车速表的指示为不合格。

4.3.9 汽车排气污染物检测

1. 汽车排气污染物的成分及其危害

随着汽车保有量的增加，汽车排气污染物造成的环境污染将日趋严重。所以对汽车排气污染物的监控与防治，已处于刻不容缓的地步。要搞好汽车排气污染物的监控与防治，首先必须做好检测工作。用废气分析仪和烟度计测定排气污染物的浓度，目的是控制排气污染物的扩散，使其限定在被允许的范围内，以达到保护生态环境和使自然界生态平衡的目的。

汽车排放的污染物主要有：一氧化碳（CO）、碳氢化合物（HC）、氮氧化物（NO_x）、微粒物（PM）（由碳烟、铅氧化物等重金属氧化物和烟灰等组成）和硫化物等。这些污染物由汽车的排气管、曲轴箱和燃油系统排出，分别称为排气污染物（又称尾气）、曲轴箱污染物和燃油蒸发污染物。此外，还有含氯氟烃（CFCs）和二氧化碳（CO_2）等各种有害成分，直接或间接危害人类的健康。

（1）一氧化碳 CO

一氧化碳是汽油烃类成分燃烧的中间产物。CO 是一种无色、无刺激的气体。它能和血液中的血红蛋白结合成为一氧化碳血红蛋白，阻止氧的输送。当其浓度在人体血液中超过 60% ，即可因窒息而导致死亡。

（2）碳氢化合物 HC

碳氢化合物总称为烃类，是发动机未燃尽的燃料分解产生的气体，它与二氧化氮的混合物在强烈日照下，可在大气中产生臭氧等过氧化物，对人的眼、鼻和咽喉黏膜有较强的刺激作用，可引起结膜炎、鼻炎、支气管炎等症状，并伴随有难闻的臭味，严重时可致癌。

（3）氮氧化物 NO_x

氮氧化物主要指一氧化氮（NO）和二氧化氮（NO_2），它是由排气管排出。汽油机排出的氮氧化物中，NO 占 99%，而柴油机排出的氮氧化物中 NO_2 比例稍大。高浓度的 NO 能引起神经中枢的障碍，并且容易氧化成剧毒的 NO_2，NO_2 有特殊的刺激性臭味，严重时会引起肺气肿。

（4）浮游微粒 PM

汽油机中的主要微粒：铅化物、硫酸盐、低分子物质；柴油机中的主要微粒为石墨形的含碳物质（碳烟）和高分子量有机物（润滑油的氧化和裂解产物），柴油机的微粒量比汽油机多 30 ~ 60 倍，成分比较复杂。特别是碳烟，主要由直径 0.1 ~ 10 mm 的多孔性碳粒构成，它除了会被人体吸入肺部沉淀下来外，还往往黏附有 SO_2 及致癌物质，严重危害人体健康。

（5）光化学烟雾

它是指汽车内燃机排气中的 NO_x 和 HC 排入大气后在紫外线作用下进行光化学反应，由光化学过氧化物而形成的黄色烟雾，其主要成分是 O_3，是一种极强的氧化剂，当其浓度达到 15~20 ppm①时可患肺气肿直至死亡。

(6) 硫氧化物

汽车内燃机尾气中硫氧化物的主要成分为二氧化硫(SO_2)。当汽车使用催化净化装置时，就算很少量的 SO_2，也会逐渐在催化剂表面堆积，造成所谓催化剂中毒，不但危害催化剂的使用寿命，还危害人体健康，而且 SO_2 还是造成酸雨的主要物质。

(7) 二氧化碳 CO_2

世界工业化进程引起的能源大量消耗，导致大气 CO_2 的剧增。其中约 30% 来自汽车排气。大气中的 CO_2 大幅度增加，其对红外热辐射进行吸收，形成温室效应，这会使全球气温上升、南北极冰层溶化；海平面上升；大陆腹地沙漠趋势加剧，使人类和动植物赖以生存的生态环境遭到破坏。因此近年来对 CO_2 的控制也已上升为汽车排放研究的重要课题。

2. 汽车排气污染物检测标准

(1) 欧盟轻型汽车的排放限值

轻型汽油车的排放限值如表 4-26 所示；轻型柴油车的排放限值如表 4-27 所示。

表 4-26 轻型汽油车的排放限值

标准	生效日期	排放限值/($g \cdot kW^{-1}$)		标准	生效日期	排放限值/($g \cdot kW^{-1}$)		
		CO	HC+NO_x			CO	HC	NO_X
欧洲Ⅰ	1992	2.72	0.97	欧洲Ⅲ	2000	2.3	0.2	0.15
欧洲Ⅱ	1995.10	2.20	0.50	欧洲Ⅳ	2005	1.0	0.1	0.08

表 4-27 轻型柴油车的排放限值

标准	生效日期	排放限值/($g \cdot kW^{-1}$)		微粒	标准	生效日期	排放限值/($g \cdot kW^{-1}$)			排放限值/mm
		CO	HC+NO_x				CO	HC	NO_x	微粒
欧洲Ⅰ	1992	2.72	0.97	0.14	欧洲Ⅲ	2000	0.64	0.56	0.50	0.050
欧洲Ⅱ①	1995.10	2.20	0.50	0.08	欧洲Ⅳ	2005	0.50	0.30	0.25	0.025
欧洲Ⅱ②		1.00	0.90	0.10						

①间接喷射式。
②直接喷射式。

(2) 欧盟重型车用柴油机排放限值

欧盟重型车用柴油机排放限值如表 4-28 所示。

表 4-28 欧盟重型车用柴油机排放限值

标准	欧洲Ⅰ	欧洲Ⅱ	欧洲Ⅲ	欧洲Ⅲ
测试循环	ECE R49	ECE R49	ESC	ETC
生效日期	1992	1996	2000	2000

续表

标准		欧洲Ⅰ	欧洲Ⅱ	欧洲Ⅲ	欧洲Ⅲ
排放限值/ (g·kW^{-1})	CO	4.50	4.00	2.10	5.45
	HC	1.10	1.10	0.66	
	MMHC				0.78
	CH$_4$				1.60
	NO$_x$	8.0	7.0	5.0	5.00
	微粒	0.61	0.15	0.10	0.16
		0.36①	0.25②	0.13②	0.21②
动态烟度/m^{-1}				0.8	

① 使用额定功率小于等于85kW的柴油机。
② 使用于单缸排量小于0.7L，额定转速大于3 000r/min的柴油机。

2. 汽车排气污染物的检测

（1）汽油车排气污染物的检测

1）基本检测原理

汽车排气中的CO、HC、NO和CO_2等气体，对红外线分别具有吸收一定波长的性质，而且红外线被吸收的程度与废气浓度之间有一定的关系，如图4-25所示。不分光红外线分析法就是根据这一原理，即废气吸收一定波长红外线能量的变化，来检测废气中各种污染物的含量。在各种气体混在一起的情况下，这种检测方法具有测量值不受影响的特点。

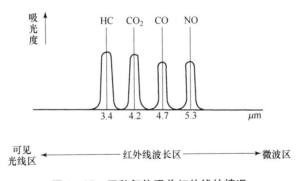

图4-25 四种气体吸收红外线的情况

利用不分光红外线分析法制成的分析仪，既可以制成单独检测CO或HC含量的单项分析仪，也可以制成能测量这两种气体含量的综合分析仪。排气中CO的浓度是直接测量的，而排气中HC的成分非常复杂，因此要把各种HC成分的浓度换算成正己烷（n-C_6H_{14}）的浓度后再作为HC浓度的测量值。

2）汽油车排气污染物的测定

汽油车的排气测定方法分多工况法、等速工况法和急速法。检测站主要以单急速法测量汽油车的排气污染物。

按规定转速使被测车发动机作怠速运转，发动机达到规定热车温度。

将废气分析仪的量程开关放在最大挡。然后被检车以70%额定转速运转60s后，降至规定怠速转速，插入采样导管，深度等于400 mm。边看指示针边变换量程转换开关，选择合适的排气气体浓度的挡位，维持1.5 s后，读取30s内的最高值和最低值，其平均值为测量结果。

（2）柴油机排气烟度测试

①以制造厂规定的怠速预热发动机，并使之达到规定测量温度，同时在加速踏板上安装好踏板开关。发动机加速2~3次吹净排气管和消声器中的烟尘。

②发动机怠速运转5~6s，并进行空气清扫2~3s。

③脚踩住踏板开关，并迅速将踏板踩踏到底持续4s。

④放开加速踏板11s，同时读数并走纸，再用压缩空气清扫3~4s，调整吸入泵，并连续按③的方法操作四次，读取后三次读数的平均值。

本章思考与练习题

1. 二手车技术状况鉴定的概念和目的是什么？
2. 二手车技术状况鉴定的方法和内容有哪些？
3. 二手车技术状况等级分为几级？如何计算？
4. 哪些车辆是不可交易的？如何鉴别事故车？
5. 叙述利用人工检查鉴定方法鉴定二手车技术状况的内容及步骤。
6. 车身外观检查哪些部位的内容？
7. 根据哪些内容判断汽车玻璃是否更换过？
8. 解读轮胎规格标识175/70R 14 77H的含义。
9. 通过什么方法判断蓄电池是否缺少电解液？
10. 简述路试检查的内容和方法。
11. 简述底盘检查的内容和方法。
12. 二手车技术状况仪器检查包括哪些内容？主要应用在哪里？
13. 汽车的动力性评价指标有哪些？
14. 怎样进行汽车底盘输出功率检测？
15. 汽车燃油经济性台架试验中模拟加载量如何确定？
16. 行车制动性能检验要求有哪些？
17. 怎样进行汽车四轮定位参数检测？
18. 车速表误差的测量原理是什么？

第5章 二手车价值评估

本章学习要点：
1. 了解各种二手车价值评估方法的联系与区别，以及影响二手车价值的因素。
2. 理解二手车成新率的概念，掌握其各种计算方法，重点掌握整车观测分析法和综合调整系数法。
3. 掌握现行市价法的基本原理、应用前提和适用范围，能够运用现行市价法评估交易类二手车。
4. 掌握重置成本法的基本原理、应用前提和适用范围，能够运用整车观测分析法和综合调整系数法计算二手车成新率，并运用重置成本法评估二手车价值。
5. 掌握收益现值法的基本原理、应用前提和适用范围，能够运用该方法评估二手车。
6. 理解清算价格法评估二手车的基本原理、应用前提和适用范围。
7. 理解折旧概念和折旧法评估二手车的基本原理，掌握折旧额的计算方法。

5.1 二手车价值评估概述

5.1.1 二手车价值评估类型

1. 二手车价值评估类型

根据二手车价值评估目的的不同，二手车价值评估可分为鉴定服务评估和收购估价两种。二手车鉴定服务评估是指二手车鉴定评估机构为委托方提供的二手车技术鉴定和估价服务。这是一种第三方中介服务，具有约束性。二手车收购估价是指二手车经销企业收购二手车时进行的价格估算。收购价格由买卖双方协商确定，具有灵活性。

2. 二手车鉴定服务评估和收购估价的区别

二手车鉴定服务评估和收购估价，其实质都是对二手车作现时价值评估。但两者相比较有明显的区别，主要表现在：

（1）二者估价的主体不同

二手车鉴定服务评估是第三方中介服务，估价主体是评估机构及其评估专业人员，它要求评估机构及其评估专业人员遵守法律、行政法规和评估准则，遵循独立、客观、公正的原则，对被评估二手车作技术状况鉴定，选择两种以上评估方法，经综合分析，形成评估结论，编制评估报告，并对出具的评估报告依法承担责任。评估价格具有约束性，不可以随意变动。而二手车收购估价的主体是买卖双方，收购价（或卖出价）是买卖双方进行价格谈判、讨价还价的结果，是一种自由定价。

（2）二者估价的目的不同

二手车鉴定服务评估是评估机构接受委托人委托，为被评估二手车将要发生的经济行为提供价值依据，以服务为目的；二手车收购估价是二手车经营者从售车者手中收购二手车时的价格估算，是一种买卖行为，以经营为目的。

（3）二者估价的方法和灵活性不同

二手车鉴定服务评估，要求严格遵守国家颁布的有关评估法规，按特定的目的选择与之相匹配的评估标准和方法，具有约束性；二手车收购估价可以接受国家有关评估法规的指导，参照适当的评估标准和方法进行，估价一般通过讨价还价实现，具有灵活性。

（4）二者估价的价值结果不同

由于估价出发点不一样，两者价值结果存在较大差异。二手车鉴定服务评估要求客观反映二手车的真实现时价格，估价值应与现时市场价一致；而二手车收购估价的目的是想让二手车卖出后获取差价利润，因此，估价值应低于"市场价格"。

5.1.2 二手车价值评估方法选择

1. 二手车价值评估方法

汽车是一种动产，其价值评估参照资产评估方法。执行二手车价值评估业务，应当遵守《资产评估法》《资产评估基本准则》和《二手车鉴定评估技术规范》，选择适当的资产评估方法。资产评估方法是指评定估算资产价值的途径和手段。《资产评估法》和《资产评估基本准则》规定了资产价值评估方法包括市场法、收益法和成本法三种基本方法及其衍生方法。

①市场法也称比较法、市场比较法，是指通过将评估对象与可比参照物进行比较，以可比参照物的市场价格为基础确定评估对象价值的评估方法的总称。

②收益法是指将评估对象的预期收益资本化或者折现，以确定其价值的各种评估方法的总称。

③成本法是指按照重建或者重置被评估资产的思路，将评估对象的重建或者重置成本作为确定资产价值的基础，扣除相关贬值，以此确定资产价值的评估方法的总称。

资产评估专业人员应当根据评估目的、评估对象、价值类型、资料收集等情况，分析上述三种基本方法的适用性，依法选择评估方法，除了依据评估执业准则只能选择一种评估方法的以外，应当选择两种以上评估方法，经综合分析，形成评估结论。

在二手车鉴定评估领域，上述三种评估方法中市场法也称为现行市价法，收益法称为收益现值法，成本法称为重置成本法，衍生方法有清算价格法和折旧法等。清算价格法从快速变现角度，将已评估的二手车价格乘以适当的折扣率，所得结果作为被评估二手车的清算价格；折旧法从资产折旧的角度估算重置成本法中的各种损耗和贬值，因此，从本质上来说，折旧法是重置成本法的一种应用。

上述各种评估方法的介绍和应用见本章5.3~5.6节。

2. 各种估价方法的联系与区别

（1）重置成本法与现行市价法的联系与区别

联系：两者都是以评估车辆现时市场价格作为估价时的比较依据。

区别：

①两者参照对象不同。重置成本法的参照对象是现时市场上与被评估二手车同型新车；现行市价法的参照对象是现时市场上已成交过的同型或相近车型二手车。

②两者参照价格不同。重置成本法参照的是现时市场上的新车价格；现行市价法参照的是现时市场上已成交过的二手车价格。

③两者价值计算方法不同。重置成本法是按全新车辆的构建成本扣除被评估二手车的各项损耗（或贬值）后确定被评估二手车的价值，是一种历史资产与现时新资产相比较的计算方法；现行市价法是按参照车辆市场成交价格，通过对被评估二手车与参照车辆的各项差异进行调整后确定被评估二手车的价值。是一种已成交资产与被评估资产类比的计算方法。

④两者评估角度和受市场条件制约的程度不同。重置成本法从买者角度，以构建资产的耗费来确定评估价值。市场条件对其制约相对较弱；现行市价法是从卖者的角度，以市场上已销售二手车价格来确定评估价值。二手车售价受市场供求条件的制约。

⑤两者参照数据大小不同。运用重置成本法时，只需要一个新车参照数据即可；但是运用现行市价法时，必须有更多的车辆市场数据（形成市场行情）。如果只取某一数据作比较，那么现行市价法所作的结论将受到怀疑。

（2）重置成本法与收益现值法的联系与区别

联系：两者都是以单辆评估车辆为估价对象，计算其现时价值作为估价依据。

区别：

①评估依据时间不同。重置成本法是基于对评估车辆历史使用过程的分析，侧重考虑评估车辆已使用造成的各种损耗和贬值；收益现值法是基于对评估车辆未来使用过程的预期，侧重考虑评估车辆未来能给投资者带来多少收益。

②参照的估算价格不同。重置成本法参照的是同型新车现时市场价；收益现值法参照的是评估车辆本身未来使用可能的获利总额。

③评估依据指标不同。重置成本法以评估车辆实体性贬值、功能性贬值和经济性贬值为指标计算评估值；而收益现值法以收益期限、收益额、折现率为指标计算评估值。

（3）重置成本法、现行市价价格和收益现值法的联系与区别

联系：三者都是采用比较方法评估二手车现时价值。

区别：重置成本法是以现时功能相同的新车价格为参照，强调评估车辆使用历史（如使用年限、使用强度等）对评估车辆剩余价值的影响，它是从购买者角度参照市场价格的，评估价受市场条件的制约相对较弱；现行市价法是与现时公开市场同类二手车已成交价格比较，是从卖者角度参照市场价格的，强调成功交易的变现值，评估价受市场条件的制约；收益现值法从购买者角度考虑评估车辆未来使用收益的变现值，评估价主要受现在收益折现率和预计使用年限的制约。

（4）现行市价法与清算价格法的联系与区别

联系：两者均是以二手车市场价格为评估依据。

区别：

①价格性质不同。现行市价法评估的二手车价格是公平市场价格；而清算价格法评估的价格是非正常市场上的拍卖价格，它以公平市场价格为参照，在受到清算期限限制和快速变现原则要求下确定评估价，一般大大低于现行市价。

②评估角度不同。现行市价法是站在买卖双方都能接受的角度评估的；利用清算价格法进行的评估，卖方（车主方）没有发言权，同时因受到清算期限和快速变现的要求约束，估价完全是一种站在购买方立场上进行的，在某种程度上，这可以被认为是一种取悦于购买方的评估。

3. 各种价格评估方法适用范围与选择

资产评估专业人员应当熟知、理解并恰当选择评估方法。资产评估专业人员在选择评估方法时，应当充分考虑影响评估方法选择的因素。选择评估方法所考虑的因素包括：

①评估目的和价值类型。
②评估对象及预期用途。
③评估方法的适用条件。
④评估方法应用所依据数据的质量和数量。
⑤影响评估方法选择的其他因素。

当满足采用不同评估方法的条件时，资产评估专业人员应当选择两种或者两种以上评估方法，通过综合分析形成合理评估结论。

当存在下列情形时，资产评估专业人员可以采用一种评估方法：

①基于相关法律、行政法规、规章的要求或者限制而采用一种评估方法。
②由于评估对象仅满足一种评估方法的适用条件而采用一种评估方法。
③因操作条件限制而采用一种评估方法。操作条件限制应当是资产评估行业通常的执业方式普遍无法排除的，而不得以个别资产评估机构或者个别资产评估专业人员的操作能力和条件作为判断标准。
④依据资产评估执业准则，经分析现有评估方法的适用性，只能选择一种评估方法的，应当在资产评估报告中说明理由。

各种二手车价值评估方法各适用于不同的条件和范围（详见本章 5.3~5.7 节）。在成熟的市场条件下，对交易类二手车评估采用现行市价法最为简便、合理；在对运营车辆能独立核算成本、收益时，可采用收益现值法；对于在市场上找不到参照物，也不是未来进行运营的车辆，用重置成本法进行评估。当几种方法可以同时采用时，一般以与评估目的最相符合的评估方法为主，用其他方法验证、补充。

《二手车鉴定评估技术规范》（GB/T 30323—2013）主要从二手车交易评估的角度推荐使用现行市价法和重置成本法作为评估二手车的方法。估值方法选用原则：一般情况下，推荐选用现行市价法；在无参照物、无法使用现行市价法的情况下，选用重置成本法。

5.1.3 影响二手车价值的因素

二手车价值受很多因素的影响，概述如下。

(1) 新车价格

新车价格是二手车价值评估的重要参照。通常来说，二手车估价都要有同款新车价格作为参考，根据二手车的使用年限和使用情况等进行折价；对已经停产的车辆在评估时要找一个可以参考的车辆做参照物，这时可以找与该车属于同一档次车的新车价格做参考。所以，二手车评估价格都会低于该车型的新车价格。

(2) 车况

车况（车辆技术状况的简称）是指汽车安全性能、动力性能、操作性能、尾气排放、车容车貌等多项指标技术现状的总称。汽车车况受车辆事故、驾驶技术水平、使用强度和保养水平等多种因素的综合影响。二手车有一车一况、一况一价的属性，同品牌同型号使用同样年限的两辆汽车，会因车主使用、保养的好坏而出现不同的车况，卖出的价格差异很大。因此，车况的好坏直接影响到车辆的二次销售，是决定二手车价格的重要因素。

侧翻事故、严重的正面碰撞对车辆的使用性能和安全性能会产生明显的影响，事故车由于有安全隐患，一般都是远远低于正常市场行情价出售。一般的剐蹭和更换配件对于车辆折旧的影响不大。

汽车保养是指保持和恢复汽车的技术性能，保证汽车具有良好的使用性和可靠性。及时正确的保养会使汽车的使用寿命延长，提高安全性能。保养的好坏对价格的影响值得关注。

(3) 用途和使用条件

汽车用途和使用条件是影响汽车技术性能和使用寿命的重要因素，对二手车价格有直接影响。汽车用途与汽车使用强度关系密切，不同用途的汽车使用强度差异比较大。如运输车辆比非运输车辆使用强度大，出租车比私家车使用强度大。使用强度大，意味着车辆磨损大，使用寿命缩短。汽车使用条件包括道路条件和环境条件。道路条件差，车辆磨损很大，使汽车技术性能下降很快，导致使用成本增加，缩短了汽车经济使用寿命。

(4) 品牌、车型和保有量

汽车保有量是指一个地区已注册登记、还没报废的车辆数量。汽车保有量不同于机动车保有量，机动车保有量包括摩托车、农用车保有量等在内。某车型保有量大，说明该车型受到了广泛认可，一定是品质和可靠性都久经考验的成熟车型。汽车品牌和车型是影响其市场保有量的重要因素，直接决定车辆是否保值。市场保有量大的车型，在二手车市场库存的数量也会较大。汽车保值率与品牌、畅销车型和市场保有量是正相关的关系。一般情况下，保有量大、品牌知名度高的车型（主流品牌、主流车型），在二手车市场上的美誉度和保值率也高。通常大众车型、畅销车型都具有良好的口碑和美誉度，同时也具有比较高的市场保有量和保值率，如捷达、伊兰特这样的车是相当保值的。保有量最大的品牌车型决定同档次车型价格。

当今，汽车行业由于科技进步很快，车辆换代时间缩短，新车型的推出也加快了老车型的退出，这无形中降低了老车型的保值率。一般来说，新车型上市老款车就会降价，对应的二手车也会降价，最终影响二手车价值。但对于品牌二手车，由于品牌效应有较大的影响力，其品牌价值一般都不容易贬值。在同等条件下，保有量大、品牌知名度高的二手车会卖出较高的价格。相反，一些小众品牌或者冷门车型，保有量小，保值率会受到一定的影响。

(5) 使用年限和行驶里程

汽车是消耗品，每年都会因折旧而折价。使用年限是影响汽车折旧率的重要因素，根据经验,新车前五年折旧率分别为:16%、12%、10%、8%、6%,折旧逐年递减,所以选购四年左右的二手车比较划算,当然不同品牌、不同级别的二手车折旧率也会发生变化。

行驶里程数最能反映用车频率和使用程度,是衡量汽车折旧和价格的标尺,是二手车价值评估的重要指标之一。经常使用的车磨损较大。一般私家车一年行驶2万~3万公里属于正常,年均行驶里程超过2万公里会对价格产生影响。

(6) 配件供应

二手车不同于新车,一般情况下,二手车在购买后很多零件(如一些易磨损部件)需要更换,维修的次数也相对增多,更换零配件和维修是一笔不小的费用支出。

配件供应情况和价格影响车辆的维修保养费用,因此也或多或少影响着二手车的价格,尤其是对于一些维修保养费用高、配件难找、价格高的车,在二手车市场比较难销售,价格也相对较低;而对于那些大众配件、保养费用也相对较低的二手车来说,销售较容易。

(7) 消费者的消费心理

影响二手车销售的心理因素很多,如车辆配置和颜色等。配置高的二手车相对保值、好卖。如自动挡比手动挡的畅销,其他如真皮座椅、天窗、倒车影像、导航等也非常受消费者欢迎。但需要注意的是同品牌同车型配置差异的二手车价格差距不是很大,毕竟消费者看重的是品牌和车型,购买配置高的二手车性价比高,相比购买配置低的车型觉得赚了。颜色方面,据全球知名的车用涂料供应商PPG集团多年发布的年度汽车色彩流行趋势数据显示,最受欢迎的前三种颜色是白色、黑色和银色(或灰色),自然这三种颜色的二手车也同样受到消费者欢迎,比较保值。

5.2 二手车成新率计算方法

在中国,人们常用成新率(Newness Rate)来表达一个已用过的物品的新旧程度。旧物品的新与旧本身是一个模糊的概念,很难用精确的数值来描述,为了比较准确地反映旧物品的新旧程度,人们想到了用新的、未使用过的相同物品与之比较,评价旧物品剩余新的部分占全新品的比例。这就是成新率的基本理念。所谓二手车成新率(又称为二手车"净值率"或"有用系数")是指二手车的现行价值与其现时重置新车价值的比率,也可以理解为二手车的现时技术性能与其新车全新技术性能的比率。它反映了二手车的新旧程度。有形损耗率与成新率一起反映了同一车辆的损耗与剩余两个方面。损耗反映了车辆的已损失部分;剩余表示车辆保留的部分(即净值)。根据物质守恒定律,可得成新率和有形损耗率有如下关系:

$$成新率 = 1 - 有形损耗率$$

因此,成新率是二手车剩余价值的计算参数。由于它反映了二手车的损耗,所以是重置成本法的一项重要指标,如何科学、准确地确定该指标是二手车鉴定评估中的重点和难点。目前在二手车鉴定评估中,成新率的估算方法通常有5.2.1~5.2.6介绍的几种,实际评估时,可根据被评估二手车的客观情况灵活选用不同的成新率计算方法。

以下介绍各种成新率的计算方法,计算实例见本章5.4节的"重置成本法评估实例"。

5.2.1 使用年限法

1. 计算方法

使用年限法是通过确定被评估二手车的剩余使用年限与规定使用年限的比值来确定其成新率的一种方法。所确定的成新率称为使用年限成新率（或年限成新率）。其计算公式为

$$C_Y = \frac{Y_g - Y}{Y_g} \times 100\% = \left(1 - \frac{Y}{Y_g}\right) \times 100\% \qquad (5-1)$$

式中：C_Y——使用年限成新率；

Y——二手车已使用年限，年或月；

Y_g——车辆规定使用年限，年或月；

$Y_g - Y$——二手车剩余使用年限，年或月。

使用年限法估算二手车成新率是基于这样的假设：二手车在规定的使用寿命期间，实体性损耗与时间呈线性递增关系，二手车价值的降低与其损耗大小成正比。因此，可利用二手车的实际已使用年限与该车型规定使用年限的比值来判断其实体有形损耗率，进而估算被评估二手车成新率。

2. 已使用年限与规定使用年限

使用年限是汽车生命周期中一个最基础参数，本书中所有各种计算方法几乎都是以它为基础构建。使用年限分为已使用年限和规定使用年限。

（1）已使用年限

已使用年限是指汽车从注册登记日起至评估基准日止所经历的时间。它是代表汽车运行量的一种时间计量，这种计量是以汽车正常使用为前提的，包括正常的使用时间和使用强度。已使用年限有两种表示方法。

①推算法。这是《机动车强制报废标准规定》中规定的计算方法：机动车使用年限起始日期按照注册登记日期计算，但自出厂之日起超过2年未办理注册登记手续的，按照出厂日期计算。

根据上述规定，被评估二手车已使用年限可由下式计算。

$$已使用年限 = 评估基准日 - 注册登记日 \qquad (5-2)$$

这个时间可以用年或月或日为单位计算。实际计算中，评估基准日并不恰好与注册登记日同日，如果以年为单位计算实际已使用年限，结果误差太大；如果以日为单位计算实际已使用年限，需要精确计算实际已使用天数，结果精确，但计算比较麻烦；一般以月为单位计算实际已使用年限，即将评估基准日和注册登记日都取到月份数，这样，计算简单，结果误差也较小，比较切合实际。

这种方法的优点是简单、易懂，应用方便；缺点是计算得到的已使用年限并没有真正反映二手车的实际使用时间和实际损耗。如二手车很少使用，则该车的技术状况是保持得很好的，从成新率角度看应该是很新的，但用该方法计算却反映该车一直在使用，因此计算的结果成新率比较小，即损耗较大，与真实情况不一致。

②折算法。折算法是以行驶里程数作为汽车运行量的里程计量，将汽车累计行驶里程与

年平均行驶里程比较折算为已使用年限的一种方法。其计算公式如下：

$$已使用年限 = \frac{累计行驶里程}{年平均行驶里程} \qquad (5-3)$$

用行驶里程折算为已使用年限，综合考虑了汽车真实已使用时间和实际运行情况。累计行驶里程反映了汽车两方面的运行情况：一方面累计行驶里程数大，表明汽车使用时间长；另一方面，与年均行驶里程比较的结果反映了汽车的使用强度。理论上讲，这种方法比较真实地反映了汽车使用强度和损耗，比推算法更符合实际。

折算法计算已使用年限的优点是：行驶里程很好地反映了汽车的已使用状况，体现了汽车的使用损耗。缺点是：汽车年平均行驶里程的统计记录不易获得，从而使折算年限计算困难；折算年限不能真实地反映汽车的实际使用年限和停驶年限；实际计算中，年平均行驶里程采用的是行业统计数据，对评估具体二手车来说，计算结果与实际偏差可能较大。

基于上述原因，目前全国二手车鉴定评估中，通常采用推算法计算二手车已使用年限，即取该车从新车在公安交通管理机关注册登记日起至评估基准日止所经历的时间。

（2）规定使用年限

车辆规定使用年限是指《机动车强制报废标准规定》规定的车辆使用年限。各种类型汽车规定使用年限按2.4.2节表2-10《机动车强制报废标准规定》执行。但表中，对非运营的（小、微型客车，大型轿车）是没有年限限制的，可以这样处理：≤15年的，按15年计算；>15年的，建议按技术鉴定成新率计算。

3. 使用年限法的应用前提条件

使用年限法计算成新率的前提条件是：车辆在正常使用条件下，按正常使用强度（年平均行驶里程）使用。我国各类汽车年平均行驶里程如表5-1所示。

表5-1 我国各类汽车年平均行驶里程

汽车类别	年平均行驶里程/万 km	汽车类别	年平均行驶里程/万 km
微型、轻型货车	3~5	租赁车	5~8
中型、重型货车	6~10	旅游车	6~10
家用轿车	1~3	中、低档长途客运车	8~12
公务、商务用车	3~6	高档长途客运车	15~25
出租车	10~15		

4. 使用年限法的特点

利用使用年限法计算得到的成新率实际上反映的是车辆的理论时间损耗及时间折旧率，未能真实地反映车辆的实际使用时间、日常使用强度、磨损程度、使用条件、维护保养和车况对成新率的影响。

如果车辆的日常使用强度较大，在运用已使用年限指标时，应考虑乘以一个适当系数加以调整。例如，对于某些以双班制运行的车辆，其实际使用时间为正常使用时间的两倍，因此该车辆的已使用年限，应是车辆从开始使用到评估基准日所经历时间的两倍。

在《机动车强制报废标准规定》中除了规定使用年限外，还规定了行驶里程，因此，也可以使用下面介绍的行驶里程法进行估算。

5.2.2 行驶里程法

1. 计算方法

行驶里程法是通过确定被评估二手车的剩余行驶里程与规定行驶里程的比值来确定其成新率的一种方法。其计算公式为

$$C_S = \frac{S_g - S}{S_g} \times 100\% = \left(1 - \frac{S}{S_g}\right) \times 100\% \tag{5-4}$$

式中：C_S——行驶里程成新率；
　　　S——被评估二手车累计行驶里程，km；
　　　S_g——车辆规定行驶里程，km；
　　　$S_g - S$——被评估二手车剩余行驶里程，km。

式（5-4）反映了被评估二手车使用强度对其成新率的影响。

2. 累计行驶里程与规定行驶里程

（1）累计行驶里程
二手车累计行驶里程是指被评估二手车从开始使用到评估基准日所行驶的总里程。累计行驶里程一般从里程表上显示的数字获得，因此也被称为表征里程。

（2）规定行驶里程
车辆规定行驶里程是指《机动车强制报废标准规定》中规定的该车型的行驶里程。

3. 行驶里程法的应用前提条件

应用行驶里程法计算成新率的前提条件是：车辆里程表的记录必须是原始的，不能被人为更改过。

4. 行驶里程法的特点

行驶里程较使用年限更真实地反映了二手车使用强度及使用过程中实际的物理损耗，反映了二手车使用强度对其成新率的影响。累计行驶里程数越大，车辆的实际有形损耗也越大。但行驶里程法没有考虑使用时间、使用条件、维护保养对二手车成新率的影响。

5.2.3 技术鉴定法

成新率技术鉴定法是专业评估人员在对二手车整车及重要部件进行技术查勘和技术状况鉴定评估的基础上，以评分的方式确定其成新率的一种方法。成新率技术鉴定法分为整车检查法和部件鉴定法两种方法。

1. 整车检查鉴定法

整车检查鉴定法（又称为整车观测分析法）是指专业评估人员通过人工检查，辅助简单仪器检测，对被评估二手车技术状况进行鉴定和分级确定其成新率的一种方法。

（1）检查内容

检查项目：车身外观、发动机舱、驾驶舱、起动、路试、底盘。检测内容：各项目存在的技术缺陷，将缺陷描述和扣分情况填入表 5-2 中。主要内容如下：

①车身外观：车身各部件表面是否有划痕、变形、锈蚀、裂纹、凹陷、修复痕迹等缺陷；缺陷面积大小或轮胎花纹深度是否小于规定值。

②发动机舱：机油有无冷却液混入；缸盖外是否有机油渗漏；前翼子板内缘、水箱框架、横拉梁有无凹凸或修复痕迹；散热器栅格有无破损；蓄电池电极桩柱有无腐蚀；蓄电池电解液有无渗漏和缺少；发动机皮带有无老化；油管、水管有无老化、裂痕；线束有无老化、破损等。

③驾驶舱：车内是否无水泡痕迹；车内后视镜、座椅是否完整、无破损、功能正常；车内是否整洁、无异味；方向盘自由行程转角是否小于 20°；车顶及周边内饰是否无破损、松动及裂缝和污迹；仪表台是否无划痕、配件是否无缺失；排挡把手柄及护罩是否完好、无破损；储物盒是否无裂痕、配件是否无缺失；天窗是否移动灵活、关闭正常；门窗密封条是否良好、无老化；安全带结构是否完整、功能是否正常；驻车制动系统是否灵活有效；玻璃窗升降器、门窗工作是否正常；左、右后视镜折叠装置工作是否正常。

④起动：车辆起动是否顺畅（时间小于 5 s，或一次起动）；仪表板指示灯显示是否正常、无故障报警；各类灯光和调节功能是否正常；泊车辅助系统工作是否正常；制动防抱死系统（ABS）工作是否正常；空调系统风量、方向调节、分区控制、自动控制、制冷工作是否正常；发动机在冷、热车条件下怠速运转是否稳定；怠速运转时发动机是否无异响，空挡状态下逐渐增加发动机转速，发动机声音过渡是否无异响；车辆排气是否无异常；驻车制动系统结构是否完整。

⑤路试：发动机运转、加速是否正常；车辆起动前踩下制动踏板，保持 5~10 s，踏板无向下移动的现象；踩住制动踏板起动发动机，踏板是否向下移动；行车制动系最大制动效能在踏板全行程的 4/5 以内达到；行驶是否无跑偏；制动系统工作是否正常有效、制动不跑偏；变速箱工作是否正常、无异响；行驶过程中车辆底盘部位是否无异响；行驶过程中车辆转向部位是否无异响。

⑥底盘：发动机油底壳是否无渗漏；变速箱体是否无渗漏；转向节臂球销是否无松动；三角臂球销是否无松动；传动轴十字轴是否无松旷；减震器是否无渗漏；减震弹簧是否无损坏。

（2）检查项目打分

根据上述检查项目存在的缺陷，采用缺陷扣分的方法计算各项目分值（即剩余分值），所有项目分值累加即为整车鉴定总分。评分结果填入表 5-2 中。

$$鉴定总分 = \sum 项目分值$$

项目分值的计算方法参见第 4 章 4.2.2~4.2.7 节。

表 5-2 二手车技术状况检查评分表

序号	检查项目	缺陷描述	扣分	得分
1	车身外观（满分 20 分）			
2	发动机舱（满分 20 分）			

续表

序号	检查项目	缺陷描述	扣分	得分
3	驾驶舱（满分 10 分）			
4	起动（满分 20 分）			
5	路试（满分 15 分）			
6	底盘（满分 15 分）			
整车鉴定总分 $X = \sum$ 项目分值				

（3）技术鉴定成新率计算

二手车技术鉴定成新率 C_T 按式（5-5）计算。

$$C_T = X/100 \tag{5-5}$$

式中：C_T——技术鉴定成新率；

X——鉴定总分。

（4）特点及适用范围

1）特点

①整车观测分析法采用人工检查方法检查车辆，简单易行。

②静态检查和动态检查相结合，检查内容比较全面，项目分值计算结果客观可信。

③检查内容只针对车辆技术性能的现状，没有考虑车辆的使用年限和使用强度等因素。

2）适用范围

适用于各类二手车成新率的计算。

2. 部件鉴定法

（1）计算方法

部件鉴定法是指专业评估人员在鉴定被评估二手车各组成部分技术状况的基础上，按各组成部分对整车的重要性和价值权重的大小加权评分，最后确定其成新率的一种方法。

采用部件鉴定法估算二手车成新率的计算公式为

$$C_B = \sum_{i=1}^{n}(\beta_i \times c_i) \tag{5-6}$$

式中：C_B——部件鉴定成新率；

c_i——第 i 项部件的成新率；

β_i——第 i 项部件的价值权重。

（2）计算步骤

此方法的基本步骤为：

①先确定被评估二手车各主要总成、部件，再根据各部分价值占整车价值的比重，确定其权重的百分比 β_i（$i = 1, 2, \cdots, n$），表 5-3 所示为汽车各部分的价值权重参考表。

②以全新车辆对应的各总成、部件功能为 100 分，功能完全丧失为 0 分，再根据被评估二手车各相应总成、部件的技术状态估算出其部件成新率 c_i（$i = 1, 2, \cdots, n$）。

③将各总成、部件估算出的成新率与权重相乘，得到各总成、部件的加权成新率（$c_i \times \beta_i$）（$i = 1, 2, \cdots, n$）。

④最后将各总成、部件的权重成新率相加，即得出被评估二手车的部件鉴定成新率。

在不同种类、档次的车辆上，各组成部分对整车的重要性及其价值占整车的比重各不相同，有些同车型不同配置的车辆之间相差还很大。因此，表5-3只能供评估人员参考，不可作为唯一标准。在实际评估时，应根据被评估二手车各部分价值占整车价值的比重，确定需要考虑的重要总成和部件，然后调整各部分的权重。

表 5-3 轿车各部分价值权重及成新率估算参考表

序号	车辆各主要总成、部件名称	价值权重/%	部件成新率/%	加权成新率/%
1	发动机及离合器总成	β_1 (26)	C_1	$\beta_1 \times C_1$
2	变速器及万向传动装置总成	β_2 (11)	C_2	$\beta_2 \times C_2$
3	前桥、前悬架及转向系总成	β_3 (10)	C_3	$\beta_3 \times C_3$
4	后桥及后悬架总成	β_4 (8)	C_4	$\beta_4 \times C_4$
5	制动系	β_5 (6)	C_5	$\beta_5 \times C_5$
6	车身总成	β_6 (28)	C_6	$\beta_6 \times C_6$
7	电器仪表	β_7 (7)	C_7	$\beta_7 \times C_7$
8	轮胎	β_8 (4)	C_8	$\beta_8 \times C_8$
合计		100		$C_B = \sum_{i=1}^{n}(\beta_i \times c_i)$

（3）特点及适用范围

从上述计算步骤可见，部件鉴定法依据专业技术人员对部件进行技术鉴定，计算加权成新率费时费力，评估值更接近客观实际，可信度高。它既考虑了二手车实体性损耗，同时也考虑了二手车维修或换件等追加投资使车辆价值发生的变化。

这种方法一般用于价值较高的二手车鉴定评估。

5.2.4 综合成新率法

前面介绍的使用年限法、行驶里程法和技术鉴定法计算二手车成新率只从单一因素考虑了二手车的新旧程度，不够全面，下面介绍的两种综合成新率法能较好地弥补这一不足。综合成新率法是指以使用年限法为基础，综合其他影响二手车成新率因素而确定其成新率的一种方法。

1. 技术加权法

（1）计算方法

技术加权法是指以使用年限法为基础，综合被评估二手车的技术状况而确定其成新率的一种方法。其计算公式为

$$C_Z = \alpha C_Y + \beta C_T \tag{5-7}$$

式中：C_Z——综合成新率；
C_Y——年限成新率；

α——技术鉴定成新率权重系数，取值范围为 0~1；
C_T——技术鉴定成新率；
β——年限成新率权重系数，取值范围为 0~1。

$$\alpha + \beta = 1$$

C_Z 是年限成新率 C_Y 和技术鉴定成新率 C_T 的加权和，综合考虑了使用年限和技术状况对二手车成新率的影响。权重系数 α 和 β 的取值由评估人员根据评估二手车的实际鉴定情况和市场行情综合而定。βC_T 相当于实体性陈旧贬值与功能性陈旧贬值后，二手车剩余的价值率；αC_Y 相当于经济性陈旧贬值后，二手车剩余的价值率。取值时，如果认为使用年限长、二手车贬值较大，则 β 取较大值，如 $\beta = 0.6 \sim 0.8$；如果认为车辆行驶里程或使用强度较大，技术状况更能真实反映车辆技术状态，α 取较大值，如 $\alpha = 0.6 \sim 0.8$；一般对正常使用强度的二手车，且车况也比较好，可取 $\alpha = \beta = 0.5$。

（2）使用年限成新率 C_Y

二手车使用年限成新率由式（5-1）计算。

$$C_Y = \frac{Y_g - Y}{Y_g} \times 100\% = \left(1 - \frac{Y}{Y_g}\right) \times 100\%$$

（3）技术鉴定成新率 C_T

在对二手车技术状况现场勘察的基础上，参考 5.2.3 节介绍的整车观测分析法，确定二手车技术鉴定成新率 C_T（式（5-5））。

（4）特点及适用范围

1）特点

式（5-7）实质上是用车辆技术状况对被评估二手车使用年限成新率进行修正，弥补了使用年限没很好反映真实技术状况对车辆成新率影响的不足。

2）适用范围

这种方法是国家标准《二手车鉴定评估技术规范》推荐的用在重置成本法中计算成新率的方法，适用于各类二手车鉴定评估。

2. 综合调整系数法

（1）计算方法

综合调整系数法是以使用年限成新率为基础，综合考虑二手车的实际技术状况、维护保养情况、原车制造质量、二手车用途及使用条件等多种因素对二手车价值的影响，以调整系数形式确定二手车成新率的一种方法。其计算公式为

$$C_Z = KC_Y \tag{5-8}$$

式中：C_Z——综合成新率；

C_Y——使用年限成新率，计算公式见（5-1）；

K——综合调整系数，取值范围为 0~1。

式（5-8）实质上是用综合调整系数 K 对二手车使用年限成新率进行修正，弥补了使用年限没能反映二手车实际使用情况对成新率影响的不足。与综合技术成新率法比较，它既考虑了车辆使用年限和目前的技术状况，又考虑了车辆使用中的一些重要因素和条件对二手车成新率的影响，比较全面。

(2) 调整系数

影响二手车成新率的主要因素有二手车技术状况、维护保养、制造质量、车辆用途、使用条件 5 个方面。

根据被评估二手车是否需要进行项目修理或换件维修,调整系数有两种确定方法:

①二手车无须进行项目修理或换件时,可根据二手车鉴定情况按表 5-4 所推荐的调整系数范围确定适当的调整系数,应用式(5-9)进行计算调整系数。

②二手车需要进行项目修理或换件,或需要进行大修时,可综合考虑表 5-4 所列的影响因素后直接确定一个合理的调整系数(即不需要按式(5-9)进行计算)。

表 5-4 二手车成新率调整系数参考表

序号	影响因素	因素分级	调整系数	权重/%
1	技术状况	好	1.0	30
		较好	0.9	
		一般	0.8	
		较差	0.7	
		差	0.6	
2	维护保养	好	1.0	25
		较好	0.9	
		一般	0.8	
		差	0.7	
3	制造质量	进口	1.0	20
		国产名牌	0.9	
		国产非名牌	0.7	
4	车辆用途	私用	1.0	15
		公务、商务	0.9	
		营运	0.7	
5	使用条件	好	1.0	10
		一般	0.9	
		差	0.8	

综合调整系数计算公式为

$$K = K_1 \times 30\% + K_2 \times 25\% + K_3 \times 20\% + K_4 \times 15\% + K_5 \times 10\% \quad (5-9)$$

式中:K——综合调整系数;

K_1——技术状况调整系数;

K_2——维修保养调整系数;

K_3——制造质量调整系数;

K_4——用途调整系数;

K_5——使用条件调整系数;

10%～30%——权重值。

以上各系数的取值范围为 0～1。

调整系数的权重值反映了评估者对二手车成新率影响因素的重视程度,影响大的因素取较大权重值,反之,取较小权重值。表 5-4 中的因素分级和调整系数只是一个参考,实际确定各影响因素的调整系数时,应根据二手车具体情况作适当的调整和取值(如增加因素分级,状况好系数取较大值),但各因素的调整系数取值不能超过 1,综合调整系数计算结果也不能超过 1。

(3) 调整系数的选取

1) 技术状况调整系数 K_1

技术状况系数是在对车辆技术鉴定的基础上对车辆技术状况进行分级,然后取调整系数来修正车辆的成新率。其取值范围参照表 5-4,一般为 0.6～1,技术状况好的取上限,反之取下限;技术状况特别差的车辆,系数可以取得更小,如 0.5。

2) 维护保养调整系数 K_2

维护保养调整系数反映了使用者对车辆使用、维护、保养的水平,不同的使用者,对车辆使用、维护、保养的实际执行情况差别较大,因而直接影响到车辆的使用寿命和成新率,其取值范围参照表 5-4,一般为 0.7～1.0,维护保养好的取上限,反之取下限;维护保养特别差的车辆,系数可以取得更小,如 0.5。

3) 制造质量系数 K_3

确定该系数时,应了解被评估的二手车是国产车还是进口车以及进口国别,是国产车应了解是名牌产品还是一般产品。一般来说,国外知名品牌的进口车辆质量优于国产车辆,国产名牌产品优于非名牌产品,但随着国内外技术差距的缩小,又有较多例外,故在确定此系数时应慎重。对依法没收的国外知名品牌走私车辆,其制造质量系数建议视同国产名牌产品考虑。按照目前汽车产业的技术发展和制造工艺水平,汽车制造质量都较好,其系数取值范围可提高些,在 0.7～1.0。

4) 用途调整系数 K_4

车辆用途(或使用性质)不同,其繁忙程度不同,使用强度也不同。一般车辆用途可分为私人工作和生活用车、机关企事业单位的公务和商务用车、各类运输企业的运营用车。不同用途的汽车,其年均行驶里程差异较大,年均行驶里程反映了汽车使用强度的大小。车辆用途调整系数取值范围为 0.7～1.0,使用强度小的,取上限,反之取下限。

5) 使用条件调整系数 K_5

使用条件是影响汽车磨损和腐蚀的重要因素,对成新率影响很大。汽车使用条件可分为道路使用条件和特殊环境使用条件。

①道路使用条件。道路使用条件可分为清洁道路、沙石泥土路和野外无道路三类。

清洁道路:指铺设沥青或水泥的硬地道路,道路扬尘少,如市内道路、高速公路等。

沙石泥土路:指沙石铺设或泥土路面,道路扬尘大,如(矿山、乡村)临时道路、乡村没铺设沥青的道路。

野外无道路:指汽车在空旷野外行驶,道路扬尘比较大,如荒漠田野、沙漠等。

②特殊环境使用条件。特殊环境使用条件主要指特殊自然条件,包括寒冷、沿海、风

沙、山区等地区。

使用条件调整系数取值范围一般为 0.8~1.0。取值时应根据二手车实际使用条件适当取值。如果二手车长期在清洁道路上行驶，其系数可取 0.9~1.0；如果二手车长期在道路扬尘较大的道路或特殊环境使用条件下工作，其系数可取得更小些。

(4) 特点及适用范围

从二手车技术状况、维护保养、制造质量、用途和使用条件 5 个方面对二手车使用年限的时间损耗进行修正，提高了二手车成新率的评估精度，且应用方便。因而，适用于具有中等价值的二手车鉴定评估。这是目前我国二手车鉴定评估中应用重置成本法最常用的成新率计算方法之一。

5.3 现行市价法评估二手车

5.3.1 现行市价法的基本原理

1. 现行市价法概念

现行市价法（Current Market Price Method）又称市场法、市场比较法，是指通过将被评估二手车与可比参照车辆进行比较，以可比参照车辆的市场价格为基础确定被评估二手车价值的评估方法。

市场价格是反映各种影响车辆价值因素的综合体现，所以二手车现行市价实际上已经体现了被评估二手车的各种贬值因素，如有形损耗的贬值、功能性贬值和经济性贬值。而现行市价法采用比较和调整方法对评估车辆进行价格调整，因而，用现行市价法评估二手车不需专门计算这些贬值。

2. 现行市价法基本原理和思路

现行市价法是基于这样的原理：一个正常的投资者在购买某项资产时，他所愿意支付的价格不会高于市场上具有相同用途的替代品的现行市价。

现行市价法的实质是替代原理的应用。

替代原理：通过市场供求和竞争的作用，效用相同或相近的商品之间将产生替代效应，并最终使市场上相同或相近的商品之间具有相同的价格或一致的比价关系。

基于上述原理，现行市价法评估二手车的基本思路是：在鉴定车辆技术状况的基础上，用本地区二手车交易市场上近期交易记录中参照车辆的成交价格作为参照价格，并结合车辆技术状况鉴定分值、车型款式（或配置）等方面的差异做适当修正，最终计算出被评估二手车的价值。如无参照，可从本区域本月内的交易记录中调取相同车型、相近分值，或从相邻区域的成交记录中调取相同车型、相近分值的成交价格，并结合车辆技术状况鉴定分值加以修正。

3. 影响二手车现行市价的基本因素

(1) 新车价格

新车价格是决定二手车现行市价的价格基础。一般情况下，新车价格高，二手车价格也会跟着提高；二手车交易价格会与新车价格保持一定的差价关系。

（2）供求关系

二手车供求关系受多种因素的影响，如车源供应量、热销与滞销、买卖力量竞争、国家政策等。当某车型热销、有多个买主购买，处于竞买状态时，这种买方的竞争可以导致二手车价格的上涨；反之多个卖主向同一个买主竞卖同一辆二手车时，这种卖方的竞争可以导致二手车价格的下降。国家对汽车的扶持和限制政策也会直接影响二手车的供求关系。如国家鼓励小排量汽车发展促进了小排量二手车热销，而摇号上牌政策则导致了二手车市场的冷清。

（3）质量因素

质量因素指二手车本身功能、品牌、制造工艺等技术参数。一般来说二手车价格是"优质优价"，知名品牌的二手车一般制造工艺先进、质量好而畅销，其成交价格高且保值；反之，不是品牌的二手车通常不好销，其成交价格较低且易受市场需求的影响。

运用替代原理将已被市场检验了的交易价格作为被评估二手车的价格参照，估价最贴近市场交易真实价格，可信度和可接受度较高。因此，现行市价法在二手车交易市场上广泛被二手车经营者使用，也是《二手车鉴定评估技术规范》推荐的首选评估方法。

5.3.2 现行市价法评估方法和程序

1. 现行市价评估方法

应用现行市价法评估二手车价值的方法可用式（5-10）表示。

车辆评估价值 = 参照车辆现行市价 ± $\sum$ 评估车辆与参照车辆比较修正值 （5-10）

应用式（5-10）时，应在本地二手车交易市场上选定已成交的参照车辆价格作为评估参考价格，且参照车辆的差异因素必须具有可比性。可比性因素包括：

①车辆型号、制造年份和车辆制造商。

②影响二手车价值因素的重要配置。

③成交时间。应与近期成交的参照车辆比较。

④技术状况。

参照车辆与被评估二手车可比因素完全相同的不容易找到，一般选择重要的可比因素进行比较。

因此，式（5-10）的计算分两种情况。

①直接比较法计算评估值。参照车辆与被评估二手车具有完全相同的厂家、品牌、车型、年款（配置）和相同技术状况鉴定检测分值。这样的参照车辆常见于市场保有量大、交易比较频繁的畅销车型。

评估公式为

$$P = P_0 \quad (5-11)$$

式中：P——评估值，元；

P_0——参照车辆的市场成交价格，元。

②相似比较法计算评估值。参照车辆与被评估二手车厂家、品牌、车型、车型相同、交易时间相近，但年款（体现在配置上差异）、技术状况（技术状况等级分值差异）不同。则

可从本区域本月内的交易记录中调取相同车型、相近分值,或从相邻区域的成交记录中调取相同车型、相近分值的成交价格,并结合车辆技术状况鉴定分值加以修正。不同厂家的相似车型之间也可以参照这一方法进行评估。

评估公式为

$$P = P_0 \pm \sum k \tag{5-12}$$

式中:P——评估值,元;

P_0——参照车辆的市场成交价格,元;

k——调整值,元;

±——若被评估二手车比参照车辆质优,则要在参考价基础上加价,k 取 + 值;反之,则需要减价处理,k 取 - 值。

计算差异因素调整值时,尽可能简化差异因素,把重要的、影响价格较大的可比因素作为差异因素,以降低参照车辆的选择难度,减少评估误差。一般只保留配置(或结构性能)差异和技术状况差异两项即可。成交时间差异一般参考的是评估基准日近期(不超过3个月)的成交案例,价格变化不大,可忽略。

2. 现行市价法评估程序

现行市价法评估二手车的流程如图 5-1 所示。

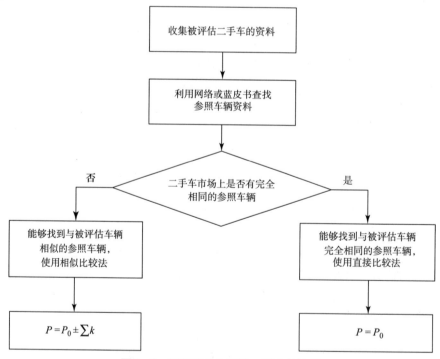

图 5-1　现行市价法评估二手车的流程

(1) 收集被评估二手车资料

收集被评估二手车的相关资料,内容包括:车辆的类别名称、车辆型号和技术性能参数、生产厂家和出厂年月、车辆用途、目前使用情况和实际技术状况等,为参照车辆资料搜集和选择提供依据。

（2）利用网络和蓝皮书查找参照车辆资料

参照车辆资料一般通过二手车流通领域第三方专业机构查找。这种机构一般利用大数据技术收集全国各地的二手车市场交易信息，建立分地区的数据库，然后通过网站和发布蓝皮书的形式提供信息查询服务。表 5-5 所示为常见的二手车专业网站。

表 5-5 常见的二手车专业网站

序号	网站名	网址
1	第一车网	http：//www. iautos. cn/usedcar/jiage. asp
2	中国二手车	http：//www. zg2sc. cn/price/index. html
3	华夏二手车	http：//www. hx2car. com/
4	51 汽车网	http：//search. 51auto. com/

例如，在第一车网二手车价格在线查询系统，选择地区、品牌、车系和生产年份，就可以查询到车型参数、二手车（收购价、中间价、销售价）以及新车价等参数。

（3）选择参照车辆进行价值评估

通过对被评估二手车和参照车辆之间的差异进行分析、比较，进行价格评估。如果能够找到与评估车辆完全相同的参照车辆，则使用直接比较法，按式（5-11）计算评估价；如果没有与评估车辆完全相同的参照车辆，则使用相似比较法，按式（5-12）计算评估价。

3. 现行市价法的优缺点

（1）现行市价法的优点
①评估原理简单易懂。
②评估过程密切结合市场行情，直接反映二手车市场状态。
③评估结果易被各方认可和接受。

（2）现行市价法的缺点
①需要把公开及活跃的二手车市场作为基础。在我国很多地方二手车市场规模小，寻找参照车辆有一定的困难。
②可比因素多而复杂，即使是同一个生产厂家生产的同一型号的产品，同一天登记，但可能由于由不同的车主使用，其使用强度、使用条件、维护水平不同，于是相应车辆技术状况也不同，从而造成二手车鉴定评估价值有差异。

5.3.3 现行市价法的应用前提和适用范围

1. 现行市价法的应用前提

由于现行市价法是以同类二手车销售价格相比较的方式来确定被评估二手车价值的，因此，运用这一方法时一般应具备三个基本的前提条件。

①要有一个有效、公平的二手车交易市场。有效是指市场所提供的信息是真实可靠的，参照车辆在市场上的交易是活跃的；而公平是指市场应该具备公平交易的所有条件，买卖双

方没有垄断和强制，双方的交易行为都是在自愿和充分掌握信息的基础上做出的。在这样的二手车交易市场上，二手车交易活跃、频繁，积累的历史成交数据多，定价精准，与评估对象相同或类似的参照物才容易获得，比较、调整和修正价格也就具备了较好的信息基础。

②市场上经常有与被评估二手车相同或类似的参照车辆交易，能够形成市场行情。在市场上参照车辆交易越活跃、有较多的参照车辆可选取，则参考价格越容易形成，这是应用现行市价法评估二手车的关键。

③市场上参照车辆与被评估二手车有可比较的指标，这些指标的技术参数等资料是可收集到的，并且价值影响因素明确，可以量化。

运用现行市价法，重要的是要在交易市场上能够找到与被评估二手车相同或相类似的已成交过的参照车辆，并且参照车辆是近期的、可比较的。所谓近期，是指参照车辆交易时间与被评估二手车鉴定评估基准日相差时间短，一般在一个季度之内；所谓可比，是指参照车辆在规格、型号、功能、性能、配置、内部结构、新旧程度及交易条件等方面与被评估二手车不相上下。

此外，现行市价法选取的参照车辆最好是在同一市场或地区经常出现的交易车辆，只有在这一条件下获得的信息才有更好的可比性，相距较远的区域市场的参照车辆信息可比性相对较弱。随着二手车互联网交易和云平台大数据应用的普及，全国各地二手车电商各种车型数据和交易数据在网上随时可以查到，因此寻找参照车辆越来越容易。

2. 现行市价法的适用范围

现行市价法适用于产权转让（即交易类）的畅销车型评估，如二手车收购、典当等业务。畅销车型的数据充分可靠，市场交易活跃，评估人员熟悉其市场交易情况，能快速且比较合理地进行评估定价。

5.3.4　现行市价法评估实例

例 5-1：对一辆 2010 年款的现代-索纳塔-领翔-2.0A/MT-舒适型二手车进行评估。该车安装了 GPS 导航系统和胎压监测装置。经对该车技术状况检查，其左后灯有故障不亮，后备厢左侧有一道长约 30 mm 的划痕。试采用现行市价法对该车进行价值评估。

解：解题步骤如下：

①根据评估车辆资料查找参照车辆。进入中国二手车网站，在二手车价格查询系统中，输入厂商"现代"，品牌"索纳塔"，年份"2010"，地区"华东"，车型、里程可以不输入，就可以查询到车型为现代-索纳塔-领翔-2.0A/MT-5 座-前驱舒适型的二手车的参考价格为 10.2 万元。

②比较和调整并计算评估值。对比评估车辆和参照车辆，评估车辆与参照车辆车型、年款和基本配置相同，但存在以下差异：一是溢价方面，评估车辆安装了 GPS 导航系统（价格 1 050 元）和胎压监测装置（价格 1 800 元）；二是减价方面，评估车辆的左后灯有故障不亮（维修换件价格 450 元），后备厢左侧有划痕（维修费用 300 元）。应用式（5-12）计算评估车辆价值 P。

$$P = P_0 \pm \sum k = 102\,000 + (1\,050 + 1\,800) - (450 + 300) = 104\,100（元）。$$

5.4 重置成本法评估二手车

5.4.1 重置成本法的基本原理

1. 重置成本法的概念

重置成本法是指按照相同车型现行市场价格重置或重建一辆全新状态的评估对象，用所需的全部成本减去评估对象的实体性、功能性和经济性陈旧贬值后的差额作为评估对象现时价值的方法。其评估思路可用数学式概括为：

二手车评估值 = 二手车重置成本 − 二手车（实体性贬值 + 功能性贬值 + 经济性贬值）

(5 − 13)

式（5 − 13）中涉及的要素含义如下：

①二手车重置成本是指在现时市场条件下，按功能重置一辆全新状态的车辆，并使其处于在用状态所耗费的成本。重置的含义是可再生、可复制。重置成本可区分为更新重置成本和复原重置成本两种形式。

更新重置成本是指以现时价格水平重新购置与评估对象相同或具有同等功能的相似资产所发生的费用。

复原重置成本是指以现时价格水平重新复制评估对象所发生的费用。

更新重置成本通常适用于使用当前条件所重置的资产可以提供与评估对象相同或相似的功能，并且更新重置成本低于其复原重置成本。

复原重置成本适用于评估对象的效用只能通过按原条件重新复制评估对象的方式提供。

一般来说，由于技术进步和制造成本降低，复原重置成本大于更新重置成本。二手车评估中，选用更新重置成本作为重置成本。更新重置成本为相同型号、配置的新车在评估基准日的市场零售价格。

②二手车实体性贬值也称有形损耗，是指由于使用和自然力的作用，二手车的物理性能损耗或者下降引起的车辆价值损失。除了车体真正损耗外，涉及车体外观、颜色等导致二手车贬值的因素也算是一种实体性贬值，如在二手车市场上，由于车辆的颜色不太受消费者喜欢，车辆的评估价值下降，这种贬值也是实体性贬值。

③二手车功能性贬值是指由于技术进步评估对象与同型新车比较，功能相对落后引起的价值损失。这是一种无形损耗，也叫陈旧贬值。如电喷车（喷油机构由电脑控制）比化油器车（喷油机构由化油器控制）技术先进，动力性和经济性好。因此，即使这两种车的功能和配置相同、新旧程度和技术状况一样，也会造成化油器车比电喷车贬值；又如新车型的推出会引起在用的同类车型贬值，这种贬值就是功能性贬值。

④二手车经济性贬值是指由于外部条件变化引起评估对象闲置、收益下降等，资产价值有了损失。它是一种无形损耗，也称为外部损失。这种损失多由外部经济环境政策因素影响造成。如国家《机动车强制报废标准》规定出租车报废年限为 8 年，但有些城市出于安全和排放考虑实施使用 6 年报废的政策，这样导致出租车车主减少 2 年的运营收益。由于造成车辆经济性贬值的外部因素很多，并且造成贬值的程度也不尽相同，所以在评估时只能统筹

考虑这些因素,而无法单独计算所造成的贬值。

2. 重置成本法的理论依据

重置成本法的基本思想是:根据替代性原则,在进行二手车交易时,消费者所愿意支付的价格绝对不会超过具有同等效用的全新车辆的最低成本。如果二手车的评估价格比重新购置全新状态的同等效用的新车的最低成本高,消费者肯定不会购买这辆二手车,而会购置全新的车辆。

5.4.2 重置成本法评估方法

1. 重置成本法评估模型

式(5-13)给出了重置成本法的概念模型,它既考虑了二手车使用历史和环境因素对二手车价值贬值的影响,又将新车市场的现行市场价格作为二手车价格评估的参照,评估结果符合市场规律,能让人信服和易于接受,作为理解重置成本法原理是最直观的。但将其应用在实际估价中却是比较困难的,因为无形陈旧贬值很抽象,涉及各种难以估量的影响因素,不容易获得二手车各种损耗及贬值的准确参数,无法直接计算它们的数值。有关损耗和贬值的估算,目前有两种方法:一是成新率法;二是折旧法(具体介绍见本章5.7节)。

损耗、贬值从字义上是模糊概念,不易用准确数值表达,但在我国人们常用成新率来综合反映使用过的物品的损耗和贬值,从而确定其剩余价值。基于这样的思想,将式(5-13)模型改写为:

二手车评估值 = 二手车重置成本 × 成新率

用数学符号将上述模型表达为基于成新率的重置成本法评估计算模型:

$$P = B \times C \qquad (5-14)$$

式中:P——被评估二手车的评估值,元;

B——被评估二手车的现时重置成本,元;

C——被评估二手车的现时成新率,%。

式(5-14)中的成新率综合考虑了各种贬值对二手车价值的影响。评估值实质上就是考虑二手车在扣除各种损耗和贬值后的剩余价值。这是一种定性和定量相结合的评估方法,比较符合中国人评判二手物品的思维模式,因此是我国目前二手车评估市场上应用最广的一种评估方法。

2. 重置成本的计算

由二手车重置成本的定义可知,二手车重置成本是重新购置新车所支付的全部费用。其构成如下:

$$B = B_1 + B_2 \qquad (5-15)$$

式中:B——二手车重置成本,元;

B_1——购置全新车辆的市场成交价,元;

B_2——车辆购置价格以外向国家和地方政府一次性缴纳的各种税费总和,元。

实际评估中,一般根据鉴定评估的目的确定重置成本全价,有以下两种处理方法:

①对于以所有权转让（即交易）为目的的二手车鉴定评估，按评估基准日本地的新车市场价格（即 B_1）作为被评估二手车的重置成本全价，其他费用略去不计。其基本思想是：交易类二手车买卖多属于个人经济行为，买二手车就图个便宜，因此，为了鼓励和促成二手车交易，确定重置成本全价时按最小原则计算，即不计算税费项 B_2。

②对企业产权变动（如合资联营、资产重组等）为目的的二手车鉴定评估，本着资本保全的原则确定重置成本，其重置成本全价除了考虑新车购置价格以外，还应将国家和地方政府规定对车辆加收的其他一次性税费计入重置成本全价中。其基本思想是：企业产权变动是将资产作为投资（或还债）数来计算的，数额越大越好，对企业越有利，因此，确定重置成本全价时按最大原则计算，即需要计算税费项 B_2。

3. 二手车成新率的计算

根据评估目的选用 5.2 节所介绍的方法计算二手车成新率。实际评估时，要根据评估对象的不同情况，选用不同的方法。一般来说，对于重置成本不高的二手车，可采用使用年限法计算其成新率；对于重置成本中等的二手车，可采用综合分析法计算其成新率；对于重置成本高的二手车，可采用部件鉴定法计算其成新率。

4. 重置成本法的优缺点

重置成本法既考虑了被评估二手车的重置成本，又考虑了该二手车已使用年限内的磨损及功能性、经济性贬值，评价比较全面、客观，是我国二手车评估实践中广泛应用的一种评估方法。

（1）重置成本法的优点

①比较充分地考虑了车辆的各方面损耗，反映了车辆市场价格的变化，评估结果对交易双方都公平合理，在不易估算车辆未来收益，或难以在市场上找到可类比对象的情况下可广泛应用。

②可采用成新率计算二手车剩余价值，与人们评价二手物品的思维模式一致，评估结果容易得到交易双方的信任。

（2）重置成本法的缺点

①车辆各种损耗贬值不易准确计算，影响二手车的估值计算。

②二手车成新率的确定受主观因素影响较大。

5.4.3 重置成本法的应用前提和适用范围

1. 影响重置成本法评估二手车价格的基本因素

①新车价格因素。指被评估二手车同型新车的市场价格的影响。在其他因素不变的前提下，二手车评估价格将随着新车价格而变。

②有形损耗因素。有形损耗决定二手车技术状况，对二手车价值的影响大，决定被评估二手车价格高低。有形损耗大，则被评估二手车价格低；反之有形损耗小，则被评估二手车价格高。

③无形损耗因素。指车辆实体受技术进步影响陈旧或受经济因素的影响而损耗的价值对

被评估二手车价格的影响。其影响态势与有形损耗相同。

2. 重置成本法应用的前提条件

从重置成本法涉及的要素含义可知，重置成本法的应用是建立在新车现时价值和各种损耗贬值估算基础上的。比如实体性贬值的确定是依据被评估二手车的已使用年限和使用强度；而功能性贬值是由被评估二手车的技术相对落后造成的，需要比较该车与功能相同但性能更好的新车来确定贬值差额。因此，应用重置成本法评估二手车必须满足以下前提条件：

①被评估二手车能够通过重置途径获得；

②被评估二手车的重置成本以及相关贬值能够合理估算。

3. 重置成本法的适用范围

重置成本法主要适用于继续使用前提下的二手车评估，评估对象的车型在市场上还有新车销售，或已停产但市场上配件丰富可以复原制造。重置成本法既充分考虑了被评估二手车的重置成本，又考虑了二手车已使用年限内的磨损以及功能性、经济性贬值，评估有理有据，评估结果公平合理，因此它一直是二手车鉴定评估机构和二手车鉴定评估师出具评估报告常用的评估方法，被广泛采用在中、高档车辆评估中。

当出现下列情况，不适用重置成本法：

①因法律、行政法规或者产业政策的影响使重置评估对象的前提不存在，如国家早已规定不允许生产的化油器汽车、排放标准过低的汽车，这种汽车早已淘汰。

②不可以用重置途径获取的评估对象，如停产多年或早期进口的汽车，市场没有同型新车销售，也没有零部件供应。

5.4.4 重置成本法的评估实例

重置成本法评估二手车的关键是确定成新率，以下各例是按成新率计算方法介绍的。

1. 重置成本—使用年限法评估二手车

例 5-2：2016 年 10 月一辆马自达 6，2.0 超豪华版私人用轿车在二手车交易市场进行交易评估。该车的基本信息如下：中国第一汽车集团公司生产，出厂日期为 2008 年 12 月，发动机排量为 1.999L，车身颜色为银色，配置为 5 挡手自一体变速箱、真皮座椅、ABS、手动空调、电动门窗、电动后视镜、安全气囊、氙气大灯、前后电动车窗。

核对法定证件和税险缴纳情况：齐全有效，初次登记日期是 2009 年 2 月。

静态检查：车身外观无伤痕、漆面良好；驾驶室内干净、内饰比较新，里程表显示累计行驶里程为 10.52 万 km；发动机舱内干净整洁，线路正常，发动机无维修迹象；轮胎状况良好；后备厢没有整修过的痕迹，备胎完整；底盘外观良好，无腐蚀。

动态检查：发动机起动快，没有显著的抖动；急速的噪声小，坐在车内几乎感觉不到；起步后缓慢加大油门，感觉发动机的扭矩输出很平稳，换挡过程顺畅；转向助力轻盈，手感好，方向感清晰；制动非常好，悬架在行驶过程中比较硬朗，高速不发飘。

在评估时，经市场询价该车型新车市场销售价格为 179 800 元，其他税费不计，试采用年限法评估该车的现时市场价值。

解：解题步骤如下：

①根据题目已知条件，选用重置成本法进行评估。

②该车为轿车，报废年限按 15 年计算，即 180 个月。

③初次登记日为 2009 年 2 月，评估基准日为 2016 年 10 月，已使用年限 = 2016 年 10 月 – 2009 年 2 月 = 93 个月。

④由于此项业务属于交易类业务，故重置成本不包括车辆购置税等附加费用，因此，该车的现时重置成本 $B = 179\ 800$ 元。

⑤由式（5 – 1）$C_Y = \left(1 - \dfrac{Y}{Y_g}\right) \times 100\%$ 可知，该车的年限成新率为

$$C_Y = (1 - 93/180) \times 100\% = 48.33\%$$

⑥评估值 $P = B \times C_Y = 179\ 800 \times 48.33\% \approx 86\ 903$（元）。

2. 重置成本—行驶里程法评估二手车

例 5 – 3：北京市某二手车交易市场上有一辆私人轿车奥迪 A6 转让。该车基本信息如下：发动机排量为 2.0L，出厂日期为 2007 年 12 月，注册登记日期为 2008 年 7 月，机动车行驶证显示检验合格至 2017 年 7 月有效，保险到期日为 2017 年 7 月，手续齐全、合法。

配置：CVT 自动变速器，4 轮盘刹，铝合金轮毂，真皮座椅，电动门窗，助力转向，中央门锁，电动后视镜，自动恒温空调，CD，ABS，EBD，安全气囊，加热座椅。

静态检查：车辆成色较新，无重大事故痕迹，无明显金属腐蚀现象，内饰成色较新，维修保养情况好，轮胎成色一般。

动态检查：仪表工作正常，显示累计行驶里程为 8.6 万 km，发动机工作平稳，各项功能均正常。

该车车型成熟，质量稳定，高级车中市场占有率较高，目前新车市场价约为 41.5 万元。试用行驶里程法估算该车的价格。

解：解题步骤如下：

①该车累计行驶里程 8.6 万 km，《机动车强制报废标准规定》的非运营轿车行驶里程数为 60 万 km。

②由式（5 – 2）$C_S = \left(1 - \dfrac{S}{S_g}\right) \times 100\%$ 可知，该车的里程成新率为

$$C_S = (1 - 8.6/60) \times 100\% = 85.67\%$$

③由于是私人交易车辆，重置成本不计其他费用，所以，取重置成本 $B = 41.5$ 万元。

④评估值 $P = B \times C_S = 41.5$ 万 $\times 85.67\% = 355\ 517$（元）。

 • 知识扩展

对于家用轿车，除了使用上述里程法估算二手车价格外，也可以采用经验方法"54321 法"估算（注：只对个人购买二手车时的一种估算参考，不算正式鉴定估价方法），这种经验方法的基本思想是：一般认为，一辆家用轿车有效寿命在 30 万 km 左右，超过 30 万 km 后，维修保养费可能比车本身价值还高。因此将其分为 5 段，每段 6 万 km，每段价值依序为新车价的 5/15、4/15、3/15、2/15、1/15，如图 5 – 2 所示。

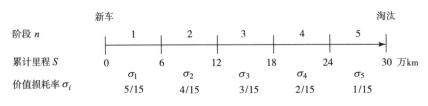

图 5-2 二手车价值损耗与行驶里程关系图

每个里程阶段后，二手车剩余价值可按式（5-16）计算：

$$P = B \times \left(1 - \sum_{i=1}^{n} \sigma_i\right) \tag{5-16}$$

式（5-16）的计算结果是：新车开了第一段 6 万 km 后，损耗了新车价值的 5/15，剩余价值为 $P_1 = B \times (1 - 5/15)$，而第二段 6 万 km 又消耗了新车价的 4/15，剩余价值为 $P_1 = B \times [1 - (5/15 + 4/15)]$，之后如此类推，依次递减。

例如，某车已行驶了 12 万 km，而同款车型新车目前市场价为 10 万元，那么此时该车的估算价为 $P = 10 \times [1 - (5/15 + 4/15)] = 4$（万元）。

3. 重置成本—部件鉴定法评估二手车

例 5-4：评估车型：2008 款宝马 730LI 领先型轿车。

该车为个人使用车辆，4 门 5 座三厢，发动机排量 3.0 L，6 挡自动变速器；出厂日期为 2008 年 1 月，注册登记日期为 2008 年 7 月，评估基准日为 2012 年 9 月，累计行驶里程为 10.7 万 km；车辆证件、税险齐全有效。新车市场价格为 94.60 万元。

该车配置：GPS 导航系统、无钥匙起动系统、自动大灯控制系统、DSC 动态稳定控制系统、发动机爆震控制系统、电动天窗、胎压监测、雨量探测器、多功能方向盘、手自一体 6 挡变速器、多功能方向盘、真皮座椅、自动空调、后排独立空调等。

静态检查：从外观上看，车身各处接缝线条自然流畅，发动机盖与前大灯、进气格栅之间的衔接非常细密，漆面均匀而且有光泽，漆面养护良好。没有发生过大的事故。车辆内部干净整洁，内饰显得气派豪华，真皮座椅、仪表盘保养到位。打开发动机舱，线路整齐，没有松动更换和改动过的迹象，防尘、隔音保持得很好。底盘有部分位置发现一些细微的划痕，没有漏水漏油现象，属于正常范围；检视轮胎，没有发现啃胎痕迹，铝合金轮毂保持完好。随车工具齐全完好。

动态检查：起动发动机后，感觉噪声非常小，6 速手自一体变速箱配合相当默契，轻踩油门，踏板反应十分灵敏，发动机对油门踏板的响应非常迅速。行驶中，换挡过程异常平顺，能够轻松体验到加速的快感，动力性能表现令人满意。方向盘操纵灵活，车辆行驶循迹性非常出色，其余各部件动态表现正常。

试根据上述条件采用部件鉴定法估算该车的成新率及其市场价值。

解：解题步骤如下：

①根据题目已知条件及要求，选用重置成本法进行评估。

②根据对该车的检查结果，其成新率的估算方法参见表 5-3 进行，明细如表 5-6 所示。

表 5-6 二手车成新率估算明细表

序号	车辆各主要总成、部件名称	价值权重/%	成新率/%	加权成新率/%
1	发动机及离合器总成	28	88	24.64
2	变速器及万向传动装置总成	11	85	9.35
3	前桥、前悬架及转向系总成	9	85	7.65
4	后桥及后悬架总成	6	85	5.10
5	制动系	6	85	5.10
6	车身	26	90	23.40
7	电器仪表	10	90	9.00
8	轮胎	4	85	3.40
	合计	100		$C_B = 87.64$

③由于此项业务属于交易类业务，故重置成本不计车辆购置税等附加费用，因此该车的现时重置成本 $B = 94.60$ 万元。

④评估值 $P = B \times C_B = 946\,000 \times 87.49\% = 829\,074$（元）。

4. 重置成本—整车检查鉴定法评估二手车

例 5-5：2010 年 3 月二手车经纪机构业务人员对一辆丰田威驰轿车进行评估。

车辆基本情况：注册登记日期为 2007 年 7 月，累计行驶里程为 3.7 万 km，市场新车价格为 9.15 万元。

车辆配置：发动机排量 1.3 L、5 挡手动变速器、电动门窗、助力转向、CD、ABS、EBD、中控防盗、双安全气囊、倒车雷达、真皮座椅、铝合金轮圈。

车辆手续：该车为公司老板个人使用车辆，证件、税险齐全有效。

静态检查：车身各处接缝自然，白色漆面养护良好。没有发生过大的事故。玻璃升降器、天窗、密封胶条等容易老化部分检查没有问题。车厢内饰采用上深下浅双色搭配，内饰成色、真皮座椅较新，车辆内部干净整洁，空调、CD、数字仪表显示等电器元件工作良好，没有明显的磨损，可见车主平时使用频率不高。打开发动机舱，发动机布线比较整齐，车底没有漏水漏油现象，各管路接合良好，没有松动更换和改动过的迹象。底盘及悬架部件完好无损，由此推断该车一直是在良好的路面行驶，行驶里程数不到 4 万 km，估计平时也只是上下班代步之用。随车工具齐全完好。

动态检查：采用的 VVT-i 发动机声音比较安静，轻踩油门，踏板反应十分灵敏，行驶中，发动机 4 000 r/min 以下对油门踏板的响应非常迅速，手动变速器挡位清晰准确，换挡比较顺畅，2 挡不足 6 000 r/min 便可以轻松突破 100 km/h。此外，方向盘操纵灵活，能够轻松体验到加速的快感，动力性能表现令人满意。持续加速过程中，车身振动较为轻微。轮胎抓地性能比较稳定，在急刹车测试过程中，ABS 动作相当迅速，减速时给人以足够的信心。

试用整车观测法估算该车成新率，用重置成本法评估其价值。

解：①利用整车观测法，粗略估算该车的成新率：根据车况检查结果，该车的车况良好,使用时间不到 3 年,行驶里程较低,且保养较好,车外观良好,没发生过事故,参考表 5-3 可大致确定该车的成新率在 82% 左右。

②粗略估算评估价:

$$评估价 = 重置成本 \times 成新率 = 91\ 500 \times 82\% = 75\ 030(元)$$

③综合评价:威驰完全传承了丰田的优秀品质,无论是做工还是行驶表现,都获得了消费者较好的口碑。在二手车市场,丰田车的需求和价格行情一直比较稳定。此车较新、车况较好,根据市场行情综合分析,此车的综合评定二手价格为 7.5 万元。

5. 重置成本—技术加权成新率法评估二手车

例 5-6:2012 年 8 月沈阳某二手车评估公司对一辆丰田 SUV 车进行评估。

车辆基本信息:型号为 PRADO 4000 VX 版;生产商为日本丰田汽车公司;发动机型号为 6493 直列四缸;车身颜色为白色;出厂日期为 2007 年 6 月,注册登记日期为 2007 年 12 月;累计行驶里程:18.6 万 km。车辆为第一次交易,法定证件和税险齐全有效。

基本参数及配置:发动机为 6 缸 V 型顶置双凸轮轴 24 气门(VVT-i 智能可变气门正时系统),排量为 3.956 L;理论油耗(L/100 km)为 15 L;最高速度为 180 km/h;最大功率为 179 kW(5 200 r/min);最大扭矩为 376 N·m(3 800 r/min),燃油系统为燃油喷射式;油箱容积为 87 L;驱动方式为四轮驱动;转向方式为助力转向式;前双叉式独立悬架、后四连杆机构悬架;制动器为前轮/后轮风冷盘式(连 ABS 防抱死制动系统)。

原装进口豪华配置:400 m 远程遥控、无钥匙起动、六碟 CD、车载蓝牙电话、电动天窗、真皮电动加热座椅、导航、倒车影像、前后独立恒温空调、第三排电动座椅、雷达测速、三个摄像头、氙气大灯随动转向、十二个高级音响、十个气囊、高级桃木内饰、真皮多功能方向盘、车载冰箱、底盘升降、陡坡缓降、四轮差速锁、大灯清洗等。

静态检查:从外观看,车身没有划痕,原车漆,无碰撞修理痕迹,原车灯,前后保险杠无安全事故问题。车辆内部清洁、整齐,各部件位置正常,功能良好,没有发现有改动过或翻新的痕迹,后排真皮座椅局部有清洗过的痕迹。天窗运行良好、CD 音响系统播放流畅。发动机的声音不错,各油管接口无漏油现象,车底无漏油、漏水现象。轮胎磨损正常,刹车片磨损正常。备胎、千斤顶完好。

动态检查:车辆起动后发动机抖动和噪声状态基本正常,车内感觉比较舒适,空调运转正常。变速箱挡位清晰,状态良好。转向轻便、准确,轮胎抓地力稳定,各部件工作基本正常,车辆刹车系统工作正常。

试采用重置成本—技术加权成新率法评估其价值。

解:①重置成本全价的确定。

a. 现行购置价的确定:经当地市场询价,丰田 PRADO 4000 VX 中东版市场售价为 79.8 万元。

b. 车辆购置税及相关税费的确定:在不知道该车型国家具体征税价的情况下,按新车售价的 10% 计算。

$$车辆购置税 = 798\ 000 \times 10\% = 79\ 800(元)$$
$$证照费 + 检车费 = 600(元)$$
$$重置成本全价 B = 798\ 000 + (79\ 800 + 600) = 878\ 400(元)$$

②成新率的确定。采用技术加权法计算成新率。

a. 计算年限成新率 C_Y。

该车注册登记日为 2007 年 12 月,评估基准日为 2012 年 8 月,已使用年限 = 评估基准日 – 注册登记日 = 57 个月,非运营轿车的规定使用年限按 15 年（180 个月）计算,所以年限成新率 C_Y 为

$$C_Y = \left(1 - \frac{Y}{Y_g}\right) \times 100\% = (1 - 57/180) \times 100\% = 68.33\%$$

b. 计算技术鉴定成新率 C_T。

评估人员在现场对该车进行技术鉴定,分别对车身外观、发动机舱、驾驶舱、起动、路试、底盘进行鉴定打分,详见表 5-7,所以,现场技术鉴定成新率 C_T = 鉴定总分值/100 = 88%。

表 5-7 二手车技术状况调查表及成新率评定

序号	项目名称	缺陷描述	扣分/分	得分/分
1	车身外观 （满分 20 分）	程度 1：左前翼子板有条小划痕,右后车门表面有剐蹭和喷漆痕迹,前保险杠有划痕。 程度 2：右前轮和右后轮外侧胎面有刮痕	3	17
2	发动机舱 （满分 20 分）	发动机皮带有轻微老化,线束管有被剪开后包裹	3	17
3	驾驶舱 （满分 10 分）	车内烟味较重,后排座位有轻微破损痕迹,车顶棚内饰有手印污迹	2	8
4	起动 （满分 20 分）	ABS 指示灯工作不正常	2	18
5	路试 （满分 15 分）	行驶中有向右跑偏现象	2	13
6	底盘 （满分 15 分）	油底壳有刮痕	—	15
鉴定总分				88

c. 计算综合成新率。

取权重系数 $\alpha = 0.4$、$\beta = 0.6$,则综合成新率为

$$C_Z = \alpha C_Y + \beta C_T = 0.4 \times 68.33\% + 0.6 \times 88\% = 80.1\%$$

③评估值的确定。

评估价值 = 重置全价 B × 综合成新率,即 C_Z = 878 400 × 80.1% = 703 879（元）

④综合评定。

丰田 PRADO SUV 车型在沈阳是热门车型,在二手车市场非常抢手,结合现在的市场行情,此车的评估价是 69 万元左右。

6. 重置成本—综合调整系数法评估二手车

例 5-7：2016 年 1 月 25 日,北京某广州本田 4S 店对一款雅阁轿车进行二手车置换业

务评估。该车基本信息和技术状况鉴定情况如下。

基本信息：品牌为雅阁，型号为 HG7240A，制造厂名称为广州本田汽车有限公司；发动机排量/功率为 2.4 L/125kW；出厂日期为 2007 年 5 月；注册登记日期为 2007 年 8 月 30 日；年检有效期至 2016 年 9 月；累计行驶里程为 45 108km。该车所有证件和税险齐全有效。

车辆使用背景：该车为公司白领上下班用的私家车，使用环境为市区道路，使用强度不大，正常保养，维护较好。

车辆配置：5 挡自动变速器、发动机电子防盗、中控锁、遥控钥匙、铝合金轮圈、真皮座椅、多功能方向盘、定速巡航、倒车影像、加热座椅、蓝牙电话系统、感应大灯、感应雨刷、电动门窗、助力转向、恒温空调、多碟 CD、ABS、ASR、EBD、牵引力和车身稳定控制、安全气囊。

静态检查：车身整体外观良好，线条一致，车漆色彩一致，有少许补漆，不影响车辆正常使用；原车玻璃，车内整洁，内饰干净，车门开启正常，仪表显示正常，空调运行正常；底盘系统正常，没有损伤，无漏水、漏电、漏气现象；轮胎磨损正常，后备厢备胎完整。

动态检查：起动引擎，起动机良好，发动机无杂音、无抖动现象，油温、水温正常，无过热现象；车辆起步、加速灵敏；制动稳定，操控灵活。

已知该车型新车市场行情价为 239 800 元。试用重置成本—综合调整系数法评估该车的价值。

解：①根据题意，评估价值采用重置成本—综合调整系数法，其计算公式为

$$评估值 P = B \times C_Z = B \times K \times (1 - Y/Y_g) \times 100\%$$

②注册登记日为 2007 年 8 月 30 日，评估基准日为 2016 年 1 月 25 日，则已使用年限 Y = 评估基准日 − 注册登记日 = 90 个月，规定使用年限为 15 年，Y_g = 180 个月。

③重置成本的确定：因属交易类，故重置成本 = 市场新车销售价，即重置成本 B = 239 800 元。

④综合调整系数 K 的确定：根据技术鉴定情况，该车无须进行项目修理或换件，参考表 5 − 5 得到以下综合调整系数：

该车技术状况好，车辆技术状况调整系数 K_1 = 0.92。

维护保养好，使用与维护保养调整系数 K_2 = 0.95。

广州本田雅阁 2.4 轿车是国产名牌车，制造质量调整系数 K_3 = 0.9。

该车为私人用车，车辆用途调整系数 K_4 = 1.0。

该车主要在市内行驶，使用条件好，使用条件调整系数 K_5 = 1.0。

则综合调整系数：

$$K = K_1 \times 30\% + K_2 \times 25\% + K_3 \times 20\% + K_4 \times 15\% + K_5 \times 10\%$$
$$= 0.92 \times 30\% + 0.95 \times 25\% + 0.9 \times 20\% + 1.0 \times 15\% + 1.0 \times 10\% = 0.943\ 5$$

⑤计算成新率 C_Z。

$$C_Z = KC_Y = K \times (1 - Y/Y_g) \times 100\% = 0.943\ 5 \times (1 - 90/180) \times 100\% = 47.2\%$$

⑥计算评估值 P。

$$P = B \times C_Z = 239\ 800 \times 47.2\% = 113\ 186（元）$$

本田雅阁 2.4 属于中型车级别，口碑不错，市场行情一直很好，这款车的成交价格应该在 11.3 万元左右比较合理。

例 5-8：北京某街道社区服务中心准备车改处理一辆奥迪 A6 轿车，2014 年 11 月 15 日到某二手车评估公司进行咨询评估。以下是鉴定估价师对该车的检查与鉴定情况：

基本信息：车型为奥迪 A6L 1.8T；发动机排量为 1.8 L；国产，自动变速器，注册登记日期为 2004 年 8 月 20 日；累计行驶里程为 220 769km；年检有效期为 2015 年 8 月；使用性质为非运营单位车；各种税费、证件齐全有效。

基本配置：自动变速器、4 轮盘刹、铝合金轮毂、真皮座椅、电动门窗、助力转向、中央门锁、电动后视镜、自动恒温空调、CD、ABS、EBD、安全气囊、加热座椅。

静态检查：车身多处有划痕，有碰撞修复痕迹，内饰陈旧，线路老化，发动机有渗油现象，轮胎磨损严重，需更换。

动态检查：该车起动正常，发动机运转有轻微抖动现象，仪表工作正常，空调制冷效果一般。

试对该车辆进行鉴定评估。

解：根据上述技术鉴定得出，该车需要进行一些项目的维修和换件，然后才能投入正常使用。鉴于这种情况，拟采用重置成本—综合调整系数法进行鉴定估价。首先采用使用年限法估算车辆正常情况下的成新率，然后综合考虑项目维修和换件影响成新率的各项因素，确定综合调整系数，具体计算如下：

①计算年限成新率 C_Y。注册登记日为 2004 年 8 月 20 日，评估基准日为 2014 年 11 月 15 日，已使用年限 Y = 评估基准日 – 注册登记日 = 124 个月，规定使用年限为 15 年（180 个月）。

$$C_Y = (1 - Y/Y_g) \times 100\% = (1 - 124/180) \times 100\% = 31.11\%$$

②确定调整系数 K。根据该车实际技术状况较差、需要换件维修的情况，确定综合调整系数为 $K = 0.7$。故综合成新率 C_Z 计算为：

$$C_Z = KC_Y = 0.7 \times 31.11\% = 21.78\%$$

③计算重置成本。经市场询价，现新车售价为 29.8 万元，加购置税和上牌等费用，该车的重置成本全价约为 330 000（元）。

④计算评估值 $P = B \times C_Z = 330\ 000 \times 21.78\% = 71\ 874$（元）。

⑤综合评定。考虑到该车实际技术状况较差，还需要全部更换 4 个米其林轮胎（费用约为 3 000 元）并进行一些修理，该车最后评估定价为 71 874 – 5 000 = 66 874 元。

5.5 收益现值法评估二手车

5.5.1 收益现值法的基本原理

1. 收益现值法的概念

收益现值法（Present Earning Value Method）又称收益还原法、收益资本金化法，是指通过估算被评估二手车的未来预期收益并折算成现值，借以确定评估车辆价值的一种估价方法。也就是说，将未来每年的收益额折算到现在值多少钱，这些钱加起来就是二手车今后运营的收益现值，将其作为二手车的评估值。现值的确定依赖于未来预期收益。收益现值法概念理解图如图 5-3 所示。

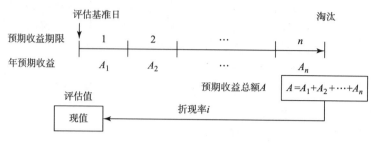

图 5-3 收益现值法概念理解图

2. 收益现值法评估资产的基本思想

收益现值法评估资产的基本思想是：从资产购买者的角度出发，购买这项资产所付的代价不应高于该项资产未来收益的折现值。收益现值法是一种着眼于未来的评估方法，它主要考虑资产的未来收益和货币的时间价值。

应用这一思想评估二手车，就是将二手车未来收益转换成现值，将此现值作为被评估二手车的估算价值。其实质是从"以利索本"的角度来评估二手车现时价值。这一现值就是二手车购买者未来能得到好处的价值体现。通常，在折现率相同的情况下，车辆未来的效用越大，获利能力越强，其评估值就越大。

3. 决定收益现值的基本因素

在继续经营的前提下，决定二手车未来收益现值的基本因素如下：

（1）车辆技术状况和收益期限

车辆技术状况和收益期限决定车辆未来持续获利能力。通常情况下车辆技术状况好出勤率就高，在车辆收益期限一定的情况下，车辆出勤率高，其收益额必定多，反之则必定少。

（2）超额利润

这是指企业应用车辆的获利能力较大，超出其他企业的获利能力。这个因素是二手车购买者（投资者）最重视、最关心的问题。因为获得超额收益将使其收益率增大、收益额增多，由此而使收益现值增加。

（3）折现率

折现率反映收益折成现值的能力。在年收益额一定的情况下，折现率越高，其现值越高。

5.5.2 收益现值法评估方法

1. 计算模型

应用收益现值法评估二手车价值的计算，实际上就是对被评估二手车未来预期收益进行折现的过程。

二手车评估值等于剩余寿命期内各收益期的收益折现值之和，其基本计算公式为：

$$P = \sum_{t=1}^{n} \frac{A_t}{(1+i)^t} = \frac{A_1}{(1+i)^1} + \frac{A_2}{(1+i)^2} + \cdots + \frac{A_n}{(1+i)^n} \qquad (5-17)$$

式中：P——评估值，元；

A_t——未来第 t 个收益期的预期收益额，元；

n——收益期限（即二手车剩余使用寿命的年限），年；

i——折现率，在经济分析中如果不作其他说明，一般指年利率或收益率，%；

t——收益期，一般以年计。

由于二手车的收益期是有限的，所以式（5-17）中的 A_t 还包括期末车辆的残值，一般估算时忽略不计。

式（5-17）中，当 $A_1 = A_2 = \cdots = A_n = A$ 时，即 t 从 1~n 年未来收益都为 A 时，则有

$$P = A \cdot \left[\frac{1}{1+i} + \frac{1}{(1+i)^2} + \cdots + \frac{1}{(1+i)^n} \right] = A \cdot \frac{(1+i)^n - 1}{i \cdot (1+i)^n} \qquad (5-18)$$

简记为：$P = A(P/A, i, n)$

式中：$\frac{1}{(1+i)^n}$——第 n 个收益年的现值系数；

$\frac{(1+i)^n - 1}{i \cdot (1+i)^n}$——年金现值系数。

式（5-18）的实际意义是：二手车预期在收益期 n 年内每年的收益为 A 元，取折现率为 i，则 n 年累计收益额"等值于"现值 P 元，那么，现在可接受的最大投资额应为 P 元。

2. 收益现值法各评估参数的确定

（1）收益期限 n 的确定

收益期限（即二手车剩余使用寿命的年限）指从评估基准日到二手车报废的年限，各类运营车辆的报废年限国家《机动车强制报废标准规定》都有具体规定。如果剩余使用寿命期估算得过长，则计算的收益期就多，车辆的评估价格就高；反之，则会低估价格。因此，必须根据二手车的实际状况对其收益期限做出正确的评定。

（2）预期收益额 A_t 的确定

运用收益现值法时，未来每年收益额的确定是关键。预期收益额是指被评估二手车在其剩余使用寿命期内的使用过程中，可能带来的年纯收益额。确定车辆预期收益额时应注意两点：

①预期收益额是通过预测分析获得的。对投资者来说，判断车辆是否有价值，应判断该车辆是否能带来收益。对车辆收益能力的判断，不仅要看现在的收益能力，更重要的是预测未来的收益能力。

②收益额的构成。为了准确反映经营者预期收益，收益额采用税后利润计算，其计算公式为

$$\text{收益额} = \text{税前收入} - \text{应交所得税} = \text{税前收入} \times (1 - \text{所得税率}) \qquad (5-19)$$

税前收入 = 一年的毛收入 - 车辆使用的各种税费和人员劳务费等

（3）折现率 i 的确定

折现率是指将未来预期收益额折算成现值的比率。从本质上讲，折现率是一种期望投资报酬率，是投资者在投资风险一定的情况下，对投资的预期回报率。折现率由无风险报酬率

和风险报酬率两部分组成,即

$$折现率 i = 无风险报酬率 + 风险报酬率 \quad (5-20)$$

无风险报酬率一般是指同期国债利率,它实际上是一种无风险收益率。风险报酬率是指超过无风险收益率以上部分的投资回报率。在资产评估中,因资产的行业分布、种类、市场条件等的不同,其折现率亦不相同。因此,在利用收益现值法对运营二手车价值评估选择折现率时,应该根据经济形势进行本企业、本行业历年收益率指标的对比分析,以尽可能准确地估测二手车的折现率。但是,最后确定的折现率不应低于同期国家国债或银行存款利率。

3. 收益现值法的优缺点

(1) 收益现值法的优点
①与投资决策相结合,评估结果容易被交易双方接受。
②能较真实和较准确地反映车辆本金化的价格。
(2) 收益现值法的缺点
①预期收益额和折现率以及风险报酬率的预测难度大。
②受主观判断和未来不可预见因素的影响较大。

5.5.3 收益现值法的应用前提和适用范围

1. 收益现值法应用的前提

只有同时满足下列条件,才能运用收益现值法对二手车进行评估。
①被评估二手车必须是经营性车辆,且具有继续经营和获利的能力。
②继续经营的预期收益可以预测而且必须能够用货币计量。
③收益所对应的风险能够度量。
④收益期限能够确定或者可以预测。

可见,运用收益现值法进行二手车评估时,是以车辆投入使用后连续获利为基础的。在二手车交易中,人们购买营运性质二手车的目的往往不是在于车辆本身,而是车辆获利的能力。

2. 收益现值法的适用范围

收益现值法适用范围较窄,只适用于可预测未来收益的营运车辆评估。

5.5.4 收益现值法的评估实例

例 5-9:2014 年 12 月,某人打算在二手车市场购置一辆较新的 2.4 L 凯美瑞轿车用于个体出租车运营。该车的基本信息及经营预测如下:

2012 年 10 月购买,并于当月完成车辆登记手续,已行驶公里数为 3.8 万 km。目前车辆技术状况良好,能正常运行。如用于出租车运营,全年预计可出勤 300 天。根据市场经营经验,该车型每天平均毛收入约 550 元,每天耗油费用 90 元,年检、保险及各种应支出费用折合平均每天 75 元,年日常维修保养费用约 15 000 元,年平均大修费用约 8 000 元,出租车牌照费 6 000 元,人员劳务费 40 000 元。根据目前银行储蓄年利率、行业收益等情况,确定资金预期收益率为15%，风险报酬率为5%。

假设每年的纯收入相同，试结合上述条件评估该车可接受的最大投资额是多少。

解：①根据题目条件，评估方法采用收益现值法。

②收益年期 n 的确定。从车辆注册登记日（2012年10月）至评估基准日（2014年12月）止，该车已使用时间2年，根据国家《机动车强制报废标准规定》的规定，出租车运营年限为8年，因此该车剩余使用寿命为6年，即收益年期 $n=6$。

③预期收益额 A_t 的确定。

a. 根据题设条件，计算预计年毛收入，具体计算如表5-8所示。

表5-8 预计年毛收入　　　　　　　　　　　　元

预计年毛收入		550×300=165 000
预计年支出	年燃油消耗费用	90×300=27 000
	年检、保险及各种应支出费用	75×300=22 500
	年日常维修保养费用	15 000
	年平均大修费用	8 000
	出租车牌照付费	6 000
	人员劳务费	40 000
预计年毛收入		46 500

b. 计算年预计纯收入。根据国家个人所得税条例规定年收入在3万~5万元，应缴纳所得税率为30%，故年预计纯收入为：46 500×（1-30%）=32 550（元）。

c. 预期收益额 A_t = 年预计纯收入 = 32 550 元

④折现率 i 的确定。折现率 i = 无风险报酬率 + 风险报酬率 = 15% + 5% = 20%

⑤计算评估值 P。

$$P = A \cdot \frac{(1+i)^n - 1}{i \cdot (1+i)^n} = 32\,550 \times \frac{(1+0.2)^6 - 1}{0.2 \times (1+0.2)^6} = 108\,245（元）$$

例5-10：某个体人员拟购买一辆轻型货车从事营运经营。已知该车的剩余使用年限为4年，适用的折现率为8%，经预测4年内该车的预期收益分别为1万元、0.9万元、0.8万元、0.7万元，试用收益现值法评估该车辆目前的价格。

解：由于该车每年的预期收益额不相等，根据收益现值法的模型式（5-17），可得该车的评估值为

$$P = \sum_{t=1}^{n} \frac{A_t}{(1+i)^t} = \frac{A_1}{(1+i)^1} + \frac{A_2}{(1+i)^2} + \cdots + \frac{A_n}{(1+i)^n}$$

$$= \frac{10000}{(1+8\%)^1} + \frac{9000}{(1+8\%)^2} + \frac{8000}{(1+8\%)^3} + \frac{7000}{(1+8\%)^4}$$

$$= 9\,259 + 7\,716 + 6\,351 + 5\,145$$

$$= 28\,471（元）$$

5.6 二手车价值评估的衍生方法

二手车价值评估衍生方法是指《资产评估法》规定的评估方法以外的适用评估二手车价值的方法。国内外通行的资产评估方法只有三种方法：现行市价法、重置成本法、收益现值法。在本书中把清算价格法和折旧法作为二手车价值评估的衍生方法。

5.6.1 清算价格法评估二手车

1. 清算价格法的基本原理

（1）清算价格法的概念

清算价格法是以清算价格（Liquidation Price）为依据来估算二手车价格的一种方法。所谓清算价格，是指企业由于破产和其他原因，被要求在一定期限内将特定资产（包括车辆）拍卖出售快速变现的价格。

（2）清算价格法的基本原理

清算价格法在原理上基本与现行市价法相同，所不同的是迫于停业或破产，清算价格往往大大低于现行市场价格。这是由于企业被迫停业或破产，急于将车辆拍卖出售变现。需要注意的是被清算的车辆性能不一定是差的，有些是性能非常好的在用车。

2. 清算价格法评估方法

根据清算价格法的概念和原理，清算价格是在现行市场价格基础上基于快速变现原则的一种处理价格，所以清算价格法不算是一种独立的评估方法。通常采用以下两种方法计算被评估二手车的清算价格。

（1）评估价格折扣法

首先选择重置成本法、现行市价法和收益现值法中的一种方法计算被评估二手车的价格，然后根据清算要求和二手车市场行情，按照快速变现原则确定合适的折扣率，用评估价格乘以折扣率，所得结果即为被评估二手车的清算价格。这是快速获得清算价格的最有效方法。清算价格法评估二手车价值的计算公式为：

$$P_q = P(1 - i_Z) \qquad (5-21)$$

式中：P_q——清算价格，元；

P——用法定方法的评估值，元；

i_Z——折扣率，%。

例如，一辆旧桑塔纳轿车，经调查在二手车交易市场上成交价为4万元，根据市场行情调查，以20%折价率可以当即出售。则该车辆的清算价格为$4 \times (1 - 20\%) = 3.2$（万元）。

（2）拍卖法

先根据清算要求和车辆实际技术状况确定一个拍卖底价，然后通过市场公开拍卖形式将车辆出售，最后的竞买价即为被评估二手车的清算价格。

本书主要介绍评估价格折扣法。

5.6.2 清算价格法的应用前提和适用范围

（1）清算价格法的应用前提

以清算价格法评估车辆价值的前提条件有以下三点：

①以具有法律效力的破产处理文件或抵押合同及其他有效文件。

②车辆在市场上可以快速出售变现。

③所卖收入足以补偿因出售车辆的附加支出总额。

（2）清算价格法的适用范围

清算价格法适用于企业破产、资产抵押、停业清理等情况下的二手车鉴定评估业务。

①企业破产。当企业或个人因经营不善造成严重亏损，到期不能清偿债务时，法院依法以其全部财产清偿其所欠的债务，不足部分不再清偿。

②资产抵押。资产抵押是以所有者资产作抵押物进行融资的一种经济行为，是合同当事人一方用自己特定的财产（如汽车）向对方保证履行合同义务的担保形式。提供财产的一方为抵押人，接受抵押财产的一方为抵押权人。抵押人不履行合同时，抵押权人有权利将抵押财产在法律允许的范围内变卖，从变卖抵押物价款中优先受偿。

③停业清理。停业清理是指企业由于经营不善导致严重亏损，已临近破产的边缘或因其他原因将无法继续经营下去，为弄清企业财物现状，对全部财产进行清点、整理和查核，为经营决策（破产清算或继续经营）提供依据，以及因资产损毁、报废而进行清理、拆除等的经济行为。

5.6.3 清算价格法的评估实例

例 5–11：某法院欲在近期内将其扣押的一辆轻型载货汽车拍卖出售。至评估基准日止，该汽车已使用了 1 年 6 个月，车况与其新旧程度相符。试评估该车的清算价格。

分析：本次评估的目的是债务清偿，采用的评估方法为清算价格法。根据被评估二手车的实际情况和所掌握的资料，决定首先利用重置成本法确定车辆的评估价格，然后，根据市场行情，按一定的折现率确定汽车的清算价格。

解：求解步骤如下：

①根据题目已知条件，采用重置成本法确定评估价格。

②求已使用年限和规定使用年限。该车已使用年限为 1 年 6 个月，折合为 18 个月。根据国家《机动车强制报废标准规定》，被评估二手车的使用年限为 10 年，折合为 120 个月。

③确定车辆重置成本全价。据市场调查，全新的同类型车目前市场售价为 5.5 万元。根据有关规定，购置此型车时，要缴纳 10% 的车辆购置税、3% 的货运附加费，故被评估二手车的重置成本全价 B 为：

$$B = 55\,000 \times (1 + 10\% + 3\%) = 62\,150 \text{（元）}$$

④确定车辆的成新率。被评估二手车的价值不高，且车辆的技术状况与其新旧程度相符，故决定采用使用年限法确定其成新率。被评估二手车的成新率 C_Y 为：

$$C_Y = \left(1 - \frac{Y}{Y_g}\right) \times 100\% = \left(1 - \frac{18}{120}\right) \times 100\% = 85\%$$

⑤确定车辆评估值。

$$P = B \times C = 62\ 150 \times 85\% \approx 52\ 828\ (元)$$

⑥确定折扣率。根据市场调查,折扣率取 25% 时,车辆可在清算日内快速出售。
⑦确定被评估二手车的清算价格。

$$车辆的清算价格 = 52\ 828 \times (1 - 25\%) = 39\ 621\ (元)$$

5.6.4 折旧法评估二手车

汽车是一种可计提折旧的运输工具,一部机器因使用而折旧(Depreciation),折旧法评估二手车是从折旧的角度研究汽车的损耗和贬值的,因此折旧法是重置成本法的一个具体应用。

1. 折旧的概念

企业购买固定资产(如机器设备、运输工具等)是用来生产产品或为经营服务的,在使用中其损耗以成本的形式计入产品的成本中去,并在产品销售中以货币形式提取并积累起来,以便在固定资产价值全部转移完毕后用于更新固定资产。折旧是一个会计概念,用来表示固定资产的损耗。折旧概念表述为:折旧是指固定资产在使用过程中,逐渐损耗而消失的那部分价值。固定资产损耗的这部分价值,应当在固定资产的有效使用年限内进行分摊,形成折旧费用,计入各期成本。

折旧的目的是把固定资产成本分摊到使用年限上并以计提折旧额的形式将其转移到产品成本中进行回收,这个过程按顺序由价值损耗、价值转移和价值补偿三部分组成。图 5-4 以运输车辆为例说明了其成本转移及补偿过程。

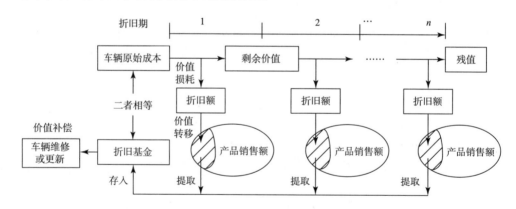

图 5-4 运输车辆成本折旧原理图

例如,企业有一辆价值 100 000 元的货车,使用年限为 10 年,平均每年有 10 000 元的价值转移到新产品中去,这样就需要每年从产品销售价格中,提取 10 000 元作为货车的折旧费,10 年即可从产品销售额中将车辆的原始成本回收。

2. 折旧法评估二手车的基本原理

折旧法是计算固定资产折旧额的方法。

从图 5-4 的折旧原理可以看出,车辆原始成本是在使用年限内逐年以一定折旧额分摊到产品销售额中进行回收的,每期计提折旧额后车辆的剩余价值就是车辆的现值,以这个剩

余价值作为评估价。如果发现车辆有某些功能完全丧失,需要维修和换件的,评估价还应考虑扣减相应的维修费用。用数学式表达为:

$$\text{二手车评估值} = \text{重置成本全价} - \text{累计折旧额} - \text{维修费用} \tag{5-22}$$

采用重置成本全价而不采用二手车原值,主要是考虑了其他因素给二手车带来的贬值(如功能性贬值和经济性贬值)。维修费用是指车辆现时状态下,某些功能完全丧失,需要维修和换件的费用总支出。上式可以表达为以下评估模型:

$$P = B - \sum D_t - F_s \tag{5-23}$$

式中:P——二手车的评估价,元;

B——二手车重置成本全价,元;

D_t——二手车年折旧额,元,$t=1,2,3,\cdots,N$,N 为预计使用年限;

$\sum D_t$——二手车已使用年限 t 内的累计折旧额,元;

F_s——二手车需要的维修费用,元。

P 实际上是扣除折旧总额和维修费用后的二手车剩余价值,计算 P 的关键是计算年折旧额 D_t。

3. 年折旧额的计算方法

二手车年折旧额的计算方法有四种:等速折旧法、里程法、年数总和法和双倍余额递减法。

(1) 等速折旧法

等速折旧法,也称为年限平均法或直线法,是指将固定资产的应计折旧额均衡地分摊到固定资产预定使用寿命内的一种方法。采用这种方法计算的每期折旧额相等。计算公式为

$$D_t = (R_0 - R_V)/N \tag{5-24}$$

式中:D_t——二手车年折旧额,元;

R_0——二手车原值,元;

R_V——二手车残值,元;

N——二手车预计使用年限(一般取规定的使用年限),年。

等速折旧法的依据是:二手车的使用强度比较平均,而且各期所取得的收入差距不大。在等速折旧法下,折旧金额是时间的线性函数。图 5-5 所示为其折旧系数 $1/N$ 的变化图。

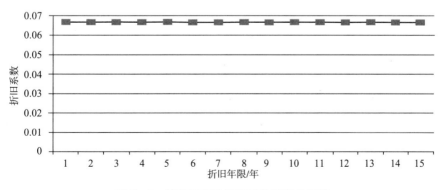

图 5-5 等速折旧法折旧系数的变化规律

(2) 里程法

里程法又称为工作量法，是指按总行驶里程数计提车辆折旧的一种方法。计算方法如下：

折旧额 = 当年行驶里程 × 单位工作量折旧额

单位工作量折旧额 = （原值 – 残值）/预计总行驶里程

计算公式为

$$D_t = S(R_0 - R_V)/S_g \tag{5-25}$$

式中：D_t——二手车年折旧额，元；

R_0——二手车原值，元；

R_V——二手车残值（可忽略不计），元；

S——二手车当年行驶里程，km；

S_g——预计总行驶里程，km。

预计总行驶里程是折旧年限内累计行驶里程，评估二手车时可参考《机动车强制报废标准规定》取值。

(3) 加速折旧法

加速折旧法是在固定资产的使用寿命内以递减状态分配其成本的方法。这种方法的理论依据是效用递减，即固定资产的效用随着其使用寿命的缩短而逐渐降低。因此，当汽车处于较新状态时，效用高，提供的服务多，产出也高，而维修费用较低，所取得的现金流量较大，应多提折旧；在汽车处于较旧状态时，效用低，产出也小，而维修费用较高，所取得的现金流量较小，少提折旧。这样可避免因汽车陈旧过时，提前报废不能收回原值而遭受损失。采用加速折旧法，可使企业尽早收回投资，更新固定资产，提高劳动生产率和产品质量，从而提高企业在行业内部的竞争能力。因此，加速折旧法体现了对固定资产服务能力衰退和无形损耗的快速补偿。

加速折旧法求折旧额的方法有两种：年数总和法和双倍余额递减法。

1) 年数总和法

年数总和法是以呈递减状态的年数分数对成本进行分配的方法。计算公式为：

$$D_t = (R_0 - R_V) \times \frac{N+1-t}{\frac{N(N+1)}{2}} \tag{5-26}$$

式中：D_t——二手车年折旧额，元；

R_0——二手车原值，元，但实际应用中，一般取二手车鉴定评估基准日的重置成本全价；

R_V——二手车残值（一般忽略不计），元；

N——二手车预计使用年限（一般取规定的使用年限），年；

t——二手车到评估基准日止已经使用的年度数，实际评估时，把已使用的总月份数折算为年度数计算；

$\frac{N+1-t}{N(N+1)/2}$——递减系数（也称为年折旧率），其函数图形如图 5-6 所示。

式 (5-26) 的运用是 R_0 不变，年折旧率逐年递减。递减系数的分子 ($N+1-t$) 是剩余使用年限，逐年减少，分母是逐年使用年数的总和，是一个不变的值。即每年递减系数的分母均相等，分子大小等于到评估基准日止还剩余的使用年限。

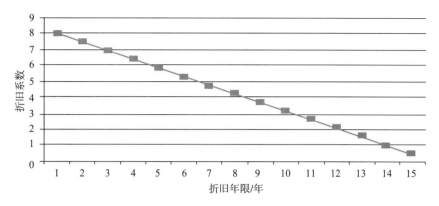

图 5-6　年数总和法折旧系数的变化规律

2）双倍余额递减法

双倍余额递减法是以固定年折旧率对各年年初二手车剩余价值进行分配的方法。用数学式表示为

$$年折旧额 = 各年年初二手车剩余价值 \times 年折旧率 \quad (5-27)$$

$$年折旧率 = \frac{2}{预计使用年限} \times 100\%$$

式（5-27）的计算中，年折旧额指的是年末的折旧额，年折旧率不变，年初二手车剩余价值逐年递减。它的计算方法是：第一年年初二手车剩余价值为二手车原值，第二年年初二手车的剩余价值为第一年年初二手车剩余价值减去这年的年折旧额，以后各年年初二手车剩余价值的计算以此类推。例如，设二手车原值为 R_0 元，预计使用年限为 N 年，年折旧率为 a，年折旧额为 D_t（$t = 1, 2, 3, \cdots, N$），年初二手车剩余价值为 V_s，则

年折旧率 $a = \dfrac{2}{N} \times 100\%$；

第一年年初二手车剩余价值 $V_{s1} = R_0$；

第二年年初二手车剩余价值 $V_{s2} = V_{s1} - D_1 = R_0 - R_0 \times a = R_0 \times (1 - a)$；

第三年年初二手车剩余价值 $V_{s3} = V_{s2} - D_2 = V_{s2} - V_{s2} \times a = V_{s2} \times (1 - a) = R_0 \times (1 - a)^2$；

……

第 t（最后两年除外）年年初二手车剩余价值 $V_{st} = R_0 \times (1 - a)^{t-1}$。

最后两年（$N-1$，N），将二手车剩余价值扣除预计净残值后的余额平均摊销。

上述用双倍余额递减折旧法求年折旧额可用计算公式表示为：

$$D_t = [R_0 \times (1 - a)^{t-1}] \cdot a = R_0 \cdot a(1 - a)^{t-1} \quad (5-28)$$

式中：D_t——二手车年折旧额，元；

R_0——二手车原值，元，实际评估时，取评估基准日的重置成本全价；

a——二手车年折旧率，$a = \dfrac{2}{N} \times 100\%$，$N$ 为预计使用年限；

t——到评估基准日止二手车已使用年限数，年。

应用时，要把评估基准日当年所有已使用的月份数折算为年数。

式（5-28）中的折旧系数 $a(1-a)^{t-1}$（$t = 1, 2, \cdots, 15$）的函数图形如图 5-7 所示。

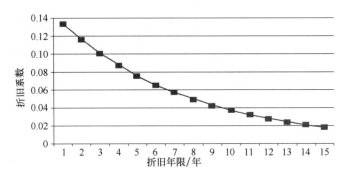

图 5-7 双倍余额递减法折旧系数的变化规律

从图 5-7 可以看出，采用双倍余额递减法计算折旧额时，头几年折旧速率较大，后面几年折旧速率变得比较平缓，这充分体现了加速折旧的思想。

4. 折旧法与重置成本法评估二手车的区别

二手车折旧是重置成本法中有关损耗和贬值项的一种估算。折旧法和重置成本法都是从二手车"损耗"的角度出发评价二手车价值的，但二者是有很大区别的，主要体现在以下几个方面：

（1）规定使用年限与预计折旧年限的含义不同

规定使用年限由《机动车强制报废标准规定》确定，是一个全国统一的标准；预计折旧年限是企业根据经营情况自定的预计使用年限，确定后不能随意改变。预计使用年限确定时应同时考虑有形损耗和无形损耗，在科技进步迅猛发展的现代社会，产品更新换代快，无形损耗有时会大于有形损耗。因此，企业应结合本身的具体经营规模和经营效益等情况，合理地确定固定资产的折旧年限。

在二手车估价中，鉴定估价人员可根据估价目的合理地确定折旧年限。一般可用《机动车强制报废标准规定》中规定的使用年限代替预计使用年限；对非运营汽车可按 15 年确定预计使用年限，使用年限已超过 15 年的，建议采用技术鉴定法评估二手车成新率和重置成本法估算其价值。

（2）两者的损耗含义不同

折旧并不完全是真正意义上的实际磨损，而是企业根据国家有关政策规定，结合本企业的具体经营规模和经营特点等情况，在确定的固定资产折旧年限内，分摊固定资产原值而计提的折旧额。根据《企业会计准则——固定资产》的规定，对入账的固定资产，不管企业使用与否都应计提折旧。因此，折旧是一种政策损耗。

二手车实体有形损耗是指二手车在存放和使用过程中，由于自然力的作用而发生的损耗，是真正的实体磨损。

（3）折旧额与实体性贬值意义不同

折旧额是会计账面上分摊固定资产而提取的折旧总额。它与固定资产的是否使用及实际使用强度没有联系。实体性贬值是由于固定资产使用引起的实体磨损而带来的真实贬值。它不能用账面上累计折旧额代替，但可以通过折旧得到补偿。在车辆使用过程中，价值的运动依次经过价值损耗、价值转移和价值补偿。折旧作为转移价值，是在损耗的基础上确定的。

(4) 折旧与成新率具有差异性

重置成本法中成新率是反映考虑二手车各种损耗和贬值后的剩余新的程度，对车辆实体损耗反映比较真实客观，但对无形损耗贬值的反映相对较弱；二手车折旧除了包含车辆实体损耗和贬值外，还含有人为规定折旧年限带来的无形损耗和贬值因素，而这种人为因素更能体现无形贬值对车辆剩余价值的影响。

5.6.5 折旧法的优缺点和适用范围

1. 优点

①折旧法比较好地解决了车辆的损耗和贬值的定性和定量估算问题，计算方法简便，结果易于理解。
②车辆的折旧年限（或经济使用年限）可根据企业实际经营状况合理确定，有利于加速车辆的折旧和更新。
③用加速折旧法计算车辆折旧额有利于加速投资成本的回收和补偿过程，此法用于二手车收购有利于降低收购成本。

2. 缺点

①计算折旧只看车辆折旧年限，不考虑车辆实际使用情况和技术状况，评估价值容易偏离实际。
②确定折旧年限时主观因素影响较大。

3. 适用范围

①企业车辆资产评估。企业对车辆资产有规范的折旧账目，利用折旧信息评估车辆的剩余价值非常方便。
②折旧年限取值相对比较灵活，且可以采用加速折旧法计算二手车的折旧额，使二手车剩余价值相对比较小，这对二手车收购方来说是比较有利的。因此，折旧法比较适用于二手车的收购价值评估。

5.6.6 折旧法二手车收购估价实例

例 5-13 2007 年 1 月，某二手车销售企业欲收购一辆南京菲亚特轿车，车辆基本情况如下：

车型为南京菲亚特西耶那 1.5EL；型号为 NJ7153；注册登记日期为 2004 年 2 月；行驶里程为 38 000km；车辆基本配置：排量 1.461L，发动机型号 178E5027，直列 4 缸 8 气门多点电喷发动机，5 速手动变速器，发动机最大功率 62.5 kW，转向助力，ABS 及 EBD，前门电动窗，防炫目后视镜，中控锁（无遥控装置），发动机防盗，手动空调系统，单碟 CD 及调频收音机 4 喇叭音响系统，后头枕，钢轮毂。

经核对相关税险、证件齐全有效。该车目前市场行情价为 7.8 万元，试确定其收购价格（残值忽略不计）。

解：①采用折旧法计算收购价格。

②从 2004 年 2 月到 2007 年 1 月，该车已使用 3 年，$t=3$。按国家汽车报废标准，该车规定使用年限为 15 年，$N=15$。

③重置成本价格为 $R_0 = 78\,000$ 元，残值忽略不计，即 $R_V = 0$。

④分别以等速折旧法、年份数求和折旧法和双倍余额递减折旧法计算累计折旧额。

a. 等速折旧法计算二手车的累计折旧额。

年折旧额：$D_t = (R_0 - R_V)/N = 78\,000/15 = 5\,200$（元）

累计折旧额的计算如表 5-9 所示。

表 5-9　等速折旧法计算累计折旧额

年份	重置成本 R_0/元	折旧率	年折旧额/元	累计折旧额/元
2004.2—2005.1	78 000	1/15	5 200	5 200
2005.2—2006.1		1/15	5 200	10 400
2006.2—2007.1		1/15	5 200	15 600

b. 年数总和折旧法计算二手车的累计折旧额。

递减系数：$\dfrac{N+1-t}{\dfrac{N(N+1)}{2}} = \dfrac{16-t}{120}$，年折旧额：$D_t = (R_0 - R_V) \times \dfrac{N+1-t}{\dfrac{N(N+1)}{2}}$，计算如表 5-10 所示。

表 5-10　年数总和折旧法计算累计折旧额

年份	重置成本 R_0/元	递减系数	年折旧额/元	累计折旧额/元
2004.2—2005.1	78 000	15/120	9 750	9 750
2005.2—2006.1		14/120	9 100	18 850
2006.2—2007.1		13/120	8 450	27 300

c. 双倍余额递减折旧法计算二手车的累计折旧额。

年折旧率：年折旧率 $= \dfrac{2}{\text{预计使用年限}} = \dfrac{2}{15}$，年折旧额：$D_t = R_0 \cdot a(1-a)^{t-1}$。计算如表 5-11 所示。

表 5-11　双倍余额递减折旧法计算累计折旧额

年份	重置成本 R_0/元	递减系数	年折旧额/元	累计折旧额/元
2004.2—2005.1	78 000	2/15	10 400	10 400
2005.2—2006.1	67 600	2/15	9 013	19 413
2006.2—2007.1	58 587	2/15	7 812	27 225

⑤计算二手车收购价格。

二手车收购价格 P 按公式（5-23）计算，即

$$P = B - \sum D_t - F_s$$

题目没有给出需要修理的项目及费用，因此，本例中 $F_s=0$。二手车收购价格按剩余价值最小（或按累计折旧额最大）来确定。从表 5-9 ~ 表 5-11 可见，等速折旧法、年数总和折旧法和双倍余额递减折旧法三种折旧方法计算的累计折旧额中，年数总和折旧法计算的累计折旧额最大，因此，该二手车的收购价格为

$$78\ 000 - 27\ 300 = 50\ 700\ （元）$$

本章思考与练习题

1. 简述二手车价值评估可分为哪几种类型，有什么区别。
2. 二手车价值评估有哪些方法？估价时依据什么选取最符合的评估方法？
3. 影响二手车价值的因素有哪些？
4. 简述成新率的含义。用其来进行二手车估价有什么好处？
5. 成新率计算方法有几种？各种方法的应用前提是什么？
6. 二手车评估为什么以已使用年限作为基本参数？如何计算二手车已使用年限？
7. 《二手车鉴定评估技术规范》推荐使用的评估方法适合用在什么场合的评估？
8. 什么是现行市价法？简述现行市价法评估二手车的基本思路。
9. 现行市价法最适合用在什么评估类型上？应用现行市价法评估二手车的关键是什么？
10. 什么是二手车重置成本？重置成本法评估二手车考虑了哪些因素？重置成本法的应用前提和适用范围是什么？
11. 什么是收益现值法？其应用前提和适用范围是什么？
12. 二手车价值评估有哪些衍生评估方法？这些评估方法的应用前提和适用范围是什么？
13. 企业购置的汽车资产通过什么方式分摊到产品成本中？如何计算其分摊成本？

第6章 二手车鉴定评估实务

本章学习要点：
1. 理解二手车鉴定评估工作程序及各步骤包含的内容。
2. 理解二手车相关法定证件和税险的含义，掌握其核对方法。
3. 理解二手车鉴定评估报告的概念、作用和基本要求。
4. 掌握二手车鉴定评估报告书的格式、基本内容和编写方法。

6.1 二手车鉴定评估程序

执行资产评估业务，应当遵守法律、行政法规和资产评估准则，坚持独立、客观、公正的原则，履行适当的资产评估程序。二手车鉴定评估程序，也称为二手车鉴定评估作业流程，是指执行二手车鉴定评估业务所履行的系统性工作步骤。

6.1.1 资产评估的基本程序

《资产评估法》规定资产评估的基本程序包括：明确业务基本事项、订立业务委托合同、编制资产评估计划、进行评估现场调查、收集整理评估资料、评定估算形成结论、编制出具评估报告、整理归集评估档案，且规定资产评估机构及其资产评估专业人员不得随意减少资产评估基本程序，但可根据资产评估业务的具体情况以及重要性原则确定所履行各基本程序的繁简程度。

资产评估业务的基本事项包括以下内容：
①委托人、产权持有人和委托人以外的其他资产评估报告使用人；
②评估目的；
③评估对象和评估范围；
④价值类型；
⑤评估基准日；
⑥资产评估报告使用范围；
⑦资产评估报告提交期限及方式；
⑧评估服务费及支付方式；
⑨委托人、其他相关当事人与资产评估机构及其资产评估专业人员工作配合和协助等需要明确的重要事项。

6.1.2 二手车鉴定评估作业流程

《二手车鉴定评估技术规范标准》根据不同的二手车经营主体开展二手车鉴定评估的经营活动的目的不同,将二手车鉴定评估分为两种类型:二手车鉴定评估机构开展二手车鉴定评估经营活动和二手车交易类企业开展业务涉及的二手车鉴定评估活动。二手车鉴定评估机构开展二手车鉴定评估属于第三方服务类型的经营活动,服务对象是委托方;而二手车交易类企业(包括二手车经销、拍卖和经纪等)专业从事二手车交易经营活动,经营中涉及的二手车鉴定评估属于自身经营需要进行的,鉴定评估的目的是为经营对象确定交易价格,评估结果一般作为二手车买卖合同的附件。这两种类型企业的鉴定评估作业流程如下所述。

1. 二手车鉴定评估机构的鉴定评估作业流程

二手车鉴定评估机构开展二手车鉴定评估服务经营活动按图6-1的流程作业。

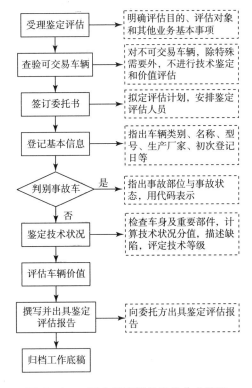

图6-1 二手车鉴定评估机构作业流程

在完成图6-1的作业步骤中,需要填写《二手车鉴定评估作业表》(见6.2节的表6-6~表6-16)。

2. 二手车交易类企业的鉴定评估作业流程

二手车交易类企业(包括二手车经销、拍卖和经纪等)开展业务时涉及二手车鉴定评估活动的,如二手车交易评估、二手车价格咨询评估等,不用像二手车鉴定评估机构那样签订委托书和撰写鉴定评估报告,只需按照图6-2所示的内容和顺序作业即可,并将鉴定评估结果填入表 6-1 所示的二手车技术状况表中。二手车技术状况表有两个作用：一是作为二手车买卖合同的附件；二是在车辆展卖期间，放置在驾驶室前风挡玻璃左下方，为消费者提供参考。

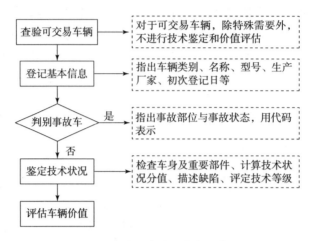

图 6-2　二手车交易类企业鉴定评估作业流程

表 6-1　二手车技术状况表

车辆基本信息	厂牌型号				牌照号码		
	发动机号				VIN 码		
	注册登记日期	年　月　日			表征里程	万 km	
	品牌名称		□国产　□进口		车身颜色		
	年检证明	□有（至__年__月）　□无			购置税证书	□有　□无	
	车船税证明	□有（至__年__月）　□无			交强险	□有（至__年__月）　□无	
	使用性质	□运营用车　□出租车　□公务用车　□家庭用车　□其他					
	其他法定凭证、证明	□机动车号牌　□机动车行驶证　□机动车登记证书　□第三者强制保险单 □其他					
	车主名称/姓名				企业法人证书代码/身份证号码		
重要技术参数及配置	燃料标号		排量		缸数		
	发动机功率		排放标准		变速器形式		
	安全气囊		驱动方式		ABS	□有　□无	
	其他重要配置						
是否为事故车	□是　□否	损伤位置及损伤状况					
鉴定结果	分值				技术状况等级		

续表

车辆技术状况鉴定缺陷描述	鉴定科目	鉴定结果（得分）	缺陷描述
	车身检查		
	发动机舱检查		
	驾驶舱检查		
	起动检查		
	路试检查		
	底盘检查		

声明：
本二手车技术状况表所体现的鉴定结果仅为鉴定日期当日被鉴定车辆的技术状况表现与描述，若在当日内被鉴定车辆的市场价值或因交通事故等原因导致车辆的价值发生变化对车辆鉴定结果产生明显影响时，本二手车技术状况表不作为参考依据。

二手车鉴定评估师：_____　　鉴定单位：（盖章）_____
　　　　　　　　　　　　　　　　　　　鉴定日期：____年____月____日

注：本二手车技术状况表由二手车经销企业、拍卖企业、经纪企业使用，作为二手车买卖合同的附件，车辆展卖期间，放置在驾驶室前风挡玻璃左下方，为消费者提供参考。

6.1.3　受理鉴定评估

受理鉴定评估主要是了解委托方及其车辆的基本情况，明确委托方要求，主要包括委托方要求的评估目的、评估对象、评估基准日、期望完成评估的时间等。

1. 核实委托方身份的合法性

根据《二手车流通管理办法》第十五条规定：二手车卖方应当拥有车辆的所有权或者处置权，二手车经营主体要确认卖方的身份证明，车辆的号牌，机动车登记证书，机动车行驶证，有效的机动车安全技术检验合格标志，车辆保险单，缴纳税费凭证等。因此，二手车鉴定评估机构在受理鉴定评估时必须核实委托方身份合法性，即明确委托方与车辆关系的合法性及其对车辆所有权（或者处置权）。委托方与车辆的关系体现在委托方是车主还是授权委托人。委托方是车主，则有车辆所有权和处置权；委托方是授权委托人，则对车辆没有所有权，但有车辆处置权（条件是需要有车主授权委托书及授权委托人身份证明）。没有授权委托书的，无车辆处置权，鉴定评估方不能受理鉴定评估。

（1）委托方合法身份证明
①对个人，其合法有效的身份证明是身份证。
②对被委托人，其合法有效的身份证明是车主授权委托书及被委托人身份证。
③对机构，其合法有效的身份证明是组织机构代码证。
（2）车辆所有权（或处置权）证明
车辆所有权或处置权证明应符合条件：
①机动车登记证书、行驶证与卖方身份证明名称一致；国家机关、国有企事业单位出售的车，应附有资产处理证明。

②委托出售的车辆，卖方应提供车主授权委托书和身份证明。

2. 明确委托评估目的

评估目的是指委托方评估二手车的意图。常见委托的二手车评估目的有：交易、典当、拍卖、置换、抵押、担保、咨询、司法裁决等，明确评估目的有助于选择合适的价值类型和评估方法。

3. 明确评估对象

明确评估对象就是明确评估对象的以下信息，有助于评估时选择合适的参考车辆。

①类别：乘用车还是商用车。

②厂牌型号：指车辆生产厂家、品牌和型号的合称，如上海大众帕萨特SVW72010UJ中生产厂家是上海大众汽车有限公司，品牌是帕萨特，型号是SVW72010UJ（见2.2.2节介绍）。厂牌型号为评估时选择参考车辆提供依据。

③车籍：指车辆注册登记地。

④使用性质：即车辆的使用用途是运营车还是非运营车。

⑤已使用年限和累计行驶里程。

4. 明确评估基准日和评估报告提出日期

（1）评估基准日、勘估日期与评估报告提出日期

资产评估中涉及三个时间：勘估日期、评估基准日和评估报告提出日期，其中，评估基准日与评估报告提出日期是资产评估中涉及的两个非常重要的时点，它们都是界定评估责任范围的依据，而评估基准日还是确定评估结果有效期的重要依据。这三个日期的含义和区别如下：

①勘估日期是指评估师实际现场勘察鉴定、评定估算的日期。它是评估师评估工作过程的一个时段，长短由评估任务量决定，没有实际意义。

②评估基准日又称估价期日，是指确定委托评估对象在某一日公允价值的时间点。它是确定资产状况和资产价值的基准时间，也是评估结论开始成立的一个特定时日。评估基准日精确到某年某月某日，一般选择年底、月末。

③评估报告提出日期是指评估机构签署评估报告的日期。究竟定为何日，现行评估法规中未做具体规定，一般认为应是评估师完成外勤勘察鉴定工作并撰写完成评估报告的日期，而不一定是评估基准日。对没有特殊评估目的要求的评估，可以把评估基准日和评估报告提出日期选择在同一天，这样方便使用。

（2）资产评估必须确定评估基准日

资产的价值随时间的变化而变化，不同的评估基准日将产生不同的评估结果。资产评估实际上是确定资产某一时点的静态价值，而不是确定资产每时每刻的价值变动过程和变动趋势。从资产评估的目的来看，资产评估服务于产权变动中发生的各类经济行为，这些经济行为的发生都有一个时间点，如交易合同签订日、联营或合资合同的签订日、抵押贷款协议的签订日、经济纠纷的发生日等，各相关当事人所关心的正是这一时点的资产价值。因此，为了便于报告使用人对评估结果的合理利用，在资产评估时必须确定评估基准日。

(3) 如何合理确定评估基准日

资产评估是为特定的经济行为服务的，选择评估基准日的原则应是有利于评估结果和有效地服务于评估目的，以避免由于评估基准日选择不当给委托方造成不必要的损失。因此，选择何时作为评估基准日，应根据委托方的评估目的而定，并在签订的委托评估合同约定好。

以下举例说明车辆评估目的和评估基准日的选择：

①当评估目的为转让（即交易）、投资、改制、清算和经济评价等经济情形时，评估基准日一般选在评估目的实现之日。评估时所依据的车辆状况和市场价格均为评估基准日的，这种情况在平常评估中比较普遍。

②当评估目的为解决法律纠纷的司法裁决或者对其他评估机构的评估结果进行仲裁而重新进行评估时，评估基准日一般为过去某一时点，评估时所依据的车辆状况和市场价格亦均为评估基准日（过去）的状态。如在联营纠纷中，往往需要确定联营双方联营时投入车辆资产的价值以便计算投资比例，这时评估基准日通常为联营合同的签订日。又如确定事故车价值的司法鉴定中，一般将评估基准日选定为事故发生的当天。评估基准日选择过去日期所完成的评估称为追溯性评估。

③当评估目的为需要确定车辆在未来某一时点的市场价值时，评估基准日、车辆状况和市场情况均为未来，这种情况如车辆抵押贷款（或典当）等，抵押物的评估值应为抵押物在未来债务到期日这一时点的变现价值，即抵押物的预期价值。评估基准日选择未来日期所完成的评估也被称为预测性评估。

一般来说，以交易为目的的二手车评估，在满足评估目的的前提下，评估基准日应尽可能选择在勘估日期附近，以尽量减少评估中的判断和推测，而主要依靠评估师实地勘察和市场调查所掌握的第一手资料来确定评估价值。这是因为评估基准日距离勘估日期越远，车辆价值影响因素的变化程度可能性越大，评估中的不确定性因素就越多，评估的难度也就越大。因此，将评估基准日选择在评估工作日近期时点所完成的评估称为现时性评估。

6.1.4 查验可交易车辆

在明确委托方与车辆关系的合法性后还需查验车辆的合法性。《二手车流通管理办法》和《二手车交易规范》规定被评估二手车必须是合法、可交易的车辆。主要是检查车辆的法定证件和税、险凭证是否齐全、有效。

1. 查验评估车辆的合法性

查验车辆合法性就是查验机动车法定证件是否合法、有效。机动车法定证件包括机动车登记证书、机动车行驶证、机动车号牌、机动车安全技术检验合格标志。

通过核查机动车的法定证件可以及时发现法定证件是否合法有效，同时，通过登录公安机关交通管理部门"全国被盗抢汽车信息系统"，确认车辆是否为被盗抢车。杜绝盗抢车、走私车、拼装车和报废车的非法交易，避免二手车交易市场成为非法车辆销赃的场所，切实维护消费者的合法权益。

（1）机动车登记证书（Motor Vehicle Register Certificate）

机动车登记证书是机动车已办理了注册登记的证明文件，由公安机关交通管理部门车管所签发。它有电子版和纸质版两个版本，信息一致，电子版在车管所计算机信息管理系统里，纸质版在车主手中，不随车携带。它共有四项信息栏：注册登记摘要信息栏、转移登记摘要信息栏、注册登记机动车信息栏和登记栏，分别记录机动车所有人身份、登记机关信息、机动车详细参数信息和机动车变更信息（图6-3），信息完整和全面，所以它相当于机动车的"户口本"，是机动车所有权的法律证明文件。当证书上所记载的登记信息发生变动

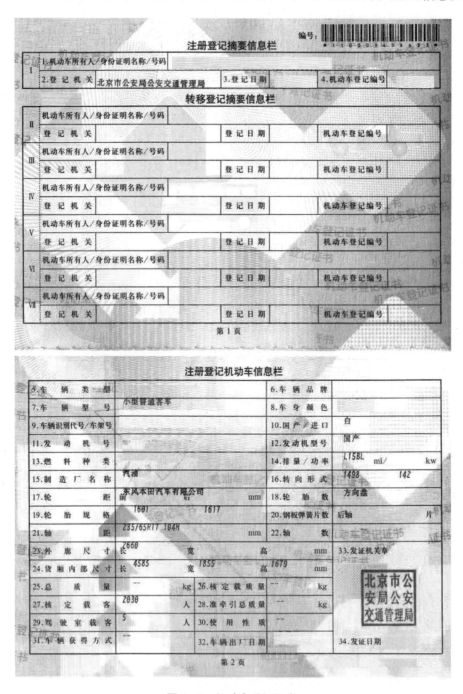

图6-3 机动车登记证书

时（如过户、转籍等），机动车所有人应当及时到车管所办理变更登记（在"转移登记摘要信息栏"和"登记栏"会有相应信息记录）；已达到国家强制报废标准的机动车，原机动车所有人要将机动车登记证书、行驶证、号牌交售给机动车回收拆解企业，企业向机动车所有人开具报废机动车回收证明、代办注销登记。因此，机动车登记证书是机动车从"生"到"死"（即从注册登记到报废注销）的完整记录。这里所说的机动车"生""死"是从机动车能上路行驶的使用生命周期的角度理解的：新车完成注册登记获得合法上路行驶的注册登记日即为"出生"，到法定报废期限被终止上路行驶的时刻即为"死亡"。

是否拥有机动车登记证书是二手车鉴定评估人员必须认真查验的，检查时注意登记的信息是否有涂改、伪造痕迹；核对登记信息与机动车行驶证和车体上标明的信息（如铭牌信息、刻印的 VIN 代码等）是否一致；必要时可与车管所管理的数据信息核对。

机动车登记证书与机动车行驶证相比，其内容更详细，一些评估参数必须从机动车登记证书获取，如车辆获得方式、国产/进口等。

（2）机动车行驶证（Driving License）

机动车行驶证是准予机动车在我国境内道路上行驶的法定证件。由公安机关交通管理部门车管所签发。《中华人民共和国道路交通安全法》第十一条规定：驾驶机动车上道路行驶，应当悬挂机动车号牌，放置检验合格标志、保险标志，并随车携带机动车行驶证。因此，持有《机动车行驶证》是车辆上路行驶的先决条件之一，驾驶员上路行车不带行驶证属于违法行为。

机动车行驶证也是二手车鉴定评估人员必须认真查验的手续。机动车行驶证共有两个页面：第一页的背面和车辆45°的标准照片塑封在一起，第一页正面和第二页分别记录车辆基本信息、车辆重要参数信息和检验记录信息，如号牌号码、车辆类型和品牌型号、所有人和住址、使用性质、车辆识别代号、发动机号、注册日期、发证日期、档案编号、核定载人数、外形尺寸和检验记录等信息，如图6-4所示。这两页缺一不可，否则视为无效。

图 6-4　机动车行驶证

机动车行驶证是机动车登记证书的摘要版，所登记的信息除了检验记录外，其余都来自机动车登记证书。因机动车登记证书不随车携带，所以机动车行驶证日常使用中有以下三个重要功能：

①车辆上路行驶的资格证。这是《中华人民共和国道路交通安全法》和《道路交通管理条例》的法定规定：车辆必须经过车辆管理机关检验合格，领取号牌、行驶证，方准行驶。《中华人民共和国道路交通安全法》规定：未随车携带行驶证的，扣留机动车、记1分、罚款20～200元，违法代码为1110。

②行驶证有效的证明。检验记录栏里的印章时间必须在标注的有效期内，行驶证才是有效的，且和机动车安全技术检验合格标志都同时在检验有效期内才能合法上路行驶。

③车辆产权证明。机动车行驶证上登记有所有人姓名（即车主），是法律承认的车辆所有人，车主有合法使用和处置该车辆的权力，如果发生交通事故、经济纠纷等，车主也是法定的责任承担人。虽然机动车行驶证和机动车登记证书都有产权证明这一功能，但只有机动车登记证书才是证明车辆权属的最好凭证。

通过查验、对比机动车行驶证上的信息与车辆实物标注的信息是否一致，可以初步判断二手车是否合法，如车辆照片的外观和颜色与实车是否一致；号牌号码、车辆识别代号、发动机号与实车是否一致，是否有改动、凿痕、锉、痕、重新打刻等情况；检验记录是否在有效期内，不在有效期内的机动车是不能在道路上行驶的。机动车行驶证和机动车安全技术检验合格标志过期的二手车必须经过检验合格、补办相关手续后才能交易。

（3）机动车号牌（License Plate of Motor Vehicle）

机动车号牌是指准予机动车在中华人民共和国境内道路上行驶的法定标志，其号码是机动车登记编号。机动车登记编号是办理机动车登记业务时，按规则给机动车确定的编号。机动车登记编号包含：用汉字表示省、自治区、直辖市的简称，用英文字母表示发牌机关代号，由阿拉伯数字和英文字母组成序号。机动车号牌在新车注册登记或转籍登记时由公安局车辆管理所核发，其号码与机动车行驶证一致。它是机动车取得合法行驶权的标志。《中华人民共和国道路交通安全法》中第十一条规定，机动车号牌应当按照规定悬挂并保持清晰、完整，不得故意遮挡、污损。目前，我国规定使用的机动车号牌是按公安部颁布的行业标准《中华人民共和国机动车号牌》（GA 36－2018）制作的。该标准规定了21种车辆类别号牌，不同车辆类别，其号牌有不同规格和颜色。小型汽车（如轿车）号牌的规格是440 mm × 140 mm，颜色为蓝底白字白框线。

查验时，检查号牌是否按规定安装；有无遮挡号牌装置；是否采用专用固封装置固定机动车号牌。固封装置由螺栓、螺母、固封底座和固封机盖组成，具有较强防盗性和不可重复使用性，该固封装置一经安装，拆卸即损，不可重复使用，可以有效防止不法人员随意拆卸号牌的行为。

（4）机动车安全技术检验合格标志

机动车必须定期进行安全技术检验，检验合格后，发放机动车检验合格标志（图6－5），并在其背面盖有检验有效期印章（与行驶证检验记录栏上盖的章一致）。根据《中华人民共和国道路交通安全法实施管理条例》第十三条的规定，机动车检验合格标志应贴在机动车前窗右上角。若无合格标志或过期无效的合格标志，则不能交易。

检查时，看这个标志是否在有效期内，其检验有效期印章是否与行驶证盖的章一致。

图 6-5 机动车检验合格标志

2. 查验税、险凭证有效性

根据《二手车流通管理办法》规定，二手车交易必须提供车辆购置税、车船税、交强险等税、险缴付凭证。未缴费的，要补缴后才能交易。

（1）车辆购置税（Vehicle Purchase Tax）

车辆购置税是对在我国境内购置应税车辆的单位和个人征收的一种税。纳税依据是《中华人民共和国车辆购置税法》（以下简称《车辆购置税法》）。车辆购置税是一种汽车消费税。车辆购置税实行单车纳税制度，一次性缴纳。它是购买车辆后必须支出的最大一项费用。购置已征车辆购置税的车辆（如二手车交易），不再征收车辆购置税。

车辆购置税由税务机关负责征收。应纳税额的计算公式为：

$$车辆购置税额 = 应税车辆的计税价格 \times 税率 \qquad (6-1)$$

①计税价格（Price for Tax Assessment）。计税价格是计算应税商品应征税额时使用或依据的价格。应税车辆的计税价格，按照下列规定确定：

a. 纳税人购买自用应税车辆的计税价格，为纳税人实际支付给销售者的全部价款，不包括增值税税款。

b. 纳税人进口自用应税车辆的计税价格，为关税完税价格加上关税和消费税。

c. 纳税人自产自用应税车辆的计税价格，按照纳税人生产的同类应税车辆的销售价格确定，不包括增值税税款。

d. 纳税人以受赠、获奖或者其他方式取得自用应税车辆的计税价格，按照购置应税车辆时相关凭证载明的价格确定，不包括增值税税款。

②税率（Tax Rate）。实行统一税率为 10%。

根据《车辆购置税法》的规定，车辆购置税已实行全国联网电子信息化。检查时，有条件的可根据税务机关提供的应税车辆完税对纳税人申请登记的车辆信息进行核对，或查看该车是否有打印版的车辆购置税完税证明（图 6-6），核对完税证明上的纳税人姓名、厂牌型号、发动机号、车架号是否与该车的机动车行驶证或机动车登记证书记录的一致；核对完税证明上是否印有"征税"两字和盖有车辆购置税征税专用章（红章），两者都表明该车已缴纳车辆购置税，否则是免税的。

下列车辆免征车辆购置税：

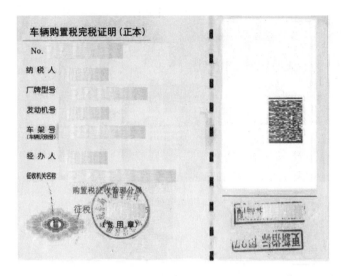

图6-6 车辆购置税完税证明

①依照法律规定应当予以免税的外国驻华使馆、领事馆和国际组织驻华机构及其有关人员自用的车辆。

②中国人民解放军和中国人民武装警察部队列入装备订货计划的车辆。

③悬挂应急救援专用号牌的国家综合性消防救援车辆。

④设有固定装置的非运输专用作业车辆。

⑤城市公交企业购置的公共汽电车辆。

⑥根据国民经济和社会发展的需要,国务院可以规定减征或者其他免征车辆购置税的情形,报全国人民代表大会常务委员会备案。

免税、减税车辆因转让、改变用途等原因不再属于免税、减税范围的,纳税人应当在办理车辆转移登记或者变更登记前缴纳车辆购置税。计税价格以免税、减税车辆初次办理纳税申报时确定的计税价格为基准,每满一年扣减10%。

(2) 车船税 (Vehicle and Vessel Use Tax)

车船税是以车船为征税对象,向拥有车船的单位和个人征收的一种税。车船税征收依据是《中华人民共和国车船税法》(以下简称《车船税法》)和《中华人民共和国车船税法实施条例》,按照《车船税法》的附表——车船税税目税额表规定征收。相关规定如下:

①车船税的纳税人。在中华人民共和国境内属于《车船税法》所附车船税税目税额表规定的车辆、船舶(以下简称车船)的所有人或者管理人,为车船税的纳税人。根据这一规定,需要缴纳车船税的征税范围是车船税税目税额表所列的车辆、船舶。

②车船税按年征收,当年有效。

③车船税由地方税务机关负责征收。

④车船税的纳税地点为车船的登记地或者车船税扣缴义务人所在地。

⑤车船税的扣缴义务人。从事机动车第三者责任强制保险业务的保险机构为机动车车船税的扣缴义务人,应当在收取保险费时依法代收车船税,并出具代收税款凭证。

⑥乘用车车船税按照排气量区间划分为7个档次征收,征收标准如表6-2所示。

表6-2 乘用车和商用车车船税税目税额表

税目		计税单位	年基准税额/元	备注
乘用车（按发动机气缸容量（排气量）分档）	1.0L（含）以下的	每辆	60~360	核定载客人数9人（含）以下
	1.0L以上至1.6L（含）的		300~540	
	1.6L以上至2.0L（含）的		360~660	
	2.0L以上至2.5L（含）的		660~1 200	
	2.5L以上至3.0L（含）的		1 200~2 400	
	3.0L以上至4.0L（含）的		2 400~3 600	
	4.0L以上的		3 600~5 400	
商用车	客车	每辆	480~1 440	核定载客人数9人以上，包括电车
	货车	整备质量每吨	16~120	包括半挂牵引车、三轮汽车和低速载货汽车等

⑦车辆所有人或者管理人在申请办理车辆相关登记、定期检验手续时，应当向公安机关交通管理部门提交依法纳税或者免税证明。公安机关交通管理部门核查后办理相关手续。根据这一规定，在对二手车进行税险检查时一定要核查是否已经缴纳当年度的车船税。没有依法纳税或者免税证明的，不予办理相关手续。

（3）交强险

《中华人民共和国道路交通安全法》第十七条规定：国家实行机动车第三者责任强制保险制度。

交强险的全称是"机动车交通事故责任强制保险"。其定义是：交强险是由保险公司对被保险机动车发生道路交通事故造成受害人（不包括本车人员和被保险人）的人身伤亡、财产损失，在责任限额内予以赔偿的强制性责任保险。交强险征收依据是2006年7月1日起实施的《机动车交通事故责任强制保险条例》（2019年3月2日《国务院关于修改部分行政法规的决定》做了部分修正）。这是中国首个由国家法律规定实行的强制保险制度。其强制性体现在：（在道路上行驶的）机动车所有人或者管理人强制投保，保险公司强制承保且不得随意解除合同。交强险实行按年度购买制度，当年有效。购买后获得如图6-7所示的

图6-7 交强险标志

强制保险标志和缴纳发票，交强险标志一般贴在前挡风玻璃右上角位置。不缴纳交强险，按照规定公安机关交通管理部门有权扣留车辆，并处于应缴纳保险费的 2 倍罚款。

检查时，需要核对交强险保险单和保险标志的号牌号码信息是否与车辆一致；保险期限是否有效；保险标志有无保险公司的名称、地址和理赔电话号码，有无伪造、变造现象。交强险不在有效期内的二手车不能交易。

交强险知识扩展

①交强险定义中涉及的几个名词解释。

a. 被保险人：是指投保人及其允许的合法驾驶人。

b. 投保人：是指与保险人（即保险公司）订立交强险合同，并按照合同负有支付保险费义务的机动车的所有人、管理人。

c. 受害人：是指因被保险机动车发生交通事故遭受人身伤亡或者财产损失的人，但不包括被保险机动车车上人员、被保险人。

d. 责任限额：是指被保险机动车发生交通事故，保险人对每次保险事故所有受害人的人身伤亡和财产损失所承担的最高赔偿金额。

②设立交强险的目的：保障机动车道路交通事故受害人能依法得到及时救助。

交强险的重要意义：无论被保险人是否在交通事故中负有责任，保险公司均将按照《机动车交通事故责任强制保险条例》的具体要求在责任限额内对受害人予以赔偿。对减少法律纠纷，简化处理程序，维护道路交通通行者人身财产安全，确保道路安全具有重要的作用。

③交强险的特性：公益性、强制性、广泛性。

公益性：要求承保公司在总体上不盈利不亏损的原则上"义务"经营，保险合同不设免赔率和免赔额。实行"无过错责任"赔偿原则，即无论投保人是否在交通事故中负有责任，保险公司都依法在交强险责任限额范围内先行赔偿受害人的人身伤亡和财产损失，再立案调查情况，向司机追偿。交强险不赔的情况：碰瓷的不赔。

强制性：强制投保（所有上路行驶的机动车所有人或管理人必须投保，否则无法取得行驶牌照、不得上路行驶）；强制承保（要求具有经营该险种资格的保险公司不能拒绝承保、不得拖延承保和不得随意解除保险合同）。

广泛性：一是投保主体的广泛性，凡在道路上行驶的机动车的车主或管理人，都要依法投保交强险；二是交强险的受益人范围和保险公司的赔偿责任范围比较宽广。被保险机动车本车人员、被保险人以外的道路交通事故的受害人，都是受益人，受益人死亡的，其近亲属依法受偿。赔偿范围涵盖了包括精神损害在内人身伤亡和财产损失。另外保险公司的保险责任几乎涵盖了所有道路交通风险。

④交强险特征：分项赔偿原则，浮动费原则，奖优罚劣原则。

⑤交强险的基础保险费率及缴费计算。交强险共分家庭自用车、非营业客车、营业客车、非营业货车、营业货车、特种车、摩托车和拖拉机 8 大类 42 小类车型，保险费率各不相同，对同一车型，全国执行统一价格。对家庭自用车和客车，是按汽车座位数划分基础保费标准的。如家庭自用汽车基础保险费率：6 座以下 950 元，6 座及以上 1 100 元。

交强险保险费的计算采用浮动费率原则和奖优罚劣原则，计算方法如下：

$$\text{交强险最终保险费} = \text{交强险基础保险费} \times (1 + \text{与道路交通事故相联系的浮动比率} A) \times$$
$$(1 + \text{与道路交通安全违法行为相联系的浮动比率} V) \qquad (6-3)$$

式中：与道路交通事故相联系的浮动比率 A 取值如下：

A_1：上一个年度未发生有责任道路交通事故 -10%；

A_2：上两个年度未发生有责任道路交通事故 -15%；

A_3：上三个及以上年度未发生有责任道路交通事故 -20%；

A_4：上一个年度发生一次有责任不涉及死亡的道路交通事故不变；

A_5：上一个年度发生两次及两次以上有责任道路交通事故 $+15\%$；

A_6：上一个年度发生有责任道路交通死亡事故 $+30\%$；

与道路交通安全违法行为相联系的浮动 V 取值如下：

V_1：上一个年度没有道路交通安全违法行为 -10%；

V_2：上两个年度没有道路交通安全违法行为 -20%；

V_3：上三个及以上年度没有道路交通安全违法行为 -30%；

V_4：上一个年度发生各类道路交通违法行为（除 $V_5 \sim V_7$）低于五次的不变；

V_5：上一个年度每次违反道路交通信号灯通行的；逆向行驶的（最高不超过30%）$+10\%$；

V_6：上一个年度发生驾驶与准驾车型不符的机动车的；发生机动车驾驶证被暂扣期间驾驶机动车的 $+20\%$；

V_7：上一个年度发生饮酒（含醉酒）后驾驶机动车的 $+30\%$；

V_8：上一个年度发生各类道路交通违法行为五次（含）以上的 $+30\%$。

式（6-3）的注释中，给出了下调保费、下调保费的条件以及影响保费的因素。影响保费的因素分为两类：一类是与道路交通事故相联系的；一类是与道路安全违法行为相联系的。

可见，要想少交交强险保费，只能保证上一年度没有有责任事故发生和道路安全违法行为，最高省30%。

⑥交强险赔偿范围：被保险机动车发生道路交通事故造成本车人员、被保险人以外的受害人人身伤亡、财产损失的，由保险公司依法在机动车交通责任强制保险责任限额范围内予以赔偿。

交强险不赔的情况：道路交通事故的损失是由受害人故意造成的，保险公司不予赔偿，如碰瓷的不赔。

交强险的受害人范围限定为第三者（保险公司为"第一者"，被保险人和本车车上人员为"第二者"，保险公司和被保险人之外的人为"第三者"），且这个第三者受害人必须是遭受到人身伤亡、财产损失的才在赔偿范围内。所以，交强险属于人身财产损失第三者险。

⑦交强险赔偿限额。根据被保险人是否有责任，采用分项赔偿原则，赔偿标准如表6-3所示。

表6-3 交强险赔偿限额标准　　　　　　　　　　　　　　　　元

赔偿项目	有责任时	无责任时
死亡伤残	180 000	18 000
医疗费用	18 000	1 800
财产损失	2 000	100
合计	200 000	19 900

表 6-2 所示为在全国范围内实行统一的责任限额，且有以下特点：

    a. 交强险的赔付限额只与有责还是无责有关，与责任大小无关。

    b. 无论事故中被保险车辆有没有责任，交强险在责任限额范围内都予以赔偿，并且没有免赔额和免赔率。

    c. 在保险期限内发生多次事故，最高赔偿总责任限额都是 20 万元。

  ⑧免责不赔范围。下列损失和费用，交强险不负责赔偿和垫付：

    a. 因受害人故意造成的交通事故的损失（如受害人是碰瓷者）。

    b. 被保险人所有的财产及被保险机动车上的财产遭受的损失。

    c. 被保险机动车发生交通事故，致使受害人的非人身伤亡、财产损失的其他直接和间接损失。

    d. 因交通事故产生的仲裁或者诉讼费用以及其他相关费用。

  3. 可交易车辆判别

在前面完成对车辆法定证明和税、险缴付凭证查验后，还要按照表 6-4 检查所列的项目是否全部判定为"Y"。

表 6-4 可交易车辆判别表

序号	检查项目	判别
1	是否达到国家强制报废标准	Y 否　N 是
2	是否为抵押期间或海关监管期间	Y 否　N 是
3	是否为人民法院、检察院、行政执法等部门依法查封、扣押期间的车辆	Y 否　N 是
4	是否为通过盗窃、抢劫、诈骗等违法犯罪手段获得的车辆	Y 否　N 是
5	发动机号与机动车登记证书登记号码是否一致，且无凿改痕迹	Y 是　N 否
6	车辆识别代号或车架号码与机动车登记证书登记号码是否一致，且无凿改痕迹	Y 是　N 否
7	是否走私、非法拼（组）装车辆	Y 否　N 是
8	是否法律法规禁止经营的车辆	Y 否　N 是

如发现上述法定证明、凭证不全，或表 6-4 检查项目任何一项判别为"N"的车辆，应告知委托方，不需继续进行技术鉴定和价值评估（司法机关委托等特殊要求的除外）。

发现法定证明、凭证不全，或者表 6-4 中第 1 项、4~8 项任意一项判断为"N"的车辆应及时报告公安机关等执法部门。

6.1.5　签订鉴定委托书

在完成 6.1.3 节和 6.1.4 节的工作后，就可以做出是否接受委托的决定。如果接受委托，就要签订二手车鉴定评估委托书。

二手车鉴定评估委托书是受托方与委托方对各自权利责任和义务的协定，是一项具有经济合同性质的契约。二手车鉴定评估委托书应写明的内容和样式如表 6-5 所示。

表 6-5 二手车鉴定评估委托书

委托书编号：_____
委托方名称（姓名）：　　　　　　鉴定评估机构名称：
法人代码证（身份证）：　　　　　法人代码证：
委托方地址：　　　　　　　　　　鉴定评估机构地址：
联系人：　　　　　　　　　　　　联系人：
电话：　　　　　　　　　　　　　电话：

　　因□交易　□典当　□拍卖　□置换　□抵押　□担保　□咨询　□司法裁决　□其他（须注明）需要，委托人与受托人达成委托关系，号牌号码为_____，车辆类型为_____，车辆识别代号（VIN 码）/车架号为_____的车辆进行技术状况鉴定并出具评估报告书，____年____月____日前完成。

委托评估车辆基本信息

车辆情况	厂牌型号		使用用途	运营　□ 非运营　□
	总质量/座位/排量		燃料种类	
	注册登记日期	年　月　日	车身颜色	
	已使用年限	年　个月	累计行驶里程（万千米）	
	大修次数	发动机（次）	整车（次）	
	维修情况			
	事故情况			
价值反映	购置日期	年　月　日	原始价格（元）	
备注：				

委托方：（签字、盖章）　　　　　　　　　　　　受托方：（签字、盖章）

　　年　月　日　　　　　　　　　　　　　　　　　　　年　月　日

1. 委托方保证所提供的资料客观真实，并负法律责任。
2. 仅对车辆进行鉴定评估。
3. 评估依据：《机动车运行安全技术条件》（GB 7258-2017）、《二手车鉴定评估技术规范》（GB/T 30323-2013）等。
4. 评估结论仅对本委托有效，不可用作其他用途。
5. 鉴定评估人员与有关当事人没有利害关系。
6. 委托方如对评估结论有异议，可于收到《二手车鉴定评估报告》之日起 10 日内向受托方提出，受托方应给予解释。

6.1.6　登记基本信息

　　为了更好地开展后续鉴定评估工作，需要将查验车辆的一些基本信息记录下来，制成如表 6-6 所示的评估车辆基本信息表，包括车辆基本信息和重要配置信息。

在登记车辆信息过程中，如发现表征行驶里程与实际车况明显不符，应在《二手车鉴定评估报告》或《二手车技术状况表》有关技术缺陷描述时予以注明。

表6-6 评估车辆基本信息表

	厂牌型号			牌照号码	
	发动机号			VIN代号	
	注册登记日期	年 月 日		表征里程	万km
	品牌名称		□国产 □进口	车身颜色	
车辆基本信息	年检证明	□有（至__年__月）□无		购置税证书	□有 □无
	车船税证明	□有（至__年__月）□无		交强险	□有（至__年__月）□无
	使用性质	□运营用车 □出租车 □公务用车 □家庭用车 □其他			
	其他法定凭证、证明	□机动车号牌 □机动车行驶证 □机动车登记证书 □第三者强制保险单 □其他			
	车主名称/姓名			企业法人证书代码/身份证号码	
重要技术配置及参数	燃料标号		排量	缸数	
	发动机功率		排放标准	变速器形式	
	安全气囊		驱动方式	ABS	□有 □无
	其他重要配置				

6.1.7 判别事故车

在对委托车辆开展技术鉴定评估之前，先判别其是否为事故车。事故车判别方法参见第4章4.1.3节，按照表4-3项目检查，将检查、鉴定结果填入表6-7中。如是事故车，则向委托方指出事故部位和事故状态（用代码表示），终止技术鉴定和价值评估；如不是事故车，则按照签订的二手车鉴定评估委托书要求开展鉴定评估工作。

表6-7 车体骨架检查项目表

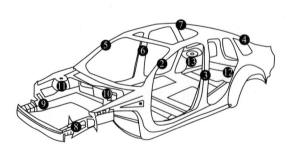

2—左A柱；3—左B柱；4—左C柱；5—右A柱；6—右B柱；7—右C柱；8—左前纵梁；9—右前纵梁；
10—左前减震器悬架部位；11—右前减震器悬架部位；12—左后减震器悬架部位；13—右后减震器悬架部位

代码	检查项目	代码	检查项目
1	车体左右对称性	8	左前纵梁
2	左A柱	9	右前纵梁
3	左B柱	10	左前减震器悬架部位
4	左C柱	11	右前减震器悬架部位
5	右A柱	12	左后减震器悬架部位
6	右B柱	13	右后减震器悬架部位
7	右C柱		
代表字母	BX	NQ	GH	SH	ZZ
描述	变形	扭曲	更换	烧焊	褶皱
缺陷描述	举例：4SH（左C柱有烧焊痕迹）				
事故判定	□事故车　□正常车				

6.2 二手车技术状况鉴定

二手车技术状况鉴定主要包括二手车检查与技术状况鉴定、拍摄车辆照片等工作。

6.2.1 二手车检查与技术状况鉴定

二手车技术状况鉴定工作主要是检查车身与鉴定，描述缺陷，计算技术状态分值和评定技术等级。

1. 整车检查与鉴定

按照第4章4.2节介绍的方法完成车身外观、发动机舱、驾驶舱、起动、路试、底盘等项目的检查和技术状况鉴定，并将检查和鉴定结果填入表6-8~表6-13中。

表6-8　车身外观检查项目作业表

代码	部位	扣分	缺陷类型
14	发动机舱盖表面		
15	左前翼子板		划痕　HH
16	左后翼子板		变形　BX
17	右前翼子板		锈蚀　XS
18	右后翼子板		裂纹　LW
19	左前车门		凹陷　AX
20	右前车门		修复痕迹　XF
			缺陷程度

续表

代码	部位	扣分	缺陷类型
21	左后车门		1. 面积≤100mm×100mm 2. 100mm×100mm＜面积≤200mm×300mm 3. 200mm×300mm＜面积 4. 轮胎花纹深度＜1.6mm
22	右后车门		
23	后备厢盖		
24	后备厢内侧		
25	车顶		扣分标准
26	前保险杠		缺陷程度1：0.5 缺陷程度2：1 缺陷程度3：1.5 缺陷程度4：1
27	后保险杠		
28	左前轮		
29	左后轮		
30	右前轮		缺陷描述
31	右后轮		
32	前大灯		
33	后尾灯		
34	前挡风玻璃		
35	后挡风玻璃		
36	四门风窗玻璃		
37	左后视镜		
38	右后视镜		
39	轮胎		
	其他项目		
	合计扣分		

表6-9 发动机舱检查项目作业表   分

代码	检查项目	缺陷程度及扣分标准				扣分
40	机油有无冷却液混入	轻微	15	严重	15	
41	缸盖外是否有机油渗漏	轻微	5	严重	5	
42	前翼子板内缘、水箱框架、横拉梁有无凹凸或修复痕迹	轻微	1.5	严重	3	
43	散热器格栅有无破损	轻微	1.5	渗漏	3	
44	蓄电池电极桩柱有无腐蚀	轻微	2	严重	4	
45	蓄电池电解液有无渗漏、缺少	轻微	1.5	严重	3	
46	发动机皮带有无老化	轻微	1.5	严重	3	

续表

代码	检查项目	缺陷程度及扣分标准				扣分
47	油管、水管有无老化、裂痕	轻微	1.5	裂痕	3	
48	线束有无老化、破损	轻微	1.5	破损	3	
49	其他	只描述缺陷,不扣分				
	合计扣分					

表6-10 驾驶舱检查项目作业表　　　　　　　　　　　　　　　分

代码	检查项目	缺陷及扣分标准			扣分
50	车内是否无水泡痕迹	□是	□否	1.5	
51	车内后视镜、座椅是否完整、无破损、功能正常	□是	□否	0.5	
52	车内是否整洁、无异味	□是	□否	0.5	
53	方向盘行程转角是否小于20°	□是	□否	1	
54	车顶及周边内饰是否无破损、松动及裂缝和污迹	□是	□否	1	
55	仪表台是否无划痕,配件是否无缺失	□是	□否	1	
56	换挡手柄及护罩是否完好、无破损	□是	□否	1	
57	储物盒是否无裂痕,配件是否无缺失	□是	□否	1	
58	天窗是否移动灵活、关闭正常	□是	□否	1	
59	天窗密封条是否良好、无老化	□是	□否	1	
60	安全带结构是否完整、功能是否正常	□是	□否	1	
61	驻车制动系统是否灵活有效	□是	□否	1	
62	玻璃窗升降器、门窗工作是否正常	□是	□否	1	
63	左、右后视镜折叠装置工作是否正常	□是	□否	1	
64	其他	只描述缺陷,不扣分			
	合计扣分				

表6-11 起动检查项目作业表　　　　　　　　　　　　　　　分

代码	检查项目	缺陷及扣分标准			扣分
65	车辆起动是否顺畅(时间小于5s,或一次起动)	□是	□否	2	
66	仪表板指示灯显示是否正常,无故障报警	□是	□否	2	
67	各类灯光和调节功能是否正常	□是	□否	1	
68	泊车辅助系统工作是否正常	□是	□否	0.5	
69	制动防抱死系统(ABS)工作是否正常	□是	□否	0.5	
70	空调系统风量、方向调节、分区控制、自动控制、制冷工作是否正常	□是	□否	0.5	

续表

代码	检查项目	缺陷及扣分标准		扣分
71	发动机在冷、热车条件下怠速运转是否稳定	□是 □否	0.5	
72	怠速运转时发动机是否无异响，空挡状态下逐渐提高发动机转速，发动机声音过渡是否无异响	□是 □否	10	
73	车辆排气是否无异常	□是 □否	10	
74	其他	只描述缺陷，不扣分		
合计扣分				

表6–12　路试检查项目作业表　　　　　　　　　　　　　　　分

代码	检查项目	缺陷及扣分标准		扣分
75	发动机运转、加速是否正常	□是 □否	2	
76	车辆起动前踩下制动踏板，保持5~10s，踏板无向下移动的现象	□是 □否	2	
77	踩住制动踏板起动发动机，踏板是否向下移动	□是 □否	2	
78	行车制动系最大制动效能在踏板全行程的4/5以内到达	□是 □否	2	
79	行驶是否无跑偏	□是 □否	2	
80	制动系统工作是否正常有效、制动不跑偏	□是 □否	2	
81	变速箱工作是否正常、无异响	□是 □否	2	
82	行驶过程中车辆底盘部位是否无异响	□是 □否	2	
83	行驶过程中车辆转向部位是否无异响	□是 □否	2	
84	其他	只描述缺陷，不扣分		
合计扣分				

表6–13　底盘检查项目作业表　　　　　　　　　　　　　　　分

代码	检查项目	缺陷及扣分标准		扣分
85	发动机油底壳是否无渗漏	□是 □否	4	
86	变速箱体是否无渗漏	□是 □否	4	
87	转向节臂球销是否无松动	□是 □否	3	
88	三角臂球销是否无松动	□是 □否	3	
89	传动轴十字轴是否无松旷	□是 □否	2	
90	减震器是否无渗漏	□是 □否	2	
91	减震弹簧是否无损坏	□是 □否	2	
92	其他	只描述缺陷，不扣分		
合计扣分				

此外，根据《二手车鉴定评估技术规范》的规定还需要检查车辆的其他功能性零部件的缺陷情况（检查项目如表6-14所示），但不扣分。

表6-14 车辆功能性零部件项目表

代号	类别	零部件名称	状态	代号	类别	零部件名称	状态
93	车身外部件	发动机舱盖锁止		105	随车附件	备胎	
94		发动机舱盖液压撑杆		106		千斤顶	
95		后门/后备厢液压支撑杆		107		轮胎扳手及随车工具	
96		各车门锁止		108		三角警示牌	
97		前后雨刮器		109		灭火器	
98		立柱密封胶条		110	其他	全套钥匙	
99		排气管及消音器		111		遥控器及功能	
100		车轮轮毂		112		喇叭高低音色	
101	驾驶舱内部件	车内后视镜		113		玻璃加热功能	
102		座椅调节及加热					
103		仪表板出风管道					
104		中央集控					

2. 整车技术状况等级评定

综合前面各部分的检查和鉴定结果，给出鉴定意见，填入表6-16中。其中，鉴定结果的分值（即鉴定总分）=∑分项目鉴定分值，对照表6-15确定车辆技术状况等级。

表6-15 车辆技术状况等级分值对应表　　　　　　　　　　分

技术状况等级	分值区间
一级	鉴定总分≥90
二级	60≤鉴定总分＜90
三级	20≤鉴定总分＜60
四级	鉴定总分＜20
五级	事故车

表 6-16 二手车技术状况表

车辆基本信息	厂牌型号			牌照号码		
	发动机号			VIN 码		
	注册登记日期	年 月 日		表征里程	万 km	
	品牌名称		□国产 □进口	车身颜色		
	年检证明	□有（至__年__月）	□无	购置税证书	□有 □无	
	车船税证明	□有（至__年__月）	□无	交强险	□有（至__年__月） □无	
	使用性质	□运营用车 □出租车 □公务用车 □家庭用车 □其他				
	其他法定凭证、证明	□机动车号牌 □机动车行驶证 □机动车登记证书 □第三者强制保险单 □其他				
	车主名称/姓名			企业法人证书代码/身份证号码		
重要配置	燃料标号		排量		缸数	
	发动机功率		排放标准		变速器形式	
	安全气囊		驱动方式		ABS	□有 □无
	其他重要配置					
是否为事故车	□是 □否	损伤位置及损伤状况				
鉴定结果	分值			技术状况等级		
车辆技术状况鉴定缺陷描述	鉴定科目	鉴定结果（得分）		缺陷描述		
	车身检查					
	发动机舱检查					
	驾驶舱检查					
	起动检查					
	路试检查					
	底盘检查					

声明：
本二手车技术状况表所体现的鉴定结果仅为鉴定日期当日被鉴定车辆的技术状况表现与描述，若在当日内被鉴定车辆的市场价值或因交通事故等原因导致车辆的价值发生变化对车辆鉴定结果产生明显影响时，本二手车技术状况表不作为参考依据。
　　二手车鉴定评估师：_____　　鉴定单位：(盖章)_____
　　　　　　　　　　　　　　　　　　　　鉴定日期：____年____月____日
　　注：本二手车技术状况表由二手车经销企业、拍卖企业、经纪企业使用，作为二手车买卖合同的附件，车辆展卖期间，放置在驾驶室前风挡玻璃左下方，为消费者提供参考。

6.2.2 拍摄车辆照片

拍摄车辆照片作为《二手车鉴定评估报告》的附件存档。一般使用高清数码照相机拍摄。

1. 拍照前要求

①车身要擦洗干净。
②前挡风玻璃及仪表盘上无杂物。
③机动车号牌无遮挡。
④拍摄车身外观照片时，关闭各车门。
⑤方向盘回正，前轮处于直线行驶状态。

2. 拍摄位置及要求

（1）车身外观

分别从车辆左前部与右后部 45°拍摄车身外观照片各 1 张，如图 6-8、图 6-9 所示。拍摄外观破损部位带标尺的正面照片 1 张，如图 6-10 所示。

图 6-8　车身外观右前部 45°方向

图 6-9　车身外观右后部 45°方向

图 6-10　车身外观缺陷

（2）驾驶舱

分别拍摄仪表台操纵杆、前排座椅、后排座椅左侧45°方向照片各1张（图6-11~图6-13），拍摄破损部位带标尺的正面照片1张，如图6-14所示。

图6-11　仪表台操纵杆

图6-12　前排座椅

图6-13　后排座椅左侧45°方向

图6-14　座椅破损

（3）发动机舱

拍摄发动机舱照片1张，如图6-15所示。

图6-15　发动机舱

6.3 评估二手车价值

根据评估目的，选择适用的评估方法，本着客观、公正的原则对二手车进行价值评估。

6.3.1 价值评估方法的选择

《资产评估法》要求资产评估报告应当恰当选择评估方法，对评估方法的选择及其理由进行披露。依据评估执业准则只能选择一种评估方法的除外，应当选择两种以上评估方法，因适用性受限而选择一种评估方法的，应当在资产评估报告中披露其他基本评估方法不适用的原因。

第5章介绍了现行市价法、重置成本法、收益现值法、清算价格法和折旧法五种估价方法，这些方法是二手车价格估算的基本方法。每种方法都有其特点及适用条件。

1. 现行市价法的适用条件

现行市价法要求评估方在当地或周边地区二手车交易市场能找到可类比的参照车辆，并且参照车辆的交易是近期的、可比较的。因此，它特别适用于产权转让类的畅销车型评估，如二手车交易、收购（尤其是成批收购）和典当等业务。

2. 重置成本法的适用条件

重置成本法比较充分地考虑了车辆的各方面损耗，反映了车辆市场价格的变化，评估结果更趋于公平合理，在不易估算车辆未来收益，或难于在市场上找到可类比对象的情况下得到广泛应用。

3. 收益现值法的适用条件

收益现值法是从被评估二手车在剩余使用寿命内能够带来预期收益的前提下进行评估的，因此，比较适用于投资营运车辆的评估。

4. 清算价格法的适用条件

清算价格法是从车辆资产债权人的角度出发，以车辆快速变现为目的进行评估的，因此，适用于企业破产、资产抵押、停业清理等急于出售变现的车辆评估，如法院、海关委托评估的涉案车辆。

5. 折旧法的适用条件

折旧法是从二手车使用产生折旧的角度计算二手车剩余价值。折旧年限由企业自定，采用加速折旧法计算二手车折旧额和剩余价值，对企业更新车辆和二手车收购方来说是比较有利的。因此，折旧法比较适用于生产、运输企业和二手车收购等的二手车价值评估。

估价方法的多样性，为鉴定估价人员提供了选择评估的途径。选择估价方法时应考虑以下因素：

①要根据评估目的，选用最简单达成评估目的的方法。

②选择收集数据和信息资料方便的方法。

③要充分考虑二手车鉴定评估工作的效率，选择简单易行的方法。

在上述五种估价方法中，现行市价法、重置成本法、收益现值法是《资产评估法》推荐选用的评估方法；现行市价法、重置成本法是《二手车鉴定评估技术规范》推荐选用的评估方法。其他方法算是衍生评估方法，可以根据实际情况选用。在我国二手车鉴定评估实践中，应用最广的评估方法是现行市价法和重置成本法，一般情况下，推荐选用现行市价法；在无参照物、无法使用现行市价法的情况下，选用重置成本法。

在现实的二手车鉴定评估工作中，我国更多采用的是重置成本法，现行市价法和收益现值法的应用相对较少。

6.3.2　确定二手车成新率

在选用重置成本法评估时需要确定二手车成新率，二手车成新率的确定可根据鉴定评估目的和评估对象的实际情况选择相应的模型计算（参见第 5 章的 5.2 节）。在这些计算成新率的方法中，由于综合成新率法是以使用年限法为基础，综合考虑其他影响二手车价值的因素，因此可信度比较高而成为最常用的方法，其中，技术加权法是以现场查勘车辆技术状况为基础的，通过权重系数 α、β 计算年限成新率和技术鉴定成新率的加权和来综合考虑二手车实体性、功能性和经济性陈旧贬值后的价值率，是《二手车鉴定评估技术规范》中推荐使用的一种方法；用综合调整系数形式综合考虑二手车的实际技术状况、维护保养情况、原车制造质量、用途及使用条件等多种因素对其价值的影响，评估值准确度较高，也是目前二手车鉴定评估业务中最常用的方法之一。本节推荐用这两种方法计算二手车成新率。

6.3.3　市场询价

市场询价是指到当地新车市场或二手车交易市场调查与被评估二手车相同或近似车型在评估基准日的销售价格。市场询价的目的是为确定被评估二手车的现时市场价格提供参照。应用现行市价法时，咨询二手车销售价格作为评估参照价格；应用重置成本法时，咨询新车销售价格作为更新重置成本。

市场询价时要注意以下问题：

①市场上有同型号车辆出售的，查询其市场价格，并注意配置是否发生变化，有变化的应了解配置的价格差别。

②市场上没有同型号车辆出售的，查询其相似车型市场价格，并注意配置及功能差异，了解其价格差别。

③了解当地二手车市场行情，收集类似车辆变现能力资料。

④运营车辆收集车辆经营状况资料。

只有在询价的参照车辆情况与被评估二手车基本情况相一致的情况下，得到的市场价格才是可比的、可行的。

在确定更新重置成本时要注意两点：

①以产权转让（交易类）为目的的鉴定评估（如交易、典当、拍卖、置换、抵押、担保）。

$$更新重置成本 = 同车型新车现行市价$$

②以企业产权变动（如合资联营、资产重组等）为目的的鉴定评估。

$$更新重置成本 = 同车型新车现行市价 + 车辆购置税 + 上牌费用$$

$$车辆购置税 = 国家规定的计税价格 \times 10\%$$

式中：10%——车辆购置税率。

6.3.4 计算车辆价值

参见第 5 章的 5.3 节和 5.4 节。

1. 运用现行市价法计算

参照已成交的二手车价格作为评估价，分以下两种情况：

①本地参照车辆与评估对象车型和配置相同、技术状况相近的，直接取参照车辆的近期成交价格作为评估价。

②如本地找不到参照车辆的，可从本地区或相邻地区找相同或相近的参照车辆，并结合它们的差异加以修正。

2. 应用重置成本法计算

在确定委托评估车辆的成新率和重置成本全价后，按下列公式计算

$$P = B \times C$$

式中：P——车辆评估价值，元；

　　　B——更新重置成本，元；

　　　C——成新率，%。

成新率采用综合成新率（参见 5.2.4 节的式（5-7））或式（5-8））。

①技术加权法计算的综合成新率计算公式为

$$C_Z = \alpha C_Y + \beta C_T$$

式中：C_Z——综合技术成新率；

　　　C_Y——年限成新率；

　　　C_T——技术鉴定成新率；

　　　α——技术鉴定成新率权重系数，取值范围为 0~1；

　　　β——年限成新率权重系数，取值范围为 0~1。

$$\alpha + \beta = 1$$

②综合调整系数计算的综合成新率计算公式为

$$C_Z = KC_Y$$

式中：C_Z——综合成新率；

　　　C_Y——使用年限成新率，计算公式见（5-1）；

　　　K——综合调整系数，取值范围为 0~1。

综合调整系数 K 计算公式为

$$K = K_1 \times 30\% + K_2 \times 25\% + K_3 \times 20\% + K_4 \times 15\% + K_5 \times 10\%$$

式中：K——综合调整系数；

　　　K_1——二手车技术状况调整系数；

K_2——二手车维修保养调整系数；
K_3——二手车制造质量调整系数；
K_4——二手车用途调整系数；
K_5——二手车使用条件调整系数；
10%～30%——权重值。

6.4 撰写鉴定评估报告

6.4.1 二手车鉴定评估报告的概念与作用

1. 二手车鉴定评估报告的概念

二手车鉴定评估报告又称为机动车鉴定评估报告，是指接受委托的二手车鉴定评估机构在完成委托评估项目后，向委托方出具的关于项目评估过程及其结果的书面报告。该报告既是评估机构履行资产评估合同的成果，也是评估机构为资产评估项目承担法律责任的证明文件。

2. 二手车鉴定评估报告的作用

《资产评估法》规定资产评估机构及其资产评估专业人员不得随意减少资产评估基本程序。而资产评估报告是资产评估基本程序中的一个重要组成部分，不能缺省。

对委托方来说，它具有以下作用：

①了解评估车辆技术状况和价值的重要参考。

②作为产权交易的作价依据。二手车鉴定评估报告是第三方专业评估机构出具的评估结论，具有较强的公正性和科学性，可以作为二手车买卖交易谈判底价的参考依据，或作为投资比例出资价格的证明材料，特别是对涉及国有资产的二手车给出客观公正的作价，可以有效地防止国有资产的流失，确保国有资产价格的客观、公正、真实。

③作为司法裁决时确认财产价格的举证材料。

④作为支付鉴定评估费用的依据。当委托方收到评估报告后没有提出异议，委托方应以此为依据向受托方付费。

对鉴定评估机构来说，它具有以下作用：

①完成了委托合同要求，可作为以后解决纠纷的证明文件。

②体现了评估成果，可作为企业收集评估案例和培训新员工的资料来源。

3. 二手车鉴定评估报告编制人员

《资产评估法》规定对受理的评估业务，评估机构应当指定至少两名评估专业人员承办；《二手车鉴定评估师管理办法》规定只有执业注册的二手车鉴定评估师才有执业资格，依法执业，签署二手车鉴定评估报告。所以二手车鉴定评估报告由参与项目评估的注册二手车鉴定评估师共同撰写完成，编写人员2人以上，其中复核人一般由注册高级二手车鉴定评估师担任。

6.4.2 编制二手车鉴定评估报告

1. 编制二手车鉴定评估报告的要求和步骤

编制二手车鉴定评估报告是完成鉴定评估工作的最后一道工序。鉴定评估人员编制评估报告不仅要真实准确地反映鉴定评估工作情况,而且要对鉴定评估结果负责。因此,要求鉴定评估人员编制报告时要思路清晰、文字简练准确、格式规范、有关取证与调查材料和数据真实可靠。为了达到这些要求,鉴定评估人员应按下列步骤进行评估报告的编制。

(1) 鉴定评估资料的分类整理

二手车鉴定评估过程中,形成很多数据资料,如二手车基本信息、技术状况鉴定数据及其他可供参考的数据记录等,这些资料是编制二手车鉴定评估报告的基础。为了提高工作效率,应将各种鉴定评估资料进行分类整理,并形成电子文档材料。

(2) 鉴定评估资料的分析讨论

在整理资料工作完成后,应召集参与鉴定评估工作过程的有关人员,对评估情况和初步结论进行分析讨论。如果发现其中提法不妥、计算错误、估值不合理等方面的问题,应及时进行调整。若采用两种不同方法评估并得出两个不同结论,需要在充分讨论的基础上得出一个正确的结论。

(3) 鉴定评估报告书的撰写

负责撰写鉴定评估报告的人员应根据鉴定评估资料的讨论意见,进行资料汇总编排和鉴定评估报告的撰写。鉴定评估报告初稿完成后,应与委托方交换意见,听取委托方的反馈意见,在坚持客观、公正、科学、可行的前提下,认真分析委托方提出的问题和意见,并对鉴定评估报告书中存在的疏忽、遗漏和错误之处进行修正,完成二手车鉴定评估报告。

(4) 鉴定评估报告的审核和定稿

鉴定评估报告编制完成后,二手车鉴定评估师先签字(盖章),然后交给复核人审核、签字(盖章),最后由二手车鉴定评估机构盖章,完成正式的二手车鉴定评估报告。

2. 编制二手车鉴定评估报告应注意的事项

编制二手车鉴定评估报告应注意以下几个事项:

①实事求是,切忌出具虚假报告。报告书必须建立在真实、客观的基础上,不能脱离实际情况,更不能无中生有。报告撰写人应是参与鉴定评估并全面了解被评估二手车的注册二手车鉴定评估师。

②坚持一致性做法,切忌出现表里不一。报告书文字、内容要前后一致,正文、评估说明、作业表、鉴定工作底稿、格式甚至数据要相互一致,不能出现相互矛盾的不一致情况。

③提交报告书要及时、齐全和保密。在正式完成二手车鉴定评估报告工作后,应按业务约定书的约定时间及时将报告书送交委托方。送交报告书时,报告书及有关文件要送交齐全。

3. 二手车鉴定评估报告内容及要求

（1）二手车鉴定评估报告内容

二手车鉴定评估报告由评估报告书封面、评估报告书正文和相关附件构成。应当包括下列内容：

1）评估报告书封面基本内容

二手车评估报告书封面须载明以下内容：评估项目名称、评估报告的编号、评估机构全称和评估报告提交日期等。有企业服务商标的，可在评估报告书封面载明其图形标志。

2）评估报告书正文应包括以下基本内容

①首部。应包括标题和报告书序号，标题应含有"二手车鉴定评估报告书"字样，标题下面写报告书序号"×××评报字（20××年）第×××号"。

②序言。简要写明委托方全称、受委托评估事项及评估工作整体情况。

③委托人及其他资产评估报告使用人。

④评估目的。应写明本次资产评估是为了满足委托方的何种需要及其所对应的经济行为类型。

⑤评估对象和评估范围。

⑥价值类型及其定义。见下面单独介绍。

⑦评估基准日。应写明评估基准日的具体日期，评估基准日应根据经济行为的性质由委托方确定，并尽可能与评估目的实现日接近。

⑧评估依据。这部分应列示评估依据，包括经济行为依据、法律法规依据、产权依据和取价依据等，对评估中采用的特殊依据应作相应的披露。

⑨评估方法。这部分应说明评估过程所选择、使用的评估方法和选择评估方法的依据或原因，使用一种以上评估方法的还应说明原因并说明该资产价值的确定方法。并说明评估值的估算过程。

⑩评估过程。这部分反映评估机构自接受评估项目委托起至提交评估报告书的全过程。

⑪评估结论。这部分是评估报告的重要部分。应使用表述性文字完整地叙述评估机构对评估结果发表的结论。

⑫特别事项说明。这部分中应说明在评估过程中已发现可能影响评估结论，但非评估人员执业水平和能力所能评定估算的有关事项，也应提示评估报告使用者主要特别事项对评估结论的影响以及评估人员认为需要说明的其他事项。

⑬评估报告的法律效力、使用范围和有效期申明。这部分应具体写明评估报告成立的前提条件和假设条件，评估报告依照法律法规的有关规定发送法律效力和评估结果的有效使用期限，评估结论仅供委托方依评估目的使用和送交主管部门审查使用，并申明评估报告书的使用权归委托方所有，未经许可不得随意向他人提供或公开。

⑭尾部。应包括：至少两名负责评估的注册二手车评估师、复核人的签名，评估机构名称并盖章，评估报告提出日期。

3）相关附件属于备查文件，应包括以下基本内容

①有关经济行为文件，如二手车鉴定评估委托书。

②委托方身份证明文件复印件。

③评估对象产权证明文件复印件，如机动车登记证书、行驶证等。

④二手车鉴定评估作业表。

⑤评估对象照片，按本章 6.2.2 节介绍的相关部位照片。

（2）价值类型介绍

价值类型是指依据资产评估结果的价值属性及其表现形式。不同价值类型从不同角度反映资产评估价值的属性和特征。价值类型的作用旨在合理和有效限定评估结果的使用范围，它和评估目的一起制约评估方法的选择。评估价值类型包括市场价值和市场价值以外的价值类型。

①市场价值是指资产在评估基准日在公开市场上交易时的评估值。如二手车转让交易评估价值就属于市场价值，大多数二手车评估业务都属于这种价值类型。

②市场价值外的价值类型是指不满足市场价值定义条件的其他价值形式的统称。其种类繁多，不同评估目的对应不同含义的价值类型。二手车评估中可能碰到的价值类型有：投资价值、在用价值、清算价值、残余价值以及某些特定评估业务评估结论的价值类型。

a. 投资价值，亦称特定投资者价值，是指评估对象对于具有明确投资目标的特定投资者或者某一类投资者所具有的价值估计数额。换句话说，就是评估对象对特定投资者有无投资价值，如对于买二手车作为投资运营的投资者来说，就要评估车辆现状是否具有值得购买的投资价值，这种评估一般需要比较复杂的行业基本面分析和对车辆自身性能的了解。

b. 在用价值，亦称为现状价值，是指评估对象在现状使用下的价值估计数额。换句话说，在用价值是按现状用途估价的，如对现运营的出租车估价，那么评估出来的就是在用价值，它没有考虑交易时可能实现的货币价值，所以它是与市场无关的一种价值，一般低于市场价值。这种价值类型一般适用于目前用途下的价格咨询评估中。

c. 清算价值是指在评估对象处于被迫出售、快速变现等非正常市场条件下的价值估计数额。企业清算时通常要以比较低的价格才能快速售出其资产，所以清算价值一般比市场价值低很多。这种价值类型一般适用于司法判决条件下的资产清算评估中。

d. 残余价值是指机器设备等有形资产的拆零变现价值估计数额。这种价值类型一般适用于企业成批处置使用寿命到期的资产评估中，如出租车公司的出租车、物流企业的车辆等。

e. 特定评估业务评估结论的价值类型，如以抵（质）押为目的的评估业务、以税收为目的的评估业务、以保险为目的的评估业务等。

③价值类型的选择和使用。评估方法是估计和判断市场价值和市场价值以外的价值类型评估结论的技术手段，某一种价值类型下的评估结论可以通过一种或者多种评估方法得出。以下给出几种价值类型选择和使用的方法：

a. 法律、行政法规或者合同对价值类型有规定的，应当按其规定选择价值类型；没有规定的，可以根据实际情况选择市场价值或者市场价值以外的价值类型。

b. 选择时应当充分考虑评估目的、市场条件、评估对象自身条件等因素。当评估目的、评估对象等资产评估基本要素满足市场价值定义的要求时，一般选择市场价值作为评估结论的价值类型。

c. 当评估业务针对的是特定投资者或者某一类投资者，并在评估业务执行过程中充分考虑并使用了仅适用于特定投资者或者某一类投资者的特定评估资料和经济技术参数时，通常选择投资价值作为评估结论的价值类型。

d. 当评估对象是企业或者整体资产中的要素资产，并在评估业务执行过程中只考虑了该要素资产正在使用的方式和贡献程度，没有考虑该资产作为独立资产所具有的效用及在公开市场上交易等对评估结论的影响，通常选择在用价值作为评估结论的价值类型。

e. 当评估对象面临被迫出售、快速变现或者评估对象具有潜在被迫出售、快速变现等情况时，通常选择清算价值作为评估结论的价值类型。

f. 当评估对象无法使用或者不宜整体使用时，通常考虑评估对象的拆零变现，并选择残余价值作为评估结论的价值类型。

h. 当执行以抵（质）押为目的的资产评估业务时，应当根据《中华人民共和国担保法》等相关法律、行政法规及金融监管机关的规定选择评估结论的价值类型；相关法律、行政法规及金融监管机关没有规定的，可以根据实际情况选择市场价值或者市场价值以外的价值类型作为抵（质）押物评估结论的价值类型。

i. 当执行以税收为目的的资产评估业务时，应当根据税法等相关法律、行政法规规定选择评估结论的价值类型；相关法律、行政法规没有规定的，可以根据实际情况选择市场价值或者市场价值以外的价值类型作为课税对象评估结论的价值类型。

3. 二手车鉴定评估报告示范文本

二手车鉴定评估报告书（示范文本）

<u>（评估机构简称××）</u>评报字（20　年）第×××号

一、序言

<u>（鉴定评估机构名称）</u>接受<u>　（委托方名称）　</u>的委托，根据国家有关资产评估规定，本着客观、独立、公正、科学的原则，按照公认的资产评估方法，对牌号为_____的车辆进行了鉴定。本机构鉴定评估人员按照必要的程序，对委托鉴定评估的车辆进行了实地查勘与市场调查，对其在____年____月____日所表现的市场价值做出公允反映。现将该车辆鉴定评估情况和评估结果报告如下。

二、委托方

委托方：_____　委托方联系人：_____
联系电话：_____　车主姓名/名称：<u>　（填写机动车登记证书所示的名称）</u>

三、评估目的

根据委托方的要求，本项目评估目的为：□交易　□转籍　□拍卖　□置换　□抵押　□担保　□咨询　□司法裁决　□典当　□其他_____。

四、评估范围和评估对象

厂牌型号：_____　牌照号码：_____
发动机号：_____　车辆识别代号/车架号：_____
车身颜色：_____　表征里程：_____　注册登记日期：_____

年审检验合格有效期至：____年____月　交强险截止日期：____年____月
车船税截止日期：____年____月
是否查封、抵押车辆：□是　□否　车辆购置税证：□有　□无
机动车登记证书：　□有　□无　机动车行驶证：□有　□无
未接受处理的交通违法记录：□有　□无
使用性质：□公务用车　□家庭用车　□运营用车　□出租车　其他：

五、价值类型

本委托评估车辆的评估目的是_____，选择市场价值作为其评估价值类型。
市场价值是指资产在评估基准日在公开市场上交易时的评估值。

六、评估基准日　____年____月____日

七、评估依据

（1）行为依据
×××鉴定评估委托书（××××年第××××号）。
（2）法律、法规依据
①《资产评估法》。
②《二手车流通管理办法》和《二手车流通管理办法实施细则》。
③《机动车强制报废标准规定》。
④《二手车鉴定评估技术规范》（GB/T 30323－2013）。
⑤其他相关资产评估法律、法规等。
（3）产权依据
委托鉴定评估的机动车登记证书编号：××××××××××××××。
（4）评定和取价依据
①评定依据：车身外观、发动机舱、驾驶舱、起动、路试、底盘检查项目作业表及其技术状况鉴定。
②取价依据：参考本地汽车市场和网上的行情价格。

八、评估方法

价值估算方法：□现行市价法　□重置成本法　□其他：_____
计算过程：_____

九、评估过程

整个评估过程分为评估准备阶段、评估阶段、评估分析处理阶段和提交报告阶段四个阶段。

十、评估结论

经实施上述资产评估程序和方法，委托评估对象评估结论如下：
（1）技术状况和等级
技术状况缺陷描述：_____

技术状况鉴定等级：_____　等级描述：_____

（2）评估价值

价值估算结果：车辆鉴定评估价值为人民币_____元，金额大写：_____。

十一、特别事项说明[1]

十二、评估报告的法律效力、使用范围和有效期

①本鉴定评估机构对该鉴定评估报告承担法律责任，评估结论具有法律规定的效力。

②本鉴定评估机构承诺，未经委托方许可，不得将本报告的内容向他人提供或公开，否则将承担相应法律责任。

③本鉴定评估报告的使用权归委托方所有，鉴定评估结论仅供委托方为本项目鉴定评估目的使用和送交主管机关审查使用，不适用于其他目的，否则本鉴定评估机构不承担相应法律责任；因使用本报告不当而产生的任何后果与签署本报告书的鉴定估价师无关。

④本报告所提供的车辆评估价值为评估基准日的价值，可以作为交易作价的参考依据。

⑤本评估结论有效期为90天（自评估基准日至____年____月____日止）。

十三、相关附件

1. 二手车鉴定评估委托书
2. 二手车鉴定评估作业表
3. 机动车行驶证、机动车登记证书复印件
4. 被鉴定评估二手车照片（要求外观清晰，车辆牌照能够辨认）

二手车鉴定评估师（签字、盖章）　　　　　　复核人[2]（签字、盖章）

证书编号：××××　　　　　　　　　　　证书编号：××××

二手车鉴定评估师（签字、盖章）××××　　二手车鉴定评估机构（盖章）

证书编号：××××　　　　　　　　　　　年　月　日

[1] 特别事项是指在已确定鉴定评估结果的前提下，鉴定评估人员认为需要说明在鉴定过程中已发现可能影响鉴定评估结论，但非鉴定评估人员执业水平和能力所能鉴定评估的有关事项以及其他问题。

[2] 复核人是指具有注册高级二手车鉴定评估师资格的人员。

6.6　二手车鉴定评估业务案例

6.6.1　二手车鉴定评估机构评估案例

为方便叙述，本案例中的二手车鉴定评估机构名称是虚构的。

(企业图标)

二手车鉴定评估报告

北京珍发鉴定评估有限公司评报字〔2016〕第030号

北京珍发二手车鉴定评估有限公司

2016年10月25日

北京珍发二手车鉴定评估有限公司
二手车鉴定估价报告

北京珍发二手车鉴定评估有限公司评报字〔2016〕第 030 号

一、序言

北京珍发二手车鉴定评估有限公司接受张××的委托，根据国家有关资产评估规定，本着客观、独立、公正、科学的原则，按照公认的资产评估方法，对牌号为京 N12345 的车辆进行了鉴定。本机构鉴定评估人员按照必要的程序，对委托鉴定评估的车辆进行了实地查勘与市场调查，对其在 2016 年 7 月 7 日所表现的市场价值做出公允反映。现将该车辆鉴定评估情况和评估结果报告如下。

二、委托方信息

委托方名称：张××　　　　　委托方联系人：_____
联系电话：13812345678　　　车主姓名/名称：张××

三、评估目的

根据委托方的要求，本项目评估目的为：☑交易　□转籍　□拍卖　□置换　□抵押　□担保　□咨询　□司法裁决　□典当　□其他_____。

四、评估范围和评估对象

厂牌型号：上海通用雪佛兰 GSM7141MTA　　　牌照号码：京 N12345
发动机号：L9581290998　　　车辆识别代号/车架号：LSGTC52M38Y××××××
车身颜色：蓝色　　表征里程：74 580km　　注册登记日期：2008 年 2 月 20 日
年审检验合格有效期至：2016 年 12 月　　交强险截止日期：2016 年 12 月
车船税截止日期：2016 年 12 月
是否查封、抵押车辆：□是　☑否　　车辆购置税证：☑有　□无
机动车登记证书：☑有　□无　　机动车行驶证：☑有　□无
未接受处理的交通违法记录：□有　☑无
使用性质：□公务用车　☑家庭用车　□运营用车　□出租车　其他：____

五、价值类型

本委托评估车辆的评估目的是交易，选择市场价值作为其评估价值类型。
市场价值是指资产在评估基准日在公开市场上交易时的评估值。

六、评估基准日　2016 年 7 月 31 日

七、评估依据

（1）行为依据
×××鉴定评估委托书（2016-030）（见附件一）。
（2）法律、法规依据
①《资产评估法》。
②《二手车流通管理办法》和《二手车流通管理办法实施细则》。
③《机动车强制报废标准规定》。
④《机动车运行安全技术条件》（GB 7258-2017）。

⑤《二手车鉴定评估技术规范》(GB/T 30323-2013)。
⑥其他相关资产评估法律、法规等。
(3) 产权依据
委托鉴定评估的机动车登记证书编号：××××××××××××××××。
(4) 评定和取价依据
①评定依据：车身外观、发动机舱、驾驶舱、起动、路试、底盘的检查项目作业表及其技术状况鉴定。
②取价依据：参考本地汽车市场和网上的行情价格。

八、评估方法

价值估算方法：　☑现行市价法　□重置成本法　□其他：_____
计算过程：__由于该车已停产，市场没有同款同型新车出售，但有同款同型的二手车出售，市场交易价在1.80万~3.60万元，根据该车保养和车况较好的实际情况，参照近期成交过的同款同型二手车交易价，评估价为2.80万元。__

九、评估过程

整个评估过程分为评估准备阶段、评估阶段、评估分析处理阶段和提交报告阶段四个阶段。技术状况检查和鉴定结果填入附件二的表6-16~表6-24中。（详细描述略）

十、评估结论

经实施上述资产评估程序和方法，委托评估对象评估结论如下：
(1) 技术状况和等级
技术状况缺陷描述：
车身检查：15HH1、15XF3（与发动机舱盖和左前车门比有色差），18HH1，19HH1、19AX1（门把手附近有程度1的凹陷），25XS3（车顶油漆有腐蚀痕迹），26HH1，30HH1。
发动机舱检查：发动机皮带有轻微裂纹老化，油管、水管、线束有轻微老化现象。
驾驶舱检查：车顶内饰有轻微污迹。
路试检查：从3挡挂入2挡时不太顺畅。
技术状况鉴定等级：__二级__，等级描述：__60≤鉴定总分<90__。
(2) 评估价值
价值估算结果：车辆鉴定评估价值为人民币__28 000__元，金额大写：__贰万捌仟元整__。

十一、特别事项说明

无。

十二、评估报告的法律效力、使用范围和有效期

①本公司对该鉴定评估报告承担法律责任，评估结论具有法律规定的效力。
②本公司承诺，未经委托方许可，不得将本报告的内容向他人提供或公开，否则将承担相应法律责任。
③本鉴定评估报告的使用权归委托方所有，鉴定评估结论仅供委托方为本项目鉴定评估目的使用和送交主管机关审查使用，不适用于其他目的，否则本公司不承担相应法律责任；因使用本报告不当而产生的任何后果与签署本报告书的鉴定估价师无关。
④本报告所提供的车辆评估价值为评估基准日的价值，可以作为交易作价的参考依据。
⑤本评估结论有效期为90天（自评估基准日至__2016__年__10__月__30__日止）。

十三、相关附件

1. 二手车鉴定评估委托书
2. 二手车鉴定评估作业表
3. 机动车行驶证、机动车登记证书复印件
4. 被鉴定评估二手车照片（要求外观清晰，车辆牌照能够辨认）

二手车鉴定评估师（签字、盖章）　　　　复核人（签字、盖章）
李××　　　　　　　　　　　　　　　　赵××

证书编号：××××　　　　　　　　　　　证书编号：××××
二手车鉴定评估师（签字、盖章）　　　　北京珍发二手车鉴定评估有限公司（盖章）
　　　　　　　　　　　　　　　　　　　张××
证书编号：××××　　　　　　　　　　　2016年07月07日

附件一：二手车鉴定评估委托书

委托书编号：<u>2016-030</u>
委托方名称（姓名）：张××　　鉴定评估机构名称：北京珍发二手车鉴定评估有限公司
法人代码证（身份证）：（略）　　法人代码证：（略）
委托方地址：（略）　　　　　　　鉴定评估机构地址：（略）
联系人：张××　　　　　　　　　联系人：王先生
电话：13812345678　　　　　　　电话：010-88888888

因☑交易　□典当　□拍卖　□置换　□抵押　□担保　□咨询　□司法裁决　□其他（须注明）需要，委托人与受托人达成委托关系，对号牌号码为<u>京N12345</u>，车辆类型为<u>轿车</u>，车辆识别代号（VIN码）/车架号为 LSGTC52M38Y××××××的车辆进行技术状况鉴定并出具评估报告书，<u>2016</u>年<u>7</u>月<u>31</u>日前完成，详情如表6-17所示。

表6-17　委托评估车辆基本信息

车辆基本信息	厂牌型号	上海通用雪佛兰 GSM7141MTA		牌照号码	京N12345	
	发动机号	L9581290998		VIN代号	LSGTC52M38Y××××××	
	注册登记日期	2008年2月20日		表征里程	7.4580万km	
	品牌名称	雪佛兰	☑国产　□进口	车身颜色	蓝色	
	年检证明	☑有（至<u>2016</u>年<u>12</u>月）　□无		购置税证书	☑有　□无	
	车船税证明	☑有（至<u>2016</u>年<u>12</u>月）　□无		交强险	☑有（至<u>2016</u>年<u>12</u>月）□无	
	使用性质	□运营用车　□出租车　□公务用车　☑家庭用车　□其他				
	其他法定证明、凭证	☑机动车号牌　☑机动车行驶证　☑机动车登记证书　☑第三者强制保险单　□其他				
	车主名称/姓名	张先生		企业法人证书代码/身份证号码		

续表

重要技术配置及参数	燃料标号	92#汽油	排量	1.4 L	缸数	4
	发动机功率	69 kW	排放标准	国Ⅲ	变速器形式	手动
	安全气囊	主驾驶	驱动方式	前驱	ABS	☑有 □无
	其他重要配置	制动力分配 EBD				

委托方：（签字、盖章）　　张先生　　　受托方：（签字、盖章）北京珍发二手车鉴定评估有限公司

　　　2016 年 7 月 7 日　　　　　　　　　　　　2016 年 7 月 7 日

1. 委托方保证所提供的资料客观真实，并负法律责任。
2. 仅对车辆进行鉴定评估。
3. 评估结论仅对本委托评估目的有效，不可用作其他用途。
4. 鉴定评估人员与有关当事人没有利害关系。
5. 委托方如对评估结论有异议，可于收到《二手车鉴定评估报告》之日起 10 日内向受托方提出，受托方应给予解释。

附件二：二手车鉴定评估作业表（见表 6-18～表 6-26）

表 6-18　二手车鉴定评估作业表

流水号：2016-030　　　　　　　　　　　　　　　　　鉴定评估日 2016 年 7 月 7 日

厂牌型号	上海通用雪佛兰 GSM7141MTA		行驶里程	仪表	7.458 0 万 km
牌照号码	京 N12345			推定	7.458 0 万 km
VIN 码	LSGTC52M38Y××××××		车身颜色		蓝色
发动机号	L9581290998		车主姓名/名称		张××
法人代码/身份证号码		首次登记日期	使用性质		
		2008 年 2 月 18 日	非运营		
年检证明	☑有（至 2016 年 12 月）　□无		车船税证明	☑有（至 2016 年 12 月）　□无	
交强险	☑有（至 2016 年 12 月）　□无		购置税证书	☑有　□无	
其他法定证明、凭证	☑机动车号牌　☑机动车行驶证　☑机动车登记证书　☑第三者强制保险单　□其他				
是否为事故车	☑否　□是	损伤位置及损伤状况			
车辆主要技术缺陷描述	车身检查：15HH1、15XF3（与发动机舱盖和左前车门比有色差），18HH1，19HH1、19AX1（门把手附近程度 1 的凹陷），25XS3（车顶油漆有腐蚀痕迹），26HH1，30HH1； 发动机舱检查：发动机皮带有轻微裂纹老化，油管、水管、线束有轻微老化现象； 驾驶舱检查：车顶内饰有轻微污迹； 路试检查：从 3 挡挂入 2 挡时不太顺畅				
总得分	86.5 分				
技术等级	二级				
估价方法	现行市价法				

续表

参考价值	2.80 万元
评估师（签章）	张三　李四
评估师证号	
审核人（签章）	

二手车鉴定评估结论：
　　该车保养情况较好，年均行驶里程不足 1 万 km，使用强度偏轻，车身除了存在一些小划痕外无其他明显缺陷，整车技术状况良好。
　　由于该车已停产，市场没有同款同型新车出售，但有同款同型的二手车出售，市场交易价在 1.80 万 ~ 3.60 万元，根据该车保养和车况较好，评估价为 2.80 万元。

北京珍发二手车鉴定评估有限公司（盖章）

车体骨架检查项目作业表	见表 6-18
车身外观检查项目作业表	见表 6-19
发动机检查项目作业表	见表 6-20
驾驶舱检查项目作业表	见表 6-21
起动检查项目作业表	见表 6-22
路试检查项目作业表	见表 6-23
底盘检查项目作业表	见表 6-24
车辆功能性零部件检查项目作业表	见表 6-25

表 6-19　车体骨架检查项目作业表

代码	检查项目	代码	检查项目
1	车体左右对称性	8	左前纵梁
2	左 A 柱	9	右前纵梁
3	左 B 柱	10	左前减震器悬架部位
4	左 C 柱	11	右前减震器悬架部位
5	右 A 柱	12	左后减震器悬架部位
6	右 B 柱	13	右后减震器悬架部位
7	右 C 柱		
代表字母	BX	NQ	GH	SH	ZZ
描述	变形	扭曲	更换	烧焊	褶皱
缺陷描述	无				
事故判定	□事故车　☑正常车				

表 6-20 车身外观检查项目作业表

代码	部位	扣分/分	缺陷类型
14	发动机舱盖表面		划痕　HH
15	左前翼子板	2	变形　BX
16	左后翼子板		锈蚀　XS
17	右前翼子板		裂纹　LW
18	右后翼子板	0.5	凹陷　AX
19	左前车门	1	修复痕迹　XF
20	右前车门		缺陷程度
21	左后车门		
22	右后车门		1. 面积≤（100mm×100mm） 2. （100mm×100mm）＜面积≤（200mm×300mm） 3. （200mm×300mm）＜面积 4. 轮胎花纹深度＜1.6mm
23	后备厢盖		
24	后备厢内侧		
25	车顶	1.5	扣分标准
26	前保险杠	0.5	缺陷程度1：0.5 缺陷程度2：1 缺陷程度3：1.5 缺陷程度4：1
27	后保险杠		
28	左前轮		
29	左后轮		
30	右前轮		缺陷描述
31	右后轮	0.5	
32	前大灯		
33	后尾灯		
34	前挡风玻璃		115HH1、15XF3（与发动机舱盖和左前车门比有色差） 18HH1 19HH1、19AX1 25XS3（车顶油漆有腐蚀痕迹） 26HH1 30HH1（右前轮、右后轮的装饰盖有刮痕）
35	后挡风玻璃		
36	四门风窗玻璃		
37	左后视镜		
38	右后视镜		
39	轮胎		
	其他项目		
	合计扣分		6

表 6−21　发动机检查项目作业表　　　　　　　　　　　　　　分

代码	检查项目	缺陷程度及扣分标准				扣分
40	机油有无冷却液混入	轻微	15	严重	15	
41	缸盖外是否有机油渗漏	轻微	5	严重	5	
42	前翼子板内缘、水箱框架、横拉梁有无凹凸或修复痕迹	轻微	1.5	严重	3	
43	散热器格栅有无破损	轻微	1.5	渗漏	3	
44	蓄电池电极桩柱有无腐蚀	轻微	2	严重	4	
45	蓄电池电解液有无渗漏、缺少	轻微	1.5	严重	3	
46	发动机皮带有无老化	轻微	1.5	严重	3	1.5
47	油管、水管有无老化、裂痕	轻微	1.5	裂痕	3	1.5
48	线束有无老化、破损	轻微	1.5	破损	3	1.5
49	其他	只描述缺陷,不扣分				
合计扣分						4.5

表 6−22　驾驶舱检查项目作业表　　　　　　　　　　　　　　分

代码	检查项目	缺陷及扣分标准			扣分
50	车内是否无水泡痕迹	☑是	□否	1.5	
51	车内后视镜、座椅是否完整、无破损、功能正常	☑是	□否	0.5	
52	车内是否整洁、无异味	☑是	□否	0.5	
53	方向盘行程转角是否小于 20°	☑是	□否	1	
54	车顶及周边内饰是否无破损、松动及裂缝和污迹	□是	☑否	1	1
55	仪表台是否无划痕,配件是否无缺失	☑是	□否	1	
56	换挡手柄及护罩是否完好、无破损	☑是	□否	1	
57	储物盒是否无裂痕,配件是否无缺失	☑是	□否	1	
58	天窗是否移动灵活、关闭正常	☑是	□否	1	
59	天窗密封条是否良好、无老化	☑是	□否	1	
60	安全带结构是否完整、功能是否正常	☑是	□否	1	
61	驻车制动系统是否灵活有效	☑是	□否	1	
62	玻璃窗升降器、门窗工作是否正常	☑是	□否	1	
63	左、右后视镜折叠装置工作是否正常	☑是	□否	1	
64	其他	只描述缺陷,不扣分			
合计扣分					1

表 6-23　起动检查项目作业表　　　　　　　　　　　　　　　　　　　　　　　　　分

代码	检查项目	缺陷及扣分标准			扣分
65	车辆起动是否顺畅（时间小于5s，或一次起动）	☑是	□否	2	
66	仪表板指示灯显示是否正常，无故障报警	☑是	□否	2	
67	各类灯光和调节功能是否正常	☑是	□否	1	
68	泊车辅助系统工作是否正常	☑是	□否	0.5	
69	制动防抱死系统（ABS）工作是否正常	☑是	□否	0.5	
70	空调系统风量、方向调节、分区控制、自动控制、制冷工作是否正常	☑是	□否	0.5	
71	发动机在冷、热车条件下怠速运转是否稳定	☑是	□否	0.5	
72	怠速运转时发动机是否无异响，空挡状态下逐渐提高发动机转速，发动机声音过渡是否无异响	☑是	□否	10	
73	车辆排气是否无异常	☑是	□否	10	
74	其他	只描述缺陷，不扣分			
合计扣分					0

表 6-24　路试检查项目作业表　　　　　　　　　　　　　　　　　　　　　　　　　分

代码	检查项目	缺陷及扣分标准			扣分
75	发动机运转、加速是否正常	☑是	□否	2	
76	车辆起动前踩下制动踏板，保持5~10s，踏板无向下移动的现象	☑是	□否	2	
77	踩住制动踏板起动发动机，踏板是否向下移动	☑是	□否	2	
78	行车制动系最大制动效能在踏板全行程的4/5以内到达	☑是	□否	2	
79	行驶是否无跑偏	☑是	□否	2	
80	制动系统工作是否正常有效、制动不跑偏	☑是	□否	2	
81	变速箱工作是否正常、无异响	□是	☑否	2	2
82	行驶过程中车辆底盘部位是否无异响	☑是	□否	2	
83	行驶过程中车辆转向部位是否无异响	☑是	□否	2	
84	其他	只描述缺陷，不扣分			
合计扣分					2

表 6-25　底盘检查项目作业表　　　　　　　　　　　　　　　　　　　　　　　　　分

代码	检查项目	缺陷及扣分标准			扣分
85	发动机油底壳是否无渗漏	☑是	□否	4	
86	变速箱体是否无渗漏	☑是	□否	4	

续表

代码	检查项目	缺陷及扣分标准		扣分
87	转向节臂球销是否无松动	☑是 □否	3	
88	三角臂球销是否无松动	☑是 □否	3	
89	传动轴十字轴是否无松旷	☑是 □否	2	
90	减震器是否无渗漏	☑是 □否	2	
91	减震弹簧是否无损坏	☑是 □否	2	
92	其他	只描述缺陷，不扣分		
合计扣分				0

表6-26 车辆功能性零部件检查项目作业表

代码	类别	零部件名称	状态	代码	类别	零部件名称	状态
93	车身外部件	发动机舱盖锁止	正常	105	随车附件	备胎	正常
94		发动机舱盖液压撑杆	正常	106		千斤顶	有
95		后门/后备厢液压支撑杆	正常	107		轮胎扳手及随车工具	有
96		各车门锁止	正常	108		三角警示牌	有
97		前后雨刮器	正常	109		灭火器	有
98		立柱密封胶条	正常	110	其他	全套钥匙	有
99		排气管及消音器	正常	111		遥控器及功能	正常
100		车轮轮毂	正常	112		喇叭高低音色	正常
101	驾驶舱内部件	车内后视镜	正常	113		玻璃加热功能	无
102		座椅调节及加热	无				
103		仪表板出风管道	正常				
104		中央集控	正常				

附件三：机动车行驶证、机动车登记证书复印件

略。

附件四：被评估二手车照片

略。

6.6.2 二手车交易类企业评估案例

二手车交易类企业包括二手车经销、拍卖和经纪等专业从事二手车交易的企业，经营中经常需要鉴定评估二手车的价格，由于这类企业对二手车行情非常熟悉和了解，所以常用现行市价法评估二手车价格。

本评估案例采用6.6.1节的评估车辆，按照6.1.2节的图6-2所示的作业流程开展评估工作，分别对车身外观、发动机舱、驾驶舱、起动、路试、底盘等项目进行了检查和技术状况鉴定，鉴定评估结果填入表6-27中，其中车身外观出现的缺陷位置如图6-16所示。此表可以作为二手车买卖合同的附件，或在车辆展卖期间，放置在驾驶室前风挡玻璃左下方，为消费者提供参考。

表 6-27 二手车技术状况表 分

车辆基本信息	厂牌型号	上海通用雪佛兰 GSM7141MTA		牌照号码	京 N12345	
	发动机号	L9581290998		VIN 码	LSGTC52M38Y××××××	
	注册登记日期	2008 年 2 月 18 日		表征里程	7.4580 万 km	
	品牌名称	雪佛兰	☑国产 □进口	车身颜色	蓝色	
	年检证明	☑有（至 2016 年 12 月） □无		购置税证书	☑有 □无	
	车船税证明	☑有（至 2016 年 12 月） □无		交强险	☑有（2016 年 12 月） □无	
	使用性质	□运营用车 □出租车 □公务用车 ☑家庭用车 □其他				
	其他法定凭证、证明	☑机动车号牌 ☑机动车行驶证 ☑机动车登记证书 ☑第三者强制保险单 □其他				
	车主名称/姓名	张先生		企业法人证书代码/身份证号码		
重要配置	燃料标号	92#	排量	1.4 L	缸数	4
	发动机功率	69 kW	排放标准	国Ⅲ	变速器形式	手动
	安全气囊	2 个	驱动方式	前驱	ABS	☑有 □无
	其他重要配置	制动防抱死系统（ABS）、动力转向				
是否为事故车	□是 ☑否	损伤位置及损伤状况		无		
鉴定结果	分值	86.5		技术状况等级	二级	
车辆技术状况鉴定缺陷描述	鉴定科目	鉴定结果（得分）		缺陷描述		
	车身外观检查	14.0		（15HH1（①）、15XF3（与发动机舱盖和左前车门比有色差）（②），18HH1（③），19HH1（④）、19AX1（门把手附近有程度 1 的凹陷）（⑤），25XS3（车顶油漆有腐蚀痕迹）（⑥），26HH1（⑦），30HH1（⑧））以上缺陷位置见图 6-16		
	发动机舱检查	15.5		发动机皮带有轻微裂纹老化，油管、水管、线束有轻微老化现象		
	驾驶舱检查	9.0		车顶内饰有轻微污迹		
	起动检查	20.0		无缺陷		
	路试检查	13.0		从 3 挡挂入 2 挡时不太顺畅		
	底盘检查	15.0		无缺陷		

声明：
本二手车技术状况表所体现的鉴定结果仅为鉴定日期当日被鉴定车辆的技术状况表现与描述，若在当日内被鉴定车辆的市场价值或因交通事故等原因导致车辆的价值发生变化对车辆鉴定结果产生明显影响时，本二手车技术状况表不作为参考依据。

二手车鉴定评估师：__张三__ 鉴定单位：（盖章）（盖章）_____
　　　　　　　　　　　　　　　鉴定日期：__2016__ 年 __7__ 月 __7__ 日

注：本二手车技术状况表由二手车经销企业、拍卖企业、经纪企业使用，作为二手车买卖合同的附件，车辆展卖期间，放置在驾驶室前风挡玻璃左下方，为消费者提供参考。

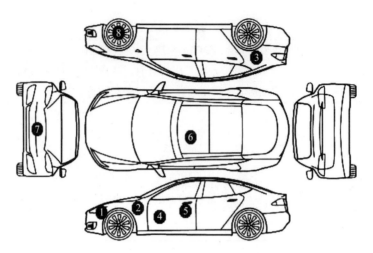

图6-16 车身外观缺陷位置示意图

本章思考与练习题

1. 二手车鉴定评估机构与二手车经销、拍卖、经纪等企业开展涉及二手车鉴定评估的作业流程有什么区别?
2. 二手车鉴定评估时需要核查哪些证件资料?
3. 如何查验二手车的合法性?
4. 机动车法定证件有哪些?核查机动车的法定证件有什么作用?
5. 简述什么是车辆厂牌型号,二手车评估时通过厂牌型号可以获得哪些有用的信息。
6. 什么是评估基准日?它在二手车评估中有什么作用?
7. 二手车评估时为什么要确定评估基准日?如何确定评估基准日?
8. 什么是机动车来历证明?二手车来历证明是什么?
9. 什么是交强险?简述交强险的重要意义、赔偿范围和赔偿限额。
10. 二手车鉴定评估报告书有哪些作用?其包括哪些基本内容?
11. 二手车鉴定评估的原则是什么?二手车鉴定评估的行为依据和产权依据是什么?
12. 什么是价值类型?如何确定二手车鉴定评估的价值类型?
13. 二手车鉴定评估报告书有效期是多长?
14. 简述拍摄二手车照片的要求及拍摄位置。
15. 找一辆在用车,根据车主提供的资料、网上查找和市场调查相关资料,对该车进行以交易为目的的模拟评估,并撰写鉴定评估报告书。

第7章 二手车交易实务

本章学习要点：
1. 掌握二手车合法、完备交易过程包含的环节。
2. 掌握二手车交易涉及的法规《二手车流通管理办法》和《二手车交易规范》的相关规定。
3. 理解二手车交易相关概念和各种交易模式的区别。
4. 重点掌握办理二手车直接交易和二手车经纪交易过户业务的程序。
5. 重点掌握办理二手车转移登记的程序和需要携带的资料。
6. 了解二手车质量保证前提和期限、售后服务内容及范围。

7.1 二手车交易概述

7.1.1 一个合法完备的二手车交易过程

在我国，二手车交易是一种特殊商品的交易，它除了实现一般二手物品交易属性外，还有完成交易后产权过户的转移属性。一个合法、完备的二手车交易过程应该包括车辆交易、所有权转移登记和税/险变更三个环节。

（1）车辆交易

车辆交易完成了一般商品的交易过程，只实现了车辆使用权从卖方到买方的转移。从买卖双方角度看，已完成了"一手交钱一手交货"的商品交易，实现了车辆使用权的易主。车辆交易必须在规定的地点（二手车交易市场、二手车拍卖企业或二手车经营销售公司）完成，完成交易的标志是买方获得写有其名字的二手车销售统一发票。

（2）车辆所有权转移登记

从法律角度看，完成车辆交易的使用权易主并没有实现法律上的易主，因为在车辆管理所里存档的和车主手里的机动车登记证书上车辆所有权人信息还没有易主，如果此时买方使用车辆出现交通违法行为，交警会追究原车主承担的法律责任。因此，只有办理了二手车所有权从卖方到买方的转移登记（即所有权过户）才算是真正合法地完成了交易。完成的标志是买方获得了自己名字作为车主的机动车行驶证和机动车登记证书。

（3）税、险变更

车辆购置税、车船税和保险凭证是汽车的附属属性，也是买方免费享受卖方原来为二手车购买的附加利益。车辆购置税完税凭证是新车注册登记前一次性购买获得的凭证；车船税和保险（必须有交强险）缴纳凭证则是车主每年缴纳获得的凭证。这些税、险与车辆所有人和车牌号相对应，车辆易主后如果不及时变更会影响到保险期内车辆出现道路交通事故时的经济补偿。《机动车交通事故责任强制保险条例》第十八条规定：被保险机动车所有权转移的，应当办理机动车交通事故责任强制保险合同变更手续。因此在完成车辆所有权转移登记后应及时变更这些税/险凭证。

7.1.2 二手车交易的相关法规介绍

为加强二手车流通管理，规范二手车经营行为，保障二手车交易双方的合法权益，促进二手车流通健康发展，国家颁布实施了一系列法规和政策：

①《二手车流通管理办法》（商务部、公安部、国家工商行政管理局、国家税务总局令2005年第2号）。

②《国家税务总局关于统一二手车销售发票式样问题的通知》（国税函〔2005〕693号）。

③《二手车交易规范》（商务部公告2006年第22号）。

④《国家税务总局关于二手车经营业务有关增值税问题的公告》（国家税务总局公告2012年第23号）。

⑤《国家税务总局关于二手车经销企业发票使用有关问题的公告》（国家税务总局公告2013年第60号）。

⑥《国务院办公厅关于促进二手车便利交易的若干意见》（国办发〔2016〕13号）。

⑦《国家税务总局关于增值税发票管理若干事项的公告》（国家税务总局公告2017年第45号）。

⑧《国家税务总局关于增值税发票综合服务平台等事项的公告》（国家税务总局公告2020年第1号）。

⑨《财政部 税务总局关于二手车经销有关增值税政策的公告》（财政部、税务总局公告2020年第17号）。

⑩《关于推进二手车交易登记跨省通办便利二手车异地交易的通知》（商务部、公安部和国家税务总局 商办消费函2021年126号）。

这些法规和政策优化了二手车交易税收和加强对二手车交易的税收征管，推行小型非运营二手车交易登记跨省通办，促进二手车便利交易，加快形成二手车交易全国统一大市场，从制度方面解决了二手车异地交易周期长、不便捷等问题，进一步强化经营主体责任，确保交易安全，维护交易各方合法权益，促进二手车交易市场的繁荣和发展。

1. 二手车可交易的条件

只有同时满足以下条件的车辆才能进行交易。

（1）法定证件齐全、合法、有效

包括：机动车登记证书、机动车行驶证、车辆号牌、机动车安全技术检验合格标志。

（2）税/险凭证齐全、有效

包括：车辆购置税完税证明、车船税和交强险缴付凭证。

（3）不属于下列禁止交易的车辆

①已报废或者达到国家强制报废标准的车辆。

②在抵押期间或者未经海关批准交易的海关监管车辆。
③在人民法院、人民检察院、行政执法部门依法查封、扣押期间的车辆。
④通过盗窃、抢劫、诈骗等违法犯罪手段获得的车辆。
⑤发动机号码、车辆识别代号或者车架号码与登记号码不相符，或者有凿改迹象的车辆。
⑥走私、非法拼（组）装的车辆。
⑦在本行政辖区以外的公安机关交通管理部门注册登记的车辆。
⑧国家法律、行政法规禁止经营的车辆。

2. 二手车经营主体

二手车经营主体是指经工商行政管理部门依法登记，从事二手车经销、拍卖、经纪、鉴定评估以及经营服务的企业。在这些二手车经营主体中，二手车交易市场是为二手车经营提供服务的经营主体，二手车拍卖、经纪和鉴定评估是中介服务的经营主体，二手车经销是专业从事二手车收购和销售的经营主体。其他从事二手车经营活动的企业依照其业务性质归类为上述经营主体，如4S店从事二手车置换业务归类为二手车经销。近几年出现的各类二手车电商企业依照其业务性质归类为二手车经销、拍卖、经纪企业。这些经营主体的经营行为含义如下：

①二手车经销是指二手车经销企业收购、销售二手车的经营活动。
②二手车拍卖是指二手车拍卖企业以公开竞价的形式将二手车转让给最高应价者的经营活动。
③二手车经纪是指二手车经纪机构以收取佣金为目的，为促成他人交易二手车而从事居间、行纪或者代理等经营活动。
④二手车鉴定评估是指二手车鉴定评估机构对二手车技术状况及其价值进行鉴定评估的经营活动。

在《关于推进二手车交易登记跨省通办便利二手车异地交易的通知》中强化了办理二手车交易的经营主体是二手车交易市场经营者、二手车经销企业、二手车拍卖企业，并要求二手车经营主体在办理二手车交易事宜前，应当通过全国汽车流通信息管理应用服务（系统）准确采集并及时报送相关交易信息，核对二手车交易双方当事人和交易车辆的相关信息及凭证，建立完整的二手车交易档案，并按照规定的时限保存。这一规定进一步强化了经营主体责任，确保交易安全，维护交易各方合法权益，有利于解决目前困扰我国二手车流通市场的乱象问题。

3. 二手车交易地点

（1）小型非运营二手车交易规定

对于已注册登记的小型非营运二手车，《关于推进二手车交易登记跨省通办便利二手车异地交易的通知》规定：

①买卖双方可以选择在车辆原登记地（简称转出地）或者买方住所地（简称转入地）进行二手车交易。
②对在车辆转入地和转出地以外第三地进行交易的车辆，上述二手车经营主体不得为其

办理交易事宜。

上述便利二手车异地交易规定有以下好处：一是买方可以在住所地购买外地的二手车，选择范围大，满足消费需求。二是有利于促进二手车全国流通，解决各地二手车市场车源不平衡问题，有利于二手车经销企业发展全国连锁经营、做大做强。

（2）其他类型二手车交易规定

除了上述小型非营运二手车之外的其他类型二手车交易按照《二手车流通管理办法》和《二手车交易规范》规定进行，具体规定是：二手车应在车辆注册登记所在地交易，也就是说，二手车不允许在异地交易。允许交易的地点包括：二手车交易市场、二手车经销企业和二手车拍卖企业。二手车经纪机构、买卖双方的二手车交易要求在二手车交易市场内进行。

4. 二手车办理转移登记手续地点

（1）小型非运营二手车办理转移登记规定

对于已注册登记的小型非运营二手车，《关于推进二手车交易登记跨省通办便利二手车异地交易的通知》规定可以在车辆转入地或转出地办理转移登记，机动车档案资料实行电子化网上转递。具体规定是：

①对在转入地交易的，二手车买方应当向转入地公安机关交通管理部门申请办理转移登记，不需要返回转出地交验机动车、提取机动车登记实物档案。

②对转出地交易的，在二手车买方应当向转出地公安机关交通管理部门申请办理转出登记，申领临时行驶车号牌，不需要提取机动车登记实物档案，并在临时行驶号牌有效期限内向转入地公安机关交通管理部门申请办理转入登记。

③公安机关交通管理部门可以在经营规范的二手车交易市场、二手车经销企业等场所设立机动车登记服务站，便利办理机动车登记手续。

上述便利二手车转移登记规定有以下好处：一是无须提取纸质档案，有利于减少买方提档等候时间，减少携带、保管、转交档案的种种不便，使异地转移登记变两次"登记查验"为"一次登记查验"，减少两地往返。二是有利于二手车经销商和二手车电商开展全国收购和销售业务。

（2）其他类型二手车办理转移登记规定

除了上述小型非运营二手车之外的其他类型二手车转移登记手续应按照《机动车登记规定》在原车辆注册登记所在地公安机关交通管理部门办理。需要进行异地转移登记的，由车辆原属地公安机关交通管理部门办理车辆转出手续，在接收地公安机关交通管理部门办理车辆转入手续。简单地说，办理二手车转移登记的地点是车管所。

5. 二手车交易各方的行为规范

（1）二手车卖方行为规范

①二手车卖方应当拥有车辆的所有权或者处置权。

②二手车卖方应当向买方提供车辆的使用、修理、事故、检验以及是否办理抵押登记、缴纳税费、报废期等真实情况和信息。买方购买的车辆如因卖方隐瞒和欺诈不能办理转移登记，卖方应当无条件接受退车，并退还购车款等费用。

③二手车交易完成后，卖方应当及时向买方交付车辆、车辆法定证件和税/险缴纳凭证。

(2) 二手车交易市场经营者、二手车经销企业、二手车拍卖企业等经营主体行为规范

①在办理二手车交易事宜时，应当查看交易车辆，核对交易双方当事人和车辆的相关信息及凭证等是否真实、合法、有效，核对内容包括：卖方身份证明信息与机动车登记证书记载的一致；实车机动车号牌、车辆识别代号等信息与机动车登记证书、行驶证记载的一致；机动车行驶证、机动车安全技术检验合格标志、交强险和车船税是否有效等。查看机动车车辆识别代号、发动机号是否有非法改动迹象，是否存在非法拼（组）装、走私、盗抢骗等嫌疑。

②在办理二手车交易事宜前，应当通过全国汽车流通信息管理应用服务（系统）准确采集并及时报送相关交易信息。全国汽车流通信息管理应用服务（系统）是商务部建立的业务系统统一平台，用于记录和统计企业用户销售新车和二手车的信息，信息录入规范准确且传递及时，公安交通管理部门可以在办理机动车登记时联网核对相关信息。

③完成交易后，二手车交易市场经营者、二手车经销企业、二手车拍卖企业应当通过全国统一的增值税发票管理系统向买方开具二手车销售统一发票。这一规定在全国范围内打通了二手车交易的税务信息，而且任何单位和个人都可以通过全国增值税发票查验平台（https：//inv-veri.chinatax.gov.cn）查验二手车销售统一发票的真伪，提高了车辆信息的透明度。

④出售、拍卖无所有权或者处置权车辆的，未按规定办理二手车交易事宜造成当事人损失的，应当依法承担相应的赔偿责任；为非法拼（组）装、走私、盗抢骗等车辆办理交易手续，构成犯罪的，依法追究刑事责任；二手车交易前，应当将涉及该车的道路交通安全违法行为和交通事故处理完毕。这个规定有效地保护了买方的权益，保证其买到合法车辆，因此，购买二手车应当到二手车交易市场或到合法经营的二手车经销企业、拍卖企业购买。

⑤二手车交易市场经营者、二手车经销企业、二手车拍卖企业等应当建立完整的二手车交易档案，交易档案应当包括交易双方身份证明、交易合同、交易发票等，除交易发票应当按照《中华人民共和国税收征收管理法实施细则》规定的时限保存外，档案保存期不少于3年。

(3) 二手车买方行为规范

①向二手车交易市场经营者和二手车经营主体提供其合法身份证明。

②与二手车卖方签订二手车买卖合同，按合同支付车款，并承担相应的法律责任。

③二手车交易完成后，买方要按规定办理转移登记手续。

6. 建立二手车交易档案

交易后，二手车交易市场经营者、经销企业、拍卖企业应建立交易档案，交易档案保留期限不少于3年。交易档案主要包括以下内容：

①法定证明、凭证复印件（主要包括车辆号牌、机动车登记证书、机动车行驶证、机动车安全技术检验合格标志）。

②购车原始发票或者最近一次交易发票复印件。

③买卖双方身份证明或者机构代码证书复印件。

④委托人及授权代理人身份证或者机构代码证书以及授权委托书复印件。

⑤交易合同原件。

⑥二手车经销企业的《车辆信息表》，二手车拍卖企业的《拍卖车辆信息》和《二手车拍卖成交确认书》。

（7）其他需要存档的有关资料。

鼓励二手车交易档案电子化。

7. 二手车销售统一发票和纳税规定

（1）二手车销售统一发票

《二手车流通管理办法》和《二手车交易规范》规定：二手车经销企业销售、拍卖企业拍卖二手车时，应当按规定向买方开具税务机关监制的统一发票；进行二手车直接交易和通过二手车经纪机构进行二手车交易的，应当由二手车交易市场经营者按规定向买方开具税务机关监制的统一发票。

《关于推进二手车交易登记跨省通办便利二手车异地交易的通知》再次强化了开具二手车销售统一发票的二手车经营主体：由办理交易的二手车交易市场经营者、二手车经销企业、二手车拍卖企业等经营主体依据国家有关规定开具二手车销售统一发票；二手车所有人不通过二手车经销企业、二手车拍卖企业等将车辆直接出售给买方的（如通过二手车经纪机构中介完成的交易、个人之间直接交易），应当由二手车交易市场经营者按规定向买方开具二手车销售统一发票。

《国家税务总局关于增值税发票管理若干事项的公告》（国家税务总局公告2017年第45号）规定：二手车交易市场、二手车经销企业、经纪机构和拍卖企业应当通过增值税发票管理新系统开具二手车销售统一发票。

二手车销售统一发票是全国统一式样的发票，为一式五联计算机机打发票：第一联为发票联，印色为棕色；第二联为转移登记联（公安车辆管理部门留存），印色为蓝色；第三联为出入库联，印色为紫色；第四联为记账联，印色为红色；第五联为存根联，印色为黑色。规格为241 mm×178 mm（票样如图7-5所示）。

二手车销售统一发票中"车价合计"栏次仅注明车辆价款。二手车交易市场、二手车经销企业、经纪机构和拍卖企业在办理过户手续过程中收取的其他费用，应当单独开具增值税发票。

由上述规定可知，只有以下企业具有二手车销售统一发票的开票资格：

①二手车交易市场。

②二手车经销企业（包括从事二手车交易的汽车生产和销售企业，如4S店）。

③二手车拍卖企业。

（2）二手车销售纳税规定

二手车虽然属于旧货商品，但二手车销售属于《中华人民共和国增值税暂行条例》规定的销售货物行为，应按照现行规定征收增值税，销售方为增值税的纳税人。

征收依据：《中华人民共和国增值税暂行条例》《中华人民共和国增值税暂行条例实施细则》和《财政部 税务总局关于二手车经销有关增值税政策的公告》（财政部 税务总局公告2020年第17号）。

征收标准：按照简易办法依3%征收率减按2%征收增值税，并按下列公式计算不含税销售额：

$$不含税销售额 = 含税销售额/(1+征收率)$$

$$应纳增值税额 = 不含税销售额 \times 征收率$$

注：《财政部 税务总局关于二手车经销有关增值税政策的公告》（财政部 税务总局公告2020年第17号）文件规定，为促进汽车消费，自2020年5月1日至2023年12月31日，从事二手车经销的纳税人销售其收购的二手车，由原按照简易办法依3%征收率减按2%征收增值税，改为减按0.5%征收增值税，这个0.5%的税率只对从事二手车经销的纳税人有效，对其他二手车经营主体的纳税人无效。

例如：某二手车经销公司销售收购的二手车，取得100万元含税销售额，换算为不含税销售额为99.5万元［=100/(1+0.5%)］，计算的应纳增值税额为4 975元（=99.5×0.5%）。

个人、二手车交易市场经营者、二手车经营主体（包括二手车经纪、二手车拍卖、二手车经销）在二手车交易中有关缴纳增值税规定如下：

①个人车主销售自己使用过的二手车，免征增值税（条件是：销售价格没有超过原值）。

②单位和个体工商户销售自己使用过的二手车应缴纳增值税。

③二手车交易市场开具二手车销售统一发票的行为不属于销售二手车行为，不征收增值税。

④二手车经纪机构经营二手车业务是否缴纳增值税分两种情况：

a. 如果只提供中介服务，就不用交增值税。纳税人收取的佣金按照"经纪代理服务"缴纳增值税。

b. 如果涉及二手车销售，就要缴纳增值税（由二手车交易市场代征）。

⑤二手车拍卖企业受托拍卖二手车，向买方收取全部价款和价外费用的，应按照3%的征收率征收增值税；受托拍卖取得的手续费或佣金收入，按照"经纪代理服务"缴纳增值税。

上述④和⑤中所述经纪代理服务（是指各种经纪、代理和中介服务）缴纳增值税，一般纳税人适用税率6%（其进项税额可以抵扣），小规模纳税人适用征收率3%（其进项税额不可以抵扣）。

⑥二手车经销企业销售二手车，征收增值税分两种情况：

a. 销售二手车，要征收增值税。

这种情况是指二手车经销企业将收购的二手车办理过户登记到自己名下，销售时再将该二手车过户登记到买家名下的行为。

b. 代售二手车，同时具备以下条件的，不征收增值税；不同时具备这些条件的，视同销售，要征收增值税。

一是受托方不向委托方预付货款；

二是委托方将二手车销售统一发票直接开具给购买方；

三是受托方按购买方实际支付的价款和增值税额与委托方结算货款，并另外收取手续费。

二手车经销企业从事二手车代购代销的经纪业务，是由二手车交易市场统一开具二手车销售统一发票。

7.2 常见二手车交易模式

目前我国二手车销售方式主要有五种模式。

①二手车直接交易,即二手车所有人不通过经销企业、拍卖企业和经纪企业,将车辆直接出售给买方的交易行为。

②通过二手车经纪机构销售二手车。

③通过拍卖企业以公开竞价的形式将二手车转让给最高应价者。

④二手车经销企业收购、销售二手车。

⑤品牌 4S 店置换销售二手车。

7.2.1 二手车购买渠道

二手车消费者可以从多种渠道购买二手车,常见的渠道有以下几种:

①直接向车主购买。消费者向车主购买二手车没有中介费,可以与车主讨价还价获得较低的成交价格。这种购买方式要求消费者自己找到卖主,通常比较困难,且购买后需要办理的手续(如过户、办理保险、贷款等)都要亲自去办理。私人交易不能提供保修服务。

②到二手车交易市场选购。这是最常见的购车方式。二手车交易市场汇集众多从事二手车经营企业,车源丰富,选购余地大且能货比三家。二手车交易市场有功能比较完善的交易服务平台,可以办理二手车交易相关手续,方便、省事且保证能购买到合法的二手车。

③到品牌 4S 店购买品牌二手车。4S 店对置换的二手车经过检测认证、出售,质量有保证并有一定的售后服务,可以放心购买。品牌二手车一般车型少、价格相对较高。对热衷品牌车的消费者来说是很好的选择。

④购买拍卖车辆。拍卖车辆的优点是来源绝对合法、底价低,缺点是不能试驾、无法详细地了解车况,车辆保持回收时的车况,完全没有经过整修。

⑤通过网上交易。如今网站逐渐成为购买二手车的一个重要渠道,通过二手车专业网站可以快速了解二手车行情,快捷搜索到自己的目标车型,其车辆来源可能是二手车经纪机构、品牌二手车公司、二手车经销商或者个人。

⑥到二手车典当行购买绝当车辆。绝当车辆也是一种二手车来源,但其车源较少。典当车辆一般都是市场认知度较高、畅销和保值率较高的品牌车。二手车典当是指二手车所有人将其拥有的、具有合法手续的车辆质押给典当公司,典当公司支付典当当金,封存质押车辆,双方约定在一定期限内由出典人(二手车所有人)结清典当本息、赎回车辆的一种贷款行为。所谓绝当是指过了约定赎回时间出典人不赎回典当车辆的情况。典当行可以依据典当协议自行处置绝当车辆,如出售。典当是一种很好的短期融资手段,比向商业银行申请贷款手续简便、方便快捷。利用二手车典当进行短期融资是解决燃眉之急的一个很好选择。

7.2.2 二手车直接交易

1. 直接交易概念

二手车直接交易是指二手车所有人不通过经销企业、拍卖企业和经纪企业将车辆直接出售给买方的交易行为。换句话说，二手车直接交易是车主之间一对一的自由交易。

2. 直接交易类型

二手车可以在任何身份的人群中交易。根据二手车买卖双方身份不同，二手车直接交易有以下四种类型。

（1）个人对个人交易

这种交易类型是：二手车所有权人为个人，二手车购买人也是个人。

（2）个人对单位交易

这种交易类型是：二手车所有权人为个人，二手车购买人是单位。

（3）单位对个人交易

这种交易类型是：二手车所有权人为单位，二手车购买人是个人。

（4）单位对单位交易

这种交易类型是：二手车所有权人为单位，二手车购买人也是单位。

但这几种交易类型的定价规定是不同的，单位车辆如果涉及国有资产的，必须通过鉴定评估定价；如果是个人车辆交易则交易价格可由买卖双方商定。

3. 完成二手车直接交易的场所

根据《二手车流通管理办法》规定，二手车直接交易应当在二手车交易市场进行，并由二手车交易市场开具二手车销售统一发票。

二手车直接交易"应当在二手车交易市场进行"的理由如下：

①付出代价最少。通过二手车销售企业和二手车拍卖企业开票完成交易的，企业相当于销售了一辆车，企业除了按规定开发票要缴纳增值税外（见本章7.1.2节），还要缴纳营业所得税等，这笔费用肯定由直接交易方负担；而由二手车交易市场开票，个人车主则是免税的，单位车主（小规模纳税人）只需缴纳发票额的2%增值税。可见通过经营企业开票的价格远高于在二手车交易市场过户开票的价格。

②根据国家规定，二手车销售企业和二手车拍卖企业只能为本企业交易车辆开二手车销售发票，不得为其他企业及个人代开发票；二手车交易市场可以为直接交易和通过二手车经纪机构中介交易的开票。

③二手车交易市场是专业的二手车交易平台，负责对交易二手车的合法性进行把关，杜绝盗抢车、走私车、非法拼装车等非法车辆上市交易。而且其功能齐全，包括二手车鉴定评估、收购、销售、寄售、代购代销、租赁、置换、拍卖、检测维修、配件供应、美容装饰、售后服务，以及为客户提供过户、转籍、上牌、保险等服务。这些优势和便利为二手车直接交易双方顺利完成交易提供了极大方便和保证。

④通过二手车交易市场统一开具二手车销售发票和代征增值税，有利于税务征收和管控，规范纳税程序。

4. 二手车直接交易规范

在我国二手车交易属于特殊商品交易，一直以来二手车交易都存在交易双方信息不对称问题，同时交易时又缺乏规范、有公信力的专业技术评估手段，因而二手车交易屡屡出现二手车消费者上当受骗的"诚信危机",严重地制约了二手车市场的健康发展。为了改变这一局面,2006年3月国家商务部颁布了《二手车交易规范》,对二手车直接交易做出了相关规范:

①二手车直接交易方为自然人的,应具有完全民事行为能力。无民事行为能力的,应由其法定代理人代为办理,法定代理人应提供相关证明。二手车直接交易委托代理人办理的,应签订具有法律效力的授权委托书。

这条规定强调了二手车直接交易卖方的合法性:卖方必须是对车辆具有处置权的二手车所有人(即车主)或委托代理人(有车主处置授权委托书)。只有合法卖方的参与的直接交易才是合法有效的,否则买卖双方即使完成了"一手交钱一手交货"传统意义上的商品交易,也因交易不合法而不能取得二手车销售统一发票,造成后续不能完成车辆转移登记手续的办理。

②二手车直接交易双方或其代理人均应向二手车交易市场经营者提供其合法身份证明,并将车辆及真实、合法、有效的车辆号牌、机动车登记证书、机动车行驶证、机动车安全技术检验合格标志等送交二手车交易市场经营者进行合法性验证。

③二手车直接交易双方应签订交易合同,如实填写有关内容,并承担相应的法律责任。

④二手车直接交易的买方按照合同支付车款后,卖方应按合同约定及时将车辆及真实、合法、有效的车辆号牌、机动车登记证书、机动车行驶证、机动车安全技术检验合格标志等交付买方。车辆法定证明、凭证齐全合法,并完成交易的,二手车交易市场经营者应当按照国家有关规定开具二手车销售统一发票,并如实填写成交价格。

7.2.3 二手车中介交易

1. 中介交易概念

中介交易是指二手车买卖双方通过中介方的帮助而实现交易,中介方收取约定佣金的一种交易行为。中介交易包括二手车经纪、二手车拍卖等。

(1)二手车经纪

二手车经纪是指二手车经纪机构以收取佣金为目的,为促成他人交易二手车而从事居间、经纪或者代理等经营活动。

(2)二手车拍卖

二手车拍卖是指二手车拍卖企业以公开竞价的形式将二手车转让给最高应价者的经营活动。

2. 二手车经纪

实现直接交易的难点在于买卖需求不容易得到满足,即卖方找不到买方,买方不知哪里有所想购买的车辆出售。二手车经纪正是为满足这一市场需求应运而生的。《二手车交易规范》规定从事二手车经纪活动不得以二手车经纪人个人名义参与,而必须以有固定经营场所的二手车经纪机构进行;消费者购买或出售二手车可以委托二手车经纪机构(公司)办理,其完成的交易是一种委托交易。委托交易的最大特征是二手车经纪机构不拥有车辆的所有权。

(1) 二手车经纪的主要形式及经营场所

二手车经纪的形式主要有代购、代销、买卖信息中介服务等。其中代销（也叫寄卖、委托销售等）是最常见形式。二手车寄卖，就是车主把二手车委托给二手车经纪机构进行出售的一种方式。买方和二手车经纪机构达成交易意向后，二手车经纪机构通知车主到二手车交易市场办理过户手续。车主将二手车委托给经纪公司进行出售，不仅可以省去自己寻找客户耗费的大量时间、精力，而且避免由于对市场行情或过户手续缺乏了解可能造成的不必要损失。

二手车经纪机构以二手车交易市场为经营场所，是我国现阶段二手车交易市场的主力军。众多二手车经纪机构参与给二手车交易市场带来了公平竞争，使得市场交易活跃，容易形成二手车市场行情和公平市价，也为二手车评估和交易提供丰富的参照车辆。

(2) 二手车经纪的车辆来源

二手车交易市场里二手车经纪机构数量多、从业人员多，掌握大量的二手车资源信息，很多个人消费者都是通过二手车经纪机构实现购买二手车的。二手车经纪机构的车源主要来自以下几个方面：

①车主主动委托销售。一些个人或单位车主由于对二手车交易信息不了解，自行寻找买者比较困难，此时，委托市场内的二手车经纪机构代销是比较方便和省事的。

②二手车经纪机构主动到社会上收集个人卖车信息。拥有代销车源是二手车经纪机构的生命线，但市场内二手车经纪机构众多，竞争激烈，靠守株待兔式地等待车主自动委托代销是无法获得稳定车源的，大多数经纪公司主要依靠在社会上广泛收集卖车信息（包括到二手车网络信息平台获得车辆信息），甚至将车辆买下补充代销车源（这种情况不合法且有产生纠纷风险）。这是现阶段主导二手车市场的经纪公司主要交易模式。

③与品牌4S店联手获得置换车辆。二手车经纪机构和4S店新车置换业务形成一种互补关系。对品牌4S店来说，主营是新车业务，处置消费者置换后的旧车不是很擅长，且二手车没及时销售出去会占用有限的地方，不能摆放更多新车是很不划算的，而二手车经纪机构经营二手车业务是其强项。两者结合既补充了二手车经纪机构车源，也推动了4S店新车置换业务的增长。

④通过二手车拍卖会获得车辆。

3. 二手车拍卖

二手车拍卖建立在公开透明、公正交易的原则上，买卖双方信息沟通比较畅通，通过一个平等互信的中介平台，完成二手车的交易。二手车竞价拍卖以其直观、交易周期短、兑现快以及成交价最贴近市场真实价格等优势赢得消费者的青睐。对于买卖双方，拍卖是一种非常理想的处理二手车交易的方式。

二手车拍卖有现场拍卖会和网上拍卖两种拍卖形式。

①二手车现场拍卖会。二手车拍卖会是在现场公开的环境下进行的，其特点：一是直观，能够现场看车、现场竞价成交；二是有拍卖师喊价与成交确认；三是过程公开、透明。

拍卖会竞买流程为：看车咨询→竞买登记→付保证金→参加竞买→结清车款→提取车辆→办理过户。过户手续由二手车拍卖企业业务人员代办。

通过二手车现场拍卖会形式处置车辆是政府机关、大型团体、租赁公司等集团用户进行车辆更新换代的有效途径，可有效防止人为因素导致的不正常交易行为。

②网上拍卖。网上拍卖是指二手车拍卖企业利用互联网发布拍卖信息，公布拍卖车辆技术参数和直观图片，通过网上竞价，网下交接，将二手车转让给最高出价者的经营活动。只有取得二手车拍卖人资质的企业才能开展二手车网上拍卖活动。

网上拍卖的特点：一是在虚拟网络化的环境下进行，竞价者通过网络远程竞价，不受地域限制；二是竞价者不受现场竞价气氛的影响，自由竞价；三是在设定的截止时间自动结束竞价，成交便捷、迅速；四是扩大二手车交易范围；五是成交成本低。

网上拍卖与现场拍卖相似。网上拍卖竞买流程为：注册→浏览商品，确认拍卖标的→在指定的账号存入保证金→参加网上竞拍，最后以最高价竞拍成功→拍卖方以电话等多种形式进行通知确认→线下交款、标的车辆交接和办理相关手续→没有竞拍成功的参拍者退回保证金。

7.2.4 二手车经营销售

1. 二手车经销

二手车经销是指二手车销售企业收购、销售二手车的经营活动。汽车品牌经销商开展二手车与新车置换后的二手车销售也是一种二手车经销行为。二手车收购来源主要包括个人自用车、拍卖车、4S店置换车和单位处理车等。

2. 二手车收购与销售规定

①二手车经销企业在收购二手车时必须核实卖方身份以及交易车辆的所有权或处置权，并查验车辆的合法性。

②二手车经销企业将二手车销售给买方之前，应对车辆进行检测和整备。

③二手车经销企业应与买方签订销售合同，并向买方开具二手车销售统一发票。

④二手车经销企业向最终用户销售使用年限在3年以内或行驶里程在6万km以内的车辆（以先到者为准，营运车除外），应向用户提供不少于3个月或5 000km（以先到者为准）的质量保证，并建立售后服务技术档案。

上述规定保证了买方能买到合法、放心的二手车。

3. 汽车置换和品牌二手车

汽车置换（也称二手车置换）是指客户在汽车销售公司购买新车时，将目前在用的汽车经过该公司的检测、估价并抵扣部分新车款的一种交易方式。二手车置换强调以旧换新。二手车置换业务主要是在同品牌的经销商中开展，汽车品牌经销商将置换的汽车经过一定的检测、维修后，作为一辆认证二手车卖给消费者。汽车品牌经销商按照厂家技术标准检测认证及质保的二手车称为品牌二手车（Brand Used Car）。品牌二手车由于有汽车品牌信誉、技术做保证，而且售后服务也比较周到，因此得到消费者的青睐和信赖。目前，我国大部分汽车品牌都开展了认证二手车销售业务，表7-1所列为国内知名汽车品牌设立的品牌二手车。

表7-1　汽车品牌与品牌二手车

汽车厂家/品牌	品牌二手车名称	认证项目/项	汽车厂家及品牌	品牌二手车名称	认证项目/项
上海通用	诚新二手车	106	一汽丰田	心悦二手车	203
上海大众	特选二手车 Techcare	36	一汽丰田	SMILE认证二手车	170
一汽大众	奥迪品荐二手车	110	东风标致	诚狮二手车	245
广州本田	喜悦二手车	203	东风雪铁龙	龙信二手车	107
奔驰	星睿二手车（StarElite）	158	东风悦达起亚	至诚二手车	108
宝马	尊选二手车	100	东风日产	认证二手车	128

品牌二手车的最大优势是品牌和质量担保。4S店在置换二手车时都要推行100多项严格检测，制定严格的操作流程及技术规范，二手车交易后可提供一定公里数的质量保修，同时提供一站式服务和24小时紧急救援等服务。以上海通用诚新二手车为例，置换的二手车必须经过106项全面检测并合格，满足上述标准，上海通用将提供原厂6个月或10 000公里的质保期。如此就相当于消费者用较低的价格购买了一款品质较高的车辆，且享受等同于新车的服务及保障。品牌二手车的优点是消费者购买得放心和实惠，其缺点是消费者对车辆选择范围相对较小。

汽车销售商开展品牌二手车经营的目的有三：一是为了促进新车销售；二是稳定新车价格；三是带动售后业务的增长，如维修、保养和保险等业务。

品牌二手车的出现和发展对传统二手车经营在服务理念、服务态度、服务水平等方面起到促进作用，将引领传统二手车市场行业不断突破自我，探求更高模式的二手车服务理念。

4. 二手车销售与二手车经纪的区别

①车辆所有权和处置权不同。按照《机动车登记规定》的有关规定，二手车经销企业收购二手车的过程是：收购二手车时将其办理过户登记到自己名下，销售时再将该二手车过户登记到买家名下。也就是说，二手车经销企业收购二手车时已完成了商品的买卖过程，并签订了收购合同，已拥有了车辆所有权和处置权；而二手车经纪机构只是二手车交易的中介，对交易车辆没有所有权和处置权。

②纳税性质不同。二手车经销企业从事二手车交易是经营行为，要按照交易车辆销售价格的3%征收率减按2%（即按2%）缴纳增值税；而二手车经纪机构从事的是中介活动，不需缴纳增值税。

7.2.5　二手车电商交易模式

上述介绍的几种常见二手车交易模式是传统的二手车交易模式（二手车从卖车车主→经销公司或4S店或本地经纪公司→购车用户手中），都是在有形市场里完成的交易，尤其是当所有二手车经营主体都集中在一个二手车交易市场里经营时，这种交易模式具有容易聚集二手车消费人气、形成市场行情、规范交易管理等诸多优点，虽然有部分二手车经过外销到外地车商再零售到购车用户手中,但本地二手车以本地消化为主,二手车社会资源属性配置不够充分。如在经济发达地区新车消费活跃,社会汽车保有量大,也为二手车交易市场提供了充足的二手车车源,二手车供给量经常超出本地的消化能力;而经济欠发达地区新车消费能力不足,消费价格相对便宜的二手车比较能满足大多数人拥有汽车的欲望,但由于二手车资源量少,供应量往往不能满足本地消费需求。此外,在传统二手车交易过程中,存在信息不透明、信任缺失、流通链条长、交易效率低下等问题,也严重影响了二手车的流通速度,如果通过二手车网络交易平台将二手车资源进行全国范围流通和合理配置,将会大大促进二手车销售和消费的均衡发展。2013 年以来,在资本市场的助推下,"互联网+"二手车交易的各种电商模式使二手车网络交易呈现井喷式发展,二手车电商已经成为二手车流通市场重要的一环,带动了互联网二手车行业的繁荣,同时也使二手车成交量和异地消费远远高于传统二手车市场。

1. 二手车网络交易概念与特点

二手车网络交易是指利用计算机、网络、视频等互联网技术将社会车源、检测评估、线上交易和线下售后服务整合在一起,形成的新型二手车网上交易平台。它是一种创新的电子商务交易模式。二手车网络交易企业被称为二手车电商。运用二手车网络交易平台具有以下特点:

①聚集全国各地碎片化的车源信息,有利于解决困扰企业经营的二手车来源问题。

②减少多层中间商流通环节,有利于降低二手车售价和交易成本,使买卖双方获得满意的二手车价格。

③企业信息传播范围广、广告效应大,能实现远程交易,方便快捷,有利于打破二手车区域限制,实现二手车资源全国范围流通和合理配置。

④能够容纳大资本参与,有利于企业提高市场运作能力和规范化管理,建立全国性的二手车流通品牌。

⑤二手车信息 24 小时展示,信息公开、透明,有利于消费者比较和购买。

⑥有利于解决突破二手车行业信息不对等、无售后保障的困局,推动行业诚信在用户心中的重建。

2. 我国二手车电商运营模式

2014 年开始,二手车市场涌现出一批又一批基于 O2O(Online to Offline,即线上到线下)理念的电商经销商,一时间呈现出"百家争鸣"的状态,形成了 To B 和 To C 两大市场格局(B 代表经销商,C 代表个人消费者),以及 C2B、B2B、B2C、C2C、C2B2C 五种运营模式。各种模式各有利弊,目前,很多电商平台都处于多种模式纵横交织的探索状态。B2B 模式最容易产生从事二手车国内外销售的大型经营企业,如美国的 Manheim 和 KAR Auction、日本的 USS 都是该模式的知名企业。

(1)C2B 竞拍模式

C2B(Customer to Business)是一对多的拍卖模式,是将个人(C 端)车辆通过竞拍方式卖给二手车商(B 端)。其实质是一种二手车帮卖模式。C2B 平台车源来自个人车主。对二手车商来说,C2B 平台相当于二手车源供应商的角色。C2B 模式的交易流程是车主通过平台线上预约卖车，然后线下对车辆进行标准化检测，检测完毕，将车辆信息及检测报告发布到平台上，众多终端车商通过平台出价竞拍，价高者得，从而帮助卖车者获得更公平、合理的价格。参与竞价者均是二手车经销商。在 C2B 模式下，平台在整个交易过程既非卖方，也非买方，而是以中介机构的角色出现，通过为买卖双方提供车况保障、支付保障等中介服务，保障二手车在线交易公平、公正、顺畅实现。

C2B 模式的特点是：

①C2B 竞拍模式上游针对个人车主，保证优质车源，下游面对的是求车若渴的二手车商，减少了层层中间环节。车商对二手车的认知十分专业，可以根据车辆检测结果快速决策出价，而且需求旺盛而稳定，大大提升了交易效率。

②车主直接在平台上通过竞价方式卖车，满足了车主卖高价及快速卖车的愿望。

C2B 竞拍模式代表企业有开新二手车、优信拍、车易拍等，其盈利模式主要来自按车收取检测费、交易服务费等。

(2) B2B 拍卖模式

B2B（Business to Business）是多对多拍卖批发模式，是在二手车商之间搭建拍卖交易平台，用于车商间库存车的流转，整个流程都与 C 端消费者无关。上游车源主要来自 4S 店，下游客户是本地和异地的二手车经销企业。

B2B 模式的特点是：

①两端对接的是专业二手车商群体，因此不需要做推广，只需要他们对平台形成依赖即可。

②卖方车源集中，买方需求大，因此更易形成规模效应，是目前二手车电商中最主流的模式。

③优质车源少，因为多数二手车商都会将最优质的车源留下直接销售给最终用户，放在网上销给下游车商的车源一般是不怎么好销的。

二手车跨地区流通很大程度是依靠经销商 B2B 的方式来进行的，这种模式更适合经济发达地区的二手车流通到经济欠发达地区，是二手车流通产业链中最有希望做大做强的一种模式。

B2B 模式的代表企业有优信拍、车易拍等，其盈利模式主要来自按车收取检测费、交易服务费。

(3) B2C 零售模式

B2C（Business to Customer）是指通过二手车电商平台把二手车卖给消费者的一种经营模式。B2C 模式有两种，第一种是通过自己的电商平台帮助车商把二手车在网上卖给消费者，例如优信二手车、二手车之家等，这种模式的主要盈利方式是向车商收取推广费用和其他服务费用。第二种模式是自营车辆的交易平台，例如车王二手车等，自己有实体店，二手车收购、销售和售后服务都是由自己的企业完成，盈利模式来自车辆的买进卖出差价和售后服务。

B2C 模式的特点是：

①直接面向消费者销售二手车和服务，企业有较好的利润空间，消费者能得到更多的价格与服务上的实惠，是目前二手车网上零售交易的主流模式。

②比单纯实体店经营的消费者群体大。

③易于实现连锁经营和售后服务,形成二手车经销品牌形象,增强企业抗风险能力。

连锁经营,是指在流通领域中,若干同业商店以统一的店名、统一的标志、统一的经营方式、统一的管理手段连接起来,共同进货、分散销售、共享规模效益的一种现代组织形式和经营方式。连锁经营将成为二手车交易新趋向。

(4) C2C 寄售模式

C2C(Customer to Customer)是通过网络平台实现消费者对消费者之间交易的一种经营模式。有两种寄售模式:

①一种是有实体店的寄售模式,是线上提供信息,线下连锁实体店完成交易。这种模式的代表企业有大搜车、卓杰行等。

②一种是无实体店的虚拟寄售模式,通过网络平台直接对接个人车主和个人买家,去掉中间环节,实现交易无中间差价。其实现方式是车主在平台登记车源后可以边使用边卖,平台负责寻找买家并撮合交易。这个交易平台既充当二手车车源收集者,又充当零售交易推进者,中介功能是服务。

C2C 模式的最大特征是去中间商(也叫去中介化),即去掉中间销售环节(二手车商,把 B 去掉),实现个人和个人之间交易。C2C 的代表公司有人人车、瓜子二手车、大搜车、好车无忧等。C2C 的盈利模式主要来自买方支付的交易服务费(佣金),降低了原来的中间层利润,但价格和车况等更加透明。

C2C 模式的作用是把集中在个人手里零散的车源信息集中起来,撮合买卖双方完成交易。由于无实体店,目前,C2C 模式更多的应用是同城交易。

(5) C2B2C 模式

C2B2C(Customer to Business to Customer),是一种由二手车电商平台充当车主、终端车商和购车者三方的中介模式。这种模式是把(车源)C 端车主手中的二手车聚集到平台上卖给全国各地(终端)B 端经销商,然后卖给(消费)C 端消费者手中。

理论上讲,在二手车流通产业链中,C2C 是二手车流通的终极解决方案,但在有完善的车辆信息追溯体系前只是空中楼阁,且这种模式很难扩大交易规模。B2C 动辄需要上万平方米的店面,车辆零售的周期又长,属于重资产模式,很难完成全国布局。B2B 和 C2B,都是中介模式,轻资产又容易上规模,目前是行业热点。但从二手车流通产业链上分析,B2B 是多余的流通环节:消费者把车卖给 4S 店,4S 店整修后出售,这中间只需要一个 B,如果信息流、物流、资金流能够形成闭环,理论上北京的车主可以把车卖给乌鲁木齐的 4S 店。C2B2C 模式就是消灭 B2B 环节。

这种模式平台,线上只是一个载体,核心是通过线下进行检测服务。以开新二手车帮卖、平安好车为代表的 C2B2C 模式,只需要通过四个步骤即可实现整个交易过程:

①卖车车主先通过线上平台预约卖车。

②然后开车到线下门店或检测点进行检测。

③由平台出具检测报告后,终端车商通过平台进行出价竞拍,价高者得。

④终端车商直接把车卖给 C 端用户。

C2B2C 模式的盈利模式主要来自检测服务费、给终端车商融资支持方面的收入等。

7.3 二手车交易程序

二手车交易不像一般商品交易那么简单，需要遵守相关的政策规定，按照一定的交易程序（流程）进行，这样才能保障买卖双方的利益。根据二手车交易类型和开具销售发票的权限，二手车交易程序有二手车直接交易、二手车销售和二手车拍卖几种。

7.3.1 二手车直接交易程序

二手车个人直接交易和通过二手车经纪机构进行的二手车交易，卖方不能直接给买方开具二手车销售统一发票，根据《二手车流通管理办法》规定，买卖双方达成交易意向后应当到二手车交易市场办理交易过户业务，由二手车交易市场经营者按规定向买方开具二手车销售统一发票，凭此发票办理车辆所有权转移登记手续的变更。这种交易的程序如图 7-1 所示。所有权为个人的二手车交易，开票时不用缴纳增值税。

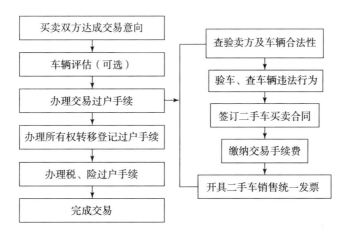

图 7-1 二手车直接交易程序

1. 买卖双方达成交易意向

买卖双方达成交易意向是指买卖双方已就二手车交易谈妥了相关条件（如成交价格），达成的成交愿望。达成交易意向是买卖双方的一个谈判过程，这个过程可以在二手车交易市场内或市场外完成，一旦谈妥就可以办理交易过户的相关手续，完成交易。

2. 车辆评估

二手车鉴定评估是买卖双方达成交易意向后自愿选择的项目。根据《二手车流通管理办法》的规定：交易二手车时，除属国有资产的二手车外，二手车鉴定评估应本着买卖双方自愿的原则，不得强制执行，更不能以此为依据强制收取评估费。

消费者要求鉴定评估的目的主要有二：一是想通过鉴定评估了解二手车的技术状况，尤其是发现车辆存在的故障和安全隐患；二是了解二手车的真实价值。对于不熟悉汽车性能的普通消费者来说，在购买二手车时，委托二手车鉴定评估机构做鉴定评估还是十分必要的。

但一定要委托正规的、有机动车评估资质的第三方评估机构（如二手车鉴定评估中心、资产评估事务所等），并签订鉴定评估委托书，以使自己的权益得到保证。消费者得到的鉴定评估结果是二手车鉴定评估报告书，由鉴定评估机构签章后生效，作为车辆交易的参考。有关二手车鉴定评估的介绍参见第 6 章。

3. 办理交易过户手续

所谓交易过户是指在完成二手车交易时买方获得了写有自己名字信息的二手车销售统一发票。办理交易过户手续在二手车交易市场的交易服务大厅里完成。业务流程包括：查验卖方和车辆合法性→验车→查违法行为→签订二手车买卖合同→缴纳交易手续费→开具二手车销售统一发票。

4. 办理所有权转移登记过户手续

办理所有权转移登记过户手续，即办理机动车行驶证、机动车登记证书车主信息的变更。在二手车交易市场的交易服务大厅里的业务窗口或到车管所办理。

5. 办理税、险过户手续

办理车辆购置税、车船税纳税人信息的变更，保险合同被保险人信息的变更。在二手车交易市场的交易服务大厅里的业务窗口或到税务部门、保险公司办理。

7.3.2 二手车销售程序

二手车销售是指由二手车经销企业卖车给消费者。通常，二手车经销企业的经营范围中会有代购、代销等代办业务（相当于经纪业务性质），因此，二手车经销企业销售二手车有销售和代售两种情形。

①销售二手车。就是收购二手车并经翻新、整备后销售给消费者。《二手车交易规范》规定：二手车经销企业销售的车辆，企业拥有该车所有权或处置权。

取得二手车所有权的途径是进行该车的所有权转移登记。依照《中华人民共和国民法典》和《机动车登记规定》，转让的二手车应当进行所有权变更登记。也就是二手车经销企业在收购二手车时先将该车办理过户登记到自己名下，销售时再将该车过户登记到买家名下。此种情形，二手车经销企业具有消费者和经营者双重身份。收购二手车时将车过户到企业名下的好处是有效保证车辆的合法性，规避各种意想不到的风险。

②受托代理销售二手车。这种情况是指二手车经销企业从事二手车中介经纪业务。根据《国家税务总局关于二手车经营业务有关增值税问题的公告》（国家税务总局公告 2012 年第 23 号）规定，纳税人受托代理销售二手车，凡同时具备以下条件的，不征收增值税；不同时具备以下条件的，视同销售征收增值税。

一是受托方不向委托方预付货款；

二是委托方将二手车销售统一发票直接开具给购买方；

三是受托方按购买方实际支付的价款和增值税额与委托方结算货款，并另外收取手续费。

针对第一种情况，由于二手车经销企业能够直接给购车方开具二手车销售统一发票，所以只要购车方和二手车经销企业达成交易意向，双方即可签订二手车销售合同，购车方付清车款后，企业按规定给购车方开具二手车销售统一发票，那么购车方就可以携带发票和要求的证件去相关部门办理车辆相关证件（机动车行驶证、机动车登记证书、车辆购置税、车船税、保险合同）的户名变更。这种交易程序如图7-2所示。有关车辆的合法性和可交易性手续，二手车经销企业在收购车时已经查验过，可以通过二手车销售合同加以保证。

7.3.3 二手车拍卖程序

二手车拍卖信息公开、价格透明公道，程序规范，交易可信度高，公正性强，是一种非常理想的二手车交易方式，也是建立公开、透明的二手车定价机制的最好办法。

根据《二手车流通管理办法》规定，二手车拍卖企业能够直接给买受人开具二手车销售统一发票，所以在拍卖会结束后，买受人和拍卖企业签订二手车拍卖成交确认书、交款（包括标的成交款和约定佣金）得到二手车销售统一发票，凭二手车拍卖成交确认书和发票第三联（出入库联）到指定地点提车，然后携带发票和要求的证件去相关部门办理车辆相关证件（机动车行驶证、机动车登记证书、车辆购置税、车船税、保险合同）的户名变更。二手车拍卖交易程序如图7-3所示。

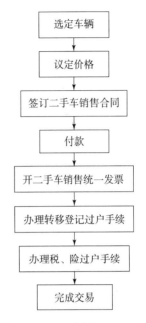

图7-2 二手车销售交易程序

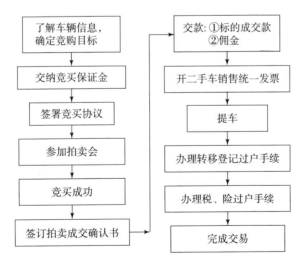

图7-3 二手车拍卖交易程序

有关车辆的合法性和可交易性手续，二手车拍卖企业在接受拍卖委托时已经查验过，可以通过二手车拍卖成交确认书加以保证。

7.4 办理交易过户手续

过户是指车辆所有权人的变更。在图7-1、图7-2和图7-3所示的二手车交易程序中有三个环节涉及车辆所有人的信息变更：开具二手车销售统一发票环节、所有权转移登记环节和税、险信息变更环节，其中开具二手车销售统一发票环节是在交易中完成的（因此俗称交易过户），其他两个环节是在交易后完成的，这三个过户环节的顺序是：交易过户→所有权转移登记过户→税/险过户，前面过户是后面过户的前提，不能颠倒。因此，一个完整的二手车过户包括交易过户、所有权转移登记过户和税、险车辆信息变更过户三个方面。二手车过户的意义在于可以从法律上完成车辆所有权的转移，保障车辆来源的合法性，同时明确了买卖双方与车辆相关的责任划分，如交通违法等，确保了买卖双方的合法权益。

交易过户是指机动车来历证明上买方信息的变更。机动车来历证明是指车辆的销售发票。在用车第一次交易时，机动车来历证明是机动车销售统一发票，发票上买方信息是原车主的信息，交易后买方得到二手车销售统一发票作为新的机动车来历证明，发票上买方信息变成了新车主的信息，这就是交易过户的含义。个人直接交易的交易过户手续见图7-1中所示的流程。如果在二手车销售企业或二手车拍卖企业购买的车辆，车辆的合法性由企业保证且有开票资格，所以这个过程比较简单，签订销售合同或拍卖成交确认书，付款后即可开票完成交易过户（图7-2或图7-3）。

办理二手车交易时，如果原车主不来，可以授权委托其他人来办理交易及过户手续，但必须签署授权委托书（图7-4）。

授权办理二手车交易、过户
委托书

本委托人现有在用车一辆，车辆号牌为_____，厂牌型号为_____需出售。现委托_____，身份证号_____，以委托人的名义办理二手车交易和过户事宜。

委托人（签章）_____
_____年___月___日

图7-4 二手车交易过户委托书

7.4.1 二手车交易过户需要的资料

二手车过户时买卖双方需要的资料如表7-2所示。

表7-2 二手车过户时买卖双方需要的资料一览表

	1. 个人车辆过户给个人		2. 个人车辆过户给单位
卖方	①卖方/代理人身份证原件和复印件	卖方	①卖方/代理人身份证原件和复印件
	②原始购车发票/上次二手车销售发票		②原始购车发票/上次二手车销售发票
	③机动车登记证书原件和复印件		③机动车登记证书原件和复印件
	④机动车行驶证原件和复印件		④机动车行驶证原件和复印件
	⑤车辆购置税完税证明		⑤车辆购置税完税证明
买方	①买方/代理人身份证原件和复印件	买方	①单位组织机构代码证书及公章
卖方	①单位组织机构代码证书原件、复印件及公章	卖方	①单位组织机构代码证书原件、复印件及公章
	②原始购车发票/上次二手车销售发票		②原始购车发票/上次二手车销售发票
	③机动车登记证书原件和复印件		③机动车登记证书原件和复印件
	④机动车行驶证原件和复印件		④机动车行驶证原件和复印件
	⑤车辆购置税完税证明		⑤车辆购置税完税证明
买方	①买方/代理人身份证原件和复印件	买方	①单位组织机构代码证书原件、复印件及公章

买卖双方身份证明要求如下：

①个人：本地个人，居民身份证；外地个人，需居民身份证和暂住证。

②单位：组织机构代码证书、单位代理人身份证。

③军人：居民身份证。

⑤使馆：使馆出具的证明。

⑥外国人：其入境的身份证明和居留证明。

7.4.2 二手车交易过户流程

带齐表7-2所示的材料后，买卖双方到二手车交易市场的交易大厅办理过户手续，完成交易。二手车交易市场在车辆过户时实行经营公司代理制（图7-5），过户窗口不直接对消费者办理。在二手车交易市场办理交易过户程序如图7-1所示，即查验卖方及车辆合法性→验车、查车辆违法行为→签订二手车买卖合同→缴纳交易手续费→开具二手车销售统一发票。

1. 查验卖方及车辆合法性

这是买卖双方到二手车交易市场办理交易过户手续时的第一道程序，由市场委派业务人员办理。主要是检查以下内容：车主身份证明、机动车来历证明、机动车法定证件（机动车登记证书、行驶证、号牌和安全技术检验合格标志）、税（购置税和车船税）和交强险缴付凭证等。目的是核对买卖双方提供的所有证件是否合法有效、是否具备办理过户的条件，防止不合法车辆进行交易。这是保护买卖双方权益的重要举措。经查验无误后，填写车辆检验单（表7-3）。

图 7-5 二手车交易过户代理服务

表 7-3 车辆检验单

卖方姓名		组织机构代码/身份证号			电话	
买方姓名		组织机构代码/身份证号			电话	
厂牌型号				号牌号码		
发动机号			使用用途		□运营	□非运营
车辆识别代号/车架号				车身颜色		
总质量/座位/排量				燃料种类		
注册登记日		年 月 日		登记证书编号		
年检证明	□有（至__年__月）		□无	车船税证明	□有（至__年__月）	□无
交强险	□有（至__年__月）		□无	购置税证书	□有	□无
机动车来历证明			□原始购车发票 □二手车销售统一发票			
法定证件、其他	□机动车号牌 □机动车行驶证 □机动车登记证书 □保险单 □其他					
购置日期		年 月 日		原始价格（元）		
验车员				验车日期	年 月 日	
备注：						

（1）卖方身份证明

查验卖方身份证明的目的是核实卖方是否对该车有所有权或处置权。如果卖方为车主，拥有所有权和处置权；如果卖方是委托人（必须提供车主授权委托书（图 7-4）和身份证明），只拥有处置权。车主的身份证明有以下几种情况：

①个人：本地个人，居民身份证；外地个人，需居民身份证和暂住证。
②单位：组织机构代码证书、单位代理人身份证。
③军人：居民身份证。
④使馆：使馆出具的证明。
⑤外国人：其入境的身份证明和居留证明。

（2）机动车来历证明

机动车来历证明是指车辆的销售发票，它是二手车来历的合法证明。机动车来历证明有以下几种情况：

①在国内购买的机动车，其来历证明分为新车来历证明和二手车来历证明。

a. 新车来历证明，是指新车销售企业开具的机动车销售统一发票（即原始购车发票）。第一次交易的二手车其来历证明是原始购车发票。

b. 二手车来历证明，是指二手车销售统一发票（样式见图7-6）。在二手车交易市场开的发票必须盖有工商市场管理专用章（俗称工商验证章）和二手车交易市场发票专用章才合法有效。第二次及多次交易的二手车，其来历证明是二手车销售统一发票。它是办理二手车转移登记的重要文件（因此也被称为过户发票）。

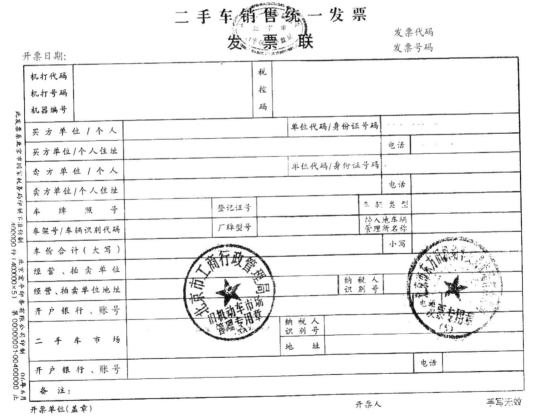

图7-6 二手车销售统一发票

在国外购买的机动车，其来历证明是该车销售单位开具的销售发票及其翻译文本，但海关监管的机动车不需提供来历证明。

②人民法院调解、裁定或者判决转移的机动车，其来历证明是人民法院出具的已经生效的《调解书》《裁定书》或者《判决书》以及相应的《协助执行通知书》。

③仲裁机构仲裁裁决转移的机动车，其来历证明是《仲裁裁决书》和人民法院出具的《协助执行通知书》。

④继承、赠予、中奖、协议离婚和协议抵偿债务的机动车，其来历证明是继承、赠予、中奖、协议离婚、协议抵偿债务的相关文书和公证机关出具的《公证书》。

⑤资产重组或者资产整体买卖中包含的机动车，其来历证明是资产主管部门的批准文件。

⑥机关、企业、事业单位和社会团体统一采购并调拨到下属单位未注册登记的机动车，其来历证明是全国统一的机动车销售发票和该部门出具的调拨证明。

⑦机关、企业、事业单位和社会团体已注册登记并调拨到下属单位的机动车，其来历证明是该单位出具的调拨证明。被上级单位调回或者调拨到其他下属单位的机动车，其来历证明是上级单位出具的调拨证明。

⑧经公安机关破案发还的被盗抢且已向原机动车所有人理赔完毕的机动车，其来历证明是《权益转让证明书》。

2. 查验车辆和违法行为记录

（1）查验车辆

将车开到机动车查验岗，由车管所派出人员完成。以北京市旧机动车交易市场为例，查验流程：查验机动车→拓车架号/VIN代号（本市拓一个、外迁拓两个）→拆除车辆号牌→车辆照相。

实车核对车辆法定证件（包括：机动车登记证书、机动车行驶证、车辆号牌、机动车安全技术检验合格标志）、车架号和发动机号，查验车辆的合法性。查验内容包括：

①机动车行驶证首页上的车辆照片必须与车辆相符，包括车辆类型、车辆外观形状、车身颜色、车牌号等。

②机动车登记证书、行驶证上记载的参数必须与车辆相符，如车架号/VIN代号、发动机号、品牌型号和核定载人数等。

③机动车安全技术检验合格标志有效期必须与机动车行驶证上记录的检验合格有效时间一致。

拓车架号/VIN代号数量一般是二手车不外迁拓一个、外迁的拓两个。

查验结果记入表7-4所示的机动车查验记录表，然后拿表到过户大厅业务窗口办理相关过户手续。

表7-4 机动车查验记录表

号牌号码（流水号或其他与车辆能对应的号码）：_____
号牌种类：_____

| 业务类型：□注册登记 □转入 ☑转移登记 □变更迁出 □变更车身颜色 |
| □变更车身或者车架 □更换整车 □更换发动机 □变更使用性质 |
| □重新打刻VIN □重新打刻发动机号 □加装/拆除辅助装置 □申领登记证书 |
| □补领登记证书 □监督解体 □其他 |

续表

类别	序号	查验项目	判定	类别	序号	查验项目	判定
通用项目	1	车辆识别代号		大中型客车、危险化学品运输车等	15	灭火器	
	2	发动机型号/号码			16	行驶记录装置、车内外录像监控装置	
	3	车辆品牌/型号			17	应急出口/应急锤、乘客门	
	4	车身颜色			18	外部标识/文字、喷涂	
	5	核定载人数		其他	19	标志灯具、警报器	
	6	车辆类型			20	检验合格证明	
	7	车牌/车辆外观形状		备注:			
	8	轮胎完好情况					
	9	安全带、三角警告牌					
货车挂车	10	外廓尺寸、轴数、轴距					
	11	整备质量		查验结论:			
	12	轮胎规格					
	13	侧后部防护装置		查验员:　　　　　　年　月　日			
	14	车身反光标识和车辆尾部标志板、喷涂					

	复检合格	查验员:　　年　月　日
机动车照片（注册登记、转移登记、需要制作照片的变更登记、转入、监督解体）	查询员:　　　　　年　月　日	录入员:　　　　　年　月　日
	机动车所有人或者送检人保证送检车辆登记的结构、构造或者特征未改变；车辆识别代号或者发动机号未改动；提供的申请材料真实有效；对送检车辆的唯一性负责。	
	送检人签字:	
（粘贴车架号/VIN 代号拓片）		
（粘贴车架号/VIN 代号拓片）		

（2）查验车辆违法记录

包括查询交易的二手车是否为涉案车辆、是否有抵押记录和违法行为记录。有涉案记录、抵押记录和违法行为记录的车辆是不能进行交易的。具体方法是：涉案和有抵押记录车辆通过登录公安交通管理部门内网查询，对于车辆违法行为记录，可在公网上登录各地交通安全综合服务管理平台网站或全国机动车交通违章查询系统（http://chaxun.weizhang8.cn/）进行查询。如北京市机动车违法行为的查询，可登录北京市公安局公安交通管理局车辆违法查询网站（http://bj.122.gov.cn/），输入车牌号和发动机号（图7-7）即可查询到该车是否有违法行为记录。该网站也可以查到外地违法车辆信息，因为全国公安交通管理系统已联网。

图7-7　车辆违法查询

3. 签订二手车买卖合同

根据《二手车流通管理办法》规定，二手车交易双方应该签订买卖合同，要在合同当中对二手车的状况、来源的合法性、费用负担以及出现问题的解决方法等各方面进行约定，明确各自的责任和义务，以便约束买卖双方行为，并有利于政府部门对二手车交易过程实施监管。由工商部门监制的《二手车买卖合同》一式三份，买卖双方各持一份，二手车交易市场保留一份。二手车买卖合同格式参见本章7.7节的二手车买卖合同范本。合同必须经工商部门备案后才能办理车辆的交易过户手续。

4. 缴纳交易手续费

交易手续费，俗称过户费，是指在二手车交易市场中办理交易过户业务相关手续的服务费用，项目包括验车费、拓号费、开票费等。

目前全国没有统一服务费标准，由市场经营者根据提供的服务项目和内容自行决定并报物价部门核定、批准。北京很多二手车交易市场的过户费是按照汽车的排量和使用年限定额收取的，标准如下：1.0L以下：200元；1.0~1.9L：400元；2.0~2.9L：600元；3.0L及以上：800元。另外，使用年限越长的车过户费越便宜。

5. 开具二手车销售统一发票

二手车销售发票是二手车的来历证明（图7-6），是办理转移登记手续变更的重要文件，因此，它又被称为"过户发票"。过户发票的有效期为30日，买方应在此期间内，凭此发票和相关证件到车辆管理部门办理机动车行驶证、机动车登记证转移登记变更手续。

有开票资格的企业：二手车交易市场、二手车销售企业和二手车拍卖企业。二手车经纪机构和消费者个人之间的二手车交易由二手车交易市场统一开具发票。

二手车销售统一发票是一式五联的机打票，其中存根联、记账联、入库联由开票方留存，发票联交购车方留存作为报销凭证，转移登记联交车管所办理转移登记过户手续。二手车销售统一发票中的车价合计是实际交易价格，不包括过户手续费、评估费和增值税。

开具的发票必须经驻场工商部门审验合格后，在已经开具的二手车销售统一发票上加盖"工商行政管理局旧机动车市场管理专用章"发票才有效（见图7-6），这步骤俗称"工商验证"。

买方获得二手车销售统一发票后，二手车交易完成，需要在交易大厅的所有权转移登记窗口和税/险过户窗口办理相关过户手续。

7.5 办理所有权转移登记过户手续

7.5.1 申请转移登记

1. 为什么要申请转移登记

汽车是一种动产，二手车交易属于产权交易范畴。二手车交易后实际车辆所有权已经易主，根据《机动车登记规定》应当办理车辆所有权转移登记，变更相关证明信息，以完成手续完备的、合法的交易。机动车所有权发生转移时，涉及以下法律法规：

①《中华人民共和国民法典》第二百二十四条：动产物权的设立和转让，自交付时发生效力，但法律另有规定的除外（机动车所有权转移属于除外的情形，根据《机动车登记规定》必须进行所有权转移登记）。

第二百二十五条：船舶、航空器和机动车等物权的设立、变更、转让和消灭，未经登记，不得对抗善意第三人。这条规定说明机动车转让后应当按规定登记，如果不登记不能对抗第三人的合理申诉，如发生交通事故，受害方和法院等可以起诉原车主、追究其法律责任。

②《中华人民共和国道路交通安全法》第十二条第一、第二条："机动车所有权发生转移的""机动车登记内容变更的"应当办理相应的登记。

③《机动车登记规定》第十八条：已注册登记的机动车所有权发生转移的，现机动车所有人应当自机动车交付之日起三十日内向登记地车辆管理所申请转移登记。

④《中华人民共和国车辆购置税法》第十四条：免税、减税车辆因转让、改变用途等

原因不再属于免税、减税范围的，纳税人应当在办理车辆转移登记或者变更登记前缴纳车辆购置税。

⑤《中华人民共和国车船税法》第十条：车辆所有人或者管理人在申请办理车辆相关登记、定期检验手续时，应当向公安机关交通管理部门提交依法纳税或者免税证明。公安机关交通管理部门核查后办理相关手续。

⑥《机动车交通事故责任强制保险条例》第十八条：被保险机动车所有权转移的，应当办理机动车交通事故责任强制保险合同变更手续。

所以根据以上所述法律法规规定，二手车交易后必须办理二手车转移登记过户手续，将机动车所有人由原车主变更成买车的新车主，从法律上完成车辆所有权的转移，解决买卖双方与车辆的法律关系和责任，确保买卖双方的合法权益。

根据《机动车登记规定》第十八条的规定，二手车经销企业收购和销售二手车也属于需要办理机动车所有权转移登记情形，因为收购和销售两个过程分别实现了车主→企业、企业→消费者两次所有权转移，所以也应分别办理两次机动车所有权转移登记手续。

2. 办理转移登记的前提条件

①机动车已完成交易并交付［法律依据：现机动车所有人获得了二手车销售统一发票（《中华人民共和国民法典》第二百二十四条）］。

②申请转移登记有效时间是：现机动车所有人应当自机动车交付之日起三十日内向登记地车辆管理所申请转移登记（法律依据：《机动车登记规定》第十八条）。

③机动车所有人申请转移登记前，应当将涉及该车的道路交通安全违法行为和交通事故处理完毕（法律依据：《机动车登记规定》第十八条）。

3. 不能办理转移登记的情形

①机动车与该车档案记载内容不一致的。
②属于海关监管的机动车，海关未解除监管或者批准转让的。
③机动车在抵押登记、质押备案期间的。
④机动车所有人提交的证明、凭证无效的。
⑤机动车来历证明被涂改或者机动车来历证明记载的机动车所有人与身份证明不符的。
⑥机动车达到国家规定的强制报废标准的。
⑦机动车被人民法院、人民检察院、行政执法部门依法查封、扣押的。
⑧机动车属于被盗抢的。

7.5.2 办理二手车转移登记提交的资料

根据《机动车登记规定》，二手车转移登记由现机动车所有人办理，办理地点是现机动车所有人住所地车辆管理所。申请转移登记时，现机动车所有人应当填写机动车注册、转移、注销登记/转入申请表（表7-5），交验机动车，并提交以下证明、凭证：

①机动车注册、转移、注销登记/转入申请表。
②现机动车所有人的身份证明。
③机动车所有权转移的证明、凭证（对二手车交易就是二手车销售统一发票第二联）。

④机动车登记证书。

⑤机动车行驶证。

⑥属于海关监管的机动车，还应当提交中华人民共和国海关监管车辆解除监管证明书或者海关批准的转让证明。

⑦属于超过检验有效期的机动车，还应当提交机动车安全技术检验合格证明和交通事故责任强制保险凭证。

上述二手车销售统一发票第二联是转移登记联，是办理机动车辆转移登记的依据。

表7-5 机动车注册、转移、注销登记/转入申请表

申请人信息栏				
机动车所有人	姓名/名称		邮政编码	
	邮寄地址			
	手机		固定电话	
代理人	姓名/名称		手机号码	
申请业务事项				
申请事项	□申请登记 □注销登记 □转移登记 □车辆转入 □车辆转出　　转出至：　　　　省（自治区、直辖市）　　　　市（地、州）			
号牌种类		号牌号码		
机动车	品牌型号		车辆识别代号	
	使用性质	□非运营　□公路客运　□公交客运　□出租客运　□旅游客运　□租赁　□教练 □接送幼儿　□接送小学生　□接送中小学生　□接送初中生　□危险货物运输　□货运 □消防　□救护　□工程救险　□警用　□出租营转非　□营转非		
机动车所有人及代理人对申请材料的真实有效性负责。		机动车所有人（代理人）签字： 　　　　　　　　　　　年　月　日		

填表说明：

1. 填写时请使用黑色或者蓝色墨水笔，字体工整，不得涂改。
2. 标注有"□"符号为选择项目，选择后在"□"中画"√"，各栏目只能选择一项。
3. "邮寄地址"栏，填写可通过邮寄送达的地址。
4. "机动车"栏的"品牌型号"项目，按照车辆的技术说明书、合格证等资料标注的内容填写。
5. "机动车所有人（代理人）签字"栏，机动车属于个人的，由机动车所有人签字，属于单位的，由单位的被委托人签字。由代理人代为办理的，机动车所有人不签字，由代理人或者代理单位的经办人签字，填写姓名/名称、手机号码。
6. "号牌种类"栏，按照大型汽车号牌、小型汽车号牌、普通摩托车号牌、轻便摩托车号牌、低速车号牌、挂车号牌、使馆汽车号牌、使馆摩托车号牌、领馆汽车号牌、领馆摩托车号牌、教练汽车号牌、教练摩托车号牌、警用汽车号牌、警用摩托车号牌填写。

7.5.3　二手车转移登记类型及程序

1. 转移登记类型

根据现机动车所有人住所与车辆是否在同一车辆管理所管辖区内，二手车所有权转移登记可分为同辖区转移登记和不同辖区转移登记两种登记类型。

二手车同辖区转移登记手续应当在原车辆注册登记的车辆管理所办理。需要在不同辖区办理转移登记的，先在车辆原注册登记的车辆管理所办理车辆转出手续，再由接收地车辆管理所办理车辆转入手续。

2. 办理二手车转移登记程序

办理非运营小型二手车转移登记程序如图7-8所示。

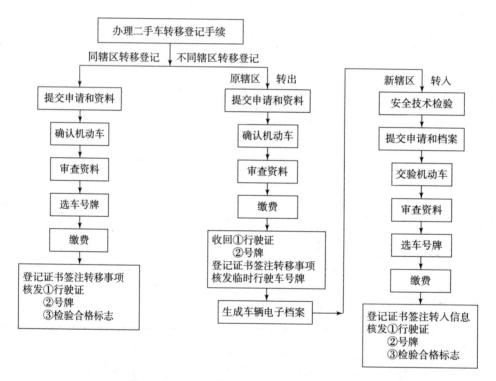

图7-8　办理非运营小型二手车转移登记程序

7.5.4　车辆同辖区转移登记

同辖区转移登记是指现机动车所有人住所与车辆在相同的车辆管理所管辖区域内的情形。办理地点：二手车交易市场交易大厅的转移登记窗口或车辆注册登记地的车辆管理所。图7-9所示为在同辖区车辆管理所办理转移登记流程图。

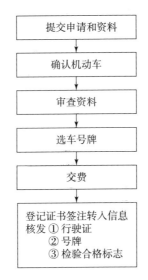

图 7-9　在同辖区车辆管理所办理转移登记流程

1. 提出申请

向车辆管理所提交机动车注册、转移、注销登记/转入申请表（见表 7-5）和转移登记所需的资料（见 7.5.2 节），车管所应当自受理申请之日起一日内办理二手车转移登记。

2. 确认机动车

根据机动车查验记录表（表 7-4）上粘贴的照片和车辆识别代号拓印膜，进行机动车的核对。

3. 审查受理的资料

审查上述提交的资料，对于刚完成交易的二手车，机动车来历证明就是二手车销售统一发票的第二联（转移登记联）。

4. 选车牌号码

在选号机上选择自己满意的车牌号码。

5. 缴费

缴交号牌费和行驶证工本费。全国统一收费标准：汽车反光号牌：100 元/副，挂车反光号牌：50 元/副，摩托车反光号牌：70 元/副，三轮汽车、低速货车、拖拉机反光号牌：40 元/副，临时号牌 5 元/张，行驶证工本费 10 元/本。

6. 签注转移登记事项，核发行驶证、号牌和检验合格标志

在机动车登记证书（见第 6 章 6.1.4 节图 6-2）上签注转移事项，完成机动车转移登记。机动车登记证书是汽车的户口本，记录着汽车从注册登记到报废使用期间的所有变更

信息。

收回行驶证、号牌（在查验岗已被拆除），根据新选定的机动车号牌号码，核发新的行驶证、号牌和检验合格标志。

7.5.5 车辆不同辖区转移登记

不同辖区转移登记是指现机动车所有人的住所不在原车辆管理所管辖区域内的情形。要先办理转出原车辆管理所，然后办理转入现机动车所有人住所所在地的车辆管理所。这种情形可分为本地不同辖区转移登记和外地转移登记（称为外迁、转籍）两种，根据《机动车登记规定》，它们的办理程序都一样，目前同城不同辖区的车辆管理所都已实现计算机联网，交易后办理转移登记时只需注明现机动车所有人住所和所属辖区车管所即可，一般不需要再单独办理同城不同辖区转移登记，但对机动车需要转移到外地车辆管理所的则需要办理，办理的程序是先转出本地车辆管理所，然后到外地车辆管理所办理转入手续，有些地方车辆转出时可能要求外地转移登记的车主签订外迁保证书，图7-10所示为北京市某二手车交易市场的"客户须知及保证"格式。

客户须知及保证

本人居住____省_____购买京_____车辆类型_____一辆。在北京市东方旧机动车交易市场有限公司办理过户事宜。本人特做出以下保证：

1. 在过户前已了解核实清楚此车的所有情况，对车辆状况认可，对交易过程无异议。
2. 在过户前已了解清楚此车可以在本人当地车管部门落籍。
3. 如该车不能办理转籍或不能在本人居住地的车管部门落籍，一切责任后果均由本人自行承担。

买方签字：

转入地：

年　月　日

图7-10　"客户须知及保证"格式

2016年12月，环境保护部办公厅和商务部办公厅联合印发《关于加强二手车环保达标监管工作的通知》，从操作上统一了取消二手车限迁政策的标准。这个标准是：对于在机动车环保定期检验和安全检验有效期内，并经转入地环保检验，符合转入地在用车排放标准要求的车辆，各地不得设定其他限制措施（国家明确的大气污染防治重点区域和国家要求淘汰的车辆除外）。所以车辆外迁前最好先查询清楚迁入地车辆排放标准（如北京实行国六排放标准后，只有满足国六排放标准的外地二手车才能迁入），明确所购买的二手车是否能达到当地的标准要求，防止迁出后不能转入。

2021年4月7日商务部、公安部和国家税务总局联合印发《关于推进二手车交易登记跨省通办便利二手车异地交易的通知》，规定小型非运营二手车根据其交易地可以在车辆转入地或转出地办理异地转移登记，机动车档案资料实行电子化网上转递。具体规定见本章7.1.2节。

1. 转出登记

（1）转出登记流程

车辆转出登记是指在车辆原注册登记的车辆管理所办理车辆档案转出的手续。办理转出登记流程如图7-11所示。

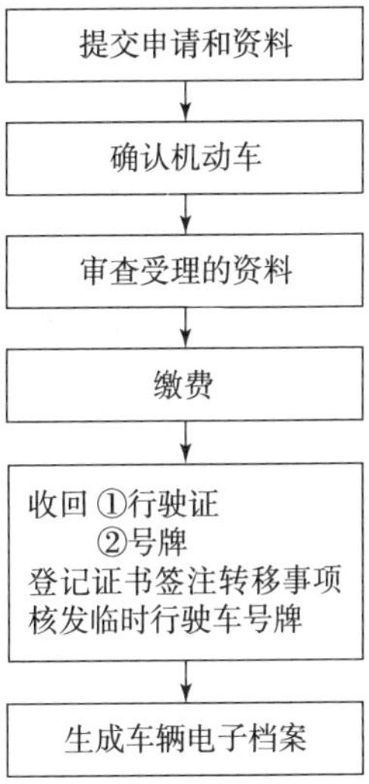

①提交申请和资料。向本辖区车辆管理所提交机动车注册、转移、注销登记/转入申请表（表7-5）和转移登记所需的资料，车辆管理所应当自受理之日起三日内，办理转出登记手续。

②确认机动车。根据机动车查验记录表（见表7-4）上粘贴的照片和车辆识别代号拓印膜与机动车核对，确认机动车。

③审查受理的资料。审查上述①提交的资料，对于刚完成交易的二手车，机动车来历证明就是二手车销售统一发票的第二联（转移登记联）。

④缴费。外迁手续费全国没有统一标准，大致包括验车费、拓号费、复印费、临时行驶车号牌制作费等。

图7-11 转出登记流程

⑤核发临时行驶车号牌。内容包括：收回原车行驶证、号牌，在机动车登记证书上签注转移事项，核发有效期为三十日的临时行驶车号牌。

⑥生成车辆电子档案。电子档案内容包括机动车查验记录表，机动车注册、转移、注销登记/转入申请表，车架拓印号，原车照片，原车主行驶证和机动车登记证书等。

（2）转出登记需要的资料

①机动车注册、转移、注销登记/转入申请表；

②现机动车所有人身份证明；

③机动车登记证书；

④机动车行驶证；

⑤机动车来历证明（即二手车销售统一发票第二联）；

⑥解除海关监管的机动车，应当提交监管海关出具的中华人民共和国海关监管车辆解除监管证明书或者海关批准的转让证明；

⑦属于机动车超过检验有效期的，还需提交最新的机动车安全技术检验合格证明和交通事故责任强制保险（即交强险）缴费凭证。

2. 转入登记

（1）机动车转入登记条件

机动车转入条件按《机动车登记规定》第十三条规定执行，即：

①机动车所有人住所在车辆管理所辖区范围的。

②在临时行驶车号牌的有效期限内。

（2）转入登记程序

转入登记程序如图7-12所示。

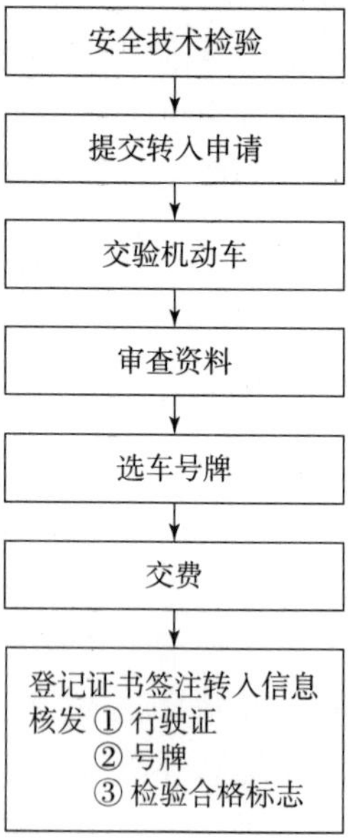

①机动车安全技术检验。机动车转出原车籍所在地时，如果安全技术检验在有效期内的，转入时不用再检验；如果机动车在转入时已超过检验有效期的，应当在转入地进行安全技术检验并提交机动车安全技术检验合格证明。检验时完成45°车辆拍照和车辆识别代号拓印膜。

②提出转入申请。向车辆管理所提交机动车注册、转移、注销登记/转入申请表（表7-5）和转入登记所需的资料，车管所应当自受理申请之日起三日内办理二手车转移登记。

③交验机动车。核对车辆照片和车辆识别代号拓印膜，确认转入的机动车。

④审查提交资料和机动车电子档案。电子档案通过公安机关交通管理内网获取。

⑤凭购车指标证明选车号牌。

⑥在机动车登记证书上签注转入信息，核发机动车号牌、机动车行驶证和检验合格标志。

图7-12 转入登记流程

（3）转入登记需要的资料

①机动车注册、转移、注销登记/转入申请表。

②机动车所有人身份证明。

③机动车安全技术检验合格证明。

④交通事故责任强制保险凭证。

由于各地区对车辆环保要求执行不同的标准，例如北京市执行"国六"标准，要求所有申请转入的机动车必须符合这一标准，才接受转入登记的申请。所以，机动车所有人在将车辆转入"转入地"前，应向转入地的车辆管理所征询该车辆是否符合转入条件。

（4）转入登记事项

车辆管理所办理转入登记时，要在机动车登记证书上"转移登记摘要信息栏和登记栏"中（见第6章6.1.4节的图6-2）签注转入信息：

①车主姓名或者单位名称、身份证明号码或者组织机构代码。

②机动车获得方式，如购买、拍卖等。

③转入地车辆管理所名称。

④转移登记日期。

（5）不能办理转入登记的情形

有下列情形之一的，不予办理转入登记：

①机动车所有人提交资料与机动车电子档案记录不符的。

②符合本章7.5.1节中"3.不能办理转移登记的情形"的。

7.6 办理税、险过户手续

二手车交易中,买方在完成车辆所有权过户之后还需要进行车辆购置税、车船税、保险合同等文件涉及车主信息的过户,这不仅是保证买方合法权益的必要程序,也是保证车辆税费、保险等手续正常续缴的必要程序。

7.6.1 车辆购置税和车船税过户问题

1. 车辆购置税

车辆购置税是对在我国境内购置应税车辆的单位和个人征收的一种税。2019年7月1日实施的《中华人民共和国车辆购置税法》有以下规定:

第三条:车辆购置税实行一次性征收。购置已征车辆购置税的车辆,不再征收车辆购置税。

也就是说,已征车辆购置税的车辆再次交易后,不需要再次重复缴纳车辆购置税。

第十三条:公安机关交通管理部门办理车辆注册登记,应当根据税务机关提供的应税车辆完税或者免税电子信息对纳税人申请登记的车辆信息进行核对,核对无误后依法办理车辆注册登记。

也就是说,车辆购置税电子信息已包含车辆的厂牌型号、发动机号和车架号等重要信息,在车辆整个使用寿命期内合法有效,且信息已实现全国联网核查,办理机动车登记无须提交纸质完税证明,因此交易后的车辆进行转移登记过户时,车辆管理所只要核对原来的车辆购置税完税信息和申请登记的车辆信息,核对无误后就可以依法办理车辆转移注册登记,也不需要车辆购置税过户。

2. 车船税

2019年4月23日实施的《中华人民共和国车船税法》规定:
①第八条:车船税纳税义务发生时间为取得车船所有权或者管理权的当月。
②第九条:车船税按年申报缴纳。
《中华人民共和国车船税法实施条例》规定:
③第二十条:已缴纳车船税的车船在同一纳税年度内办理转让过户的,不另纳税,也不退税。
④第二十一条:车船税法第八条所称取得车船所有权或者管理权的当月,应当以购买车船的发票或者其他证明文件所载日期的当月为准。
⑤第二十二条:公安机关交通管理部门在办理车辆相关登记和定期检验手续时,经核查,对没有提供依法纳税或者免税证明的,不予办理相关手续。

根据上述⑤,能办理转移登记取得所有权的,说明已缴纳车船税;根据上述③和④,现二手车所有人已合法获得车船税的权益,就不用进行车船税过户,只需继续缴纳下一年度的车船税就可以了。

综上所述,在办理二手车所有权转移登记后,车辆购置税和车船税不用过户,但必须拿到车辆购置税完税证明和车船税缴纳凭证。

7.6.2 车辆保险过户

机动车保险是财产保险的一种，又称汽车保险。它是以机动车本身及机动车的第三者责任为保险标的的一种运输工具保险。根据定义，机动车保险不保车上人员。目前我国机动车保险主要分为交强险和商业险两大类，《中华人民共和国道路交通安全法》第十七条规定：国家实行机动车第三者责任强制保险制度，交强险是强制购买的，商业险是自愿购买的。交强险和商业险的有效期都是一年。

在二手车买卖过程中，办理车辆保险过户是非常重要的一个环节，因为车辆所有权的转移并不意味着车辆保险合同也转移。《中华人民共和国保险法》第四十九条规定："保险标的转让的，保险标的的受让人承继被保险人的权利和义务。保险标的转让的，被保险人或者受让人应当及时通知保险人。被保险人、受让人未履行通知义务的，因转让导致保险标的危险程度显著增加而发生的保险事故，保险人不承担赔偿保险金的责任。"《机动车辆保险条款》第二十三条规定："在保险合同有效期内，保险车辆转卖、转让、赠送他人、变更用途或增加危险程度，被保险人应当事先书面通知保险人并申请办理批改。"也就是说，保险利益随着保险标的所有权的转让而转移，但只有原被保险人通知保险公司并办理批改后，新的受益人才能享有保险利益，否则保险公司有权拒绝赔偿。

1. 机动车保险合同变更概念

机动车保险过户实际上是保险合同的变更。机动车保险合同变更是指在保险合同有效期限内，由于订立保险合同时所依据的主客观情况发生变化，双方当事人按照法定或合同规定的程序，对原保险合同的某些条款进行修改或补充的行为。机动车保险是对机动车的财产保险，而不是对机动车所有人的保险，机动车保险中必须载明机动车所有人，所以当机动车因过户发生所有人变化时，该机动车的保险合同也应当办理过户，变更原登记的机动车所有人，保险合同的有效期从过户日期开始计算。《机动车交通事故责任强制保险条款》第二十二条：在交强险合同有效期内，被保险机动车所有权发生转移的，投保人应当及时通知保险人，并办理交强险合同变更手续。因此，在完成二手车所有权转移后，应当及时办理交强险合同变更（过户）。

2. 二手车交易后交强险过户的必要性

①由交强险的定义（见第6章6.1.4节）可知，交强险被保险对象是机动车而不是机动车所有者，交强险和该车的车牌号码存在对应关系，二手车交易后，二手车与原来车牌号码已脱离关系，且二手车转移登记后，车辆与新的车牌号码产生了对应关系，也就是说交强险与新的车牌号码已不存在任何关系。如果交强险没有及时过户变更，则在车辆发生交通事故时需要原车主和新车主同时到场才能进行理赔，所以二手车转移登记后应完成交强险的过户，以避免给双方带来不便。

②二手车异地迁入登记时需要提交交强险凭证。

3. 办理车辆保险过户的方式

办理车辆保险过户有两种方式：

第一种是对保单信息进行更改，主要是更改被保险人和被保险车辆号牌等，这是最简单快捷的方式。

第二种就是先申请退保，后重新投保。退保就是终止原有的保险合同，重新投保可以选择任何一家保险公司购买。退保一般适用于商业车险，交强险属于国家强制购买的险种，一般不能退保，只能做变更，但下列三种情况下投保人可以要求解除交强险合同：

①被保险机动车被依法注销登记的。
②被保险机动车办理停驶的。
③被保险机动车经公安机关证实丢失的。

4. 车辆保险过户程序

①先完成二手车转移登记。
②车主携带所需材料（身份证、机动车登记证书、机动车行驶证、原保险单）去原保险公司营业厅办理。
③保险公司批改变更，过户完毕。

7.7 二手车买卖合同

7.7.1 二手车买卖合同概念和订立依据

1. 买卖合同概念和特征

（1）买卖合同概念
《中华人民共和国民法典》对合同和买卖合同进行了如下定义：
①合同是民事主体之间设立、变更、终止民事法律关系的协议。
②买卖合同是出卖人转移标的物的所有权于买受人，买受人支付价款的合同。转移所有权的一方为出卖人或卖方，支付价款而取得所有权的一方为买受人或者买方。
③二手车买卖合同。根据买卖合同的定义得出：二手车买卖合同是出卖人转移二手车的所有权于买受人，买受人支付价款的合同。

（2）合同的法律特征
①合同是双方的法律行为，即需要两个或两个以上的当事人互为意思表示（意思表示就是将能够发生民事法律效果的意思表现于外部的行为）。
②双方当事人意思表示须达成协议，即意思表示要一致。
③合同是以发生、变更、终止民事法律关系为目的的。
④合同是当事人在符合法律规范要求条件下而达成的协议，故应为合法行为。

合同一经成立即具有法律效力，受法律保护，在双方当事人之间就发生了权利、义务关系，或者使原有的民事法律关系发生变更或消灭。当事人一方或双方未按合同履行义务，就要依照合同或法律承担违约责任。

（3）二手车买卖合同的特征
二手车买卖合同具有以下合同类型特征：

①有偿合同。有偿合同为合同当事人一方因取得权利需向对方偿付一定代价的合同。二手车买方取得二手车以支付卖方一定价款为代价。

　　②诺成合同和实践合同。以当事人双方意思表示一致，合同即告成立的，为诺成合同。除双方当事人意思表示一致外，尚须实物给付，合同才能成立，为实践合同，亦称要物合同。二手车买卖双方达成交易意向而签订买卖合同，就表示双方都要遵守合同达成的承诺，付款、交车和履行约定的事项。

　　③双务合同，即缔约双方相互负担义务，双方的义务与权利相互关联、互为因果的合同。二手车买卖合同采取要约和承诺方式订立，合同中约定的内容是双方从各自的需求出发的、经双方协商同意达成的要约，需要双方相互承诺对方的要约、相互承担相应的义务。

　　④要式合同。凡合同成立须依特定形式才能有效的，称为要式合同，应当以书面形式订立。公民间二手车买卖合同除用书面形式订立外，尚须在国家主管机关登记过户。

　　2. 订立二手车买卖合同的依据

　　①《二手车流通管理办法》第十九条和《二手车交易规范》第七条规定：进行二手车交易应当签订合同，明确买卖双方相应的责任和义务。
　　②二手车买卖合同依据《中华人民共和国民法典》规定订立。

　　3. 签订二手车买卖合同的目的

　　①明确买卖双方相应的责任和义务。
　　②作为解决交易后发生纠纷的依据。

7.7.2　订立二手车买卖合同的基本原则和注意事项

　　1. 基本原则

　　①合同当事人的法律地位平等，一方不得将自己的意志强加给另一方。
　　②当事人依法享有自愿订立合同的权利，任何单位和个人不得非法干预。
　　③当事人应当遵循公平原则确定各方的权利和义务。
　　④当事人行使权利、履行义务应当遵循诚实守信的原则。
　　⑤当事人订立、履行合同，应当遵循法律、行政法规，尊重社会公德，不得干扰社会经济秩序，损害社会公共利益。

　　2. 注意事项

　　当事人可以参照各类买卖合同的示范文本订立二手车买卖合同，买卖合同示范文本能不能满足买卖双方某些要求，可以通过添加一些要约、承诺条款补充，签订二手车买卖合同时应注意以下事项：

　　①二手车买卖合同内容应描述清晰，合同文本描述含混不清易导致双方理解误差造成买卖纠纷。
　　②车况问题要体现在合同中。买方在签订二手车买卖合同时，要求卖方提供详细的车辆状况说明，或者找权威的第三方评估机构进行评定，然后体现在合同中。或者让卖方在合同

中注明：原车保证无大事故、无大的机械隐患等。不要轻易相信口头承诺，承诺必须注明在合同中。

③违约责任说明要详细。在签订二手车买卖合同时，如果原合同没有明文规定违约责任的，买方应该根据自己的实际情况，要求在合同中补充违约条款，特别是对那些不能及时过户的交易，应该在合同中强调，若交易过程中过不了户，对方无论出于任何原因都应无条件全额退款。同时在合同中还应注明：如果通过其他渠道查询到该车是属于"问题车"，则买方可以提出退车要求。

7.7.3 二手车买卖合同的内容

1. 二手车买卖合同的当事人

二手车买卖合同的当事人包括卖方、买方和第三方（在二手车交易市场里完成的个人交易，第三方是二手车交易市场）。

二手车买卖合同签订一般要经过要约和承诺两个步骤。要约为当事人一方向他方提出订立合同的要求或建议，提出要约的一方称要约人。在要约里，要约人除表示欲签订合同的愿望外，还必须明确提出足以决定合同内容的基本条款。为当事人一方对他方提出的要约表示完全同意。同意要约的一方称要约受领人，或受要约人。受要约人对要约表示承诺，其合同即告成立，受要约人就要承担履行合同的义务。二手车买卖双方互为要约人和受要约人，第三方也是要约人，它代表国家法规要求买卖双方签订二手车买卖合同。

2. 二手车买卖合同的基本内容

二手车买卖合同的内容由当事人约定，一般包括以下条款：
①当事人的名称或者姓名、住所和联系方式。
②标的。
③数量。
④质量。
⑤价款。
⑥履行期限、地点和方式。
⑦违约责任。
⑧解决争议的方法。

3. 二手车买卖合同示范文本

目前二手车买卖合同没有统一固定格式，一般参照一些示范文本订立，以下是国家工商行政管理总局制定的二手车买卖合同（示范文本），供参考。

二手车买卖合同（示范文本）

使用说明：
①本合同文本是依据《中华人民共和国民法典》《二手车流通管理办法》等有关法律、法规和规章制定的示范文本，供买卖双方进行二手车交易使用。
②本合同所称二手车，是指从办理完注册登记手续到达到国家强制报废标准之前进行交

易并转移所有权的汽车（包括三轮汽车、低速载货汽车，即原农用运输车）、挂车和摩托车。

③本合同签订前，买卖双方应仔细阅读本合同各项条款，充分了解合同的相关内容，并结合具体情况及交易双方协商情况如实填写，空格处应以文字形式填写完整。

④卖方应向买方提供车辆的使用、修理、事故、检验以及是否办理抵押登记、缴纳税费、报废期等真实情况和信息；买方应了解、查验车辆的状况。

⑤本合同"其他约定"条款，供双方当事人自行约定。

二手车买卖合同

合同编号：_____

卖方：_____　　买方：_____
身份证号/统一社会信用代码：_____　　身份证号/统一社会信用代码：_____
联系地址：_____　　联系地址：_____
联系电话：_____　　联系电话：_____

依据《中华人民共和国民法典》《二手车流通管理办法》及相关法律、法规规定，买卖双方在平等、自愿、公平、诚实信用的基础上，就二手车买卖的相关事宜协商一致签订本合同。

第一条　机动车基本情况
①车主名称：_____。
车牌号码：_____。
厂牌型号：_____。
②机动车状况说明见附件一。
③机动车相关证明、凭证见附件三。

第二条　机动车价格及支付方式

1. 机动车价格

本二手车价格（不含税费或其他费用）为人民币_____元（大写_____元）。除本合同明确约定外，买方无须另行支付其他任何价款或费用。

2. 支付时间及方式

经双方协商一致，采用以下第（　）种方式支付本合同约定的费用：
①卖方交付机动车后，买方一次性支付。
②本合同签订后____日内，买方应支付定金人民币_____元，大写：_____元；卖方交付机动车后买方支付人民币_____元，大写：_____元，办理完机动车交易过户手续后买方支付人民币_____元，大写：_____元。
③其他方式：_____。

第三条　机动车交付、验收与过户

1. 机动车交付及风险承担

合同签订后，卖方应于____年____月____日将机动车交付给买方。

机动车交付给买方前,机动车损毁、灭失等全部风险由卖方承担,机动车交付给买方后,机动车损毁、灭失等全部风险由买方承担。机动车交付时,本合同附件三所列证明或凭证应于机动车交付时一并交付给买方。

2. 机动车验收

卖方交付机动车时,买方应同时对机动车外观、里程数、赠品、配件等可立即当场验收的事项进行验收并确认,对于无法通过当场验收的事项,买方应于卖方交付机动车后合理期限(＿＿＿日)内进行验收。

3. 机动车过户

机动车交易过户、转移登记手续由□卖方　□买方　□＿＿＿负责办理,办理过程中产生的过户手续费(包含税费)由□卖方　□买方承担。买卖双方均应配合提供办理机动车交易过户、转移登记过户、税/险过户手续所需的相关文件。

第四条　双方的权利和义务

1. 买方权利及义务

①买方应按照本合同的约定支付相关价款、提供相关资料及证明文件。

②买方有权按照本合同的约定收取机动车、接受相关服务。

③对转出本地的车辆,买方应了解、确认车辆能在转入所在地办理转入手续。

④其他＿＿＿＿＿＿＿＿＿＿＿＿＿＿＿＿＿＿＿＿＿＿＿＿＿＿＿＿＿＿＿＿＿＿＿＿＿。

2. 卖方权利及义务

①卖方应保证对机动车享有合法的处置权或所有权。

②卖方应按照本合同的约定交付车辆、为买方办理或配合办理机动车交易过户、转移登记和税/险过户手续并提供相关服务。

③卖方应保证所出示及提供的与机动车有关的一切证件、证明、鉴定报告(如有)及信息合法、真实、有效。

④卖方应保证其销售的机动车不存在以下情况:a. 已报废或者达到国家强制报废标准的车辆;b. 在抵押期间或者未经海关批准交易的海关监管车辆;c. 在人民法院、人民检察院、行政执法部门依法查封、扣押期间的车辆;d. 通过盗窃、抢劫、诈骗等违法犯罪手段获得的车辆;e. 发动机号码、车辆识别代号或者车架号码与登记号码不相符,或者有凿改迹象的车辆;f. 走私、非法拼(组)装的车辆;g. 不具有本合同附件三所列证明、凭证的车辆;h. 在北京市行政辖区以外的公安机关交通管理部门注册登记的车辆;i. 国家法律、行政法规禁止经营的车辆。

⑤卖方有权按照本合同的约定收取相关价款。

⑥乙方收取价款后应开具合法有效的收款凭证。

⑦其他＿＿＿＿＿＿＿＿＿＿＿＿＿＿＿＿＿＿＿＿＿＿＿＿＿＿＿＿＿＿＿＿＿＿＿＿＿。

第五条　违约责任

1. 卖方违约责任

①卖方向买方提供的有关车辆信息不真实,买方有权要求卖方赔偿因此造成的损失。

②卖方向买方提供的机动车不符合本合同约定的情况或卖方所出示或提供的与机动车有关的证件、证明、鉴定报告(如有)及信息存在虚构、伪造情形的,或未按照本合同的约定向买方交付车辆及/或有关证明、凭证的,每迟延一日,卖方应按照合同总价款(包括机

动车价款及其他费用，下同）的＿＿％向买方支付违约金。

③因卖方原因致使车辆不能办理交易过户、转移登记、税/险过户手续的，买方有权要求卖方返还车辆价款并承担一切损失。

④其他＿＿＿＿＿＿＿＿＿＿＿＿＿＿＿＿＿＿＿＿＿＿＿＿＿＿＿＿＿＿＿＿。

2. 买方违约责任

①买方未按照合同约定支付本合同车价款的，逾期每日按本合同车价款总额的＿＿％向卖方支付违约金。

②因买方原因致使不能办理交易过户、转移登记、税/险过户手续或买方取消交易的，卖方已收取的定金（如有）不予退还或有权要求买方支付合同总价款＿＿％的违约金，机动车已交付的，卖方有权要求买方返还机动车并承担一切损失。

③其他＿＿＿＿＿＿＿＿＿＿＿＿＿＿＿＿＿＿＿＿＿＿＿＿＿＿＿＿＿＿＿。

第六条　争议解决

因本合同发生争议的，应由买卖双方协商或调解解决；协商或调解不成的，按下列第＿＿＿种方式解决：

①提交＿＿＿仲裁委员会仲裁。

②向本合同签署地人民法院提起诉讼解决。

第七条　合同文本及效力

①本合同一式＿＿＿份，双方各执＿＿＿份，其余用于办理机动车交易过户、转移登记手续使用，每份具有同等效力。

②本合同自双方法定代表人或授权代表签字并加盖公章或合同专用章（法人）/签字（自然人）之日起生效。

③本合同生效后，双方对合同内容的变更或补充应以书面方式做出。

④本合同附件作为本合同的有效组成部分，与本合同具有同等法律效力。

第八条　其他约定

＿＿＿＿＿＿＿＿＿＿＿＿＿＿＿＿＿＿＿＿＿＿＿＿＿＿＿＿＿＿＿＿＿＿＿＿＿＿

卖方（签字或盖章）：
法定代表人/授权代表（签字）［法人适用］：

买方（签字或盖章）：
法定代表人/授权代表（签字）［法人适用］：

签署日期：　　年　　月　　日
签署地点：

附件一：车辆状况说明书（车辆信息及所含配件表，如表7-6所示）
附件二：买卖双方身份证明文件

1. 买方身份证复印件或营业执照复印件
2. 卖方身份证复印件或营业执照复印件

附件三：机动车证明、凭证
☐车辆外观照片
☐机动车号牌
☐机动车登记证书
☐机动车行驶证
☐有效的机动车安全技术检验合格标志
☐车辆购置税完税证明
☐车船使用税缴付凭证
☐车辆保险单
☐机动车鉴定报告
☐购车发票
☐其他_____

车辆基本情况如表7-6所示。

表7-6 车辆基本情况表

车辆基本信息	厂牌型号		牌照号码		
	发动机号		VIN代号		
	注册登记日期	年 月 日	表征里程	万千米	
	品牌名称		☐国产 ☐进口	车身颜色		
	年检证明	☐有（至___年___月） ☐无	购置税证书	☐有 ☐无	
	车船税证明	☐有（至___年___月） ☐无	交强险	☐有（至___年___月）☐无	
	使用性质	☐运营用车 ☐出租车 ☐公务用车 ☐家庭用车 ☐其他			
	其他法定证明、凭证	☐机动车号牌 ☐机动车行驶证 ☐机动车登记证书 ☐机动车检验合格标志 ☐其他			
	车主名称/姓名		企业法人证书代码/身份证号码		
重要技术参数及配置	燃料标号		排量		缸数	
	发动机功率		排放标准		变速器形式	
	安全气囊		驱动方式		ABS	☐有 ☐无
	其他重要配置					
是否事故车	☐是 ☐否（事故车：严重撞击、泡水、火烧）	损伤位置及损伤状况				
车辆状况描述						

填表说明：

1. 车辆基本信息

① "表征里程"项的内容，按照车辆里程表实际显示总里程数填写。

② "其他法定证明、凭证"项的内容，根据实际提交证明文件，在对应项前"□"内打"√"，未列明的填入"其他"项中。

2. 重要技术参数及配置

"其他重要配置"：根据实际情况如实填写相关配置信息。

3. 是否为事故车

如实明示是否为事故车，在对应项前"□"内打"√"。如果"是"，需在"损伤位置及损伤状况"项中描述损伤位置及损伤状况。损伤位置为可以影响到车辆整体结构的位置，主要为A、B、C、D柱，翼子板内板、前纵梁、地板等。损伤状况包括：变形、烧焊、扭曲、锈蚀、褶皱、更换过等。

如果"否"，则无须填写后项内容。

4. 车辆状况描述

仅描述静态状况，应包括如下内容：

（1）车身外观状况

需描述外观的损伤位置及损伤状况。

① 损伤位置包括：翼子板、车门、后备厢盖、后备厢内侧、车顶、保险杠、格栅、玻璃、轮胎、备胎等。

② 损伤状况包括状态和程度两部分。

a. 损伤状态包括：伤痕、凹陷、弯曲、波纹、锈斑、腐蚀、裂纹、小孔、调换、做漆、痕迹、条纹等。

b. 损伤程度包括：一元硬币可覆盖、面积≤（100 mm×100 mm）、（100 mm×100 mm）＜面积≤（200 mm×200 mm）、（200 mm×300 mm）＜面积、花纹深度＜1.6 mm（轮胎损伤）、A4纸可覆盖、A4纸无法覆盖、花纹深度少于1.6 mm（轮胎损伤）。

（2）发动机舱内状况

需描述发动机外观状态、各液面状态、线路状况。

（3）车内及电器状况

需描述内饰是否有破损，车内是否清洁，仪表是否正常，各部分电器是否工作正常，车窗密封及工作状况是否正常等。

（4）底盘状况

发动机油底壳、变速箱、减震器是否有渗漏油现象，转向臂球销、三角臂球销是否松动，传动轴防尘罩是否有破损。

以上部分，如果无任何问题，填写"车辆状况良好"。有任何问题均需明确注明。

5. 质量保证

明示车辆是否提供质量保证，在对应项前"□"内打"√"。如果"是"，需在"质保范围"项中填写质保内容。如果"否"，则无须填写后项内容。

7.8　二手车质量保证

二手车质量保证就是在二手车销售的同时，销售商承诺对车辆进行有条件、有范围、有限期的质量保证，并切实履行承诺的责任和义务。

二手车的质量保证是二手车销售环节中的一个不可或缺的重要一环。没有质量保证的二手车销售是不完整的销售。

7.8.1　二手车质量保证的意义

1. 保护消费者权益

长期以来二手车交易存在车辆信息不透明、买卖双方信息不对称问题，消费者时刻面临着质量欺诈、价格欺诈和购买非法车辆等风险。消费者对所购买的二手车，最难以把握的是车辆原来的使用状况和技术状况。尤其是车辆买到手后，各种故障便在短时间内接连发生，使消费者对二手车的质量可靠性心存疑虑。因此，普遍希望二手车销售商能提供质量保证。为二手车消费者提供质量担保，是销售商保护消费者权益的具体体现，同时也是一种社会责任。

2. 促进二手车行业的规范发展

以前，二手车买卖成交后，销售商的责任即告结束，对此后车辆出现的各种故障全不负责。这一方面使得消费者的权益得不到充分保障；另一方面，一些不法销售商又有恃无恐地干着坑蒙拐骗的勾当。这在消费者的心目中形成了二手车都是技术状况差和问题多的不好印象，很多消费者不敢消费二手车，极大地损害了二手车的发展。事实上，二手车交易中大多数纠纷都是由于售后发现质量问题而引起的。

实行二手车质量保证可以从根本上消除这种畏惧心理，鼓励消费者放心购买和消费二手车。在鼓励、扶持那些诚实守信、规范运作的经营企业的同时，行业管理部门还将规范、监督和约束那些不讲信誉、不讲服务的销售行为，逐步净化二手车的消费环境，提升行业的社会形象。可以说在我国诚信体系尚不完善的情况下，承诺服务将更好地推动二手车行业发展。

3. 有利于经营品牌的创立

二手车交易与新车销售一样是一个与售后服务密切相关的经营行为。二手车经销企业实行二手车质量保证，将服务延伸到售后，切实履行保护消费者利益的责任，赢得消费者的信任，有利于创立二手车经营品牌。这与二手车直接交易、中介经营有非常大的比较优势，体现了品牌经销商的优势所在，也成为鉴别二手车经营企业之间诚信差异、品牌优劣的重要标志。谁这方面的工作做得好，谁就赢得市场。

4. 有利于开辟新的交易方式

目前，在二手车交易中，通常采用到有形市场现场看车的方式来确定车辆状况。这种方式对买卖双方均耗时、费力、效率低，是一种比较原始的方式，随着社会车辆的逐渐增多，二手车交易的日趋活跃，这种低效率的交易方式对提高交易量的制约影响日益突现。

因此，致力于交易方式的拓展将是一个现实的课题。如开展网上交易形式等，将有形市场与无形市场相结合，有利于扩大二手车交易的范围，促成二手车这一社会资源得到更合理的配置。实现这种新的交易模式的重要前提是经营企业诚信体系的建立、二手车质量保证的承诺以及社会和消费者对此承诺的高度认同。

7.8.2 二手车质量保证的前提及质量保证期

二手车质量保证很重要，但并不是所有销售的二手车都能得到质量保证。根据我国目前二手车发展水平，这种质量保证只能是有条件、有范围、有限期的质量保证。

1. 提供质量保证的企业

根据《二手车流通管理办法》规定，二手车经销企业销售二手车时应当向买方提供质量保证及售后服务承诺,并在经营场所予以明示。即二手车质量保证和售后服务只对二手车经销企业要求,对直接交易、经纪和拍卖等交易形式无要求。

2. 二手车质量保证的前提

根据《二手车交易规范》规定,二手车经销企业向最终用户销售二手车应提供质量保证的前提是:使用年限在3年以内或行驶里程在6万km以内的车辆(以先到者为准,营运车除外)。这里所说的以先到者为准是指3年和6万km两个指标中,哪个指标先满足就以这个指标为准,另一个指标就不计算了。这个质保前提说明了不是对所有交易的二手车都要求提供质量保证。

3. 二手车质量保证期限

根据《二手车交易规范》规定,二手车经销企业向最终用户销售二手车时,应向用户提供不少于3个月或5 000km(以先到者为准)的质量保证,即质保期限是一个保养周期。

4. 二手车质量保证的范围

根据《二手车交易规范》规定,二手车质量保证范围为发动机系统、转向系统、传动系统、制动系统、悬架系统等。即质保的范围只有发动机和底盘两部分,车身和电器部分不在质保范围内。

7.8.3 二手车的售后服务

如果说二手车经销企业在向最终用户销售二手车时提供质量保证是让买主买得放心,那么,如果同时也向用户提供售后服务,则消除买主对二手车使用的担心,放心使用。

1. 二手车售后服务的规定

根据《二手车交易规范》规定:
①二手车经销企业向最终用户提供售后服务时,应向其提供售后服务清单。
②在提供售后服务的过程中,不得擅自增加未经客户同意的服务项目。
③二手车经销企业应建立售后服务技术档案,售后服务技术档案保存时间不少于3年。

2. 售后服务技术档案内容

售后服务技术档案包括以下内容:
①车辆基本资料。主要包括车辆品牌型号、车牌号码、发动机号、车架号、出厂日期、使用性质、最近一次转移登记日期、销售时间、地点等。
②客户基本资料。主要包括客户名称(姓名)、地址、职业、联系方式等。
③维修保养记录。主要包括维修保养的时间、里程、项目等。

这样,有了质量保证和售后服务的承诺,再加上交易合同的保证,车辆的真实信息将难以隐瞒,二手车交易变得更加透明,真正成为一种"阳光交易"。

本章思考与练习题

1. 简述一个合法、完备的二手车交易过程应该包括哪些环节。
2. 简述二手车交易市场经营者与二手车经营主体的区别与相互关系。
3. 二手车可交易的条件是什么?
4. 二手车直接交易地点和办理转移登记地点分别在哪里?
5. 为了促进二手车交易,买卖双方应遵守哪些行为规范?
6. 二手车统一销售发票最重要的用途是什么?哪些二手车经营实体具有二手车统一销售发票的开票资格?
7. 二手车交易有哪些纳税规定?纳税依据是什么?
8. 常见二手车购买渠道有哪些?各有什么优缺点?
9. 二手车经营主体中哪些属于中介性质的?
10. 什么是品牌二手车?品牌二手车的最大优势是什么?
11. 简述二手车销售与二手车经纪的区别,并分析二手车经纪机构从事二手车收购和销售业务是否合法。
12. 二手车网络交易概念。常见二手车电商的交易模式有哪些?对二手车流通有哪些促进作用?
13. 办理二手车交易过户需要哪些手续?其业务流程包括哪些方面?
14. 再次交易的二手车其来历证明是什么?如何识别其是否合法有效?
15. 二手车交易完成后,卖方应向买方交付什么手续?
16. 二手车交易完成后,为什么要办理车辆转移登记手续?依据是什么?
17. 二手车转移登记涉及变更哪些证件的信息?登记哪些内容?
18. 二手车转移登记由谁办理?需提交什么资料?
19. 简述办理二手车转移登记时查验车辆的目的是什么,主要验什么内容。
20. 二手车转移登记有哪些类型?二手车转籍到外地的前提条件是什么?如何办理?
21. 办理异地转移登记时车辆档案如何送到入籍地车管所?迁出档案的有效期是多少?
22. 什么类型二手车可以在车主住所地或外地交易?这两种不同地点完成的交易如何办理转移登记?
23. 二手车交易完成后,税、险一定要过户吗?为什么?交强险有几种过户方式?
24. 签订二手车买卖合同的目的是什么?其订立依据是什么?签订时应注意哪些事项?
25. 实行二手车质量保证有什么意义?目前我国二手车质量保证的前提、期限和范围分别是什么?

参 考 文 献

[1] 王钰,周旭. 中外二手车市场现状比较分析 [J]. 科技展望, 2017, (18): 238.
[2] 刘春辉,张越. 各国二手车发展现状 [J]. 汽车与配件, 2017, (18): 58-60.
[3] 许安标. 中华人民共和国资产评估法解读 [M]. 北京: 中国法制出版社, 2016.
[4] 戴汝泉. 汽车运行性能 [M]. 北京: 机械工业出版社, 2010.
[5] 蔡兴旺. 汽车概论 [M]. 北京: 机械工业出版社, 2010.
[6] 李育锡. 汽车概论 [M]. 北京: 机械工业出版社, 2010.
[7] 许洪国. 汽车运用工程 [M]. 北京: 人民交通出版社, 2009.
[8] 李萌. 二手车评估 [M]. 北京: 北京理工大学出版社, 2010.
[9] 刘仲国. 二手车交易与评估 [M]. 北京: 机械工业出版社, 2011.
[10] 李玉柱. 二手车鉴定与评估 [M]. 北京: 北京大学出版社, 2012.
[11] 李亚莉. 二手车鉴定评估 [M]. 上海: 复旦大学出版社, 2011.
[12] 王晓飞. 二手车鉴定与评估 [M]. 镇江: 江苏大学出版社, 2016.
[13] 姜正根. 二手车鉴定评估与交易 [M]. 北京: 中国劳动社会保障出版社, 2011.
[14] 张南峰. 二手车评估与交易 [M]. 北京: 人民邮电出版社, 2010.
[15] 姚东伟. 二手车鉴定与评估 [M]. 哈尔滨: 哈尔滨工程大学出版社, 2010.
[16] 李青. 车辆保险与理赔 [M]. 杭州: 浙江大学出版社, 2015.
[17] 吴申谨. 资产评估学教程 [M]. 杭州: 浙江大学出版社, 2000.
[18] 阮萍. 资产评估 [M]. 成都: 西南财经大学出版社, 2002.
[19] 王克强. 汽车后市场行业现状及发展趋势 [J]. 商业, 2015, (11): 266.
[20] 田辉. 关于事故车检测方法的探讨 [J]. 科技展望, 2016, (26): 114.
[21] 张银朵. 资产评估方法的比较与选择 [J]. 绍兴文理学院学报, 2004, 24 (5): 83-86.
[22] 于萍. 经济分析法在确定汽车最佳使用寿命中的应用 [J]. 客车技术与研究, 1998, 20 (2): 48-50.
[23] 王淑杰. 汽车经济寿命分析的原理与方法 [J]. 辽宁交通科技, 1996, 19 (2): 41-43.
[24] 马定虎. 二手汽车电商平台推广建议 [J]. 合作经济与科技, 2016, (3): 70-71.
[25] 鲁玺. 二手车融资租赁模式探究 [J]. 汽车工业研究, 2016, (6): 22-23.
[26] 张湘龙. 二手车流通业发展政策研究 [J]. 汽车工业研究, 2016, (4): 16-21.
[27] 钟领,李显君,刘暐. 中美二手车市场现状及发展模式比较 [J]. 汽车工业研究, 2016, (9): 9-13.

[28] 方圆圆. 信息不对称下中国二手车市场的发展对策研究 [D]. 武汉：湖北工业大学，2016.
[29] 赵梦莹. 我国二手车市场发展研究 [D]. 武汉：华中师范大学，2012.
[30] 杨向群. 二手车价格评估方法（1）[J]. 广西市场与价格，2003，(2)：37-38.
[31] 杨向群. 二手车价格评估方法（2）[J]. 广西市场与价格，2003，(4)：15-16.
[32] 汪芹. 适用于二手车价值评估的重置成本法 [J]. 汽车与配件，2010，(11)：32-35.
[33] 胡光艳. 基于《二手车鉴定评估技术规范》的二手车评估方法探讨 [J]. 科技风，2014，(11)：73-76.
[34] 谭林丛. 市场法在二手车评估中的应用研究 [D]. 保定：河北大学，2015.
[35] 孙庆. 二手车技术鉴定与评估改进 [D]. 成都：西华大学，2015.
[36] 周遊. 基于重置成本法的二手车价值评估方法的研究 [D]. 锦州：辽宁工业大学，2014.
[37] 包凡彪. 基于工作量的二手车快速折旧计算方法探讨 [J]. 汽车工业研究，2009，(11)：12-15.